本书系国家社会科学基金项目(15CJY006)的阶段性成果
本书献给重庆理工大学八十周年校庆

中国上市公司
现金分红指数研究

杨宝○著

立信会计出版社
LIXIN ACCOUNTING PUBLISHING HOUSE

图书在版编目(CIP)数据

中国上市公司现金分红指数研究 / 杨宝著. 一上海：立信会计出版社，2020.8

ISBN 978-7-5429-6575-2

Ⅰ.①中… Ⅱ.①杨… Ⅲ.①上市公司—分配(经济)—研究—中国 Ⅳ.①F279.246

中国版本图书馆 CIP 数据核字(2020)第 155172 号

策划编辑	孙 勇 冯 晶
责任编辑	孙 勇
封面设计	南房间

中国上市公司现金分红指数研究

ZHONGGUO SHANGSHI GONGSI XIANJIN FENHONG ZHISHU YANJIU

出版发行	立信会计出版社		
地　　址	上海市中山西路 2230 号	邮政编码	200235
电　　话	(021)64411389	传　　真	(021)64411325
网　　址	www.lixinaph.com	电子邮箱	lixinaph2019@126.com
网上书店	http://lixin.jd.com		http://lxkjcbs.tmall.com
经　　销	各地新华书店		

印　　刷	江苏凤凰数码印务有限公司		
开　　本	710 毫米×1000 毫米	1/16	
印　　张	18.75	插　　页	1
字　　数	358 千字		
版　　次	2020 年 8 月第 1 版		
印　　次	2020 年 8 月第 1 次		
书　　号	ISBN 978-7-5429-6575-2/F		
定　　价	68.00 元		

如有印订差错，请与本社联系调换

前　　言

　　股利政策是公司财务的经典研究话题,历经数十年的发展,研究股利的文献浩如烟海、股利理论层出不穷。不同学者试图从差异化的视角诠释上市公司为何要支付股利,以及支付股利能否带来财务效应。遗憾的是,至今还尚无任何股利理论能够完满地回答上市公司为何分红、何种现金分红政策最优。正因如此,上市公司为何分红这一悬而未决的财务问题被称为"现金分红之谜"。也许,股利政策的"神秘面纱"难以被揭开,正是这一"古老命题"的魅力所在。

　　2011 年,我有幸回到中南财经政法大学会计学院攻读博士学位。博士一年级的课程主要是专业理论课程(如会计理论、审计理论、财务理论等)、英语以及研究方法,课余时间我主要是研读文献、与同窗博士生一起完成课程作业。博一阶段,紧张、充实但未感到太多的科研压力。博士二年级刚开始,导师就要求我尽早确定研究方向及论文选题,之后在相当长一段时间内我则处于犹豫、彷徨甚至夜不能寐的状态。确定一个具有"可持续"研究价值的选题似乎是世界上最棘手的问题,也是最困扰博士生的难题。很多时候往往是信心满满地提出一个选题,有的还没来得及与别人交流就被自己否决了,有的则是被同窗或师兄师姐的意见所推翻,过程十分曲折。在经历了数次与同窗博士生交流、与同门师兄师姐交流、与睿智的博导交流以后,我最终还是确定了将中国上市公司现金分红问题作为读博期间的主攻方向,并确立了"中国上市公司现金分红政策研究:监管、治理耦合的视角"作为博士论文选题。当时主要是基于以下考虑:

　　第一,关于中国上市公司"现金分红之谜"的系统研究并不多。在经典财务学的范畴里,股利分配是公司四大财务活动之一,然而国内系统研究股利问题的博士论文不算多。

　　第二,中国上市公司现金分红出现了新的制度背景。2006 年、2008 年,证监会出台"半强制分红政策",将上市公司现金分红行为与再融资资格挂钩;2005年、2012 年,财政部、国家税务总局等部门对股息红利税政策实施调整,分别实施了"减半征收""差异化征收"的政策改革。这些外生政策冲击形成了中国上市公司现金分红研究的契机。

第三,关于中国上市公司现金分红决策的内部治理机制尚不顺畅。从内部治理看,发挥公司高管、大股东、机构投资者在上市公司现金分红决策中的积极治理角色是十分必要的。然而,鲜有研究将公司高管、大股东、机构投资者等内部治理角色纳入公司现金分红研究的分析框架。

2014年,在经历了两年的阅读、思考、实证分析、制度研究、政策研究之后,我的约20万字的博士论文得以完成,我基于此发表了数篇阶段性成果,我的博士论文也被评为校级优秀论文。读博期间我的研究收获主要体现在两个方面。一是加深了对中国式"现金分红之谜"的认知,对上市公司现金分红的特征、弊病等有了更深入的理解。二是提出治理中国上市公司现金分红乱象的思路:短期应以外部监管为主;中期辅以内部治理诱导和倡导"分红文化"为主;长期则以外部监管逐步"淡出"为主,以成熟的公司内部治理机制引导。

2014年6月,我博士毕业以后,便开始思考:对上市公司现金分红问题的研究是否止步于博士论文? 是否还有可挖掘的新研究点? 这两个问题其实涉及的是研究的延续性。如果一项选题止步于博士论文而没有开展后续拓展性研究的价值,在很大程度上可能是研究者的研究不够深入。我的看法是,做研究如挖井,在某一块领域蹲点越久、挖得越深,对该领域越熟悉,挖出泉水的概率也往往越大! 2014年下半年,在经历了大量思考后,我发现国内学者对上市公司现金分红的研究尚存如下欠缺:一是缺乏对中国上市公司现金分红状况全面监测、动态评价的研究;二是对于中国上市公司现金分红的政府监管效应未达成一致结论,也未能提供改进分红监管的直接依据;三是相关研究虽揭示了极端分红、异常派现等分红弊端,但缺乏如何培育资本市场健康分红文化的研究。种种迹象表明,中国资本市场迫切需要一套监测和评价上市公司现金分红的机制,以服务于监管政策的调控和分红文化的建设。

经过细致思考之后,2014年年底,我形成了强烈的研究冲动,试图构建一个"中国上市公司现金分红指数"。具体思路为:基于股利理论、统计指数理论及中国特殊的分红管制环境,构建"中国上市公司现金分红指数(CDPI)",以指数形式系统、动态地"刻画"中国上市公司现金分红状况,进而借助指数的呈报、发布,形成对上市公司分红的动态监测与媒体治理机制。最终,我基于该研究思路申请了2015年国家社会科学基金青年项目"中国上市公司现金分红指数的构建及其应用研究"。承蒙学界专家"高抬贵手",该项目当年成功获批立项,激励着我对中国上市公司"股利之谜"作进一步探索。其中,项目构建的"中国上市公司现金分红指数(CDPI)"包括公司分红指数、专门分红指数和市场分红指数三大类别指数。

　　（1）公司分红指数旨在从 4 个维度（连续性、回报性、平稳性、匹配性）对单个上市公司现金分红表现进行指数化评价，以指数得分评价个体上市公司现金分红决策的科学性与合理性。具体包括现金分红连续性指数、现金分红回报性指数、现金分红平稳性指数、现金分红匹配性指数、现金分红综合指数。

　　（2）专门分红指数旨在对上市公司现金分红决策的特定方面，如吝啬分红、超能力派现，以及上市公司分红对股东收益的长期影响等方面作出专门刻画。具体包括三个细分指数，分别为：铁公鸡分红指数、庞氏分红指数和分红价值投资性指数。

　　（3）市场分红指数旨在从市场总体分红水平、总体分红连续性、变化特征等角度以指数化方式对市场分红总体情况进行刻画，分别编制不同市场、行业和板块的分红指数，目的是考察不同市场、行业和板块在分红表现方面的差异性。具体可以分为沪市分红指数、深市分红指数、行业分红指数、板块分红指数等市场指数系列。

　　2020 年 3 月，我主持的国家社会科学基金青年项目"中国上市公司现金分红指数的构建及其应用研究"顺利结项并获得"良好"的结项评价。本书系该项目的总结性成果，也以此书献给重庆理工大学 80 周年校庆！

　　值得一提的是，分红指数构建涉及对理论基础的深入分析、模型构建、评价维度的选取、指标设计、指标论证、权重的确定、指数计算程序的开发、指数论证与优化等。可以说，指数构建是一个复杂的系统工程。感谢我指导的硕士生甘孜露、卫嘉军、莫宇青、陈恋、丁欢、景晶、王议晗、沈珍、任茂颖等同学在资料整理、原始数据提取、数据分析等方面的付出与帮助。在本书即将付梓之际，也以此书作为师生之情的纪念，祝愿我指导的硕士生们事业蒸蒸日上！

杨　宝

2020 年 7 月于重庆

目　　录

第一章

引　言

　　上市公司分红事关投资者保护与资本市场健康发展。2013 年,财政部发布《关于深化收入分配制度改革的若干意见》,提出"要强化分红监管,增加投资者财产性收入"。2014 年,国务院发布《关于进一步促进资本市场健康发展的若干意见》(以下简称"新国九条"),进一步强调"上市公司应采取多元回报体系兑现分红承诺"。2015 年 8 月,中国证券监督管理委员会(以下简称"证监会")等四部委联合发文,积极鼓励上市公司现金分红,支持上市公司回购股份。这些监管政策试图改变中国上市公司"重圈钱、轻分红"的积习,化解近年来上市公司低股息率和分红结构倒置的新弊。但证监会系列"半强制分红政策"(2001 年、2004 年、2006 年、2008 年、2010 年、2013 年、2015 年)的实施效应表明,由于忽视了不同上市公司微观分红特征的异质性,且缺乏可靠依据,"一刀切"式的分红监管策略很难奏效(李常青等,2010;刘银国等,2014)。2017 年 4 月 8 日,在中国上市公司协会第二届会员代表大会上,证监会将目光对准上市公司现金分红,明确表示要将多年不分红的公司列入重点监管范围。2018 年 2 月 5 日,上海证券交易所(以下简称"上交所")在上市公司现金分红专项说明会上表示,有一批上市公司连续多年未实施现金分红,其中部分公司具备分红能力而长期未分红。上市公司分红"旧弊未消、新弊又起"的尴尬局面也暴露出中国资本市场健康分红文化的缺失,且健康分红文化的缺失成为制约资本市场发展的瓶颈。种种迹象表明,中国资本市场迫切需要一套关于上市公司分红的监测和评价机制,以服务于监管政策的调控和分红文化的倡导。

　　上市公司现金分红指数研究旨在基于股利理论、统计指数理论及中国特殊的分红管制环境,构建"中国上市公司现金分红指数(Chinese dividend payout index, CDPI)",以指数形式系统、动态地刻画中国上市公司现金分红状况,进而借助指数的呈报、发布,形成对上市公司分红的动态监测与媒体治理机制。中国上市公司现金分红指数研究对中国资本市场"现金分红之谜"的解读、分红监管制度的深入分析以及分红文化的倡导,有着重要的理论价值与应用价值。

第一节 上市公司现金分红指数简介

中国上市公司现金分红指数是在借助多元评价指标科学测度上市公司现金分红行为的基础上,由指标合成构建的一种系统化、多维度评价中国上市公司现金分红状况的统计指数。该指数试图科学反映公司分红表现情况、市场总体分红情况及特定方面的公司分红表现情况。本书构建的中国上市公司现金分红指数包括公司分红指数、专门分红指数和市场分红指数三大类别,如图 1-1 所示。

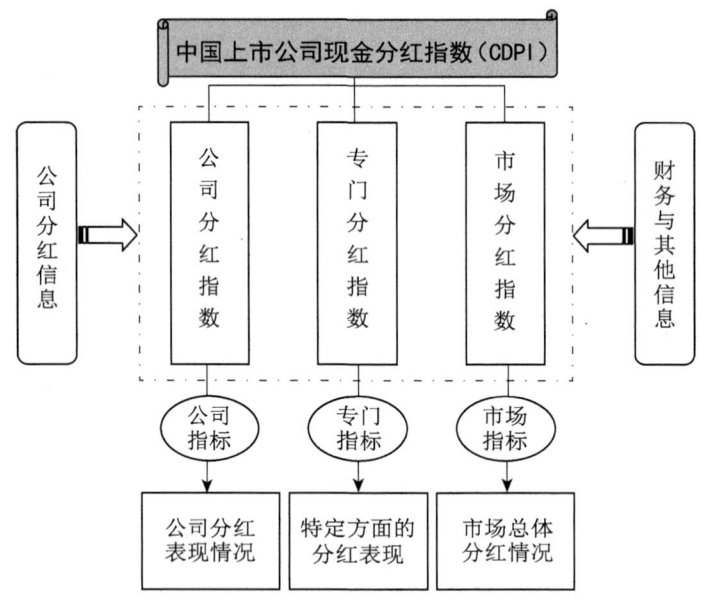

图 1-1 中国上市公司分红指数体系框架

(1) 公司分红指数旨在从 4 个维度(连续性、回报性、平稳性、匹配性)对单个上市公司现金分红表现进行指数化评价,以指数得分评价个体上市公司现金分红决策的科学性与合理性。为了全面反映上市公司现金分红细分维度的表现情况及现金分红的综合表现,本书共编制了 5 个公司分红指数,包括 4 个细分指数和 1 个综合指数,具体为:现金分红连续性指数、现金分红回报性指数、现金分红平稳性指数、现金分红匹配性指数和现金分红综合指数。

(2) 专门分红指数旨在对上市公司现金分红决策的特定方面,如吝啬分红、超能力派现,以及上市公司分红对股东收益的长期影响等方面作出专门刻画并以专门指数形式评分。专门分红指数具体包括三个细分指数,分别为:铁公鸡分红指数、庞氏分红指数和分红价值投资性指数。其中,铁公鸡分红指数旨在对上市公司吝啬分红行为(如连续不分红、微股利等)的程度作出刻画;庞氏分红指数旨在对上市公司超能力分红行为作出刻画;分红价值投资性指数旨在评价上市公司现金分红对投资者收益的长期影响。

(3)市场分红指数旨在从市场总体分红水平、总体分红连续性、变化特征等角度,以指数化方式对市场总体分红情况进行刻画。本书分别编制不同市场、行业和板块的市场分红指数,以考察不同市场、行业和板块在分红表现方面的差异性,具体可以分为不同交易所(沪市、深市)市场分红指数、不同板块市场分红指数、不同行业市场分红指数等市场分红指数系列。

第二节 上市公司现金分红指数的构建框架

本书的研究目标是构建"中国上市公司现金分红指数(CDPI)",以分红指数全面评价中国上市公司现金分红行为的特征、评估中国半强制分红政策的效应,进而以中国上市公司现金分红指数探讨中国上市公司现金分红的媒体治理机制,寻求改善中国上市公司现金分红行为监管的路径。按照以上研究目标,本书主要分为6篇,共计14章(详见图1-2),各章主要内容如下:

第一章为引言。本章主要对本书研究的背景、意义、目标,本书构建的"中国上市公司现金分红指数(CDPI)的定义及框架",本书的总体框架等内容作了介绍。

第二章和第三章为"理论研究篇"。其中,第二章系统梳理国内外上市公司现金分红研究的理论演进,对已有研究进行梳理与述评。第三章为中国上市公司现金分红指数理论研究,对本书构建的"中国上市公司现金分红指数(CDPI)"进行系统的理论分析与阐述,提出各维度现金分红指数的开发思路与方法。

第四至第八章为"公司分红指数篇"。本篇主要对各维度公司现金分红指数和公司现金分红综合指数展开分析与评价,重点关注各项公司分红指数的时间序列分布特征、行业分布特征、板块分布特征、区间分布特征、地区分布特征等,并对指数的合理性进行了格兰杰因果关系检验及脉冲响应分析。其中,第四章分析现金分红综合指数;第五章分析现金分红连续性指数;第六章分析现金分红回报性指数;第七章分析现金分红平稳性指数;第八章分析现金分红匹配性指数。

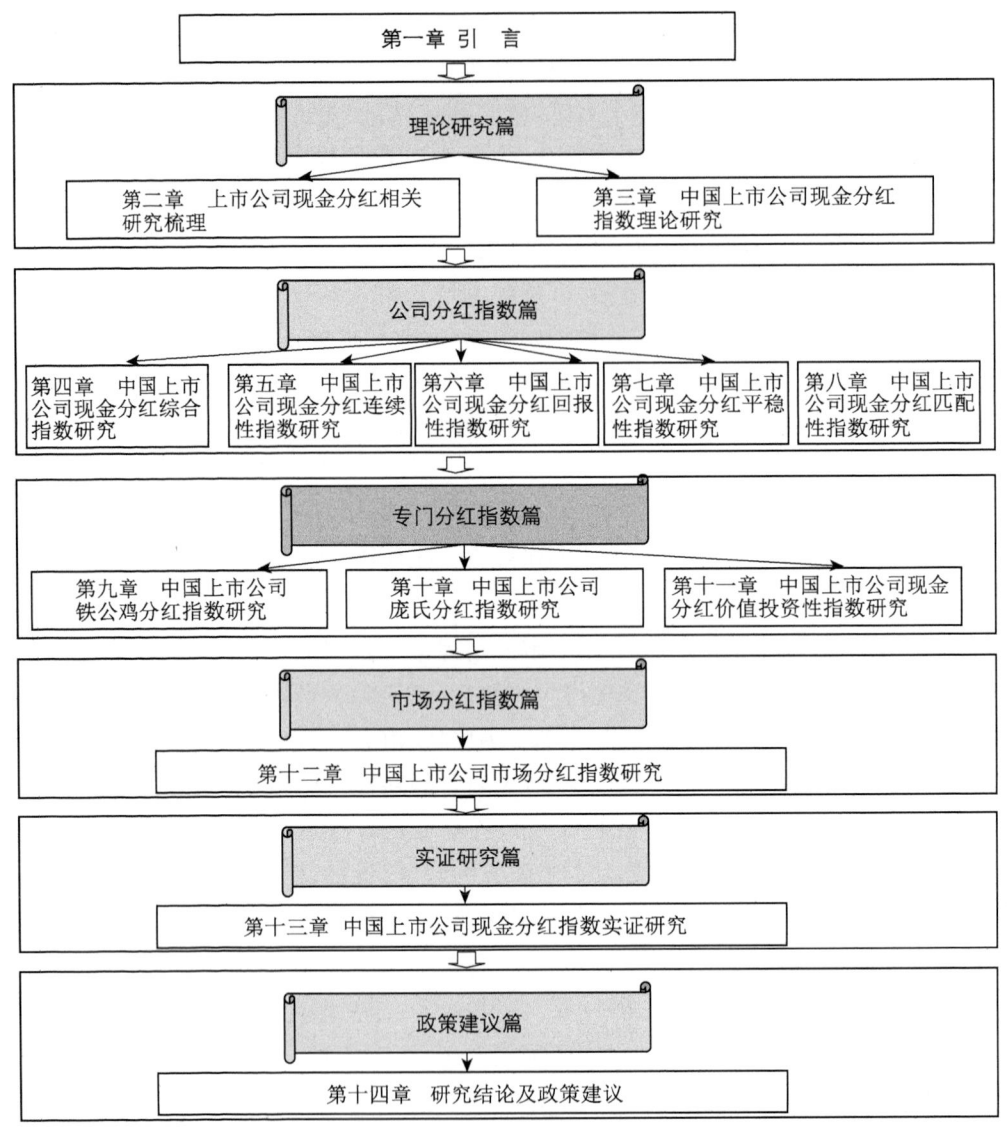

图 1-2　研究框架

第九至第十一章为"专门分红指数篇"。本篇主要分析了各项专门分红指数
的时间序列分布特征、行业分布特征、板块分布特征、区间分布特征、地区分布特
征等,同时对指数的合理性进行了格兰杰因果关系检验及脉冲响应分析。其中,
第九章分析铁公鸡分红指数;第十章分析庞氏分红指数;第十一章分析分红价值
投资性指数。

第十二章为"市场分红指数篇"。本篇主要采用相关市场分红指标构建"市

场分红指数",并对指数分布特征进行了分析与评价。

第十三章为"实证研究篇"。本篇主要基于代理理论、信号理论对中国上市公司现金分红综合指数开展实证检验,并基于机构股东持股、分析师跟踪探索现金分红指数与代理问题、信号传递之间的内在作用机理。

第十四章为"政策建议篇"。本篇主要从上市公司现金分红信息披露规则设计、现金分红监管模式改革、现金分红媒体监督介入与常态化等方面提出相关政策建议。

第二章

上市公司现金分红相关研究梳理

　　上市公司现金分红(股利政策)之谜是财务学研究的经典命题,也是现代财务理论经过数十年的发展而未能最终解答的经典财务学难题之一。本章旨在对经典上市公司现金分红理论研究、新兴上市公司现金分红理论研究、中国式的半强制分红政策研究等展开系统梳理,明晰上市公司分红理论演进的基本脉络,发掘中国上市公司现金分红研究的新机遇。最后,本章还对公司治理、财务等领域指数研究及应用的情况进行梳理,以期获得中国上市公司现金分红指数构建与应用的启示。

第一节 ｜ 西方经典股利理论及最新研究进展

一、股利理论研究的奠基:股利无关论

　　早期财务学学者对公司股利分配的关注未能形成成熟的理论体系,人们广泛接受的是"一鸟在手"(bird-in-the-hand)观点。该观点认为,股利支付能消除未来不确定性,相比未来可能的资本利得,股东偏好现时的现金分红。Williams(1938)、Gordon(1959)提出了"股利贴现模型",建立了股利与股票价值的关系模型,量化了"一鸟在手"观点。然而,"一鸟在手"观点混淆了投资与股利对股价的影响,解释力存有瑕疵。1961 年,两位著名美国财务学学者 Miller 和 Modigliani(以下简称"MM")发表经典论文 *Dividend Policy*, *Growth*, *and the Valuation of Shares*,引发了学界对公司股利分配政策的广泛关注。在这篇经典论文中,MM 指出在充分理性、完美的市场环境下,股利决策与企业价值无关,企业价值取决于投资决策与融资安排,这便是著名的"股利无关论"。

　　"股利无关论"在理论界的反响远远超出 MM 的预期,掀起了理论界关于股利是否相关的激烈论辩,股利政策这一研究主题也在之后的几十年长久不衰,并

形成了众多的经典理论。继 1961 年推导出股利基本模型之后,MM 还于 1963 年放松了基本假定,提出了在考虑公司税与负债情形下的修正 MM 模型。自此以后,MM 模型成为股利理论研究的逻辑起点,财务学者们大多在放宽某些理论假设的基础上对股利理论展开探索。MM 模型的逻辑演绎过程十分精巧 (Bhattacharya,2007),是当代股利理论研究的思想起点,也是当之无愧的股利理论发展的奠基石。

MM 关于"股利无关论"的理论假定包括以下内容:

(1) 完美资本市场:资本市场信息完全对称、零交易成本、资本利得税与股息所得税没有差异;市场参与主体都是价格接受者,交易无限制。

(2) 行为理性:市场主体都是理性经济人,追求自身财富最大化而对财富的形式无偏好。

(3) 确定性假设:市场主体能对每家公司投资计划和收益情况作出确定判断,对未来有完全把握。

除了以上直接假定外,"股利无关论"还有一些隐含性假定。比如,投资决策与股利决策是分离的,证券可以自由交易不受政府干预,资本市场可以满足无限筹资等。在充分认可股利无关论贡献的同时,研究者也应该看到该理论的局限性——充分理性和完美市场的假定过于严苛,以至于股利无关论的现实解释力受到大多数财务学学者的质疑。财务学学者们着眼于放松 MM 模型的假定,注重股利理论的现实解释力,开创了多元化的基于非完美市场的经典股利理论,如代理理论、信号理论、税差理论、行为股利理论等。

二、股利理论的演进:经典股利理论

(一) 顾客效应理论

从主流文献看,最先放松的 MM 模型的假定应该是所得税税率无差异假定。现实中股息所得税往往高于资本利得税,处于不同收入等级的投资者也面临不同的边际所得税税率。财务学学者们围绕所得税差异对税收差异带来的投资者偏好差异及公司股利政策的异质性进行研究,形成了顾客效应理论 (clientele effect theory),该理论广义上也涵盖税差理论。顾客效应理论认为适用不同边际税率的股东对公司股利政策会表现出不同偏好,比如适用较高等级的所得税边际税率的高收入群体,倾向于偏爱低股利支付或不支付股利的股票;而适用较低等级的所得税边际税率群体则希望公司支付高现金股利。公司会调整股利政策以满足不同"顾客"对股利的愿望。在均衡状态,高现金分红的公司会吸引低边际税率的投资者追随,低股利支付的公司会吸引高边际税率的投资者追随。投资者由于税率差异会偏好不同的现金分红政策,进而追随实施不同现金股利政策的公司,这一现象即"顾客效应"。

"顾客效应"一词最早由 Miller 和 Modigliani(1961)提出,主张不同公司应设定差异化的股利支付率以吸引不同的追随者,企业在制定现金分红政策时也应考虑股利支付的顾客效应。然而 MM 模型并未对顾客效应理论展开系统的理论阐述,也未对顾客效应存在与否进行实证研究。Elton 和 Gruber(1970)将顾客效应理论的研究向纵深拓展,并加以验证。他们采用巧妙的"除息日股价变动测试"(ex-dividend day test)来验证顾客效应的存在。从赚取收益角度看,在除息日前后投资者面临两种选择,要么在除息日前卖出股票赚取相对较高的资本利得收益,要么选择在除息日之后获取股利收益。然而两种收益的税率不均衡,除息日前卖出股票价差收益具有相对税收优惠。Elton 和 Gruber(1970)认为,市场要处于均衡,除息日股票价格的变动必须使预期的股票买卖双方无论在除权日之前或者之后都无差别。如果预期除权除息价格过高或者过低,投资者将会调整买卖时机,直到达成市场均衡,套利行为被消除。以上均衡假定,用模型可以表达为:

$$Price_b - T_c * (Price_b - Price_{in}) = Price_a - T_c * (Price_a - Price_{in}) + Dividend * (1 - T_D)$$
$$(2\text{-}1)$$

式(2-1)中,左边表示除息日前卖出股票的税后收入总额,右边表示除息日后卖出股票税后收入总额。$Price_b$ 代表除息日前股票价格,$Price_{in}$ 表示股票买入价格,$Price_a$ 表示除息日后股票价格,T_c 表示资本利得所得税税率,T_D 表示股息所得税税率。由上式推导可得:

$$(Price_b - Price_a)/Dividend = (1 - T_D)/(1 - T_c) \qquad (2\text{-}2)$$

式(2-2)可以解读为在除息日前后股票价格变动与股利的比值必然是股东边际税率的反映,这样市场才达到均衡。Elton 和 Gruber 对 1966—1967 年纽约证券交易所上市公司样本数据进行实证分析后发现,除息日前后股价下降幅度与股东平均边际税率存在显著相关关系,这验证了"顾客效应"的合理性。

还有一种检验股利顾客效应的方法为"修正 CAPM 法"。这种方法的思路为:在资本资产定价模型(CAPM)的基础上增加反映股利支付对股票收益影响的变量,构建新的模型,运用横截面回归法判定股利变量与税收之间的影响关系。模型可表达为:

$$E(R_i) = r_f + \beta_i * [E(R_m) - r_f] + [r_1 * (DY_i - DY_m)/DY_m] + \varepsilon_i \qquad (2\text{-}3)$$

式(2-3)中,$E(R_i)$表示股票i的收益率;$E(R_m)$为是市场组合收益率;r_f表示无风险收益率;r_1表示股利影响系数;(DY_i-DY_m)表示股利溢价;β_i表示系统风险系数。

Black 和 Scholes(1970)采用"修正 CAPM 法"研究了股利收益率与股票收益率的关系,他们根据股利收益率与股票 β 值的交叉组合将样本划分为 25 组,对这 25 组组合 1936—1966 年股票收益率与股利收益率进行横截面回归后,发现股利收益率与股票收益率不存在明显的相关关系。因此,Black 和 Scholes 对"顾客效应"提出了疑问。另外一些经验研究也对"顾客效应"提出了疑问,比如 Kalay(1980)认为除息日股票价格的下跌可能反映的不是客户效应而是交易成本,税率差异能否解释除息日股价变动仍然值得商榷。

(二) 股利信号理论

20 世纪 70 年代,财务学学者们进一步放松 MM 模型关于信息完全对称的假定,研究在信息不对称(asymmetric information)条件下股利分配所扮演的角色,这就是经典的股利信号理论(signaling theory of dividends)。股利信号理论认为公司管理层与外部投资者之间信息不对称,作为"内幕人"的管理层知道更多关于公司经营状况、财务业绩及发展前景的信息,具有绝对的信息优势;而外部投资者则对公司内部信息知之甚少。股利可以发挥信号传递作用,是管理层向外界传递私有信息的一种手段。当公司经营业绩良好且预期未来业绩可持续或具有进一步增长空间时,管理层会连续支付股利或增加股利以将财务良好、现金流充沛的信息传递给外部投资者。相反,当公司业绩不佳且预期未来很难有良好发展前景时,管理层会削减股利或停止派发股利,以应付现金流困境。因而,股利减少或股利停止往往向市场传递了盈余惨淡的信号。

以上关于股利信号理论的观点是从信息传递方的角度理解的,即股利支付可以传递盈余及现金流情况的信号,这与股利"信息含量假说"(information content hypothesis)如出一辙;也可以从信息甄别方的角度理解股利信号论,即股利分配传递的关于公司财务状况的信号能够被市场所识别,并且市场感知到股利信号以后会作出反应。比如外部投资者会解读上市公司股利变动的信号,当股利增加时,投资者及潜在投资者会作出乐观预期,作出买入股票的决策,从而带来股价上升。相反,当公司股利减少时,外部投资者对公司前景的悲观解读则会带来股价下跌。因此,从甄别方的角度看,股利信号表现为股利政策会引起市场反应。

股利信号理论的研究可以追溯到 Lintner(1956)的经典文献 *Distributions of Incomes of Corporations Among Dividends*,*Retained Earnings*,*and Taxes*。

在这篇文献中,Lintner 经过调查发现,经理层不愿意轻易减少股利支付,而偏好实施稳定且平滑的股利支付政策,且上市公司股息的调整速度慢于盈利的变动。这是因为平滑的股利能向市场传递积极的财务信号。Fama 和 Babiak(1968)、Pettit(1972)的研究都为 Lintner(1956)的研究结论提供了经验支持。之后的财务学学者借鉴信息经济学中关于信息传递模型的构建思路,尤其是借鉴 Spence(1973,1974)关于劳动力市场信号传递的理论模型,开始尝试建立股利信号传递模型。但是,现金股利作为一种信号手段难以被模仿而且成本高昂。因为现金股利支付需要"真金白银",甚至放弃一些净现值为正的投资项目,并且会给新的融资项目带来高昂的融资成本。因而,现金股利被视为好公司用于区别于坏公司的"有力信号"。Bahttachary(1979)构建了首个股利信号模型,借助税收成本均衡性推导出了投资者认可的最佳现金股利支付率。之后,John 和 Williams(1985)、Miller 和 Rock(1985)也构建了各自的股利信号模型。不同的股利信号模型的主要差别在于信号传递机制的差别。部分关于股利信号模型的研究试图寻求最佳股利政策,比如 Bar-Yoesf 和 Venezia(1991)认为管理者知晓现金流的噪音,投资者能观察到的只是股利支付,模型均衡条件下的最优股利政策体现为股利支付与现金流成比例。

股利信号模型的构建在于阐述股利信号传递的机理,并未提供股利信号效应的经验证据。之后的研究重点在于对股利信号效应的实证检验,且大体沿着两个脉络进行:一个是股利政策的信息含量,另一个是股利宣告的市场反应。关于股利政策信息含量的早期研究并未发现股利变动对未来盈余具有解释力(Watts,1973;Healy 和 Palepu,1988)。但是,随着测量误差、样本及模型的改进,许多学者渐渐发现了股利政策信号传递的经验证据:发放股利公司的业绩显著更好(Lipson 等,1998);股利变动与未来业绩变动正相关,股利增加对随后 4 年的盈利能力有解释力(Nissim 和 Ziv,2001);支付现金股利的公司具有更好的盈利持续性及盈余质量,并且股利传递的信号不止是盈余信息,还有未来现金流的信息(Skinner 和 Soltes,2011)。此外,关于股利宣告市场反应的研究大多得到了支持性的经验证据:首次发放现金股利、股利增加、停发股利等都会对股票超额收益率带来显著影响(Aharony 和 Swary,1980;Asquith 和 Mullins,1983;Mougoue 和 Ramesh,2003;Balachandran 等,2012),股利宣告会影响市场反应及投资者交易行为(Bajaj 和 Vijh,2012;Jakob 和 Whitby,2017)。

(三) 股利代理理论

股利代理理论可以算作是经典股利理论的集大成者。自 20 世纪 80 年代学界提出股利代理理论以来,该理论一直是股利研究文献的奠基石,受到理论界与实务界的双重认可。美国学者 Berle 和 Means(1932)在公司治理研究中提出"所有权与经营权"两权分离会导致经营者机会主义行为从而损害所有者利益,这是代理理论的思想萌芽。Jensen 和 Mecklin(1976)将代理问题引入公司财务研究,指出委托人与代理人利益目标函数并不一致,委托人为了约束代理人行为必须借助激励机制或监督机制,相应地会发生代理成本。Rozeff(1982)开辟了股利代理理论研究的先河,通过实证研究发现股利支付与代理成本负相关。之后,Easterbrook(1984)提出股利代理成本说的两种解释:一方面,现金股利支付可以迫使公司举债经营从而引入债权人监督,降低股东的监督成本;另一方面,现金股利支付可以降低管理者从事低风险项目的机会主义成本。Jensen(1986)则基于"自由现金流假说"(free cash flow hypothesis)对股利代理理论作出阐述:管理者具有过度投资偏好,公司自由现金流水平越高,管理者与股东代理冲突越严重,支付股利可以减少管理者手中可操控的自由现金流,有效遏制管理者代理问题。Jensen 对于股利代理理论的解释比以往更为直观,大大提高了股利代理成本的可检验性。可以说,Jensen 的"自由现金流假说"为之后关于股利政策的实证研究提供了理论铺垫。

基于 Berle 和 Means(1932)研究成果的股利代理理论研究似乎只关注第一类代理问题——管理者代理问题。随着研究推进,财务学学者们开始意识到第二类代理问题的存在。Shleifer 和 Vishny(1986,1997)发现美国资本市场的股权集中现象并不鲜见,大股东的利益与中小股东的利益并不一致,拥有绝对控制权的大股东可能设法剥削中小股东利益,将公司资源转移到自己手里。La Porta(1999)、Claessens 等(2002)认为在世界上大多数国家的企业中,控股股东掠夺中小股东利益是非常重要的代理问题,大股东代理问题同样不容忽视。控股股东通常不愿意以现金分红方式与中小股东共享公司经营收益,而乐于通过关联交易、担保、占款等方式窃取公司资源,独享控制权收益。Johnsons 等(2000)用"隧道掏空"(tunneling)一词形象地描述控股股东攫取公司利益,损害中小股东利益的行为。综上所述,第二类代理问题通常表现为股权集中及大股东的存在对公司股利支付积极性的不利影响。Maury 和 Pajuste(2002)、Gugler 和 Yurtoglu(2003)以芬兰、德国公司为样本的实证研究发现,股权集中度、第一大股东持股比例与股利支付显著负相关。因此,有财务学学者认为公司发放现金股利可以有效减少控股股东"掏空"的机会,因而现金分红也是遏制大股东代理问题的重要手段。

(四)股利行为财务理论

从行为财务学视角解读公司分红行为同样是研究股利政策的新视角。行为财务理论采用不同于理性行为模型的其他人类行为模型,从微观个体行为以及产生这种行为的更深层次的社会心理等动因来解释、研究和预测资本市场的现象和问题。将行为财务理论运用于公司股利政策研究始于西方,研究方法、样本、角度不同,得出的研究结论也就有差异。

有别于经典理论,行为财务理论放弃了理性人假设,从市场参与者心理特征入手,研究其对于公司股利政策的影响,其成果有助于揭开经典理论无法解释的"现金分红之谜"。

1. "自我控制说"对股利政策的解释

Shefin 和 Statman(1984)研究了投资者自我控制与现金股利偏好的关系,提出"自我控制说"的观点。自我控制说认为,人的决策行为是不理性的。当人们面临长期规划目标与短期目标的抉择时,唯有通过自我控制才能否定或克服短期不良行为。实现自我控制的手段是运用个体坚强的意志力或者外在的规则。但在现实中,由于个体意志力的差异,自我控制的结果也就产生了差别。因此,人们的长期目标能够得以实现更多地依赖于外在的规则。股利收入和资本利得时常并不能够相互替代(即使是在没有税收和交易成本的情况下),所以自我控制的投资者往往要求自己延迟消费。从这个角度分析,股利收入比资本利得更容易被接受,因为它可以提供自我控制的手段。

2. "期望理论"对股利政策的解释

Kahneman 和 Tversky(1979)提出"期望理论",并用该理论解释了公司股利决策中的一些特殊现象。根据期望理论,股利决策不光取决于决策行为本身,还取决于投资者对于管理层决策的未来绩效的预期。期望理论认为,投资者在股利宣告前会对上市公司股利支付水平作出一个"期望",并以此为参照点与上市公司实际派发的股息进行比较,进而作出相应的反应。该理论对于股利政策制定的启示有:第一,相比提高现金股利,减少现金股利会引起市场上投资者更加强烈的反应;第二,投资者的"期望"是上市公司股利政策制定的重要"参考点"。

3. "迎合理论"对股利政策的解释

与上述几种股利行为理论相比,"迎合理论"是一种较新的理论。Baker 和 Wurgler(2004)在放松股利无关论关于完美资本市场的假定的基础上,构建了股利迎合理论(catering theory of dividends)。该理论与 Stein(1999)的市场时机理论有异曲同工之妙。股利迎合理论认为,公司管理层在制定公司分红政策时,能够正确解读投资者的股利需求,进而制定投其所好的分红政策。投资者对上市公司股利支付行为的反应会表现在股票价格上,产生相应的"股利溢价"或"股利折价"。根据对"股利溢价"或"股利折价"的识别,管理层适时调整公司股利政策。所以,公司股利政策是迎合的产物。该理论可在一定程度上解释中国上市公司低分红、高送转等股利异化行为。

三、股利研究的进展:新兴股利理论

近年来,学界于"现金分红之谜"的研究热度不仅没有消退,而且还在试图突破 MM 模型的分析框架,寻求新的关于公司现金分红的理论诠释,形成新的股利理论。

(一) 股利研究的"法与财务"视角

投资者法律保护日益受到学界研究的关注,相关的研究涉及投资者法律保护与 CEO 变更、资金成本、控制权私有收益、盈余管理、股利政策等诸多方面,这些研究逐步形成了公司财务研究的一个新的视角——"法与财务"视角。比如 La Porta 等(1997,1999,2000)系列文章就指出,世界上不同国家和地区在资本市场成熟度、上市公司股权结构、融资便利性等方面的差异,在很大程度上应当归因于投资者法律保护程度的差异。

政府监管对一国或地区上市公司的分红政策演变同样具有重要的影响。La Porta 等(2000)在经典论文 *Agency Problems and Dividend Policy Around the World* 中提出投资者法律保护对中小股东分红权益影响的两个经典假说——"替代模型"(substitute model)和"结果模型"(outcome model)。替代模型认为现金分红是良好的投资者保护法律的替代机制,而结果模型认为投资者保护法律影响了公司分红行为,公司良好的分红行为是投资者保护法律规制带来的结果。

La Porta 等(2000)对全球 33 个国家和地区的经验研究显示,英、美等对投资者利益保护程度强的普通法系国家上市公司的分红水平总体上高于大陆法系。以英、美为代表的发达国家经历了从自觉分红到过度分红,对过度分红加强监管以及通过税收调节分红,再到法律与公司治理制度逐渐完善和市场逐渐成熟后通过市场机制调节分红的阶段。可以说,以英、美等为代表的发达国家主要依赖于市场机制、公司治理等维系上市公司成熟、稳定的分红机制,而很少借助于外部的政府强制监管。

与发达国家不同,新兴经济体普遍对资本市场上市公司分红采用强制、半强制的政府监管。例如,韩国的上市公司分红监管经历了如下几个阶段:①无监管阶段(1956—1967 年):在韩国资本市场成立的最初 10 年里,并未对上市公司分红提出明确监管;②半强制监管阶段(1968—2003 年):韩国于 1968 年发布"资本市场促进法案",建议上市公司股息率应不低于银行一年期存款利率,体现了

对投资者的保护;③以强化信息披露为主的监管弱化阶段(2004年以来);不对公司分红作出明确规定,但要求公司披露股息率信息。又如,巴西对于上市公司分红的管制也带有明显的强制色彩。巴西于1976年颁布的《公司法》6404款规定"股东有权利获得净利润50%的强制性股利"。1998年,巴西《公司法》2673款进一步规定,对于联邦控股的公司,股东每年应获得不低于净利润25%的股利。2010年,巴西修订《公司法》,将公司现金分红的比例降低为净利润的25%,但在以下三种情况下,公司可以作出调整:一是董事会依据公司财务状况有充分理由说明降低分红比例是合理的,并且可以提供足够证据支持;二是多数股东认可低于25%的分红比例;三是公司当年实施了股票回购。在强制性分红政策的监管下,巴西的平均股息率高于美国,但是有许多公司通过提取法定准备金来规避强制分红政策的监管。业界和学界对巴西实施强制分红政策存有争议,其中最大的争议在于,强制分红是否会不利于拥有投资前景的上市公司实施内部融资。此外,土耳其的分红监管也经历了从强制分红到取消强制分红,再到强制分红的反复。1982—1994年,土耳其强制分红的比例为可分配利润的50%;1995—2003年,土耳其取消了公司分红比例的规定;2003年之后,土耳其再次实施强制股利分配的政策,但强制分红的比例在20%或30%的水平。土耳其实施强制分红政策的初衷是吸引中小投资者进入资本市场,但其结果还有助于提高其资本市场的分红水平。

(二) 股利生命周期理论

仿生学是近年来管理学理论研究的一个新兴热点领域,学者们试图将企业视作生命体,开展企业生命周期阶段与经营策略、管理风格、企业战略关系的研究。企业生命周期理论的难点在于生命周期阶段的划分与准确识别。尽管如此,财务学学者们也试图从企业生命周期的视角研究投融资特征、经营绩效特征及财务战略。部分财务学学者基于生命周期理论研究公司分红问题,并形成了股利生命周期理论(life-cycle theory of dividends)。该理论认为公司股利支付与所处生命周期阶段相关,年轻的企业面临丰富的投资机会而现金储备有限,会倾向于将利润留存而少支付股利;处于成熟期的企业盈利性好、现金流充沛,然而面临的投资机会较少,因而会更多地支付现金股利。由于在准确划分企业生命周期方面存在困难,缺乏公认的生命周期的刻画模型,国外关于股利生命周期理论的研究文献不多。

早期的股利研究文献未提出"股利生命周期"的概念,但却间接佐证了公司股利分配具有生命周期的特征。Fama 和 French(2001)发现了著名的"股利消失之谜"现象。1978—1999年美国派发现金股利的上市公司占比急剧下降,原因在于上市公司结构发生了变化,高成长、低盈利性上市公司数量增加,他们断言成长性与股利支付负相关。Smith 和 Watts(1992)证实了股利支付的行业特征,即成熟行业上市公司股利支付水平要高于年轻行业上市公司。Higgins(1972)、Jensen 和 Meckling(1976)发现,成长机会越多的企业,现金股利支付越少。公司走向成熟期的特征是现金流再投资机会萎缩,现金流量存量将增加,因而公司会将富余的现金流用于支付股利。Grullon(2002)研究了股利变动的信息含量,发现公司股利增加意味着公司正经历从高增长阶段(high growth phase)迈入低增长阶段(low growth phase),股利增加传递了公司走向成熟期的信号。尽管早期的研究文献没有用企业生命周期的思想解释公司的现金分红行为,但这些文献关于成长特征、行业特征、发展阶段对现金分红影响的研究思路已经蕴含了股利生命周期理论的思想。

DeAngelo 等(2006)最早系统阐述了股利生命周期理论,他们提出股利生命周期理论的概念,检验了公司股利分配倾向与留存收益率的关系,首次为股利生命周期理论提供了经验证据。在其经典论文 *Dividend Policy and the Earned / Contributed Capital Mix:A Test of the Life-Cycle Theory* 中,DeAngelo 等采用留存收益率作为企业生命周期的代理变量,这是因为留存收益率可以衡量公司在多大程度上依赖内源性或外源性融资。留存收益率低的公司往往处于需要注入资金的成长阶段;留存收益率较高的公司往往是成熟期企业,有充足的累积利润,倾向于支付更高的股利。以 1973—2002 年美国上市公司为样本数据进行实证研究后发现,留存收益率确实是公司派发股利的关键影响因素,随着留存收益率的提高,上市公司派发现金股利的倾向也在增加,派发现金股利的上市公司占比随着留存收益率的增加(减少)而增加(减少)。同时,Logit 回归的结果也显示留存收益率对上市公司首发股利(initiation)及停发股利(omission)也有显著影响。

此外,Denis 和 Osobov(2008)以多个国家(美国、加拿大、英国、法国、日本)为样本,同样发现留存收益率高的上市公司更倾向于派发现金股利,股利生命周期理论得到了支持。沿着 DeAngelo 等(2006)股利生命周期理论的研究思路,Paul 和 Emre(2010)以全球上市公司为样本研究国与国之间信息披露质量差异对股利生命周期理论的影响,结果发现生命周期理论可以解释各个国家上市公司的股利分配行为,并且公司的信息披露质量在股利决策中也扮演重要角色,这是因为信息披露质量会影响代理成本。因而,Paul 和 Emre(2010)实际上研究了考虑代理成本因素的股利生命周期理论。在企业生命周期的划分方面,Dickinson(2011)创新性地依据经营活动现金流、投资活动现金流及筹资活动现金流的特征,构建了一种新的企业生命周期识别方法。Faff 等(2016)的实证研究则验证了 Dickinson(2011)基于现金流特征的生命周期识别方法的合理性,并且发现企业的投融资、现金流管理政策符合生命周期理论。

第二节 | 中国式"现金分红之谜"的研究脉络及最新进展

国内财务学学者对上市公司现金分红政策的研究起步较晚,客观上是因为中国证券市场相比国外还比较年轻。尽管如此,国内股利研究文献仍然取得丰硕的研究成果,在拓展经典股利理论在新兴市场的应用、丰富经典股利文献的同时,在股利研究的"法与金融"视角作出了创新贡献。通过梳理国内主流文献可以发现,国内现金股利政策研究重点是对经典股利信号理论、股利代理理论的深入检验,并且在中国半强制分红政策的效应检验方面形成了特色与创新。此外,部分学者尝试采用生命周期理论、行为财务理论等新兴理论阐释中国式"现金分红之谜"。

一、中国式"现金分红之谜"的信号理论解释

陈晓等(1998)率先应用信号理论研究中国上市公司首次股利的信号传递。他们采用事件研究法,检验了 86 家 A 股公司股票在股利公告前后 20 日的累计超额收益,发现三种类型股利支付(现金、股票及两者混合)均具有信号效应,然而纯现金股利的信号效应远远不及股票股利信号效应显著。之后大量研究表明,中国上市公司股利政策具有信号效应。魏刚(1998)发现中国上市公司股利分配具有信号效应,然而与西方国家相反的是,中国市场对现金股利行为表现出负向反应。也有学者从股利变动角度研究了股利信号效应,发现股利变动具有信息内涵,股利变化会带来股票超常收益的同向变化,并且股利政策传递了公司当年的业绩信息(李常青和沈艺峰,2001)。孔小文和于笑坤(2003)采用事件研究法和独立样本 T 检验实证分析了股利宣告的市场反应与股利的信息内涵,发现股利支付对未来盈利能力有信号效应,股利宣告会带来累计超常收益率的增加,从而在总体上证实股利具有信号效应。然而,也有部分学者的大样本统计研究并未发现股利具有信息内涵。陈浪南和姚正春(2000)在控制相关变量的基础上,发现现金股利不具有信号传递功能。杨熠和沈艺峰(2004)研究发现"自由现金流量假说"更能说明现金分红与企业未来盈利状况的关系,而股利信号理论解释力较弱。有别于单纯考察股利宣告的市场反应,吕长江和许静静(2010)通过

股利变更公告研究股利的市场反应,以期获得更加"干净"的结论。经验证据显示,现金股利增加或减少的市场反应不显著,并且现金股利的变动不能为经营现金流、净利润等提供信号,总体上并未发现现金股利的信号传递效应。

除此之外,近年来也有国内研究者试图摒弃经典股利信号理论研究基于事件研究法的范式,试图从盈余质量、盈余持续性、现金流不确定性等视角获取现金分红信号效应的证据。李卓和宋玉(2007)实证分析了现金股利对盈余持续性、盈余分项指标的影响,结果发现派发现金股利上市公司的盈余持续性显著优于未派发现金股利上市公司,股利支付率高的公司在盈余持续性及盈余各组成部分方面显著更好,说明现金股利对盈余持续性、未来盈利能力具有信号作用。邓路等(2011)从现金流不确定性角度深化了股利信号理论的研究,按照现金流不确定程度、盈余高低及股利变动方向交叉分组观察了股利宣告窗口期的累计超额收益及显著性,发现现金流不确定程度会显著强化股利宣告的市场反应,这一效应在股利增加样本组更显著。邓路等(2011)的研究考虑了异质化财务特征下股利的信号理论,对未来研究有一定启发。高质量的盈余应具备价值相关性、预测价值、持续性与真实性。王静等(2014)从更加全面的盈余质量视角,检验了股利分配的信息内涵。其研究发现,相比未发放股利公司,支付股利公司的操控性应计盈余更低、盈余价值相关性更强、应计利润与现金流拟合度更高,并且持续发放股利、股利支付水平越高,以上三方面的盈余质量越好。王静等(2014)的研究以操控性应计利润、应计项目转化为现金流的程度及盈余对股票回报波动的解释能力来刻画盈余质量,在一定程度上拓展了国外股利信号理论的研究框架。

二、中国式"现金分红之谜"的代理理论解释

国内用代理理论研究股利政策的文献要略晚于对信号理论的检验。早期的文献肯定了股利代理理论在中国的适用性,开创了国内股利代理理论的研究视角。廖理和方芳(2004)发现管理层持股有助于提高上市公司现金股利水平,进而降低上市公司代理成本,并且这种效应在高代理成本公司更为明显。进一步地,廖理和方芳(2005)实证检验了经典代理理论对于解释中国股利分配行为的适用性,发现股利宣告会影响代理成本,代理理论在中国是适用的。此外,他们还发现国有股所带来的"所有权缺位"会加剧管理层代理成本。吕长江和周县华(2005)采用因子分析法、事件研究法研究公司治理结构对股利分配的影响,发现股利支付与控股股东持股比例呈"U"型关系,降低代理成本假说在中国公司股利决策中能发挥作用。国企分红能否抑制代理成本也是值得关注的话题。魏明

海和柳建华(2007)研究发现,派发现金股利可降低国企负责人可操控的内部现金流,进而制约国企过度投资的代理问题。国企高管人员在职消费对企业业绩造成负面影响,是国企代理成本的另一种表现形式。以管理费用中的 8 类明细项目①作为在职消费的代理变量,罗宏和黄文华(2008)通过经验研究发现,国企现金分红可以有效制约高管层在职消费,降低代理成本。此外,管理层权力越大的上市公司现金分红比例越低,直接验证了管理者代理问题对公司现金股利分配的影响(郭红彩,2013)。

王化成等(2007)从控股股东代理问题的角度研究发现,国有控股股东的股利分配倾向及水平要低于民营控股股东,并且两权分离度也会降低控股股东的股利分配意愿。利益相关者的代理冲突与博弈会影响公司现金分红决策,控股股东处于博弈的优势方往往对现金股利分配有重要影响(胡国柳等,2011)。当控股股东持股水平不同时,上市公司现金分红的价值效应具有差异性。罗琦和吴哲栋(2016)深化了此领域的研究,发现控股股东持股比例较低时,现金分红可以发挥治理效应、降低大股东利益侵占,带来价值效应;而控股股东持股比例较高时,大股东与中小股东实现利益协同,现金分红的价值效应不明显。现金分红承诺制度旨在制约公司使用现金流,抑制大股东"掏空"行为,然而,王国俊等(2015)却发现承诺高分红的公司往往通过利润转移、盈余管理等方式规避现金分红,承诺分红制度在遏制控股股东代理问题方面略显乏力。

此外,也有国内学者关注了治理机制改善能否提升现金股利、缓解代理问题的治理效应。比如,吕长江和张海平(2012)研究发现,部分实施股权激励公司的高管会利用现金股利政策为自己谋福利;而肖淑芳和喻梦颖(2012)则发现实施股权激励上市公司的现金分红水平更高,在一定程度上提升了现金分红对代理成本的控制效应。靳庆鲁等(2016)认为,作为"积极投资者",机构股东有助于提高上市公司现金股利分配的积极性,比如社保基金持股对上市公司现金股利分配有正向影响。因而,机构投资者有利于发挥现金分红对代理问题的治理效应(魏志华等,2012;罗进辉,2013),并且,机构持股有助于削弱管理层权力对上市公司现金分红的消极影响,降低管理者代理成本(宁青青等,2017)。风险投资同样具有监督治理职能,风险投资的介入能显著提高上市公司派发现金股利意愿及分红水平,减少企业代理问题(吴超鹏、张媛,2017)。

---

① 这 8 类明细项目为:办公费、差旅费、业务招待费、通信费、出国培训费、董事会费、小车费和会议费。

三、研究中国式"现金分红之谜"的"法与金融"视角

关于半强制分红政策对上市公司现金分红决策影响的研究可以看作中国现金分红问题研究的特色与突破。李常青、魏志华和吴世农三位学者于 2010 年在发表在《经济研究》上的《半强制分红政策的市场反应研究》一文开创了中国"法与金融"视角的股利政策研究新篇章,半强制分红政策对上市公司现金分红行为的影响逐渐成为中国股利研究的热点领域。李常青、魏志华和吴世农(2010)首次将证监会关于公司现金分红与再融资资格挂钩的政策界定为半强制分红政策,并以 2008 年出台的《关于修改上市公司现金分红若干规定的决定》为政策背景,研究发现市场对证监会半强制分红政策表现出"预期—失望"的态势,这说明借助半强制分红政策干预上市公司现金分红有"越俎代庖"的弊端,表现出"监管悖论"。自此以后,近十年来,中国半强制分红政策对上市公司现金分红的治理效应受到财务学学者的广泛关注。时至今日,学界对中国半强制分红政策仍然褒贬不一。

半强制分红政策具有一定的积极效应。系列半强制分红政策显著提高了资本市场现金分红意愿及水平,提高了上市公司通过现金分红回报投资者的意识(魏志华等,2014)。半强制分红政策遏制了上市公司重融资而轻分红的弊病(郑蓉等,2014)。从市场流动性角度的实证研究显示,半强制分红政策的实施降低了流动性成本、稳定了投资者预期,进而有助于增加投资者财富(李茂良等,2014)。在中小投资者法律保护不太成熟、公司治理及市场机制都不够完善的背景下,半强制分红政策的实施,有利于刺激上市公司分红,从而提升上市公司企业价值,保护中小股东权益(胡耀亭、马宏,2017)。此外,王国俊等(2017)也发现,证监会监管新政显著提高了上市公司现金分红的意愿,并且强化了现金分红与公司成长性、重大投资安排之间的敏感性,监管政策有助于理顺中国资本市场的分红机制,可以发挥积极的政策效应。

同时,也有大量文献认为中国半强制分红政策存在弊端,政策效应不佳。迫于监管压力,有融资需求的上市公司被迫提高了现金股利支付水平,半强制分红政策异化了上市公司现金分红策略(李慧,2013)。半强制分红政策的影响仅限于有融资意愿的公司,而对"不差钱"的铁公鸡分红公司则无可奈何,半强制分红政策存在监管空白地带(郑蓉、干胜道,2014)。半强制分红政策难以医治资本市场"圈钱病"(皮海洲,2011)。半强制分红政策未能激励现金流充沛且有充足分红能力的上市公司增加分红,"一刀切"式的分红监管缺乏针对性,难以奏效(陈云玲,2014)。由于政策设置的"分红门槛"偏低,半强制分红政策未能显著提高

上市公司的整体现金分红水平(刘星等,2016)。在半强制分红政策的背景下,企业现金分红抑制过度投资、降低代理成本的效应被削弱,同时也为现金流匮乏而有再融资需求的上市公司带来额外负担,监管效果与政策初衷有差异(刘银国等,2014)。半强制分红政策作为增强资本市场吸引力、强化中小股东利益保护的阶段性权宜之计无可非议,然而半强制分红政策在缓解融资、抑制过度投资方面却显得乏力(陈艳等,2015)。半强制分红政策干预了上市公司正常的股利决策,使经典股利理论对中国上市公司现金分红行为的解释力削弱(魏志华等,2017)。此外,也有经验证据表明,半强制分红政策弱化了上市公司现金分红决策中董事会的治理作用,诱发了"强监管"与"弱分红"的困局(高文亮等,2018)。

四、中国式"现金分红之谜"的行为财务、税收解释

相比采用经典的股利理论解释中国上市公司现金分红行为的文献,国内基于行为财务、税收角度研究现金分红决策的文献相对较少,研究结论也不统一。首先是基于行为财务角度的现金分红研究。在中国,股利"迎合理论"是适用的,但管理层制定分红政策主要迎合了大股东的需求,中小股东的利益往往被忽视(黄娟娟、沈艺峰,2007)。超过80%的中国上市公司每股现金股利额度在0.2元以下,表现出明显的股利"群聚"特征,从行为财务角度分析管理者现金分红决策中的"羊群行为"及管理者对大股东股利偏好的迎合能够解释中国式股利"群聚"现象(黄娟娟,2009)。市场投资者支付的股利溢价越多,上市公司现金分红的积极性越高,因而上市公司股利决策迎合了市场的投机性需求(熊德华、刘力,2007)。公众投资者对股利折价的需求,使部分中国上市公司实施不分红的股利政策(饶育蕾等,2008)。大股东现金"掏空"行为是中国公司"股利折价之谜"的根源,投资者往往认可并迎合半强制的现金分红(马鹏飞、董竹,2019)。然而,支晓强等(2014)采用券商交易数据研究后认为,不同类型投资者具有不同的股利偏好,上市公司现金股利决策并未迎合投资者。

税收角度是现金分红研究的另外一个视角。国内税收角度的上市公司现金分红研究主要集中于股利税及其调整的影响,相关的研究文献不是很多。降低股利税可以刺激上市公司积极分红(赵虹、隆威,2012)。从红利税政策调整角度看,投资者对红利税"减半"反应积极(曾亚敏、张俊生,2005)。从短期上看,股利所得税减半征收确实能够提高中国上市公司现金分红水平(李增福、张淑芳,2010),并且在红利税"差别化"政策发布期间,高分红公司的市场反应更加积极(王国俊、陈冬华,2014)。

第三节 | 会计、财务、公司治理领域指数研究的动态

指数能够为经济分析、监控和宏观经济政策制定提供依据(徐国祥,1999)。从功能上看,指数可以反映经济现象变化,对经济现象进行综合评价、测定、预警(廖颖林,2008)。借助物价水平、工业生产、固定资产投资、居民收入、股票价格等多个领域指数系统的开发,实施对经济、金融运行状况的动态监测是各国普遍的做法(张鸣芳,2006)。而大数据和云计算理念、技术的运用也必将拓宽指数开发与应用的领域(李金昌,2014)。会计、财务、公司治理等领域开展指数化研究是近年来新的动态。这些在会计、财务领域典型的指数研究主要包括以下内容:

一是公司治理指数的开发。李维安教授领衔的公司治理研究团队致力于公司治理评价、公司治理理论及实务研究,创新性地构建了中国公司治理评价体系。该评价体系被称为中国上市公司治理评价的"晴雨表"。基于权变理论、系统理论、公司绩效理论及多目标规划理论等基本理论,从信息披露、利益相关者、董事会、监事会等 6 个维度选取评价指标,李维安教授团队开发了"中国上市公司治理指数"(CCGI^{NK}),并且自 2003 年起连续公开发布。"中国上市公司治理指数"为证监会等部门实施上市公司治理评价提供了量化依据,为国内《上市公司治理准则》的制定提供了数据支持,也为国内上市公司治理结构及治理机制完善提供了参考和借鉴。此外,"中国上市公司治理指数"还为财务、公司治理、会计等领域学者的科学研究提供了数据支持。

二是财务指数的开发。以上市公司公开财务数据为数据源,结合统计指数理论,赵德武教授领衔的研究团队构建并开发了"中国上市公司财务指数",以动态指数形式对宏观财务经济运行情况进行动态监测、预警。财务指数按照编制内容可分为总体指数、特定指数;按照编制范围可分为综合指数、分类指数。自2006 年开始,"中国上市公司财务指数"连续公开发布,获得理论界的高度关注和实务界的充分认可。"中国上市公司财务指数"的持续发布有助于政府部门监测上市公司财务运行,制定相应调控政策,有利于上市公司自身的财务诊断,也有利于利益相关者对上市公司进行财务评价。"中国上市公司财务指数"拓展了微观财务会计信息的应用价值,将传统的微观财务分析提升至宏观财务分析层面。

三是会计指数的开发。王化成教授领衔开发了三维一体的会计指数框架,分别是会计宏观价值指数(AMV)、会计综合评价指数(ACV)及会计投资价值

指数（AIV）。与 GDP、工业增加值等宏观指标相比，会计指数具有更高的可靠性，这是因为会计指数的编制指标来自经审计的企业会计报表信息。自 2012 年以来，王化成教授团队连续发布《中国会计指数研究报告》，引起学界、业界广泛关注。会计指数具有广泛应用前景，会计指数的编制与发布将经审计的微观会计信息应用于宏观经济评价的层面，提供反映宏观经济运行的可靠信息，为企业经营及政府宏观调控提供决策参考；同时，会计指数也为财务会计领域学术研究提供了数据支持。可以说，会计指数的开发与应用提升了微观会计信息的决策价值，也提升了会计在经济社会发展中的影响力。

四是会计投资者保护指数的开发。谢志华教授领衔的研究团队从会计角度审视投资者保护情况，从会计信息质量、内部控制、外部审计及财务运行 4 个维度选取评价指标，采用层次分析法（AHP）设定权重，创新性地开发了"中国上市公司会计投资者保护指数"（AIPI）。自 2010 年以来谢志华教授团队连续多年公开发布"中国上市公司会计投资者保护指数"，引起财务理论界、实务界、监管部门的良好反响。就其应用价值而言，"中国上市公司会计投资者保护指数"的开发与发布对于揭示公司财务造假、支持投资者决策、反映资本市场运行质量都有重要的理论及现实意义；同时，该指数也为财务会计领域学术研究提供了数据支持。此外，"中国上市公司会计投资者保护指数"对于会计监管、投资者利益保护机制设计及上市公司治理优化有参考价值。

五是营运资金管理数据库的开发。王竹泉教授领衔的营运资金研究团队创新性地提出了基于渠道管理的营运资金管理评价思路，将营运资金管理与渠道管理、流程管理、供应链管理相结合，成功开发了"中国上市公司营运资金管理数据库"，并定期发布排行榜。王竹泉教授团队开发的"中国上市公司营运资金管理数据库"具有重要价值：从截面上看，营运资金管理数据可以反映上市公司营运资金管理的效率；从时间序列上看，营运资金管理数据的变动可以反映国家宏观经济的走势。此外，该数据库可以为财务效率评价、财务能力分析、资本效率测度等领域的研究提供数据支持，也可以为上市公司营运资金管理提供经验借鉴。

第四节 | 相关研究述评及对现金分红指数构建的启示

通过梳理国内外股利研究相关文献、会计及财务领域指数开发相关研究，本书得到以下几点结论：

（1）国外股利理论研究源远流长而又经久不衰。由于国外证券市场起步较早，国外财务学学者对于现金股利分配议题的研究要早于国内。如果将股利无关论的提出看作经典股利理论的起源的话，财务学学者对于公司现金股利政策的研究已经持续了近60年，形成了多元而又特色鲜明的经典股利理论及新兴股利理论，包括股利代理理论、股利信号理论、股利税差理论、股利迎合理论、股利生命周期理论及"法与金融"视角的股利理论等。不同理论各执一词，试图从不同视角解读公司为何分红，然而似乎没有任何一种公认的股利理论能够完美地解读公司分红，时至今日上市公司现金分红行为仍然被称作"现金分红之谜"。也正是因为"现金分红之谜"的深奥，股利政策仍然是当今财务经济学、公司金融领域的热点话题。

（2）国内股利研究始于借鉴，繁荣于制度背景创新。从已有文献来看，早期中国学者对上市公司现金分红问题的研究始于对经典的股利信号理论、股利代理理论的借鉴，试图回答经典股利理论能否解释中国上市公司现金分红问题。尽管研究结论未达到一致，信号理论与代理理论还是得到了国内主流文献的支持。也有少数国内学者从生命周期、税收、行为财务的角度研究中国上市公司现金分红问题，获取了有价值的经验证据。值得一提的是，学者们也意识到新兴市场制度背景的差异，并试图扎根于中国制度背景、监管环境开展股利理论研究。比如，中国证监会出台的系列半强制分红政策对上市公司现金分红行为的影响引起国内学者的广泛研究兴趣，进而，"法与金融"视角的现金分红问题研究成为具有中国特色的股利理论研究，丰富了国内外股利理论研究。

（3）国内外股利政策研究文献浩如烟海，不同的理论各执一说，从不同的视角对公司分红进行诠释，丰富了学界对于"现金分红之谜"的认识。不过，现有研究还存在如下欠缺：一是缺乏对于中国上市公司现金分红状况全面监测、动态评价的研究；二是对于中国上市公司现金分红政府监管的效应未达成一致结论，也未能提供如何改进分红监管的直接依据；三是相关研究虽揭示了极端分红、异常派现等分红弊端，但缺乏如何培育资本市场健康分红文化的研究。

（4）在会计、财务、公司治理领域开展指数化研究是近年来新的研究动态，这些研究拓展了企业财务、会计信息的应用领域，得到监管部门、理论界及实务界的关注与肯定。相比宏观指数，基于微观会计、财务数据构建的指数更加可靠，因为经审计的会计数据相对于宏观统计数据可信度更高。指数可以提供附加信息含量，财务、会计领域指数对于宏观决策具有较强的参考价值，可以为上市公司评价、投资者保护、资本市场治理、政府宏观资源配置提供决策参考。财务、会计领域指数的开发及应用研究提升了财务、会计信息的宏观决策价值，前景广阔。此外,财务、会计领域指数的构建也为学界理论研究提供了数据支持,方便学者们开展相关研究。

本书拟基于股利理论、中国特殊的分红管制环境,并借鉴财务、会计及公司治理领域指数开发的先进做法,构建"中国上市公司现金分红指数"(CDPI),以指数形式系统、动态地刻画中国上市公司现金分红状况,进而借助指数的呈报、发布,形成对公司分红的动态监测与媒体治理机制。本书认为,上市公司现金分红指数的构建有助于形成一套公司分红的监测和评价机制,从而服务于监管政策的调控和分红文化的建设。

第三章

中国上市公司现金分红指数理论研究

上市公司现金分红行为被学界称为"现金分红之谜",原因在于上市公司现金分红会触及不同财务主体的利益,单一的财务理论很难回答何种现金分红政策最优。从投资者层面上看,现金分红是投资回报的重要形式,更是投资者保护的替代手段;从公司层面上看,现金分红借助内部现金流调控机制影响管理层与控股股东的代理成本,并且还借助"投资—分红"的竞争机制影响公司可持续增长;从资本市场层面上看,现金分红借助其对上市公司未来盈余的信号揭示,吸引长期价值投资者,稳定市场预期,助力资本市场健康运行。因而,对上市公司现金分红行为的评价应该结合个体投资者、上市公司及宏观资本市场等综合视角。从理论层面上看,不同的财务理论试图从不同视角回答上市公司现金分红决策应有的价值取向,这些理论对于指导现金分红决策,以及本书选择现金分红指数评价指标均有重要参考价值。

第一节 | 中国上市公司现金分红指数构建的理论基础

一、代理理论

代理关系起源于契约理论,是指单一主体或多元主体基于显性或隐性契约,雇用其他主体为其服务,赋予其代理决策权力,并支付报酬的一种契约关系。委托代理关系的出现有其必然性和优势:一是生产的发展和规模的扩展,二是专业化分工的出现使一批具有专业知识的代理人有知识和精力行使代理权。现代公司制企业的出现与发展助推了委托代理关系的发展。股份公司股权分散、股东人数众多,股东难以亲力亲为参与企业经营管理,必须把企业委托给经理人打理。由此,Berle 和 Means(1932)指出,现代公司制企业出现了"所有—控制"的分离。在委托代理关系中,职业经理人实际上掌握了公司实际控制权,这便是现代公司治理的逻辑起点。委托代理关系的基本逻辑是委托人基于自身效用最大化,将决策管理权委托于代理人,并希望借助签订的契约使代理人按照委托人效用最大化的逻辑行事。然而,代理人利我的经济人属性,决定了委托代理关系中二者目标效用函数并不一致,代理人往往会从自己利益角度行事,进而引发代理问题(agency problem)。时至今日,委托代理理论已经从单一委托代理,发展至多边委托代理,公司内部人(如经理层、控股股东等)与公司外部投资者(尤其是中小股东)的利益冲突及由此引发的两类代理问题是现代公司治理的核心(Berle 和 Means,1932;Jensen 和 Meckling,1976)。掌控公司资产的内部人(insiders)基于自身利益行事会损害外部人的利益,比如通过关联方不平等交易转移公司资源、实施无效率投资以构建多元化"企业帝国"并谋取私利、在职奢侈消费或领取超额薪酬等。诸如此类的代理成本导致公司的低效运行与价值受损,引发公司治理中的代理问题。

代理问题在现代公司制企业不可避免,股利支付则扮演着有用的角色,表现为两种缓解机制。其一是现金流机制:通过现金分红公司将盈余(自由现金流)支付给投资者,从而降低管理层与控股股东(内部人)可操控的"闲置现金流",减少内部人"偷窃"公司资源的机会。这一机制与"自由现金流假说"不谋而合。其二是第三者监督机制:定期且连续给股东现金分红会使公司现金流流出企业,当公司面临新的投资机会或资金需求时,将不得不进入资本市场融资,从而引入了市场监督机制。当公司通过发行证券或银行贷款筹资时,证券监管机构、投资银行及会计师事务所等将对公司经营及治理情况全面审核,这一过程中来自市场层面的对公司管理层及控股股东的监督就实现了。可以认为,长期保持公司与资本市场接触的意义就在于引入了市场资金供应者、中介机构等对公司的监督机制,在一定程度上有助于缓解公司代理问题。此外,股利支付迫使公司经常面向资本市场融资的意义在于新的机构投资者或债权人对管理者行为的关注、解读,也形成了对公司内部人的监督,降低了代理成本。Easterbrook(1984)在其经典论文 *Two Agency-Cost Explanations of Dividends* 中对股利支付之于代理成本的影响作出诠释。其假定公司管理层代理成本有两种表现形式,一种代理成本是股东为保证管理层按股东利益行事而对管理层的监督成本(monitoring cost);另一种代理成本源于管理层因风险厌恶(risk aversion)而放弃股东有价值的风险决策。公司经常面向市场开展新的融资项目可以有效缓解这两类代理成本,原因在于市场资金供应方提供了良好的监督。从这个角度看,股利支付所引入的市场监督机制是十分有价值的,持续的现金分红将迫使公司经常进入市场融资,强化了这种监督机制。

代理理论对于中国上市公司现金分红指数的构建与开发具有重要启示：第一，现金分红有利于降低上市公司代理成本，进而有利于企业价值提升。因而，在中国上市公司现金分红评价中，上市公司是否实施现金分红及其现金分红水平等指标是重要的评价标准。第二，代理理论认为，持续现金分红的意义在于迫使公司进入资本市场融资，接受市场监督。这对于分红指数构建的启示在于，上市公司现金分红的连续性应该是重要的评价方面。第三，代理理论也为铁公鸡分红指数的构建提供了依据，微分红、不分红等典型吝啬分红行为会导致上市公司内部人严重的代理问题，有损企业价值。因此，开发上市公司铁公鸡分红指数，准确识别"铁公鸡"上市公司，对于资本市场、上市公司及投资者均有重要意义。微股利、连续多年不分红、有盈利而不分红等应该成为铁公鸡分红指数的核心指标。

二、信号理论

信号理论是信息经济学理论之集大成者，用于解决信息不对称条件下的决策问题。从信息行动顺序的角度，信号理论分为信号传递（signaling model）理论与信号甄别（screening model）理论两个方面，其中，前者是信息发送方先行动，后者则是信息接受方先行动。时至今日，信号理论已成为不对称信息经济学理论极富特色且深具影响的理论分支，广泛应用于组织治理、劳动力市场及公司财务等领域。

信号理论起源于经济学家对市场信号的探索。Spence(1973)撰写了著名论文 *Job Market Signaling*，提出在不完全信息条件下的劳动力市场模型；1974年，Spence 在其经典论著 *Market Signaling：Informational Transfer in Hiring and Related Screening Processes* 中，首次对教育水平在就业市场扮演的信号传递作用进行深入研究，提出了市场中具有信息优势的个体如何通过"信号传递"将信息可信地传递给具有信息劣势的个体以实现市场均衡，以避免逆向选择问题。可以说，Spence 关于劳动力市场信号的研究开创了经典的信号传递理论，之后该理论广泛应用于宏观经济、金融市场、公司财务等领域。信号甄别理论的开创性研究始于 1976 年 Rothschild 和 Stiglitz 发表的经典论文 *Equilibrium in Competitive Insurance Markets：An Essay on the Imperfect Information*。他们关注了保险市场的私有信息问题，提出信号甄别模型。在该模型中，均衡是指存在一组合同，可以满足所有雇员在可选择的合同中选择一个自己最满意的合同，并且结果只存在唯一的分离均衡。

金融市场存在的基础是信息，而资本市场运行的最大挑战也是信息的不对称。尽管证券交易委员会要求有关方面充分披露信息,但市场上总是会有一部分人比另一部分人掌握更加充分、及时、可靠的信息,这就是信息不对称。在信息不对称的环境下,企业采用何种方法向市场传递有关其企业价值的信息,进而影响投资者决策,已经成为信号理论在公司财务领域的研究议题。相比于外部投资者,内部人更加了解企业真实的经营情况、盈利趋势、预期现金流情况,掌握私有信息的内部人借助特定的企业财务行为向外部人传递信号,这是财务信号模型的基本逻辑。高质量公司的管理者总是试图向投资者传递关于公司未来发展前景的信号,又不愿意被低质量公司所模仿,解决办法之一就是发放高成本信号,使低质量公司难以模仿。Ross(1978)较早地将信号理论应用于财务领域的研究,他发现拥有良好投资机会信息的经理,可以借助资本结构安排或分红政策安排向潜在投资者传递信息。此外,在信息不对称情况下,公司也可以通过盈余公告、融资公告、股利公告等方式向外部市场传递公司现金流状况的信息。

股利信号理论始于对股利无关论关于完美资本市场的假定。Bhattacharya (1979)首次构建了在非完备信息条件下(imperfect information)的股利信号模型,认为投资者对公司盈利情况具有不充分信息,并且现金股息所得税高于资本利得税,在这些情况下股利可以提供未来现金流的信号。借助模型推演,Bhattacharya 还给出了在均衡条件下影响投资者决策的最佳股利支付率。可以说,Bhattacharya 开创了财务学领域股利信号理论的先河。之后,大量研究围绕股利是否有信号、股利能否传递公司未来盈余及现金流信息、股利的信号如何产生影响开展。股利信号理论的基本思想是:作为一种"昂贵"的信号,股利传递了管理层关于公司未来盈利前景的信号,股利变动对未来公司业绩变动有预测价值。许多研究表明,上市公司分红及分红变动确实传递了公司的财务信号。比如,股利变动能够提供未来年度市场业绩及会计业绩信息(Nissim 和 Ziv,2001);股利可以帮助投资者预测和评估盈余持续性(Carsten 等,2018);公司宣告发放特殊股利(special dividend)会产生显著为正的股价反应(Balachandran B 和 Nguyen,2004);高股利公司会获得显著更高的股票市场回报(Park 和 Kim,2010)。也有大量经验证据表明,股利的信号能够被市场甄别。由于股利信号刺激了投资者信心,在除息日(ex-day)股价下降幅度一般小于股利的金额(Elton 和 Gruber,1970),精明的机构投资者甄别出了股利的信号效应,并实施除息日交易策略(ex-dividend profitability)获取超额回报。机构投资者更加偏好高股利支付的公司,在一定程度上表明机构股东同样以股利作为甄别公司财务状况的信号(Grinstein 和 Michaely,2005)。

传统股利信号理论有以下两个分支:

（1）股利单一信号理论（single-signal cash flow theory）。该理论认为股利传递了正向盈余信号，股利变动与市场股价变动同向，这也是早期关于现金分红信号传递的较为一致的理论观点。其信号机理在于：公司为了区别于绩差公司而实施高分红，将不得不削减资本性投资水平，因而高比例现金分红传递的是关于公司未来业绩信心的良好信号，这种信号能够被市场所甄别并带来公司股价以及未来融资的积极反应。早期的财务学学者秉承的是股利单一信号理论（John 和 Williams，1985；Miller 和 Rock，1985；Khang 和 King，2003），他们认为管理层比外部人拥有私有信息，如果私有信息中含有"好消息"成分，管理层往往会借助现金分红将积极信号传递给投资者。比如，当有高质量的投资机会时，公司会增加现金分红以传递正面信号，俘获投资者的积极反应，带来股价的上升，以便开展新的融资项目。

（2）股利多重信号理论（multiple-signal cash flow signaling theory）。该理论认为股利宣告的信号会被其他财务行为的信号所强化或扭曲，因而应该将股利信号的考察置于多元财务行为的情境下综合考虑。多重信号理论的依据是：当公司股价被低估时，单纯依靠现金分红传递的信号很难使股价回归真实内在价值（intrinsic value），因此管理层还会结合使用其他财务行为的信号将私有信息传递给市场。通常，管理层实施的分红辅助性信号包括内部人交易、股票回购及新的投资等（Chhachhi 和 Davidson，1997；Grullon 等，2002）。比如，对于成熟型公司股利信号，只有在内部人买入股票交易的同时才成立；对于成长型高科技公司股利的正面信号，即便在内部人抛售股票的交易发生时也成立（John 和 Lang，1991）。在欧洲市场，内部人的卖出交易会极大削弱股利传递的积极信号（Brio 和 Miguel，2010），但即便如此，在多重信号情境下，股利仍然是关于公司未来发展潜力的最有力的信号（Khang 和 King，2003）。

信号理论对于构建中国上市公司现金分红指数的启示在于：第一，相比于其他财务信号，上市公司现金分红是一种成本较高且难以模仿的信号，有助于投资者识别，进而判断上市公司真实财务业绩，作出科学的投资决策。从这个意义上讲，上市公司现金分红有助于在信息不对称条件下的投资者利益保护，这为本书研究开发的"现金分红连续性指数""现金分红回报性指数""现金分红平稳性指数"等提供了理论依据。第二，极端分红行为（如铁公鸡分红、过度分红等）不利于传递公司真实财务信号，会加剧信息不对称，误导投资者并对资本市场健康发展带来不利影响，这为本书研究开发的"铁公鸡分红指数""庞氏分红指数"等提供了理论依据。第三，从资本市场层面上看，持续分红的信号传递有利于吸引长期价值型投资者，进而有助于资本市场稳定。这为本书研究开发的"市场分红指数"提供了理论依据。从信号角度看,市场层面分红总体表现、分红上市公司占比、市场分红的连续性和稳定性等指标应该成为评判市场分红情况的核心指标。

三、投资者保护理论

对投资者保护问题的关注可以追溯至 Berle 和 Means(1932)所著的《现代公司与私有产权》一书。他们认为,高度分散的股权结构引起的监督缺位以及所有权与经营权两权分离引起的利益冲突,导致公司经理层侵占股东利益的事情时有发生。而在股权集中的公司中,控股股东有能力和动力有效监督经理层,但在控股股东实际把控公司现金流权的情况下,又会引发控股股东对中小股东的利益侵占。因此,在现代公司治理理论下,投资者保护问题一直是重要的理论命题。从政府管制及公司治理的视角来看,投资者保护理论可以划分为契约论和法律规制论。

契约论认为不必要借助专门的法律规制与制度,投资者与公司之间签订完备的契约就可以实现对投资者合法利益的保护。根据契约论,可以通过以下 4 种机制保障契约的有效执行:

(1)所有权的高度集中。高度集中的所有权可以形成对经理层的有效监督和约束,保障契约的履行,以达到保护投资者合法权益的目的。

(2)公司的声誉与自律。在契约既定的条件下,声誉高的公司出于维护自身名誉考虑会约束公司行为,主动履行契约。声誉在一定程度上为公司执行保护投资者权益的契约提供了内在激励。

(3)政府干预。当政府作为社会管理者发现公司违背与投资者签订的契约、损害投资者利益时,政府可以借助税收等手段惩罚损害投资者利益的公司,强化公司对契约的遵从度。

(4)签订国际契约。借助交叉上市进入监管规范的国际资本市场,引入完备的国际监管,有利于提高公司契约执行效果,保护投资者利益。

法律规制论认为法律体系的差异造成了投资者保护水平的区别,法律是投资者保护的重要一环。La Porta 等(2000)开创了"法与金融"视角的投资者保护研究,他们对比了 49 个国家关于投资者保护的法律法规立法和执行情况。研究发现,普通法系国家投资者保护水平较高,而民法法系国家投资者权益保护水平较弱。因此,他们认为,法律起源会影响投资者保护水平,减少市场失灵或扭曲。从世界范围内看,法律体系的差异可以解释投资者保护程度的差异,包括 IPO规则、会计准则、信息披露、金融市场监管等。

在公司分红的研究方面,La Porta 等(2000)的经典论文 *Agency Problems*

and Dividend Policy Around the World 开创了公司分红研究的"法与金融"视角。La Porta 等（2000）提出了公司分红的"结果模型"与"替代模型"。

"结果模型"认为，公司分红是有效的投资者法律保护体系的结果。在有效的法律体系下，小股东基于法律权利迫使公司分红，从而避免内部人的自利行为，这些法律权利主要包括小股东选举董事、抗议利益侵占等。多国的经验研究则显示，更好的投资者保护与更高的股利支付是相关的。"结果模型"更深层次的含义在于：当投资者法律保护较为完善时，具有投资机会、成长前景的公司会支付较低的现金股利，因为投资者预期在未来可收获较多的现金股利；而投资机会少的成熟型公司，投资者会要求支付较高的现金股利。因此，根据"结果模型"，公司成长机会与股利支付显著负相关。

"替代模型"认为，现金股利是法律保护的替代。换言之，当投资者法律保护欠佳时，现金股利充当了一种替代机制。该模型依赖一个关键的假设：公司需要建立一种"声誉"，从而在缺乏资金的时候，可以以便利的条款获得外部资本市场的资金；建立"声誉"的方式之一便是派发现金股利。在中小股东法律保护较弱的国家，公司建立"善待"股东"声誉"的需求更强，从而在这类国家的公司通过派发股利建立"声誉"的动机最强。相反，在中小股东法律保护较好的国家，公司通过派发股利构建"声誉"的动机较弱。因此，"替代模型"的深层含义是：相比于投资者法律保护较好的国家，投资者法律保护欠佳的国家的股利支付水平更高。此外，成长前景较好的公司有着更强的融资需求，进而会采用高股利支付政策以建立"声誉"。因此，根据"替代模型"，公司成长前景与股利支付正相关。

采用世界上 33 个国家的公司样本实证研究发现，中小投资者法律保护较好国家的上市公司股利支付率更高，从而支持了股利支付的"结果模型"。La Porta 等（2000）提出的关于公司分红的"结果模型"与"替代模型"代表两种截然相反的理论观点。但是二者都是基于投资者法律保护的相同背景，这开创了公司分红研究的"法与金融"视角的先河。

投资者保护理论对本书研究上市公司分红指数构建的启示在于：第一，在资本市场投资者保护总体欠佳的背景下，中国上市公司现金分红更符合"替代模型"的理论预期，即公司分红是投资者保护的重要替代机制。这为本书研究构建"现金分红价值投资性指数"提供了理论依据。第二，中国股票投资者获取投资回报的路径有两个，一是基于分红回报，二是基于买卖价差。很长一段时间以来，中国上市公司"重圈钱、轻回报"，投资者权益得不到保护。基于公司分红是投资者保护重要替代机制的逻辑，构建"现金分红回报性指数"也有其必要性。第三，如果把分红政策看作投资者与上市公司之间的一种分配契约，那么中国证监会的半强制分红政策则提供了外部法律规制。可以说,证监会半强制分红政策施行的初衷之一便是保护投资者分红权益。证监会半强制分红政策提出的分红监管明线,如股利支付率应为"20％""30％"乃至"50％"①,为本书研究构建"现金分红回报性指数""现金分红价值投资性指数"等评价指标的量化提供了参考;而半强分红政策提及的股利支付率、股息率、股利占净资产比例等指标,则可以作为本书研究构建的"现金分红回报性指数""现金分红价值投资性指数"的核心评价指标。

四、生命周期理论

生命周期理论另辟蹊径,试图将企业视作生命体,从生命规律的角度寻求企业萌芽、成长、成熟乃至灭亡的规律,为相关的管理及经济决策提供理论指导。Mason Haire(1959)较早地提出从生命周期的角度看待企业成长曲线的观点,可以看作企业生命周期理论的思想萌芽。Gardner(1965)进一步阐述了企业生命周期的特征,如周期长短的不可预见性、停滞期以及消亡的不可避免性。Adizes(1988)在其著作 *Corporate Lifecycles : How and Why Corporations Grow and Die and What to Do About it* 中对企业生命周期各个阶段的灵活性和可控性等特征进行研究,将企业生命周期划分为孕育期、婴儿期、青春期、盛年前期、盛年后期、成熟期、贵族期、官僚前期、官僚期、灭亡期等 10 个阶段。可控性与灵活性的表现特征决定了企业所处的生命周期阶段。年轻的企业可控性差而灵活性强,年老的企业灵活性差而可控性强。管理活动的关键在于找出企业所处阶段的问题并寻求解决方案。有别于 Adizes 对企业生命周期的划分,国内大部分学者将企业生命周期划分为:萌芽期、创业期、成长期、成熟期和衰亡期等 5 个阶段,并基于这 5 个阶段研究企业的管理逻辑和财务特征。

股利生命周期理论认为,处于生命周期不同阶段的企业由于财务特征的差异,往往会选择不同的现金分红模式。萌芽期、创业期、成长期企业投资机会多、现金流匮乏,并且萌芽期、创业期企业由于信息不对称不得不面临高昂的外部融资成本,因而会选择低现金分红或不分红。成熟期企业收入水平稳定、现金流充沛,而投资机会、研发需求少,因而成熟期企业具备现金分红的能力,可以采取高现金分红政策。衰亡期企业由于行业丧失了成长前景,投资需求不足,宜采取"收割"的财务政策,公司应将现有生产能力创造的现金流,甚至处置闲置生产能力创造的现金流全部用于分红,实施清算股利政策(liquidation dividend)。

---

① 关于分红监管明线,可参考《上市公司监管指引第 3 号——上市公司现金分红》。

Fama 和 French(2001)研究发现高盈利—低成长型公司更倾向于支付现金股利,这为股利生命周期理论提供了经验支持。此外,留存收益占净资产(总资产)比例较高的公司往往是内源性融资能力较强的成熟型公司,因而留存收益率可以较好地衡量公司所处的生命周期阶段。DeAngelo 等(2006)发现公司股利分配倾向与留存收益比例呈显著正向关系,印证了股利生命周期理论的基本观点:相比于年轻型公司,成熟型公司更倾向于现金分红。之后 Brockman 和 Unlu(2011)以全球 31 个国家 80 725 个公司的年度数据为样本的研究进一步证实了股利生命周期理论的合理性。此外,Flavin 和 O'Connor(2017)采用留存收益率、多元线性判别分析法(MLDA)及企业年龄等多个企业生命周期衡量指标,实证研究发现在成熟期及成熟期之前的生命周期阶段,公司分红与企业生命周期存在显著的正向关系,这证实了股利生命周期的理论观点。

股利生命周期理论对于本书研究构建现金分红指数的启示体现在以下几点:第一,处于生命周期不同阶段的上市公司,其投资需求、盈利能力、现金流特征的异质性,决定了对不同阶段的上市公司现金分红评价应该体现出差异性。这些结论对本书研究构建“中国上市公司现金分红综合指数”有借鉴价值。第二,依据股利生命周期理论,公司采用与所处生命周期阶段匹配的现金分红政策,有助于公司价值最大化。因此有必要编制反映现金分红情况与成长性、投资增长及生命周期阶段是否匹配的分红指数,即“现金分红匹配性指数”。第三,生命周期理论文献中涉及的衡量公司生命周期阶段的指标,如留存收益率、MLDA、企业年龄等,对于本书“现金分红匹配性指数”“现金分红综合指数”的具体评价指标设计有重要启示。此外,中国公司按上市板块的不同可以分为主板、中小板、创业板等,不同板块的上市公司在生命周期阶段方面有所差别,对不同板块上市公司现金分红评价相应有所不同。因而,生命周期理论也为“中国上市公司市场分红指数”的编制提供了理论依据。

第二节 | 中国上市公司现金分红指数构建的制度背景

为保护投资者利益、培育资本市场价值投资理念,中国证监会、财政部、国资委和证券交易所等机构一直以来十分重视上市公司现金分红的监管。进入 21 世纪以来,证监会等部门出台了系列旨在规范上市公司现金分红行为的半强制分红政策,典型的规范性文件包括 2008 年 10 月发布的《关于修改上市公司现金分红若干规定的决定》、2013 年 11 月发布的《上市公司监管指引第 3 号——上市公司现金分红》等(具体见表 3-1)。可以看出,中国上市公司现金分红决策带有鲜明的半强制特色,证监会等机构发布的系列现金分红监管政策对上市公司分红决策产生了重要的外生冲击。

表 3-1　中国发布实施的公司分红外部监管政策文件

时间	发布部门	文件名称	涉及分红的条款
2001 年 3 月	证监会	《上市公司新股发行管理办法》	对于公司最近 3 年未有分红派息、董事会对于不分配的理由未作出合理解释的,担任主承销商的证券公司应当重点关注并在尽职调查报告中予以说明
2004 年 12 月	证监会	《关于加强社会公众股股东权益保护的若干规定》	上市公司董事会未做出现金利润分配预案的,应当在定期报告中披露原因,独立董事应当对此发表独立意见;上市公司最近 3 年未进行现金利润分配的,不得向社会公众增发新股、发行可转换公司债券或向原有股东配售股份
2006 年 5 月	证监会	《上市公司证券发行管理办法》	上市公司公开发行证券应符合最近 3 年以现金或股票方式累计分配的利润不少于最近 3 年实现的年均可分配利润的 20%
2008 年 10 月	证监会	《关于修改上市公司现金分红的若干规定的决定》	上市公司公开发行证券应符合最近 3 年以现金方式累计分配的利润不少于最近 3 年实现的年均可分配利润的 30%;对于报告期内盈利但未提出现金利润分配预案的公司,应详细说明未分红的原因
2012 年 5 月	证监会	《关于进一步落实上市公司现金分红有关事项的通知》	上市公司应当在募集说明书或发行预案中增加披露利润分配政策,尤其是现金分红政策的制定及执行情况、最近 3 年现金分红金额及比例、未分配利润使用安排情况,并作"重大事项提示"
2013 年 1 月	上交所	《上海证券交易所上市公司现金分红指引》	提升沪市分红水平,推动上市公司建立持续、稳定、科学、透明的分红机制
2013 年 11 月	证监会	《上市公司监管指引第 3 号——上市公司现金分红》	增加公司分红透明度,将分红规划载入公司章程,制定差异化分红战略的基本建议等
2014 年 1 月	上交所	《上市公司定期报告工作备忘录第七号——关于年报工作中与现金分红相关的注意事项》	公司章程中需要明确现金分红事项、关于利润分配的基础、关于监事会对公司分红事项意见的披露等
2015 年 8 月	财政部国资委证监会银监会	《关于鼓励上市公司兼并重组、现金分红及回购股份的通知》	鼓励上市公司健全现金分红制度,明确现金分红的优先位置,鼓励中期分红,鼓励以股票回购作为现金分红替代手段回报投资者

资料来源:作者整理。

一、半强制分红政策的雏形期

我国资本市场成立初期(20 世纪 90 年代),上市公司"重融资而轻回报",投资者分红权益得不到保障,大量上市公司低分红、不分红,资本市场沦为"圈钱场"。证监会等部门意识到上市公司不分红对资本市场价值投资理念的危害,于 2001 年 2 月颁布了《上市公司新股发行管理办法》,在第二章第十一条中明确要求,上市公司最近 3 年未有分红派息,董事会对于不分配的理由未作出合理解释的,担任主承销商的证券公司应重点关注并在尽职调查报告中予以说明。这项规定可以视作中国监管部门对上市公司现金分红行为监管的起步,这种"说明性"的要求实际上是提醒上市公司新股发行要重视现金分红。

然而,真正意义上的半强制分红政策的雏形为证监会将再融资资格与上市公司现金分红挂钩的监管规定。2004 年 12 月,证监会发布《关于加强社会公众股股东权益保护的若干规定的通知》,其中条款 4 明确要求,上市公司最近 3 年未进行现金分红的,不得向社会公众增发新股、发行可转换公司债券或向原有股东配售股份。可以说,早期监管政策将现金分红与否作为再融资的前提要件,就体现了中国半强制分红政策的特色。然而,早期的半强制分红政策充其量只能提醒上市公司对现金分红的重视,对上市公司现金分红行为不能带来硬约束,因为上市公司如果实施"象征性分红"也可以满足监管要求。

二、半强制分红政策的量化监管期

半强制分红量化监管期的显著特点是提出了现金分红比例的门槛要求,对再融资上市公司的现金分红决策带来实质影响。2006 年 5 月,证监会发布《上市公司证券发行管理办法》,文件第八条规定,上市公司发行证券应满足"最近 3 年以现金或股票方式累计分配的利润不少于最近 3 年实现的年均可分配利润的 20％"的要求。该办法首次量化了再融资公司利润分配水平的门槛,体现了 3 个要点:一是考核方式包括现金分红或股票股利;二是考核窗口期是再融资的前 3 年;三是考核水平为年均可分配利润的 20％。

2008 年 10 月,证监会发布《关于修改上市公司现金分红若干规定的决定》,将发行证券的现金分红要求修改为"最近 3 年以现金方式累计分配的利润不少于最近 3 年实现的年均可分配利润的 30％"。相比而言,该决定更加严格,体现为:首先,从要求的股利分配方式看,该决定要求必须是"现金分红方式",这意味着再融资企业必须给予投资者"真金白银"的分红回报才能满足监管要求;其次,从比例要求看,现金方式分红的比例要求从 20％提升至 30％。

可以看出,在量化监管期,证监会量化和提高了再融资企业现金分红的门槛,极大体现了证监会等部门遏制上市公司"重圈钱、轻回报"的决心。然而,这一阶段的监管政策仍然存在盲区,对于众多没有再融资安排的上市公司,其现金分红行为不在监管政策的规范之列,仍可"我行我素"。

三、半强制分红政策的强化监管期

证监会于 2012 年 5 月发布《关于进一步落实上市公司现金分红有关事项的通知》。该通知没有更新的监管提法,但强化了上市公司现金分红决策程序、分红政策内容等的披露要求。此外,该通知特别提出首次公开发行股票公司应当在招股说明书中做好利润分配相关信息的披露工作。2013 年 11 月,证监会发布《上市公司监管指引第 3 号——上市公司现金分红》。该指引不光是对之前半强制分红政策的强化,更提出了许多细化的上市公司现金分红指引性建议。比如提出上市公司应采取差异化的现金分红政策,对处于成长期、成熟期等不同发展阶段的上市公司,提出参考现金分红比例(如 20%、40%、80% 等);强化上市公司现金分红决策程序的监管、分红决策中要体现对中小股东意见的反映。

为落实证监会发布的《上市公司监管指引第 3 号——上市公司现金分红》,2014 年 1 月,上交所发布了《上市公司定期报告工作备忘录第七号——关于年报工作中与现金分红相关的注意事项》,重点对上市公司利润分配的计算基础、公司章程中现金分红信息披露、年报中现金分红比例信息披露、利润分配议案的网络投票安排等事项做了明确要求。进一步地,2015 年 8 月,财政部、证监会、国资委、银监会联合发布《关于鼓励上市公司兼并重组、现金分红及回购股份的通知》,鼓励上市公司健全现金分红制度,明确现金分红的优先位置,鼓励中期分红,鼓励以股票回购作为现金分红替代手段回报投资者。

强化监管期的监管有两个特点:一是敦促上市公司执行已经发布的半强制分红政策,以强化上市公司通过分红回报股东的意识,鼓励投资者长期投资,稳定资本市场;二是细化了上市公司现金分红的参考性建议,试图将监管面扩大至没有再融资打算的上市公司,从而提高市场整体层面的分红意愿。

第三节 | 中国上市公司现金分红指数的内涵及框架

一、中国上市公司现金分红指数的内涵

从经典理论看,代理理论、信号理论及生命周期理论等为编制"中国上市公

司现金分红指数(CDPI)"提供了理论借鉴。代理理论认为,上市公司支付现金股利降低了管理层可操控的内部现金,有利于抑制高管层的低效率投资、隧道行为及在职消费;现金分红是控制上市公司代理成本的有效机制。信号理论认为,稳定、连续的现金股利支付传递了上市公司盈余稳健、现金流充沛的积极信号;现金分红释放的积极信号有利于公司股价的市场表现及资本市场的稳定。中国资本市场一直以来存在"重圈钱、轻回报"的弊病,对于大多数上市公司来说,现金分红政策不仅未能成为上市公司代理成本的有效控制机制,而且也未能借助成熟分红理念塑造的信号机制吸引长期性价值投资,培养价值型投资理念。新兴的股利生命周期理论则认为股利支付应与企业发展阶段匹配,处于不同发展阶段的公司所具备的不同盈利特征、现金持有特征决定其应该采取不同的现金分红政策。因而,上市公司现金分红政策评价需要考虑分红与企业投资、成长性、所处生命周期等匹配情况。经典股利理论对现金分红指数构建有以下启示:第一,对处于转型经济中的中国资本市场,现金分红不仅是降低代理成本的手段,更是中小投资者利益保护的核心机制,也是中国证券市场价值投资理念塑造的重要抓手,现金分红指数的编制有着重要意义;第二,上市公司现金分红决策评价的核心是现金分红的连续性、稳定性及股东回报性,这就决定了现金分红水平、现金分红变化系数、现金股利支付率、股息率等指标应成为现金分红指数的核心;第三,现金分红指数还应该能反映上市公司现金分红决策的科学合理性,主要体现在现金分红决策与投资支出、行业类别、企业生命周期等的匹配。

从制度背景看,中国证监会、国家税务总局等监管部门屡次出台半强制分红政策(2001年、2004年、2006年、2008年、2010年、2013年、2015年等),将上市公司分红与再融资挂钩,倡导积极分红,调整股息红利税鼓励分红。应该说半强制分红的做法有一定中国特色。然而,从统计数据看,半强制分红政策只是提高了分红要求,平均分红水平仍处于较低区间。此外,上市公司层面仍存在超能力派现的"恶性分红"与多年一毛不拔的"铁公鸡分红"并存问题,分红"板块倒置"与"代际倒置"的结构性问题等,这些问题都说明中国缺乏积极成熟的现金分红文化。2013年,中国证监会颁布《上市公司监管指引第3号——上市公司现金分红》,试图进一步在上市公司层面倡导积极的现金分红理念。然而,"一刀切"式的监管做法有好的政策出发点,但未必能带来积极的政策效应。2017年4月,在中国上市公司协会第二届会员代表大会上,证监会再次将目光投向多年不分红上市公司,指出对不分红的"铁公鸡"要严肃处理。2018年2月,上交所在上市公司分红专项说明会上再次指出,有部分上市公司有能力分红而长期不分红。特殊的分红决策制度背景进一步彰显了中国现金分红指数开发与披露具有现实必要性与应用价值,原因在于分红指数可为监管提供量化的直接依据。中国特殊的现金分红制度背景要求现金分红指数应能反映中国资本市场总体分红变动情况,还应对市场极端分红行为(如铁公鸡分红、超能力分红)等准确刻画。

综合经典股利理论及特殊的制度背景,本书将现金分红指数内涵界定如下:在借助多元评价指标科学测度上市公司现金分红行为的基础上,经指标合成构建的一种系统化、多维度评价中国上市公司现金分红状况的统计指数;该指数试图科学反映市场总体分红情况、公司分红表现情况及极端分红个案情况。

二、中国上市公司现金分红指数的框架体系

中国上市公司现金分红事关资本市场健康运行、上市公司财务可持续发展与投资者分红权益的保护。相应地,上市公司分红指数应该能反映中国资本市场总体的分红情况、微观层面上市公司现金分红情况以及对极端上市公司分红行为(如铁公鸡等)进行揭示。因而,有必要从公司层面、极端分红对投资者权益影响层面及市场层面等三个方面构建指数体系,具体指数依次为:公司分红指数、专门分红指数、市场分红指数,如表 3-2 所示。

表 3-2 现金分红指数体系设计

指数类别	依据指标	指数细分
公司分红指数	公司指标	中国上市公司现金分红综合指数;中国上市现金分红连续性指数;中国上市现金分红回报性指数;中国上市现金分红平稳性指数;中国上市现金分红匹配性指数
专门分红指数	专门指标	铁公鸡分红指数;庞氏分红指数;现金分红价值投资性指数
市场分红指数	市场指标	沪市分红指数;深市分红指数;行业分红指数;板块分红指数

注:①"铁公鸡分红指数"旨在对"吝啬分红"行为进行刻画;②"庞氏分红指数"旨在对上市公司过度"慷慨分红"行为进行刻画,"庞氏分红"提法参考了谢德仁(2013)的研究;③现金分红价值投资性指数的编制参考了《上海证券交易所上市公司现金分红指引》《证监会上市公司监管指引第 3 号——上市公司分红》;④指数分年度编制。

(1)公司分红指数旨在从 4 个维度(连续性、回报性、平稳性、匹配性)对单个上市公司现金分红表现进行指数化评价,以指数得分评价个体上市公司现金分红决策的科学性、合理性。值得一提的是,除了编制上市公司现金分红综合指数外,本书还将从分红连续性、回报性、平稳性、匹配性等方面,分项编制上市公司的现金分红连续性指数、现金分红回报性指数及现金分红平稳性指数、现金分红匹配性指数等。试图提供上市公司分红表现的明细信息,以提高指数的可用性。一方面,公司分红指数与市场分红指数一样可以作为监管部门监测上市公

司现金分红行为的有效依据,便于相关部门了解上市公司现金分红的动态特征与趋势;另一方面,公司分红指数的发布引起社会投资者、上市公司层面等对于上市公司分红的关注,这有助于在市场层面倡导积极的现金分红文化,提高上市公司现金分红意识。

(2)专门分红指数旨在对特定上市公司现金分红决策的特定方面(如吝啬分红、庞氏分红等)及上市公司分红对股东收益的影响等方面做出专门刻画并以专门指数形式评分。其中,铁公鸡分红指数用于刻画吝啬分红行为;庞氏分红指数用于刻画"涸泽而渔式"的掏空式分红行为;现金分红价值投资性指数用于刻画上市公司分红对投资者的回报在多大程度上符合长期价值投资理念。

专门分红指数的开发与披露可以为监管提供直接依据,也可以对相关上市公司分红行为(如吝啬分红、庞氏分红等)产生一种压力机制。借助铁公鸡分红指数,监管部门可以有针对性地发出监管函、约谈或惩戒部分分红理念缺失的铁公鸡分红上市公司。借助庞氏分红指数,监管部门可以约谈或警示部分实施超能力派现行为的上市公司。借助现金分红价值投资性指数,监管部门可以通过合适的方式予以褒奖,比如在股权再融资申请的审核中适当给予优先考虑。此外,还可以考虑对专门分红指数得分较高的上市公司在监管部门网站或市场中介门户网站披露,发挥媒体监督的职能。

(3)市场分红指数旨在从市场总体分红水平、市场分红连续性、市场分红变化特征等角度以指数化方式刻画市场分红状况。本书分别编制沪市、深市、不同行业、不同板块的市场分红指数,目的是考察不同市场在分红表现方面的差异性。具体来说,市场分红指数包括沪市分红指数、深市分红指数、行业分红指数、板块分红指数等市场指数系列。不难预期,各类别市场分红指数的编制与发布不仅有助于揭示不同市场板块现金分红的变化趋势、特征、差异,而且市场分红指数本身也可以为证监会等部门实施上市公司现金分红监管提供直接依据,帮助其掌握市场总体层面上的上市公司现金分红情况,便于其调整监管重点和具体的监管规则。

第四节 | 中国上市公司现金分红指数的开发思路

一、中国上市公司现金分红评价指标体系

现金分红指数评价指标体系设计应秉承以下基本原则:指标覆盖的全面性,

测度的科学性,定量为主、定性为辅,精简性与可操作性。基于上述原则的考虑,根据前期文献研究与分析,本书研究构建的代表性指标体系如下:

(1) 维度指标,包括现金分红连续性、现金分红回报性、现金分红平稳性、现金分红匹配性。

(2) 测度指标,包括市场类指标和公司类指标。市场类指标有:①派现上市公司家数占比;②派现总额占市场净利润比;③派现总额占市场自由现金流比;④市场现金红利回报率;⑤近3年市场派现水平变异系数。公司类指标有:①近3年分红年数占比;②近3年分红变异系数;③现金股息收益率;④股利支付率;⑤股利现金流比率;⑥分红、投资匹配度;⑦分红、生命周期匹配度;⑧分红、货币政策匹配度;⑨分红、现金持有匹配度;⑩分红决策透明度。

维度指标是对中国上市公司现金分红特征的总体概括,测度指标是对维度指标的具体化。因此,二者是统筹与具体的关系,相辅相成。测度指标的量化与测度是指数精确构建的前提,维度指标权重的确定是指数精确测量的关键。因此,两个维度指标的科学设计与量化是现金分红指数构建的核心。

(3) 指标计量。现金分红评价指标量化的基础数据主要来自国泰安数据库、万得数据库、交易所网站及专业财经网站"巨潮资讯网""全景网""金融界"等。此外,现金分红公告等非标准化数据则借助爬虫软件、手工搜集整理等手段获取。

相关指标计量方法为:①定量指标,参考经典分红文献的做法,依据基础数据计算求得;②定性指标,手工搜集分红信息披露数据(如分红预案、分红公告等),在主观赋值的基础上经标准化处理求得。

为增强指数的可比性,本书还将对指标进行无量纲化处理。其中,处理方法主要包括阈值法、比重法等。对于正指标,其值越大越优,处理方法如式(3-1)所示;对于逆指标,其值越小越优,处理方法如式(3-2)所示;对于适度指标,以其偏离最适度值 a 的程度衡量优劣,处理方法如式(3-3)所示。

$$z = \frac{y - y_{\min}}{y_{\max} - y_{\min}} \tag{3-1}$$

$$z = \frac{y_{\max} - y}{y_{\max} - y_{\min}} \tag{3-2}$$

$$z = \frac{|a - y|}{y_{\max} - y_{\min}} \tag{3-3}$$

(4) 指标赋权。维度指标采用主观赋权法:拟对具有财务研究经验、财务实务经验的专家进行问卷调查,采用一定的描述方法与计量手段计算出各评价因素权重的均值作为最终的权重。测度指标采用客观赋权法：为反映指标自身的信息量特征、独立性等对指数的"贡献"，拟采用主成分分析法、熵值法、层次分析法3种赋权方法确定权重的简单算术平均。

二、中国上市公司现金分红指数的编制思路

中国上市公司现金分红指数包含三大门类合计9个子指数系列，各项现金分红指数的模型及编制方法如下。

（一）公司分红指数

公司分红指数拟从上市公司分红的总体表现及4个分维度表现的角度，刻画上市公司的现金分红情况。为了综合反映上市公司现金分红总体综合表现，本书研究开发了"上市公司现金分红综合指数"（DI）；为了从不同维度对上市公司分红表现进行明细反映，本书研究开发了"上市公司现金分红连续性指数"（DCI）、"上市公司现金分红回报性指数"（DRI）、"上市公司现金分红平稳性指数"（DSI）、"上市公司现金分红财务匹配性指数"（DMI）等指数系列。

1. 现金分红综合指数

上市公司现金分红综合指数拟从连续性、回报性、平稳性、匹配性等方面采用因子分析法选取评价指标，进而合成公司现金分红综合指数。为了增强不同公司间现金分红综合指数的可比性，拟采用定基指数的形式进行编制，具体编制模型为：

$$DI_{i/m0,\,t} = \frac{DI_{i,\,t}}{DI_{m,\,0}} = \frac{\sum \omega * V_{i,\,t}}{(\sum \sum \omega * V_{i,\,t0})/n} \tag{3-4}$$

其中，$V_{i,\,t} = \sum \gamma_{ijt} * \rho_j$。

上式中，$DI_{i/m0,\,t}$代表t年度i上市公司的现金分红综合指数得分；$DI_{i,\,t}$与$DI_{m,\,0}$分别代表i公司t年度DI指数得分及基期所有上市公司DI指数得分的均值。$V_{i,\,t}$与ω分别代表特定评价维度指标值及其权重；ρ_j与γ_{ijt}分别代表测度指标值及权重。连续年度的定基分红指数相除即可得到环比分红指数。

指数的构建方法可分为主观赋权法和客观赋权法。这两种方法各有优劣，而又具有互补性。基于专家调查的主观赋权法能较好地利用专家对于指标重要性的专业判断，因而构建出的指数具有良好的财务意义，但单纯的主观赋权法不能很好地反映指标自身的数理分布特征。客观赋权法基于评价指标的相关性、

分布特征等确定指标的重要性,因而构建出的指数能较好地反映指标在统计意义上的信息含量,但单纯依靠客观赋权法构建的指数,可能不能很好地代表指数所要反映的财务含义。为了使现金分红综合指数兼具良好的财务含义、统计学特征,本书在现金分红综合指数构建的过程中,综合运用主观赋权法与客观赋权法相结合的指数构建思路。具体来说,本书现金分红综合指数的构建方法如下:

第一步,运用专家判断确定现金分红综合指数得分。具体思路为:首先,基于专家调查从分红连续性、回报性、平稳性、匹配性等 4 个维度筛选衡量公司现金分红表现的核心评价指标;其次,征询专家对每一个核心评价指标权重的判断进而统计形成指标的主观权重;最后,基于主观权重计算出现金分红综合指数得分。

第二步,基于主成分分析法确定现金分红综合指数得分。上市公司现金分红综合指数从公司分红的 4 个细分维度综合评价上市公司的分红表现,每个细分维度又包含多个评价指标。指标的增加会导致评价问题复杂度的提升,原因在于不同指标可能会对同一问题产生重叠反应,带来评价“噪音”。为了克服多维度指标之间测度的内在重叠性和相关性,消除同质性指标在指数合成中的“低效”问题,本书拟采用主成分分析法对现金分红的连续性、回报性、平稳性、匹配性等 4 个维度 20 余个指标进行降维处理,以降低评价数据集的维度,更加有效地挖掘出原始数据集的实质。

第三步,归一化处理后,取根据专家判断法确定的现金分红综合指数得分、基于主成分分析法确定的现金分红综合指数得分的均值,作为现金分红综合指数。

2. 现金分红连续性指数

现金分红连续性指数旨在对上市公司连续年度分红频率、连续年度分红水平作出监测,以反映上市公司现金分红政策的连续性程度,用综合指数的形式对上市公司分红行为连续性特征进行度量。一般来说,上市公司近期分红年数占比越高,近期平均分红水平越高,说明该公司现金分红连续性特征越好。沿此思路,构建现金分红连续指数模型如下:

$$DCI_{it} = \sum_{j=1}^{5} \beta_j * Idpc_{ij} \qquad (3-5)$$

其中,$Idpc_i$ 分别代表连续性指数计量的 5 个维度指标;β_j 代表维度指标的权重。各维度指标的定义如表 3-3 所示。

表 3-3　现金分红连续性指数评价指标具体定义

测度方面	指标	指标定义	指标属性	备注
近 4 年分红年数	Div_1	近 4 年中分红年数占比	正指标	未经无量纲化处理
近 3 年分红年数	Div_2	近 3 年中分红年数占比	正指标	未经无量纲化处理
近 2 年分红年数	Div_3	近 2 年中分红年数占比	正指标	未经无量纲化处理
当年是否分红	Div_4	当年发放现金股利为 1，否则为 0	正指标	未经无量纲化处理
股利支付水平	DPS_4	近 4 年平均股利支付水平	正指标	经标准化处理

3. 现金分红回报性指数

分红是资本市场投资者的确定性收益，代表上市公司在盈利的同时注重投资者回报，是一个健康的资本市场应该具备的特征。因而，上市公司以现金分红回报投资者是资本市场健康运行的重要方面，也是上市公司履行社会责任的重要表现，现金分红回报同时也是衡量投资者保护的重要一环。关于度量分红回报的相关文献较少，Miller 和 Rock（1985）的研究中将分红回报称为净股利，其值的大小不仅反映了企业与股东之间的股利分配关系，也反映了企业与股东之间再融资的资金关系。都志灵和黄培清（1999）建立了股东回报的股利表达模型"量化的股利政策＝现金股利＋股票股利"。Bhattacharyya 等（2008）将股利支付定义为企业对股权资本持有者的净现金分配额。要综合衡量公司的分红回报，一是看其有没有能力分红（利润盈余及现金流），二是看其实际分红水平（分红绝对值），将这两点结合形成分红相对值。而根据 Baker 等（2010）的研究，公司过去的股利分配模式也是公司分红的重要影响因素，所以本书从公司历史分红表现、当前分红水平两方面选取 8 个指标来构建现金分红回报性指数，综合衡量上市公司的分红水平。

表 3-4 报告了现金分红回报性指数评价指标的具体内容，包括近 3 年现金分红占比、上市以来分红率、当年每股股利、当年股利支付率、当年股息率、分红占营业收入比重、分红占净资产比重、分红占自由现金流量比重。这些指标都是正指标，且都经标准化处理。

表 3-4　现金分红回报性指数评价指标及其计算方法

测度方面	指标	计算方法
过去分红水平	近 3 年现金分红占比	近 3 年现金分红总额/盈利总额
	上市以来分红率	上市以来分红/上市以来累计融资额
当前分红水平	当年每股股利	当年每股支付的现金股利
	当年股利支付率	当年每股股利/当年每股净收益

（续表）

测度方面	指标	计算方法
当前分红水平	当年股息率	当年每股股利/当年每股价格
	分红占营业收入比重	分红总额/营业收入
	分红占净资产比重	分红总额/净资产
	分红占自由现金流量比重	分红总额/自由现金流量总额

不同指标间数量级的差异容易导致指数合成中的"大数吃小数"的问题，因而需要对现金分红回报性指数的评价指标进行预处理以消除指标量纲的差异对指数的影响。由于本书涉及的现金分红回报性指数评价指标均为正指标，因此采用以下指标标准化方法：

$$Return_{ij}^{*} = \frac{Return_{ij} - Return_{\min}}{Return_{\max} - Return_{\min}} \qquad (3-6)$$

现金分红回报性指数（DRI）的具体计算方法如下：

$$DRI_{it} = \sum_{j=1}^{8} \phi_j * Return_{ij}^{*} \qquad (3-7)$$

其中，$Return_{ij}^{*}$ 分别代表经标准化后的维度指标；ϕ_j 代表指标的权重。

4. 现金分红平稳性指数

现金分红平稳性指数旨在对上市公司各年度间现金分红的波动情况作出指数化评价，且评价的侧重点有两个方面：一是股利的变动趋势；二是股利在不同年度间的波动程度。一般地，上市公司现金分红水平越高、分红波动水平越低、股利支付率波动水平越低、股息率波动水平越低、分红水平的极差越小，说明上市公司的现金分红政策平稳性程度越高。因而，现金分红平稳性指数能较好地反映上市公司现金分红的稳定性及前后期的股利调整趋势。

关于股利平稳性的计量大体有两种方式。一种是基于 Lintner（1956）提出的调整速度模型（speed of adjustment，SOA）。调整速度衡量的是实际股息支付水平向目标股息水平调整的速度，SOA 越大，代表调整幅度越大，股利支付越不平稳。因而，SOA 衡量的是股利不平滑程度。其计量模型为：

$$\Delta D_{i,t} = \alpha + \beta_{i1} D_{i,t-1} + \beta_{i2} EPS_{i,t} + \xi \qquad (3-8)$$

调整速度因子依据以上模型回归估计得出，模型中 β_{i1} 越大，表示股利越不平稳。Leary 和 Michaely（2011）的进一步研究发现以上模型存在两方面的缺陷：①一阶自回归模型的小样本偏差问题；②调整速度模型成立的前提是公司遵循特定的股利分配模式,然而现实中很少有公司保持股利政策一成不变。鉴于此,Leary 和 Michaely(2011)改进了 Lintner(1956)调整速度模型,采用两阶段模型来估计 SOA,其计量模型为:

$$\Delta D_{i,t} = \alpha + \beta * Dev_{i,t} + \xi \qquad (3-9)$$

$$Dev_{i,t} = TPR_i * EPS_{i,t} - D_{i,t-1} \qquad (3-10)$$

在模型(3-9)、模型(3-10)中,TPR_i 代表目标股利支付率,用样本公司各年度股利支付率中位数表示,$Dev_{i,t}$ 表示目标股利偏差。模型中回归系数 β 代表股利支付向目标股利调整的速度,系数越大,代表股利越不平稳。

另一种关于股利平稳性的计量着眼于现金股利的波动。Gwilym 等(2000)分别采用现金股利水平的变异系数、股息率标准差衡量股利政策的平稳性。

单纯采用 Lintner(1956)、Leary 和 Michaely(2011)的股利调整速度模型计量中国上市公司股利平稳性存在局限性,具体体现在:①中国上市公司股利不平稳程度较高,很少有上市公司在数年间遵循不变的股利分配模式;②股利调整模型基于连续两年的股利调整速度刻画股利平稳性有一定局限性。因此,本书同时借鉴 Gwilym 等(2000)、Leary 和 Michaely(2011)的计量模型。具体来说,本书构建的现金分红平稳性指数从股利调整速度、当年及近 3 年的现金分红水平、股利支付率、股息率、分红极差等 5 个维度选取指标刻画现金分红平稳程度,构建上市公司现金分红平稳性指数。本书构建现金分红平稳性指数涉及的指标如表 3-5 所示。

表 3-5　现金分红平稳性指数评价指标具体定义

测度方面	指标	指标定义	指标属性	备注
股利调整速度	SOA	采用 Leary 与 Michaely(2011)的两阶段模型计算的 SOA 系数	逆指标	经标准化处理
现金分红水平	CV_Dps	当年及近 3 年每股现金股利的变异系数	逆指标	经标准化处理
股利支付率	CV_Payout	当年及近 3 年股利支付率的变异系数	逆指标	经标准化处理
股息率	CV_Dyr	当年及近 3 年股息率的变异系数	逆指标	经标准化处理
现金分红水平的极差	CV_Rdps	当年及近 3 年现金分红水平极差	逆指标	经标准化处理

现金分红平稳性指数的计算方法如下:

$$DSI_{i,t} = 1 - \sum_{j=1}^{5} \phi_j * Idps_{ij} \qquad (3-11)$$

其中，$DSI_{i,t}$ 代表股利平滑系数；ϕ_j 代表指标权重；$Idps_{ij}$ 为表 3-5 中的 5 个股利平稳的刻画指标（经标准化处理）。各指标标准化方法为：

$$Idps_{i1} = \{(SOA_{i,t}) - \min(SOA_{i,t})\}/\{\max(SOA_{i,t}) - \min(SOA_{i,t})\} \qquad (3\text{-}12)$$

$$Idps_{i2} = \{(CV\_Dps_{it}) - \min(CV\_Dps_t)\}/\{\max(CV\_Dps_t) - \min(CV\_Dps_t)\} \qquad (3\text{-}13)$$

$$Idps_{i3} = \{(CV\_Payout_{it}) - \min(CV\_Payout_t)\}/\{\max(CV\_Payout_t) - \min(CV\_Payout_t)\}$$
$$(3\text{-}14)$$

$$Idps_{i4} = \{(CV\_Dyr_{it}) - \min(CV\_Dyr_t)\}/\{\max(CV\_Dyr_t) - \min(CV\_Dyr_t)\} \qquad (3\text{-}15)$$

$$Idps_{i5} = \{(CV\_Rdps_{it}) - \min(CV\_Rdps_t)\}/\{\max(CV\_Rdps_t) - \min(CV\_Rdps_t)\}$$
$$(3\text{-}16)$$

（1）股利调整速度系数。用 Leary 和 Michaely（2011）的两阶段模型计算的 SOA 系数衡量上市公司前后年度股利调整的速度，SOA 系数越大，代表股利调整趋势越明显，股利越不平滑。该指标为逆指标。

（2）现金分红水平。用经标准化处理的当年及近 3 年每股现金分红水平的变异系数来刻画现金分红水平。现金分红水平的波动性越小，上市公司的现金分红稳定性程度越高。该指标为逆指标。

（3）股利支付率。用经标准化处理的当年及近 3 年股利支付率的变异系数来刻画股利支付情况。当年及近 3 年股利支付率越高，股利支付率变动越小，说明上市公司现金分红稳定性程度越高。该指标为逆指标。

（4）股息率。用经标准化处理的当年及近 3 年股息率的变异系数来刻画股息率情况。当年及近 3 年的股息率变动越小，说明上市公司现金分红稳定性程度越高。该指标为逆指标。

（5）现金分红水平的极差。用经标准化处理的当年及近 3 年现金分红水平极差的变异系数来刻画股利支付的极差情况。极差越大，说明分红稳定性水平越低。该指标为逆指标。

5. 现金分红匹配性指数

上市公司现金分红匹配性指数旨在反映现金分红决策是否与公司微观财务特征匹配，如企业生命周期、投资需求、成长性、现金持有、融资约束程度等，从而在一定程度上反映公司现金分红决策的科学性。现金分红匹配性指数的编制模型为：

$$DMI_{i,t} = \bar{\omega}_1 * M\_invest_{i,t} + \bar{\omega}_2 * M\_lifecycle_{i,t} + \bar{\omega}_3 * M\_FC_{i,t} \qquad (3\text{-}17)$$

在上述模型中，$DMI_{i,t}$ 代表 i 公司 t 年的现金分红匹配性指数，$M\_invest_{i,t}$

表示分红—投资匹配测度指标,$M\_lifecycle_{i,t}$表示分红—生命周期阶段匹配测度指标,$M\_FC_{i,t}$表示分红—融资约束测度指标。$\bar{\omega}_1$、$\bar{\omega}_2$、$\bar{\omega}_3$表示指数合成的权重,采用熵权法与主观赋权法相结合的方法确定。需要说明的是,在分红匹配性指数的计算模型中,没有单独考虑分红—成长性匹配、分红—现金持有匹配等分维度的测评,而是分别把分红—现金持有匹配、分红—成长性匹配等因素融入分红—投资匹配($M\_invest_{i,t}$)、分红—生命周期阶段匹配($M\_invest_{i,t}$)这两个评价维度。这么设计的原因在于现金持有情况是考核分红—投资是否匹配的重要参考,而企业生命周期阶段的划分已经考虑了企业成长性因素。现金分红匹配性指数涉及的相关评价指标如表3-6所示。

表3-6 现金分红匹配性指数的评价指标具体定义

评价维度	评价指标	指标计量	备注
分红—投资匹配	分红—投资增长	投资增长率处于年度—行业上(下)30%且股利支付率处于年度所有上市公司上(下)30%,取0;现金持有率作为正向(负向)调节指标。其他情况取1	投资规模取企业购建固定资产、无形资产及其他长期资产的现金流出;现金持有率取现金及现金等价物占起初总资产的比例
	分红—投资比率	投资比率处于年度—行业上(下)30%且股利支付率处于年度所有上市公司上(下)30%,取0;现金持有率作为正向(负向)调节指标。其他情况取1	
分红—生命周期匹配	分红—生命周期	留存收益率处于年度—行业上(下)30%且股利支付率处于年度所有上市公司下(上)30%,取0;现金持有率作为正向(负向)调节指标。其他情况取1	留存收益率为留存收益占起初总资产的比例;现金持有率取现金及现金等价物占起初总资产的比例
	分红—生命周期阶段	当企业处于初创期、成长期,而股利支付率处于年度所有上市公司上30%,取0;现金持有率作为正向(负向)调节指标。当企业处于成熟期、衰退期,而股利支付率处于所有年度上市公司下30%,取0;现金持有率作为负向调节指标	生命周期阶段的划分参考Dickinson(2011)的基于现金流特征的企业生命周期模型
	分红—融资约束	SA处于行业上(下)30%且股利支付率处于年度所有上市公司上(下)30%,取0;现金持有率作为正向(负向)调节指标。其他情况取1	SA指数的计算参考了Hadlock等(2010)的做法
	分红—现金流	经营活动现金流比例处于年度—行业上(下)30%,股利支付率处于年度—行业下(上)30%,取0,现金持有率作为负向(正向)调节指标。其他情况取1	—
分红—生命周期匹配	分红—成长性	主营业务收入增长率处于年度—行业上(下)30%,股利支付率处于年度—行业上(下)30%,取0,现金持有率作为正向(负向)调节指标。其他情况取1	

(二) 专门分红指数

专门分红指数应能对上市公司分红的某一方面(如持续回报、过度、不足等)作出动态监测。本书拟选取专门指标编制专门分红指数。

1. 铁公鸡分红指数

铁公鸡分红行为被界定为上市公司在一定时期内,财务业绩良好但不愿意以现金分红方式回报股东的财务行为。该定义有以下几个要点:第一,铁公鸡分红的判定综合考虑了上市公司的分红能力与分红实际表现,财务业绩表现出公司有一定分红能力(如盈利、现金流等)是判定"铁公鸡"的前提;第二,"铁公鸡"的财务表现为不愿意回报股东,典型的如上市公司实施"微股利"分红或者连续多年不分红;第三,铁公鸡分红的判定是基于一定时期上市公司分红表现,而并非拘泥于某个特定年度。"铁公鸡分红指数"(ICI)反映上市公司铁公鸡分红的程度,旨在以指数的形式刻画上市公司的吝啬分红行为。一般地,上市公司盈利、现金流状况越好、利润留存水平越高,同时现金分红水平越低,分红连续性越差,说明其"铁公鸡"程度越高。本书构建的铁公鸡分红指数计量模型如下:

$$ICI_{i,t} = \sum_{j=1}^{5} \lambda_j * Iron_{i,j} \qquad (3-18)$$

上式中,$Iron_i$分别代表铁公鸡分红指数计量的 6 个维度指标;λ_j 代表维度指标的权重。各指标标准方法如下:

$$Iron_{i1} = \{\max(dps_t/eps_t) - (dps_{it}/eps_{it})\} / \{\max(Dps_t/eps_t) - \min(Dps_t/eps_t)\}$$
$$\qquad (3-19)$$

$$Iron_{i2} = \{\max(Dps_t/Rps_t) - (Dps_{it}/Rps_{it})\} / \{\max(Dps_t/Rps_t) - \min(Dps_t/Rps_t)\}$$
$$\qquad (3-20)$$

$$Iron_{i3} = dividend\ continiuty_{it} \qquad (3-21)$$

$$Iron_{i4} = \{reta_{it} + reta_{it-1} + reta_{it-2}\}/3 \qquad (3-22)$$

$$Iron_{i5} = \{Roe_{it} - \min(Roe_t)\}/\{\max(Roe_t) - \min(Roe_t)\} \qquad (3-23)$$

$$Iron_{i6} = \{Fcfps_{it} - \min(Fcfps_t)\}/\{\max(Fcfps_t) - \min(Fcfps_t)\} \qquad (3-24)$$

$$Iron_{i7} = \{Cashholding_{it} - \min(Cashholding_t)\}/\{\max(Cashholding_{it}) - \min(Cashholding_t)\}$$
$$\qquad (3-25)$$

铁公鸡分红指数评价指标如表 3-7 所示。具体说明如下:

(1) 现金分红水平。与主流文献不同,本书采用每股现金分红对每股营业收入的比例反映上市公司现金分红水平。主流文献一般用每股现金分红对每股收益(EPS)的比例刻画现金股利支付率。考虑到有部分上市公司每股收益为负,每股现金分红与每股收益之比失去财务意义。现金分红水平越低,上市公司"铁公鸡"程度越高。该指标为逆指标。

(2) 连续不分红情况。本书采用近3年上市公司未实施分红的年数的比例来计量连续不分红情况。最近3年连续不分红年数越多,说明上市公司"铁公鸡"程度越高。该指标为正指标。

(3) 收益留存情况。本书采用近3年上市公司的平均留存收益率表示收益留存情况。最近年度留存收益率越高,说明上市公司"铁公鸡"程度越高。该指标为正指标。

(4) 盈利能力情况。本书采用上市公司当年净资产收益率表示公司盈利能力。该指标为参考指标,当年上市公司盈利状况越好,而分红表现越差,说明"铁公鸡"程度越高。该指标为正指标。

(5) 当年是否分红。本书设置当年是否分红为哑变量,当年未分红取值为1,分红取值为0。当年不分红,说明上市公司"铁公鸡"程度高。该指标为正指标。

(6) 现金流充沛度。本书采用上市公司当年每股净现金流量表示公司现金流充沛度。该指标同样为参考指标,当年上市公司现金净流量水平越高,而分红表现越差,说明"铁公鸡"程度越高。该指标为正指标。

表 3-7　铁公鸡分红指数评价指标具体定义

测度方面	指标	指标定义	指标属性	备注
现金分红水平	$Iron_{i1}$	每股现金股利/每股营业收入	逆指标	经标准化处理
连续不分红情况	$Iron_{i2}$	上市公司近3年不分红年数/3	正指标	经标准化处理
收益留存情况	$Iron_{i3}$	留存收益率,近3年(利润留存/净利润)均值	正指标	经标准化处理
盈利能力情况	$Iron_{i4}$	净资产收益率,净利润/净资产	正指标	经标准化处理
当年是否分红	$Iron_{i5}$	当年未分红取1,否则取0	正指标	经标准化处理
现金流充沛度	$Iron_{i6}$	每股净现金流量	正指标	经标准化处理

2. 庞氏分红指数

谢德仁和林乐(2013)指出,当企业股东通过分红分走的现金不是企业自身经营或投资活动所创造出来的,而是来自企业筹资活动,这种现金分红在性质上带有庞氏骗局特征。涂必玉(2015)对以上"庞氏分红"观点作出理论辨析,提出基于"已实现净利润"的分红观点。以上两种观点各有其合理之处,但本质上并不冲突,因为从一个较长的时期看,现金流与货币化的利润没有本质区别。本书将"庞氏分红"定义为上市公司超能力派现的财务行为,具体地,若一家上市公司超越其收益能力、现金流能力实施分红,且分红水平处于当年上市公司中的较高水平,则庞氏分红程度较高。将庞氏分红行为指数化后便得到"庞氏分红指数(PSI)"。本书构建的庞氏分红指数的计算模型如下:

$$PSI = \omega_1 * std\left(\frac{dps}{eps}\right) + \omega_2 * std\left(\frac{dps}{ocf}\right) + \omega_3 * std(highdiv\_1) + \omega_4 * std(highdiv\_2)$$

$$(3-26)$$

其中,dps/eps 用于测度分红对利润的比例;dps/ocf 用于测度分红对经营现金净流量的比例;$highdiv\_1$ 用于测度基于盈利性观测的分红行业对比,若净资产收益率处于行业下 30%,而分红水平处于行业上 30%,则该值取 1,否则取 0;$highdiv\_2$ 用于测度基于现金流观测的分红行业对比,若每股净现金流量处于行业下 30%,而分红水平处于行业上 30%,则该值取 1,否则取 0。为了消除分项指标量纲对指数的影响,本课题研究对上述 4 项指标进行了标准化处理。$\omega_1 \sim \omega_4$ 表示权重,取熵权法和专家打分法的均值。

3. 现金分红价值投资性指数

上市公司以现金分红方式持续回报投资者是上交所、证监会鼓励的股利分配模式,也是衡量上市公司是否具备长期投资价值的重要方面。上交所在 2013 年发布的《上海证券交易所上市公司现金分红指引》中就明确指出,现金红利总额与当年归属于股东的净利润之比不低于 30%,且现金红利与当年归属于股东的净资产之比不低于同期中国人民银行公布的 3 个月定期存款基准利率的上市公司,将纳入样本股上市公司。此外,对于长期价值型投资者而言,其长期持有股票的收益来源于分红收益与股票购买价格的对比,因而股息率(每股分红/每股市价)自然也是衡量上市公司是否具备投资价值的方面。基于以上思考,本书还构建了"上市公司现金分红价值投资性指数"(DVI)。上市公司现金分红价值投资性指数旨在从上市公司现金分红对投资者投资价值长期影响的角度衡量上市公司分红的价值投资性。

本书构建的分红价值投资性指数的计算模型如下:

$$DVI_{it} = \rho_1 * Div\_continuity_{it} + \rho_2 * Div\_payout_{it} + \rho_3 * Div\_netasset + \rho_4 * Div\_yield_{it}$$

$$(3-27)$$

以上模型中,DVI_{it} 代表公司分红价值投资性指数得分;$Div\_continuity_{it}$ 代表近 5 年上市公司持续年数占比;Div_payout_{it} 代表公司现金红利总额与当年归属于股东净利润之比是否达到证监会红利样本股要求(30%),若达到,则该值取 1,否则取 0;$Div\_netasset_{it}$ 用于衡量现金红利与净资产之比是否达到证监会红利样本股要求(定存利率),若达到,则该值取 1,否则取 0;Div_yield_{it} 用于衡量上市公司股息率,计算方法为每股股利/每股市价;ρ_i 表示权重。为了消除分项指标量纲对指数的影响,本课题研究对上述 4 项指标进行了标准化处理。

(三) 市场分红指数

"市场分红指数"(MDI)可以反映资本市场上市公司现金分红的动态变动趋势。依据指数编制理论,本书拟采用环比指数形式,编制模型如下:

$$MDI_{t/(t-1)} = \frac{MDI_{m,t}}{MDI_{m,t-1}} = \sum \omega_j * \frac{K_{i,t}}{K_{i,t-1}} \tag{3-28}$$

其中,$K_{i,t} = \sum \chi_{ijt} * \rho_j$。

以上模型中,$MDI_{t/(t-1)}$ 为 t 年度市场分红环比指数;K_{it} 与 ω_j 分别表示维度指标值及其权重;χ_{ijt} 与 ρ_j 分别表示测度指标值及其权重。相应时间段的环比分红指数相乘,可得到定基分红指数。

为了总体上测度资本市场现金分红意愿、现金分红持续性、现金分红对投资者回报性、现金分红稳定性等特征,本书选取的市场分红指数的测度指标如表3-8所示。

表 3-8　市场分红指数的评价指标

测度方面	指标	计算方法	指标属性
现金分红意愿	派现上市公司家数占比(md_1)	分红公司数/公司总数	正指标
现金分红持续性	近 3 年连续实施现金分红上市公司占比(md_2)	近 3 年连续分红公司数/上市公司总数	正指标
现金分红对投资者回报性	派现总额占市场净利润比(md_3)	市场分红总额/当年市场利润总额	正指标
	股利占净资产比例均值(md_4)	市场分红总额/当年市场净资产总额	
	派现总额占市场经营现金流比(md_5)	市场分红总额/当年市场所有上市公司经营现金流总额	正指标
	市场平均股息率(md_6)	当年市场所有上市公司股息率均值	正指标
现金分红稳定性	市场派现水平变异系数(md_7)	市场所有上市公司现金分红水平标准差/所有上市公司现金分红水平的均值	逆指标

注:2004 年、2005 年中小企业板 md_2 指标用其余年度中小板均值代替;2009 年、2010 年创业板 md_2 指标用其余年度创业板均值代替。

需要说明的是,为了更详细地反映不同交易所、不同板块及不同行业上市公司现金分红的情况,本书基于不同交易所、不同板块及不同行业上市公司样本,分别编制了沪市分红指数、深市分红指数、行业分红指数、板块分红指数等市场指数系列。

第五节 | 中国上市公司现金分红指数可能的创新及应用价值

一、中国上市公司现金分红指数可能的创新

相比以往关于上市公司现金分红的研究,中国上市公司现金分红指数的开发与应用旨在从以下方面作出探索:一是"现金分红指数基础数据库"的建立。基础数据库的建立,需要从国泰安数据库、万得数据库、交易所网站等提取现金分红及相关财务指标数据;必要时,还需手工查阅公司章程、分红公告中关于现金分红规划、决策程序等明细信息。二是"基础数据导入与现金分红指数生成系统"的开发。建立中国上市公司现金分红评价指标的数据获取体系、方法和流程,形成分红评价数据质量的保障标准;并基于 stata 环境开发一套"中国上市公司现金分红指数编制系统",顺利实现指标数据导入、指标赋权、指数合成。三是现金分红指数的应用。将"中国上市公司现金分红指数"应用于上市公司现金分红状况的动态监测、分红政府监管的效应评价与改进、资本市场分红文化的培育等,这将在很大程度上拓展学术研究的应用价值。

从本书设计的上市公司现金分红评价体系、指数框架及应用思路等来看,中国上市公司现金分红指数的开发与应用在以下方面有一定创新性:第一,首次对中国上市公司现金分红政策进行指数化研究,掌握其内在评价机理,改变了以往单纯以"分红与否""分红高低"作为分红政策评价标准的状况,研究具有一定的原创性和应用价值。第二,从市场分红、公司分红及极端分红等角度系统地刻画中国上市公司现金分红状况,构建了"三维一体"的中国上市公司现金分红指数体系,这将为国内分红监管的深入提供新的依据。第三,以现金分红指数的编制、呈报、发布为主线,构建了"分红行为评价—分红媒体治理—分红文化倡导"的中国上市公司成熟分红理念培育思路,这将在国内现金分红政策优化路径的研究上产生新的突破。

二、中国上市公司现金分红指数的应用价值

本书构建的中国上市公司现金分红指数的应用思路为:以分红指数为依据,

以极端非理性分红治理为突破,以提升上市公司总体分红回报意识为目标,探索资本市场健康分红文化的培育路径。该路径的核心是:分红政府监管与分红媒体监督形成合力,耦合推进上市公司成熟分红理念的塑造。研究认为,分红指数可以应用于以下几个方面:

(1) 分红动态监测与媒体监督机制的建立。向监管部门呈报并在主流财经媒体或专题网站发布以下监测信息:①上市公司现金分红指数排行榜;②市场现金分红总体表现、行业差异、板块差异;③"年度铁公鸡分红 100 强""年度庞氏分红 100 强""年度股东回报 100 强"。

(2) 半强制分红政策效应评价与瓶颈识别。这方面主要考察:市场分红指数的时间序列特征与"半强制分红"监管演进的吻合度;以"量化、细化"为特征的半强制分红政策能否有效遏制上市公司"铁公鸡分红""庞氏分红",能否总体上提高资本市场分红的股东回报性。

(3) 半强制分红监管政策的改进与优化。本书拟提出以下几个方面的对策:①以公司分红指数为依据提出"基于微观财务特征的差异化现金分红指引";②以专门分红指数为依据提出"铁公鸡分红、庞氏分红治理的政策建议与监管策略";③以市场分红指数为依据提出"行业现金分红指引""板块现金分红指引"。

本书构建"中国上市公司现金分红指数"(CDPI),以指数形式系统地、动态地刻画中国上市公司现金分红状况,进而借助指数的呈报、发布,形成公司分红的动态监测与媒体治理机制。现金分红指数的研究对中国资本市场"现金分红之谜"的解读、分红监管的深入以及分红文化的倡导,有重要的理论与应用价值:首先,分红指数对公司现金分红行为进行多维度测度与评价,有助于进一步揭开中国"现金分红之谜"的神秘面纱,也可为国内现金分红相关理论研究提供数据支持。其次,"铁公鸡分红指数""庞氏分红指数"等专门指数的构建与发布,对上市公司非理性分红行为进行刻画,可为上市公司现金分红监管提供直接依据。其次,市场分红指数的构建与发布,对资本市场分红动态趋势进行刻画,可为相关监管政策的进一步完善提供研究支持,以便调整监管重点、改进监管方法。最后,公司分红指数的构建与发布,为上市公司现金分红行为提供了评价与动态监测机制,有利于提升上市公司分红意识,也有助于资本市场分红文化的倡导。

第四章

中国上市公司现金分红综合指数研究

现金分红综合指数可以对上市公司现金分红综合表现作出评价。本章主要对上市公司现金分红综合指数的开发过程、现金分红综合指数的特征、现金分红综合指数分析的主要结论、现金分红综合指数的效度、信度检验等展开研究。

由于现金分红评价涉及多维度、多元化的指标体系，选取典型指标以最大化现金分红指数的信息容量，确定评价权重以提高指数的科学性是至关重要的。现金分红综合指数旨在将众多的现金分红评价指标合成为一个有机的统一指标，以全面反映上市公司现金分红的总体表现。目前，综合指数构建的方法包括专家调查法、层次分析法、模糊综合评价法、主成分分析法、数据包络分析（DEA）等，这些方法大致可以划分为客观赋权法、主观赋权法两类，并且各有优势与不足。为了保证本书构建的现金分红综合指数的科学性，本书拟采用两种思路构建现金分红综合指数：第一种思路是基于全指标，借助主成分分析法的"降维"思想获得现金分红综合指数得分；第二种思路是基于专家遴选的分红核心评价指标，分别采用主观赋权法、客观赋权法获得现金分红综合指数得分。本书取主成分分析法、专家调查法综合指数得分均值作为现金分红综合指数最终得分。借助专家调查法充分反映了财务专家的专业判断，可以增强分红指数的财务意义；借助主成分分析法"降维"的思想，可以增强指数的计量经济学意义。需要说明的是，分红综合指数采用定基指数形式进行编制，以保证不同年度、不同公司间指数得分的可比性。

第一节 ｜ 中国上市公司现金分红综合指数开发过程

一、现金分红综合评价指标遴选

本书课题组召开专题研讨会，开展文献研究、前期研究资料分析、政策解读等基础工作,就现金分红评价维度、各维度建议设置指标等话题反复论证研讨。经过文献研究、中国上市公司现金分红基础数据分析、现金分红制度背景的研讨,本书最终确定以现金分红的连续性、平稳性、匹配性、回报性等 4 个维度作为现金分红评价的准则层,并海选了每个维度的分红评价指标。如表 4-1 所示,4 个维度合计初选了 25 个现金分红评价的方案层指标,其中连续性维度 5 个,平稳性维度 5 个,匹配性维度 7 个指标,回报性维度 8 个。

表 4-1　上市公司现金分红综合评价指标初选

序号	维度	评价指标	财务含义
1	分红连续性	4 年分红频率	近 4 年中分红年数占比
2		3 年分红频率	近 3 年中分红年数占比
3		2 年分红频率	近 2 年中分红年数占比
4		当年是否分红	当年发放现金股利为 1,否则为 0
5		4 年平均分红水平	近 4 年平均股利支付水平
6	分红平稳性	股利调整速度	股利变动向目标股利调整的速度,采用 Leary 和 Michaely(2011)的两阶段模型计算的 SOA 系数
7		分红水平变异系数	当年及近 3 年每股现金股利的变异系数
8		股利支付率变异系数	当年及近 3 年股利支付率的变异系数
9		股息率变异系数	当年及近 3 年股息率的变异系数
10		分红极差	当年及近 3 年现金分红水平极差
11	分红匹配性	分红—投资增长匹配度	投资增长率处于年度—行业上(下)30%,且股利支付率处于年度所有上市公司上(下)30%,取 0;现金持有率作为正向(负向)调节指标。其他情况取 1
12		分红—投资水平匹配度	投资比率处于年度—行业上(下)30%,且股利支付率处于年度所有上市公司上(下)30%,取 0;现金持有率作为正向(负向)调节指标。其他情况取 1
13		分红—留存收益匹配度	RE/TA 处于年度—行业上(下)30%,且股利支付率处于年度所有上市公司下(上)30%,取 0;现金持有率作为正向(负向)调节指标。其他情况取 1
14		分红—生命周期匹配度	当企业处于初创期、成长期,而股利支付率处于年度所有上市公司上 30%,取 0;现金持有率作为正向(负向)调节指标。当企业处于成熟期、衰退期,而股利支付率处于年度所有上市公司下 30%,取 0;现金持有率作为负向调节指标
15		分红—融资约束匹配度	SA 处于年度—行业上(下)30%,且股利支付率处于年度所有上市公司上(下)30%,取 0;现金持有率作为正向(负向)调节指标。其他情况取 1

(续表)

序号	维度	评价指标	财务含义
16	分红匹配性	分红—现金流匹配度	经营活动现金流比例处于年度—行业上(下)30%,股利支付率处于年度—行业下(上)30%,取0,现金持有率作为负向(正向)调节指标。其他情况取1
17		分红—成长性匹配度	主营业务收入增长率处于年度—行业上(下)30%,股利支付率处于年度—行业上(下)30%,取0,现金持有率作为正向(负向)调节指标;其他情况取1
18	分红回报性	3年分红回报	近3年现金分红总额/盈利总额
19		历史分红回报	上市以来分红/上市以来累计融资额
20		当年分红回报	当年每股支付的现金股利
21		股利支付率	每股股利/每股净收益
22		股息率	每股股利/每股价格
23		分红营业收入比率	分红总额/营业收入
24		分红占净资产比率	分红总额/净资产
25		分红现金流比率	分红总额/自由现金流量总额

二、主成分分析法

(一) KMO 检验和 Bartlett 检验

Kaiser-Meyer-Olkin(KMO)检验通过比较变量间的相关系数与偏相关系数来反映抽样充分性,进而给出样本是否适宜采用主成分分析。经验标准为:0.00~0.49,不能接受(unacceptable);0.50~0.59,非常差(miserable);0.60~0.69,勉强接受(mediocre);0.70~0.79,可以接受(middling);0.80~0.89,比较好(meritorious);0.90~1.00,非常好(marvelous)。

KMO 数值越高,说明指标共性越强,主成分分析就越合适。Bartlett 球形检验用于判定各个变量是否为单位阵,是否相互独立,Bartlett 检验的原假设H0 为"变量间没有内在联系"。所以,当 Bartlett 检验统计量的相伴概率小于特定显著水平时,拒绝原假设,说明相关系数矩阵不是单位阵,适合采用主成分分析法。

表 4-2 的 Bartlett 球形检验与 KMO 检验结果显示,Bartlett 球形检验的伴随概率为 0.000,KMO 数值为 0.901。这说明本课题分红综合指数评价指标具有样本充足性,并且指标间具有内在关联性,适合采用主成分分析法。

表 4-2　Bartlett 球形检验与 KMO 检验结果

Bartlett 球形检验	Chi-square	6.93e+05
	Degrees of freedom	325
	p-value	0.000
KMO 检验	0.901	

(二) 主因子分析

采用主成分分析法提取因子,每个因子都是评价指标的线性组合,一个因子代表一个主成分。在 stata 软件实施主成分分析时,以矩阵的特征值为标准判断需要提取的主因子,主成分分析结果如表 4-3 所示。可以发现,主成分 1 的特征值为 8.741 7,表明该因子为影响现金分红综合指数得分的最大主成分;主成分 2 的特征值为 2.789 3,是影响现金分红综合指数得分的第二主成分。依此类推,特征值高于 1 的主成分一共有 6 个,这 6 个主成分对总方差的累积贡献率为 64.82%。可以认为这 6 个主成分综合反映了 25 个分红评价指标的主要信息。

表 4-3　主成分分析的特征值和贡献率

主成分	特征值	贡献率	累计贡献率
Comp1	8.741 7	0.336 2	0.336 2
Comp2	2.789 3	0.107 3	0.443 5
Comp3	1.906 7	0.073 3	0.516 8
Comp4	1.263 1	0.048 6	0.565 4
Comp5	1.149 0	0.044 2	0.609 6
Comp6	1.004 1	0.038 6	0.648 2
Comp7	0.903 6	0.034 8	0.683 0
Comp8	0.889 4	0.034 2	0.717 2
Comp9	0.838 5	0.032 2	0.749 4
Comp10	0.762 1	0.029 3	0.778 8
Comp11	0.730 6	0.028 1	0.806 9
Comp12	0.672 4	0.025 9	0.832 7
Comp13	0.644 1	0.024 8	0.857 5
Comp14	0.590 7	0.022 7	0.880 2
Comp15	0.568 2	0.021 9	0.902 1
Comp16	0.493 5	0.019 0	0.921 0

（续表）

主成分	特征值	贡献率	累计贡献率
Comp17	0.433 9	0.016 7	0.937 7
Comp18	0.402 2	0.015 5	0.953 2
Comp19	0.358 8	0.013 8	0.967 0
Comp20	0.244 7	0.009 4	0.976 4
Comp21	0.228 7	0.008 8	0.985 2
Comp22	0.200 8	0.007 7	0.992 9
Comp23	0.082 1	0.003 2	0.996 1
Comp24	0.044 7	0.001 7	0.997 8
Comp25	0.039 8	0.001 5	0.999 3
Comp26	0.017 2	0.000 7	1.000 0

此外，根据现金分红综合评价主成分分析特征值绘制了主因子的碎石图（见图4-1）。不难发现，特征值高于 1 的前 6 个主因子构成的折线具有较大的斜率，而之后的主因子的斜率逐渐平缓，对解释分红表现的贡献很小，基本可以忽略。这同样说明，前 6 个主因子构成了现金分红评价的关键性因素，而后面的因子是现金分红综合评价不太重要的成分。因而，选取 6 个主成分因子是合适的。

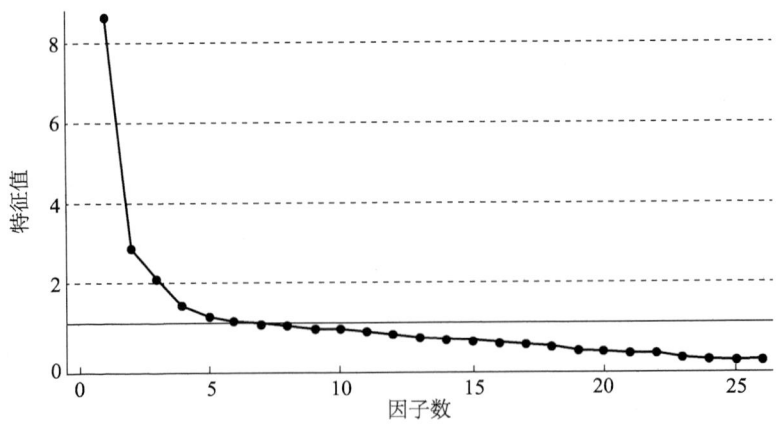

图 4-1　主因子碎石图

（三）综合评分

提取出主成分之后，以各主成分的方差贡献率占总方差贡献率的比例为权重，从而得到现金分红综合指数评价模型：

$$DI\_pca_{it} = 0.336\,2 * f_1 + 0.107\,3 * f_2 + 0.073\,3 * f_3 + 0.048\,6 * f_4 \quad (4\text{-}1)$$
$$+ 0.044\,2 * f_5 + 0.038\,6 * f_6$$

在此基础上本书以 2004 年所有上市公司主成分分析法计算的 DI_pca 均值为基准,对各年度—公司的现金分红指数得分进行了定基处理,得到最终的分红指数,计算公式为:

$$CDPI\_pca_{it} = (DI\_pca_{it}/DI\_pca_{2004}) * 100 \qquad (4\text{-}2)$$

三、专家调查法

专家调查法(delphi method)始创于美国兰德公司,是一种借助征询专家意见以提高决策科学性的分析方法。专家调查法代表的是集体匿名思想交流的过程,广泛应用于管理决策、经济预测等领域。这种方法依据实务界、理论界专家对某一具体问题的认知、判断,综合专家意见提高决策的科学性,克服个体决策的主观偏差。有别于主成分分析法,专家调查法依靠专家的专业判断确定现金分红综合评价的关键指标及指标的重要性,其优势在于专家对于分红行为的专业理解,有助于提高分红综合指数的财务学意义。在分红评价指标初选过程中,为了提高评价的全面性而选取了较多的分红评价指标,指标间可能存在评价的重叠性。为了克服指标相互叠加的影响,在专家调查法中本书基于专家判断遴选了现金分红综合评价的核心指标,并基于核心指标构建现金分红综合指数。

本研究利用专家调查法遴选上市公司现金分红评价核心指标,确定各项评价指标的主观权重。我们通过研讨、调查问卷、访谈等形式征询了财务理论及实务专家对上市公司现金分红表现的看法,综合专家意见提取了核心评价指标,综合专家打分确定各指标的主观权重数值。

(一)调研专家选取

为了获取专家对分红核心评价指标及指标权重的判断,本书安排了两轮问卷调查。第一轮调查对象为重庆市会计领军人才班学员,调研目标是从 4 个维度,遴选出上市公司现金分红评价的 10 项核心评价指标;第二轮调研对象为重点财务专家,调研目标是针对 10 项核心评价指标,给出权重得分。调研专家的选取对于评价指标质量及权重的科学性非常重要。调研对象应该具有代表性,以便对同一个问题能收获不同的评价意见。由于上市公司现金分红评价既有理论性又有一定程度的实务性,我们选取了不同背景的财务专家作为问卷、访谈的对象。

第一轮现金分红核心评价指标的筛选,本书选取了 43 名重庆市会计领军人才班学员作为调查专家,这些专家来自重庆市上市公司、西南证券、会计师事务所、高校等单位,具有不同背景,大多具有 CPA 证书或高级会计师职称,具有多年财务实际工作经验或财务研究经历,并担任上市财务总监、审计高级经理、证券分析师等职务。

第二轮现金分红核心评价指标权重确定,课题组选取了证券监管机构、中介机构、上市公司、证券机构、高校等单位合计 10 位重点财务专家作为调查对象。其中深圳证券交易所 1 人、证券机构财务部副总经理 1 人、上市公司财务总监 1人、会计师事务所高级审计经理 1 人、高校财务教授 3 人、全国及重庆市会计领军人才学员 3 人。他们当中既有理论功底深厚的财务学学者,又有实务经验丰富的上市公司财务总监、证券分析师,还有中介机构从业人员,具有代表性和权威性,能够为分红评价指标重要性判断提供专业意见。

需要说明的是,为了提高问卷调查效果与质量,以上两轮调查没有采用问卷星等电子调查方式,而是要求所有问卷对象打印出纸质问卷并填写,最后将纸质版问卷扫描或拍图片反馈。

（二）现金分红核心评价指标确定

第一轮现金分红评价核心指标筛选,以重庆市会计领军人才班学员为对象,在北京国家会计学院集训期间的主题班会上,我们向全体问卷对象解读了初选的 25 项评价指标测度的方面及具体计算方法。然后,发放调查问卷(问卷见附录),问卷对象根据个人专业理解,在规定时间独立遴选出 10 项最重要的上市公司现金分红评价指标。最终,成功收回 38 份问卷,剔除 1 项不合格问卷,有效问卷为 37 份。根据财务专家对核心评价指标投票频率,本书选取了 4 个维度 10 项评价指标作为上市公司现金分红指数评价方案层指标(见表4-4)。

表 4-4　第一轮专家调查结果:各维度入选指标及票数

序号	维度	评价指标	指标具体含义	得票数
1	分红连续性	3 年分红频率	近 3 年中分红年数占比	20
2		当年是否分红	当年发放现金股利为 1,否则为 0	26
3		4 年平均分红水平	近 4 年平均股利支付水平	23
4	分红平稳性	分红水平变异系数	当年及近 3 年每股现金股利的变异系数	25
5		分红极差	当年及近 3 年现金分红水平极差	21
6	分红匹配性	分红—投资增长匹配度	投资增长率处于年度—行业上(下)30%,且股利支付率处于年度所有上市公司上(下)30%,取 0;其他情况取 1。现金持有率作为正向(负向)调节指标	19

(续表)

序号	维度	评价指标	指标具体含义	得票数
7	分红匹配性	分红—现金流匹配度	经营活动现金流比例处于年度—行业上(下)30%,股利支付率处于年度—行业下(上)30%,取0,现金持有率作为负向(正向)调节指标;其他情况取1	19
8		分红—成长性匹配度	主营业务收入增长率处于年度—行业上(下)30%,股利支付率处于年度—行业上(下)30%,取0,现金持有率作为正向(负向)调节指标;其他情况取1	23
9	分红回报性	3年分红回报	近3年现金分红总额/盈利总额	21
10		当年分红回报	当年每股支付的现金股利	23

(三)核心指标主观权重的确定

针对遴选出的10项现金分红核心评价指标,本书设计了"核心指标主观权重问卷表"。具体来说,我们要求专家基于专业判断对各项核心评价指标的重要性予以打分,1~10表示指标重要性的逐渐递增,表4-5第3列汇总了10位财务专家对每项核心指标打分的总和。依据专家对各维度重要性的判断,课题组计算了各维度指标的主观权重(见表4-5)。

表4-5　第二轮专家调查结果:现金分红综合评价核心指标权重

序号	维度	评价指标	专家打分汇总	主观权重
1	分红连续性	近3年分红年数	89	0.145 4
2		当年是否分红	71	0.116 0
3		4年分红表现	95	0.155 2
4	分红平稳性	分红水平变异系数	30	0.049 0
5		分红极差	35	0.057 2
6	分红匹配性	分红—投资增长匹配度	46	0.075 2
7		分红—现金流匹配度	43	0.070 3
8		分红—成长性匹配度	62	0.101 3
9	分红回报性	近三年现金分红回报率	68	0.111 1
10		当年分红回报	73	0.119 3

(四)综合评分

利用上述遴选的核心指标及其主观权重,构建专家主观赋权法计算的现金分红综合指数得分计算模型如下:

$$DI\_expert_{it} = 0.145\,4 * DCI\_2 + 0.116\,0 * DCI\_4 + 0.155\,2 * DCI\_5 + 0.049\,0 * DSI\_2$$
$$+ 0.057\,2 * DSI\_5 + 0.075\,2 * match\_growinvest + 0.070\,3 * match\_ocf$$
$$+ 0.101\,3 * match\_growth + 0.111\,1 * DRI\_1 + 0.119\,3 * DRI\_3$$

$$(4\text{-}3)$$

在此基础上我们以 2004 年所有上市公司主观赋权法计算的 DI_expert 均值为基准,对各年度—公司的现金分红指数得分进行了定基处理,得到最终的分红指数,计算公式为:

$$DI\_expert_{it} = (DI\_expert_{it} \,/\, DI\_expert_{2004}) * 100 \qquad (4\text{-}4)$$

四、现金分红综合指数的生成

为了使指数融合专家判断的良好财务涵义与主成分分析的统计意义,取主成分分析法及专家赋权法计算的分红指数的均值作为最终的上市公司现金分红指数,生成模型为:

$$DI_{it} = DI\_expert_{it} * 0.5 + DI\_pca_{it} * 0.5 \qquad (4\text{-}5)$$

第二节 | 中国上市公司现金分红综合指数的特征分析

一、现金分红综合指数的时间序列特征

表 4-6 为 A 股上市公司现金分红综合指数的总体分布情况。在 2005—2018 年 33 255 个观测值中:平均现金分红综合指数为 95.04;平均值低于中位数(103.9),说明相当一部分分红情况较差的上市公司拉低了综合指数的平均水平。此外,现金分红综合指数的最大值为 375.1,最小值为 0.703,可见现金分红综合指数的分布并不均衡。

表 4-6　国内 A 股上市公司现金分红综合指数总体分布特征

指数	平均值	p1	p25	p50	p75	最大值	最小值	标准差	观测值
DI	95.04	22.07	59.36	103.9	126.5	375.1	0.703	39.48	33 255

图 4-2 为 2005—2018 年 A 股上市公司现金分红综合指数平均值、中位数变动趋势图。不难发现,上市公司现金分红指数的平均值、中位数走势具有相似

性,总体上市公司分红指数呈上升趋势。这表明,2005—2018 年中国上市公司现金分红表现逐渐向好。具体来看,在 2005 至 2007 年,现金分红综合指数呈下降趋势,综合分红指数较低样本的占比呈现上升趋势,资本市场的企业分红意愿较差,而同时期的股市可谓节节攀高,2007 年更是创造了上证指数超 6 000 点的股市神话。可见,这段时期资本市场疯狂热衷于价差收益,股市的投资者回报意识和分红回报意识不强,亟待监管层倡导价值投资理念。2008—2013 年,上市公司分红指数的均值、中值显现出明显上升趋势,2013 年中国上市公司现金分红指数得分达到峰值。究其原因,这一阶段上市公司分红表现的向好发展与证监会等部门出台系列半强制分红政策有很大关系。这一时期可以看作中国上市公司分红的强化监管期,如 2008 年 10 月证监会出台《关于修改上市公司现金分红若干规定的决定》、2013 年 11 月证监会发布《上市公司监管指引第 3 号——上市公司现金分红》。2013—2015 年上市公司分红指数有小幅下落,2015—2018 年上市公司分红指数则回升到 2013 年分红指数水平。可以认为,中国上市公司分红行为的改善与外部监管政策有一定程度的正向相关性,尽管外部分红监管可能会导致"钓鱼式"分红或"突击"分红,但总体趋势来看,综合分红水平近年来逐年提升,综合分红水平极差的样本占比明显下降,分红监管在一定程度上改善了"轻回报"的分红现状。

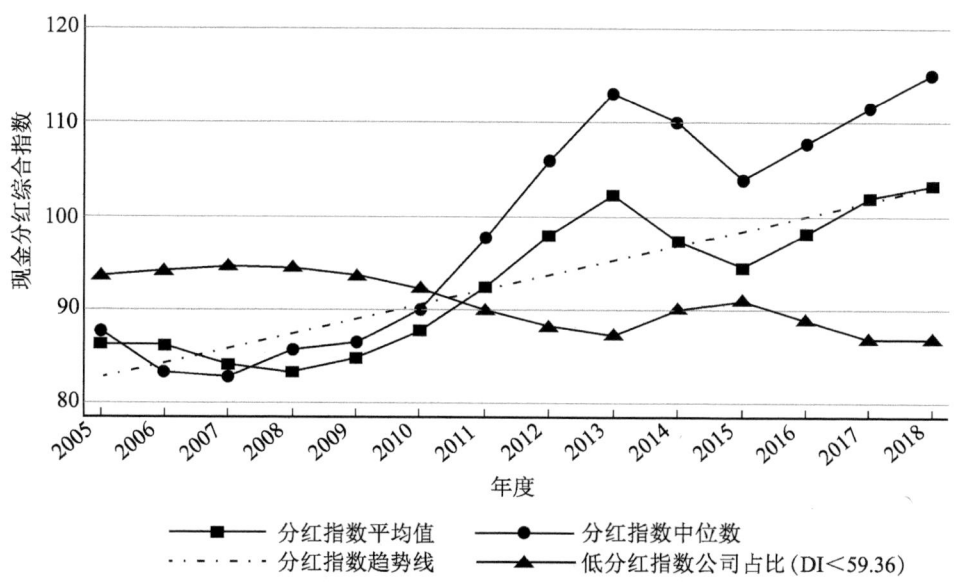

图 4-2　国内 A 股上市公司现金分红综合指数变化趋势

二、现金分红综合指数的地区分布特征

图4-3展示了中国各省份现金分红综合指数分布情况。从图中可以看出：大部分东南沿海地区、北京、河南、安徽、江西和云贵地区的分红综合指数较高。其中属于内陆地区的江西、贵州、安徽、云南的上市公司样本较少，较高的现金分红综合水平是被少量分红主力军（如分红标杆贵州茅台）拉高所致，若不考虑此部分分红先锋队，其余样本的综合分红水平并不高；中西部内陆地区如青海、西藏、吉林、甘肃、宁夏的综合分红水平明显偏低，同时这几个地区样本数也处于低位。大部分地区基本都存在现金分红综合指数中位数高于平均数的情况，说明各地区都存在相当一部分综合分红水平极差的公司拉低了平均水平。

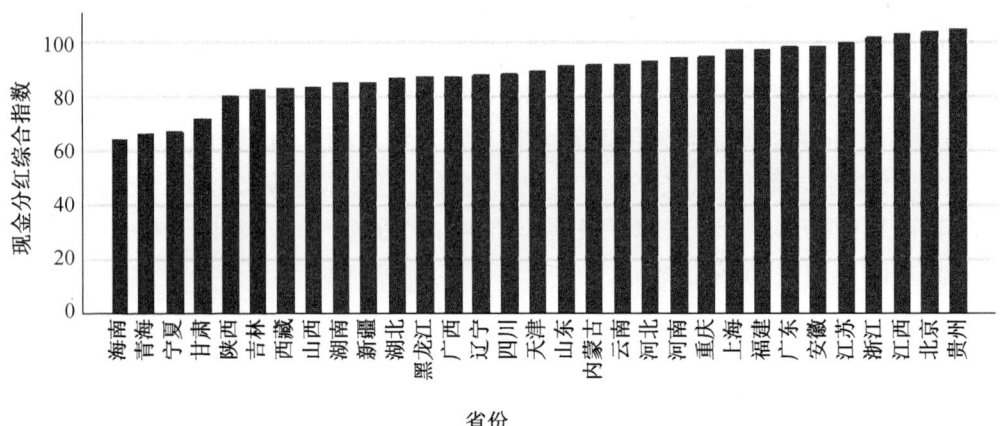

图4-3　不同省份现金分红综合指数分布情况

三、现金分红综合指数的板块及规模分布特征

图4-4为2005—2018年国内A股各板块上市公司现金分红综合指数变动折线图。可以看出，中小板在大部分年度现金分红表现要好于其他板块，其次是创业板，而深圳主板上市公司现金分红指数得分垫底。总体来说，主板现金分红指数低于创业板和中小板，现金分红综合指数的板块排名与有关学者（杨宝、庄恒和甘孜露，2017）的分红议题研究结论一致，即中国现金分红存在板块倒置、代际倒置的问题，但是综合分红水平表现的板块差异背后的真实原因，是不同板块的上市公司的自发性分红意愿差异导致还是另有隐情，则需进一步的研究才可明确。可能的原因是，在监管部门将再融资资格与分红挂钩的背景下，有着更强潜在融资需求的成长型上市公司迫于融资压力表现出更加积极的分红动机。

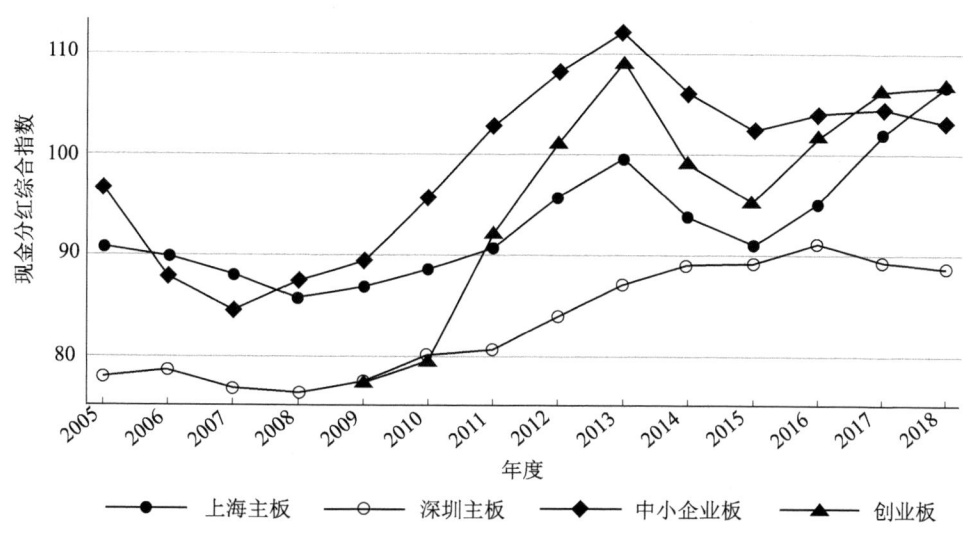

图 4-4　不同板块上市公司现金分红综合指数变动趋势

从波动趋势看,创业板上市公司现金分红指数得分波动幅度最大,深圳主板上市公司现金分红指数得分波动幅度最小,这说明成长性上市公司现金分红决策的异质性较强。中小企业板、创业板分红指数变化趋势与上海主板类似,总体看各板块上市公司分红指数得分呈上升趋势,且上升步调与证监会等部门半强制分红政策出台有关。这再次说明监管部门半强制分红政策对上市公司现金分红行为有影响。

图 4-5 列示的是不同规模上市公司现金分红指数得分变动趋势。本书以

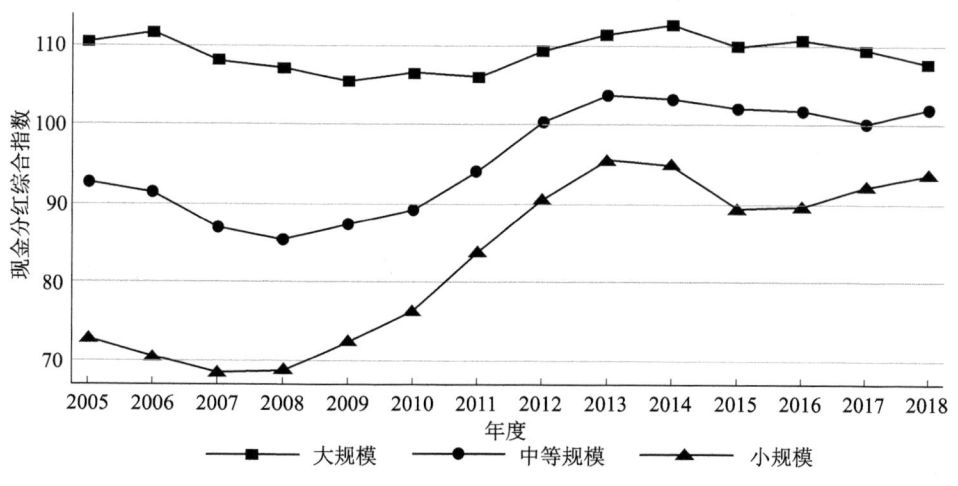

图 4-5　不同规模上市公司现金分红综合指数变动趋势

上市公司总资产规模为标准将上市公司划分为大规模组、中等规模组和小规模组,分别统计了每一组上市公司分红指数的年度均值绘制成折线图。不难发现,上市公司现金分红表现出明显的规模特征:大企业现金分红综合表现要好于中小企业,各个板块上市公司的规模大小与现金分红水平具有明显的正向相关性,资产规模越大的公司越有能力维持较高的分红水平。

四、现金分红综合指数的公司性质分布特征

图 4-6 为 2005—2018 年不同产权性质上市公司现金分红综合指数得分对比。总体上看,2005—2018 年上市公司分红综合指数得分排名依次是:国有企业、外资企业和民营企业。可见,中国国有背景上市公司现金分红表现要好于其他产权性质企业,这或许与 2012 年 4 月国资委倡议"国有股东应成为积极、负责任的股东""鼓励上市央企建立符合价值投资理念的分红机制"有关。

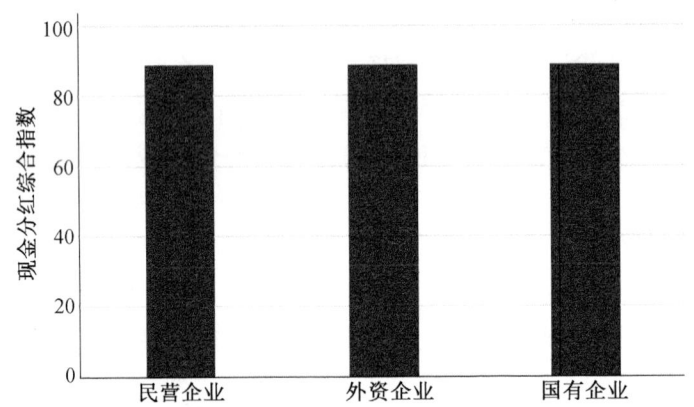

图 4-6　不同产权性质公司分红综合指数总体均值差异

进一步地,图 4-7 列示了不同产权性质上市公司现金分红综合指数的变化趋势。可见,各类性质企业的现金分红综合指数在 2008 年以前呈下降趋势,在 2008—2010 年表现为在波动中小幅上升趋势,在 2011—2013 年大幅提升,从 2014 年至今则小幅回落后开始上扬。

国有企业与其他性质公司相比波幅更为平缓,民营企业与外资企业的走势大体趋同,但在同样的趋势变动期间分红综合指数的波幅大于国有类公司。外资企业的现金分红综合指数在 2010 年后呈明显上升,且在 2012 年超过了国有企业。民营企业在 2010—2013 年现金分红综合指数也表现出明显上升,然而在 2014—2015 年又呈现出下滑,2016 年之后又表现出回升。2010—

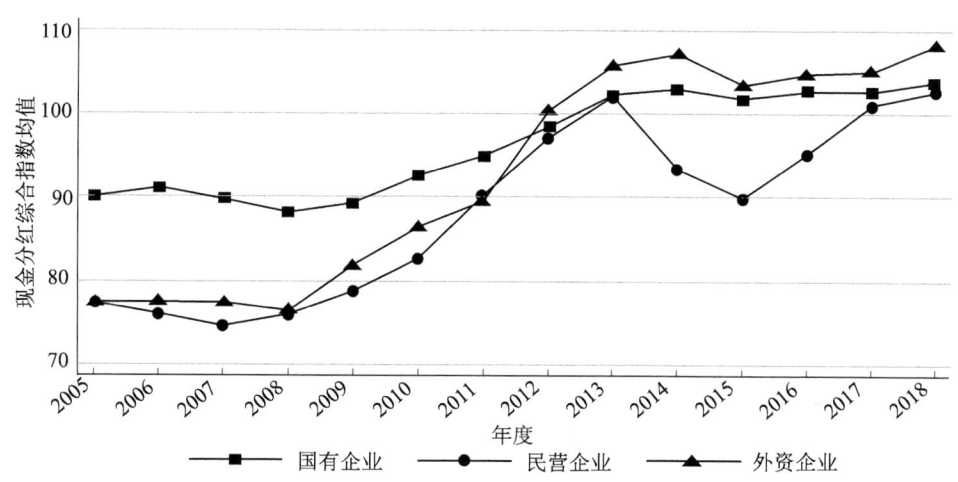

图 4-7　不同产权性质上市公司现金分红综合指数均值变动折线图

2013 年民营企业、外资企业分红综合指数明显的升幅或许是受半强制分红政策监管的影响而一改吝啬分红作风。然而 2014—2015 年,以上两类公司分红综合指数下滑,这或许是由于部分上市公司超能力派现。因而,究其根本,分红现象的改善是回报意识提升而自愿分红,还是为了再融资而钓鱼式分红或为输送利益而超能力派现,难以一概而论。据相关学者的研究表明(周县华、吕长江,2008;杨汉明,2008),大股东、实际控制人常通过高分红甚至超能力派现掏空公司、高送转加象征性分红来配合大股东减持,这种分红行为表面上也会改善公司的分红现状,但其分红的实质并非是回馈股东、共享收益,异常分红行为在中小企业板、创业板的民营企业里屡见不鲜,已经成为监管层重点监控的异常行为。

五、现金分红综合指数的行业分布特征

表 4-7 为上市公司现金分红综合指数的行业分布情况。现金分红综合指数得分前五的行业为:交通运输和仓储邮政业(111.73)、住宿餐饮业(105.29)、金融业(101.16)、制造业(95.83)、信息传输软件及信息技术服务业(94.81)。除住宿餐饮业外,以上各行业指数的中位数均高于平均值,表明分红表现的"贫富不均"现象在各行业较普遍。除其他行业外,现金分红综合指数得分排名最低的五个行业分别是:教育卫生业(82.03),科学研究技术服务业(82.88),农、林、牧、渔业(83.51),水利、环境和公共设施管理业(87.47)、新闻出版业(88.15)。

表4-7　各行业上市公司现金分红综合指数得分情况

行业	均值	中值	最大值	最小值	标准差	样本量
交通运输、仓储和邮政业	111.73	122.34	194.49	7.71	37.31	1 428
住宿和餐饮业	105.39	105.29	181.25	35.85	43.87	138
金融业	101.16	112.50	172.24	12.82	42.69	1 339
制造业	95.83	104.26	375.09	0.70	39.30	31 422
信息传输、软件和信息技术服务业	94.81	103.68	300.76	7.15	35.85	3 782
建筑业	94.80	106.12	184.55	2.81	36.74	1 308
电力、热力、燃气及水生产和供应业	94.41	107.17	182.51	5.90	41.95	1 506
批发和零售业	94.26	103.33	200.80	8.53	40.22	2 327
采矿业	93.00	97.59	216.01	28.48	40.98	1 081
房地产业	90.46	101.40	173.01	5.05	39.62	2 505
新闻出版业	88.15	93.78	176.00	19.77	37.71	812
水利、环境和公共设施管理业	87.47	95.66	157.37	17.76	37.78	724
农、林、牧、渔业	83.51	85.22	181.56	23.22	38.01	576
科学研究技术服务业	82.88	88.10	157.74	8.79	39.43	700
教育卫生业	82.03	86.66	149.12	6.34	36.82	280
其他	75.81	72.19	147.23	35.32	35.34	298

　　图4-8为排名前5行业现金分红综合指数2005—2018年变化趋势折线图。首先,各行业现金分红综合指数得分总体呈现出上升趋势,表明近年来各行业上市公司现金分红表现总体在改善。值得一提的是,各行业分红综合指数年度间变化趋势呈现出相似性,2008—2013年各行业上市公司分红指数增长较快,且均在2013年达到高峰。这说明监管部门半强制分红政策对上市公司分红行为产生了显著影响。此外,各行业现金分红综合指数波动性差异明显,交通运输和仓储邮政业、制造业上市公司现金分红综合指数变化趋势较为平稳;住宿餐饮业和金融业上市公司现金分红综合指数在各年度间波动幅度较大。2012年之后,

住宿餐饮业上市公司现金分红综合指数呈现出明显的下滑趋势。

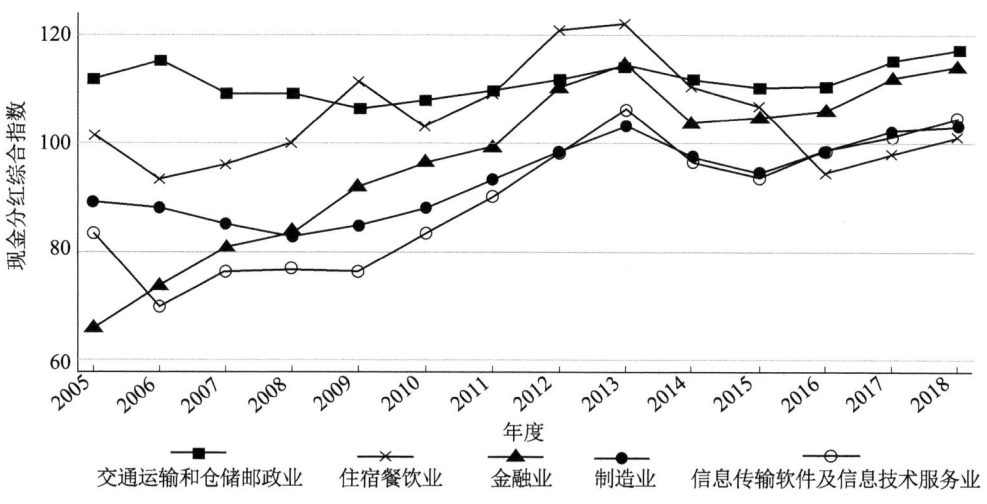

图 4-8　排名前 5 行业分红综合指数变化趋势

六、现金分红综合指数 50 强

为了更加直观地展示哪些上市公司现金分红综合表现最佳,本书对上市公司各年现金分红综合指数均值进行排名,并筛选出上市公司现金分红综合指数得分 50 强,结果如表 4-8 所示。从排名情况看,"贵州茅台"是当之无愧的现金分红冠军。2005—2018 年,贵州茅台现金分红综合指数得分均值为 217.36,远超排名第 2 的双汇发展近 40 分。贵州茅台现金分红连续性、稳定性好,自 2005 年以来每年均实施现金分红。从分红金额看,贵州茅台自 2005 年以来每股分红金额也是节节攀高,2017 年贵州茅台每股分红首次超过 10 元,2018 年茅台更是创造史上最高"大红包",拿出 183 亿现金用于股东分红,每股股利达 14.54 元。从贵州茅台年报可以看出,茅台持续高分红的背后是不断增长的营业收入与净利润,以及充沛的现金流。

酒类上市公司现金分红表现总体抢眼。在入选分红综合指数 50 强的上市公司中,如贵州茅台、张裕 A、泸州老窖、迎驾贡酒、青岛啤酒、洋河股份等白酒、红酒、啤酒类上市公司占了 6 个席位。此外,食品、药品及保健品类上市公司现金分红也表现不俗,有双汇发展、片仔癀、东阿阿胶、海天味业、天士力、承德露露、汤臣倍健、桂林三金、全聚德等。

表 4-8　中国上市公司现金分红综合指数得分 50 强名单

股票简称	分红综合指数得分	排名	股票简称	分红综合指数得分	排名
贵州茅台	217.356 4	1	天士力	155.666 9	26
双汇发展	177.716 3	2	中国神华	155.253 1	27
张裕 A	175.668 1	3	承德露露	155.128 5	28
九牧王	172.427 3	4	迎驾贡酒	155.064 5	29
宁沪高速	168.457 9	5	工商银行	154.557 3	30
美的集团	168.330 7	6	盘江股份	154.085 4	31
泸州老窖	168.310 9	7	汤臣倍健	153.851 7	32
佛山照明	166.267 1	8	台基股份	153.253 6	33
大秦铁路	165.211 1	9	重庆水务	152.303 7	34
焦点科技	165.177 6	10	江铃汽车	152.209 9	35
宇通客车	164.678 5	11	九阳股份	151.773 8	36
雅戈尔	164.032 5	12	皖通高速	151.756 5	37
招商港口	163.750 9	13	用友网络	151.628 7	38
伟星股份	161.432 8	14	桂林三金	151.540 6	39
大豪科技	161.055 9	15	锦江投资	151.317 6	40
片仔癀	160.937 8	16	伟星新材	151.219 7	41
国光股份	160.684 3	17	海康威视	151.116 5	42
美亚光电	160.416 2	18	罗莱生活	150.515 4	43
长江电力	159.828 2	19	招商银行	150.411 8	44
永新股份	159.573 4	20	青岛啤酒	150.311 2	45
锦江股份	159.199 4	21	银河磁体	150.240 4	46
法拉电子	157.879 7	22	海思科	150.141 6	47
东阿阿胶	157.396 4	23	全聚德	150.091 9	48
海天味业	157.341 6	24	华能国际	150.009 4	49
鲁泰 A	157.244 5	25	洋河股份	149.731 3	50

七、现金分红综合指数后 50 名

本书同时整理了 2005—2018 年上市公司现金分红排名后 50 名的上市公司名单,如表 4-9 所示。入选现金分红综合指数得分后 50 名的上市公司指数得分集中于32～35分,得分非常低。

表4-9　中国上市公司现金分红综合指数得分后50名名单

股票简称	分红综合指数得分	排名	股票简称	分红综合指数得分	排名
全新好	32.011	1	洛阳玻璃	34.167 66	26
广东甘化	32.437 84	2	新能泰山	34.239 41	27
烽火电子	32.536 73	3	*ST金泰	34.317 34	28
高新发展	32.676 48	4	华塑控股	34.350 93	29
国机通用	32.813 81	5	国新健康	34.368 35	30
*ST美丽	32.839 1	6	中房股份	34.386 99	31
*ST盈方	32.866 86	7	ST明科	34.480 03	32
西部创业	33.236 74	8	*ST百花	34.513 74	33
大唐电信	33.469 39	9	新日恒力	34.527 67	34
*ST莲花	33.500 66	10	ST南风	34.540 58	35
上海凤凰	33.504 35	11	浩物股份	34.558 55	36
天津松江	33.505 55	12	中航沈飞	34.624 54	37
绿庭投资	33.590 11	13	*ST节能	34.626 51	38
京粮控股	33.837 41	14	德展健康	34.670 06	39
金杯汽车	33.852 71	15	欢瑞世纪	34.724 97	40
天津磁卡	33.874 49	16	ST银河	34.747 57	41
宝塔实业	33.890 66	17	中闽能源	34.771 05	42
中源协和	33.952 21	18	欣龙控股	34.791 02	43
丹化科技	33.961 7	19	申华控股	34.801 57	44
襄阳轴承	33.979 74	20	大晟文化	34.832 68	45
ST丰华	34.002 36	21	中钨高新	34.889 26	46
美尔雅	34.037 5	22	*ST天首	34.890 16	47
青海春天	34.064 74	23	世纪星源	34.895 02	48
金牛化工	34.091 99	24	通化金马	34.897 69	49
津劝业	34.149 86	25	*ST河化	34.919 48	50

入选的上市公司几乎都是名副其实的分红"铁公鸡",分红连续性差、忽视投资者回报。如得分最低的前三名上市公司全新好、广东甘化、烽火电子,尽管有

一定的经营业绩,但是自 2005 以来连续 14 年没有现金分红记录;部分入选上市公司如金杯汽车、美尔雅、*ST 莲花、襄阳轴承等,甚至自上市以来从未实施现金分红。

"巧妇难为无米之炊",业绩不佳也是部分上市公司现金分红表现差的原因。比如有 12 家冠有 ST、*ST 帽子的上市公司入选现金分红综合指数得分后 50 名,分别是:*ST 美丽、*ST 盈方、*ST 莲花、ST 丰华、*ST 金泰、ST 明科、*ST 百花、ST 南风、*ST 节能、ST 银河、*ST 天首、*ST 河化。

此外,值得一提的是,从板块来源看,所有入选后 50 名上市公司均来自主板。这说明相比于起步较晚的中小企业板和创业板,部分主板上市公司现金分红意愿不强、积极性不佳,现金分红回报股东的意识也有待提升。

第三节 | 中国上市公司现金分红综合指数的检验

指数的合理性检验也是指数构建研究的关键环节。本章构建的现金分红综合指数旨在评价上市公司现金分红的行为表现,指数质量的高低取决于指数本身的稳定性及指数是否具备评价上市公司现金分红表现的财务内涵。本节将着手从信度、效度两个层面对现金分红综合指数的合理性展开检验。其中,信度检验着眼于指数的稳定性,比如基于不同的样本容量、不同的赋权方法等生成的现金分红综合指数是否具有一致性;效度检验着眼于指数的财务内涵,比如现金分红综合指数对上市公司的财务可持续发展能力是否有说明力、对上市公司长期财务业绩表现是否有预测价值等。

一、现金分红综合指数信度检验

信度检验主要目标是评价指数的稳健性,主要关注现金分红综合指数的稳定性、可靠性特征。如果运用不同的指数构建方法能得出相似的评价结果,我们可以认为指数信度比较好;如果在不同的样本容量下运用相同的指数构建方法能得出相似的评价结果,我们也可以认为指数信度较高。按照以上思路,本书做了两个方面的信度检验:一是采用熵权法重新计算现金分红综合指数,并与原指数对比分析;二是采用主成分分析法对不同样本容量下计算的现金分红综合指数与原指数对比分析。需要说明的是,原指数是 2004—2018 年全样本下采用专家调查法与主成分分析法计算的现金分红综合指数得分的均值。本书对现金分红综合指数信度检验具体做法如下:

（1）选定 2008—2012 年上市公司为控制组样本，控制组样本的指数得分表示为 DI。

（2）以 2004—2018 年上市公司为全样本，采用熵权法重新编制 2008—2012 年上市公司现金分红综合指数，并观测其与原指数的相关性以及指数均值差异。熵权法的原理是利用指标的变异程度确定综合评价中特定指标的权重，首先利用指标的信息熵计算指标熵权，经熵权修正得出指标综合权重。熵权法计算指标权重的步骤如下：

第一步，数据标准化。

第二步，计算熵值，$E_i = -\ln(m)^{(-1)} \sum_{i=1}^{m} p_{ij} \ln p_{ij}$，其中，$p_{ij} = \dfrac{Iron_{ij}}{\sum Iron_{ij}}$。

第三步，根据各指标的信息熵，计算客观权重，$\omega_{si} = \dfrac{1 - E_i}{\sum_{i=1}^{m}(1 - E_i)}$，其中，$m$ 为指标个数。

最终，熵权法确定的现金分红核心评价指标权重如表 4-10 所示。

表 4-10　熵权法确定的指标权重

序号	维度	评价指标	熵权法权重
1	连续性	近 3 年分红年数	0.047 2
2		当年是否分红	0.132
3		4 年分红表现	0.375
4	平稳性	分红水平变异系数	0.249
5		分红极差	0.055 7
6	匹配性	分红—投资增长匹配度	−0.213
7		分红—现金流匹配度	−0.223
8		分红—成长性匹配度	−0.218
9	回报性	近三年现金分红回报率	0.252
10		当年分红回报	0.542

（3）变换样本容量，重新计算 2008—2012 年控制组样本的指数得分。具体做法是：逐年递增样本，分别以 2004—2012 年、2004—2013 年、2004—2014 年、2004—2015 年、2004—2016 年、2004—2017 年为样本区间，采用主成分分析法编制 2008—2012 年上市公司现金分红综合指数新指数，观测其与原指数的相关系数、平均值的变化差异。如果采用不同的指数编制方法，基于不同样本容量构建的指数与原指数具有较高的相关系数，且均值变动不大，则可以说明现金分红

综合指数具有较高的信度。

（4）信度分析。表4-11列示是采用不同编制方法下现金分红综合指数描述统计结果的对比。可以发现,采用熵权法生成的现金分红综合指数 DI_ewm 的平均值、中位数均高于原指数 DI,但是 DI_ewm 与 DI 表现出相似的数据分布特征,即中位数高于平均值。从样本极值及标准差看,熵权法下计算的DI_ewm 分布离散程度要远远高于原指数 DI,这一定程度上可以说明本书采用"主成分分析法＋专家调查法"编制的现金分红综合指数具有一定的优越性。单纯采用主成分分析法基于不同样本容量编制的现金分红综合指数 DI_0417、DI_0416、DI_0415、DI_0414、DI_0413、DI_0412 的平均值、中位数均高于原指数 DI,但是从数据分布特征看也具有相似性,所有指数的中位数都高于平均值。此外,还可以发现 DI_0417、DI_0416、DI_0415、DI_0414、DI_0413、DI_0412 等指数的平均值、中位数变化非常小,这说明随着样本容量变化,采用主成分分析法计算的现金分红综合指数具有稳定性。

表4-11　不同编制方法下现金分红综合指数统计描述对比

指数	样本量	平均值	p50	标准差	最大值	最小值
DI	10 260	90.2	94.5	38.5	237.8	6.3
DI_ewm	10 260	107.6	109.0	88.6	1 078.0	0.0
DI_0417	10 260	100.3	106.3	47.2	268.1	14.5
DI_0416	10 260	100.3	106.1	46.0	281.4	11.9
DI_0415	10 260	100.5	107.6	55.6	324.5	0.0
DI_0414	10 260	100.5	107.2	55.2	324.4	0.0
DI_0413	10 260	100.5	107.1	55.0	325.2	0.0
DI_0412	10 260	100.4	106.8	54.1	323.3	0.0

注:此处的分析观测样本区间锁定为 2008—2012 年,因此样本量均为 10 260;变换样本区间的目的是得出不同的主成分分析的因子权重。DI 为采用主成分分析法与专家调查法综合编制的现金分红综合指数原指数。DI_ewm 为采用熵权法计算的现金分红综合指数。DI_0417、DI_0416、DI_0415、DI_0414、DI_0413、DI_0412 为逐年递减样本区间后,采用单纯主成分分析法编制的现金分红综合指数得分。

表4-12 列示的是采用不同编制方法下现金分红综合指数的相关性,可以发现熵权法下计算的现金分红综合指数 DI_ewm 与原指数相关系数为 0.849,单纯主成分分析法不同样本容量下计算的现金分红综合指数与原指数相关系数均在 0.9 以上。这说明基于不同指数构建方法编制的现金分红综合指数具有相似性,

本书基于"主成分分析＋专家调查法"构建的上市公司现金分红综合指数具有稳定性。

表 4-12 不同编制方法下现金分红综合指数的相关性分析

指数	DI	DI_ewm	DI_0417	DI_0416	DI_0415	DI_0414	DI_0413	DI_0412
DI	1							
DI_ewm	0.849***	1						
DI_0417	0.992***	0.891***	1					
DI_0416	0.990***	0.899***	0.999***	1				
DI_0415	0.989***	0.900***	0.998***	0.999***	1			
DI_0414	0.989***	0.901***	0.998***	0.999***	1.000***	1		
DI_0413	0.989***	0.902***	0.998***	0.999***	1.000***	1.000***	1	
DI_0412	0.988***	0.904***	0.997***	0.999***	1.000***	1.000***	1.000***	1

注:DI 为采用主成分分析法与专家调查法综合编制的现金分红综合指数原指数;DI_ewm 为采用熵权法计算的现金分红综合指数;DI_0417、DI_0416、DI_0415、DI_0414、DI_0413、DI_0412 为逐年递减样本区间后,采用单纯主成分分析法编制的现金分红综合指数得分。

二、现金分红综合指数效度检验

在效度检验方面,本书在面板自回归模型的基础上实施了格兰杰因果关系检验,以证实现金分红综合指数的财务内涵及有效性。经典股利理论认为,业绩良好的上市公司现金分红表现往往更好;科学合理的现金分红政策有助于降低上市公司的两类代理成本(大股东代理成本和管理层代理成本)。此外,持续稳定的现金分红政策传递了公司未来业绩稳健的信号,进而也有助于企业价值的提升。为了检验现金分红综合指数的有效性,本书依据经典股利代理理论、信号理论等选取相关财务指标进行面板格兰杰因果关系检验,参考主流文献,涉及的检验指标如表 4-13 所示。检验指标 EPS、ROE 为衡量公司业绩的财务指标,用于观察财务业绩与现金分红综合指数的格兰杰因果关系。检验指标 SD_roa 为公司业绩波动性衡量指标,用于观察分红综合指数与企业未来业绩稳定性的格兰杰因果关系。检验指标 Tobinq 为企业价值的衡量指标,用于观察现金分红综合指数与未来企业价值的格兰杰因果关系。检验指标 adminexps、otherrec 分别为公司两类代理成本的衡量,用于观察现金分红综合指数与代理成本的格兰杰因果关系。

表 4-13　效度检验涉及的主要指标

符号	指标名称	指标定义
EPS	每股收益	净利润/总股数
ROE	净资产收益率	净利润/所有者权益
SD_roa	业绩波动性	连续三年总资产报酬率的标准差
Tobinq	托宾 q	市场价值/（资产总额－无形资产价值）
adminexps	管理层代理成本	管理费用/营业收入总额
otherrec	大股东代理成本	其他应收款/总资产

表 4-14 为面板格兰杰因果关系检验结果。结合卡方统计量和 P 值可以发现，存在由 EPS 到 DI 的单向因果关系，存在由 ROE 到 DI 的双向因果关系，因此可以证实企业盈利能力是现金分红综合指数的格兰杰原因。存在由 DI 到 SD_Roa、Tobinq 的单向因果关系，现金分红指数是企业财务业绩稳定性、企业市场价值的格兰杰原因，证实现金分红指数得分对未来财务业绩及企业市场价值有信号效应。存在由 DI 到 adminexps、otherrec 的双向因果关系，表明上市公司现金分红综合指数是公司两类代理成本的格兰杰原因。

表 4-14　格兰杰因果关系检验结果

变量组	原假设	系数	P 值	结论
EPS 与 DI	EPS 不是 DI 的格兰杰原因	4.034	0.045	拒绝
	DI 不是 EPS 的格兰杰原因	1.570	0.210	接受
ROE 与 DI	ROE 不是 DI 的格兰杰原因	3.656	0.056	拒绝
	DI 不是 ROE 的格兰杰原因	8.348	0.004	拒绝
DI 与 SD_roa	DI 不是 SD_roa 的格兰杰原因	23.922	0.000	拒绝
	SD_roa 不是 DI 的格兰杰原因	15.463	0.000	拒绝
DI 与 Tobinq	DI 不是 Tobinq 的格兰杰原因	3.702	0.054	拒绝
	Tobinq 不是 DI 的格兰杰原因	1.320	0.251	接受
DI 与 adminexps	DI 不是 adminexps 的格兰杰原因	5.630	0.018	拒绝
	adminexps 不是 DI 的格兰杰原因	8.054	0.005	拒绝
DI 与 otherrec	DI 不是 otherrec 的格兰杰原因	6.009	0.014	拒绝
	otherrec 不是 DI 的格兰杰原因	8.786	0.003	拒绝

脉冲响应分析可动态地刻画影响因素间的关系，其原理是给予某个因素一个标准差的冲击，观察对模型中其他因素当期及以后期的冲击影响。基于面板向量自回归模型（PVAR 模型）下的脉冲响应分析，我们观测了 EPS、ROE 对 DI

的冲击影响，DI 对 SD_roa、Tobinq 的冲击影响，DI 对 adminexps、otherrec 的冲击影响。图4-9显示在 2 期内 EPS、ROE 对现金分红指数 DI 有显著正向的冲击效应；图 4-10 显示在 2 期内 DI 对 SD_roa 有显著负向的冲击效应；图 4-11 显示在 2 期内 DI 对 Tobinq 有显著正向的冲击效应；图 4-11 显示在 2 期内 DI 对两类代理成本 adminexps、otherrec 均有显著负向的冲击效应。

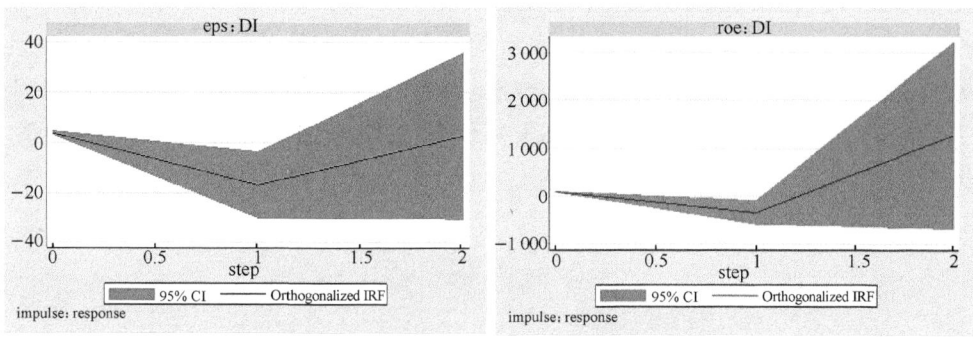

图 4-9　EPS、ROE 到 DI 的脉冲分析

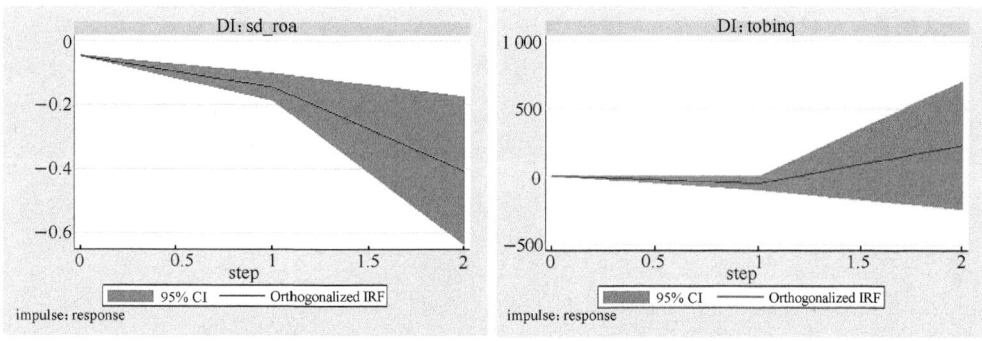

图 4-10　DI 到 SD_roa、Tobinq 的脉冲分析

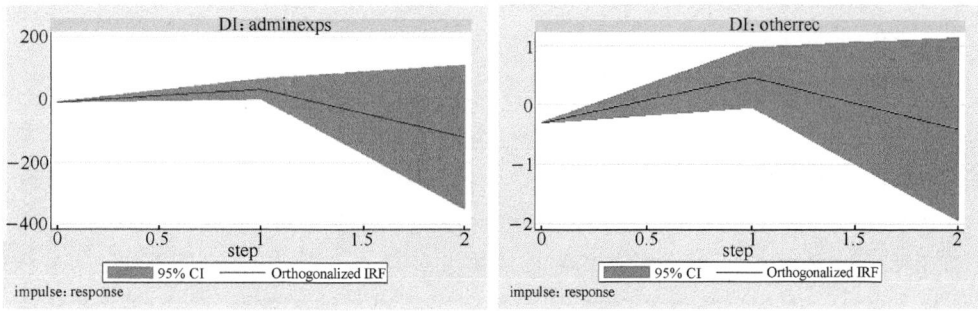

图 4-11　DI 到 adminexps、otherrec 的脉冲分析

因此,综合格兰杰因果检验和 PVAR 模型下的脉冲响应分析的结果可以发现,盈利能力是现金分红综合指数的格兰杰原因,并且盈利能力对现金分红综合指数得分有显著正向的脉冲冲击效应。现金分红综合指数是企业业绩波动性的格兰杰原因,且现金分红综合指数对未来业绩波动性有显著负向脉冲冲击效应。现金分红综合指数是企业市场价值的格兰杰原因,且现金分红综合指数对未来企业市场价值有显著正向脉冲冲击效应。现金分红综合指数是公司代理成本的格兰杰原因,并且对企业两类代理成本均有显著负向脉冲冲击效应。以上检验结果与经典股利理论相符,现金分红综合指数具备财务内涵,因而格兰杰因果检验和脉冲响应分析的结果总体提供了现金分红综合指数效度的经验证据。

本 章 小 结

上市公司现金分红综合指数(DI)有助于对上市公司现金分红行为的综合表现作出评价,也有助于观测市场层面现金分红行为的变化趋势。因而,从现金分红连续性、平稳性、匹配性、回报性四个维度选取核心评价指标,采用主客观赋权方法开发上市公司现金分红综合指数具有重要意义。本章首先阐述了上市公司现金分红综合指数的开发思路、方法、编制逻辑等,然后对 2005—2018 年上市公司现金分红综合指数的统计特征进行了深入分析,最后从财务内涵、赋权方法等方面对开发的中国上市公司现金分红综合指数进行了信度和效度检验。本章的主要研究结论和发现有以下几个方面:

第一,分四维度遴选了 25 项上市公司现金分红表现的评价指标,并基于主成分分析法、专家调查法构建了中国上市公司现金分红综合指数。主因子分析及专家问卷的结果均表明,现金分红连续性、现金分红回报性是上市公司现金分红评价最重要的两个维度。这可能是因为以上两个维度对于投资者保护、资本市场价值投资理念塑造十分关键,并且易于量化。这对于监管部门未来实施分红监管量化指标选取也应该具有参考价值。

第二,基于不同赋权方法(熵权法)、基于不同样本容量的主成分分析法对分红指数的信度进行测试分析,发现基于不同指数编制方法的现金分红指数具有相似性特征,表明本书构建的现金分红综合指数信度检验结果良好。采用 PVAR 模型基础上的格兰杰因果关系检验及脉冲响应分析的结果表明,现金分红综合指数具有良好的财务内涵,比较符合经典股利理论预期,这说明本书构建的现金分红综合指数效度检验结果良好。

　　第三，中国上市公司现金分红综合指数总体呈现上升的趋势，系列半强制分红政策彰显出在改善分红方面的积极效应。2005—2018 年，A 股上市公司现金分红综合指数得分的平均值和中位数均呈上升趋势，表明从分红连续性、平稳性、匹配性及回报性等角度看，中国上市公司现金分红意愿、现金分红表现在不断改善。值得一提的是，2008—2013 年，证监会、国资委等部门密集出台系列半强制分红政策的强化监管期，上市公司现金分红综合指数得分的上升趋势更加明显。这充分说明，在新兴资本市场，半强制分红政策虽有"越俎代庖"之嫌，但确实有助于改善上市公司分红政策的稳定性和持续性，倡导了积极的现金分红文化。

　　第四，不同行业、不同产权性质、不同地区上市公司现金分红综合指数得分表现出相似的变化趋势，但差异依旧明显。从行业现金分红指数均值看，高现金分红指数行业平均比低现金分红指数行业高 30 分左右，表明行业间现金分红表现差距较大。国有上市公司现金分红综合指数得分最高且在年度间变动比较平稳，民营上市公司现金分红综合指数得分最低且在年度间波动幅度较大。从地区分布特征看，由于西部省份（地区）上市公司数量少，部分西部地区现金分红综合指数得分较高（如贵州）是因为个别分红表现好的公司（如贵州茅台）拉高了本地区的总体均值；但总体上经济发达地区（如北京、浙江、江苏、广东等）上市公司现金分红综合指数得分高于经济欠发达地区。

　　第五，现金分红综合指数"贫富不均"现象仍十分突出，表明中国上市公司在分红表现方面参差不齐。现金分红综合指数 50 强上市公司得分为后 50 名的 5～6 倍，说明上市公司在分红意愿、分红理念方面差距很大，部分上市公司具备持续分红回报的成熟分红理念，也有部分公司置投资者分红权益于不顾，"重圈钱、轻回报"，为名副其实的"铁公鸡"。铁公鸡分红上市公司在中国资本市场并不鲜见的事实说明，资本市场成熟分红理念和健康分红文化的塑造仍然有一段路要走。

　　第六，现金分红"板块倒置"与"代际倒置"的结构性问题仍不容忽视。中小企业板、创业板现金分红综合指数得分要高于沪深主板，这主要是因为中小创业板上市公司现金分红积极性高于沪深主板。股利生命周期理论认为处于发展初期、成长性较高、上市较晚的企业融资需求较大，应采取低股利支付、高收益留存的股利政策（Denis 和 Osobov，2008；Fama 和 French，2001）。这在中国却恰恰相反，股利支付率在各层次资本市场的差异表明资源配置逆向化的问题。中小企业板和创业板股利支付连续性、股利支付水平和派现公司占比均高于成立较早的沪深主板；而连续多年未分红的"铁公鸡"主要存在于沪深主板。中小创业板的高分红现象以大股东合法套现为主要动机,但不排除其为配合庄家高位出货而分红之嫌,亦不排除其可能通过高分红虚增净资产收益率以达到符合增发或配股的再融资条件的目的。而沪深主板存在大量"铁公鸡"的原因则众多,如分红意识薄弱、盈利能力及现金流管理能力差异、巨额资金在体外循环、上市公司内部治理问题、投资者对现金股利偏好较弱等。

第五章

中国上市公司现金分红连续性指数研究

上市公司现金分红不连续有损于市场价值投资理念,也会造成资本市场股价波动幅度大、换手率高、投资风险高的问题。为推动上市公司合理分红、保障中小股东利益、形成良好资本市场投资氛围,2001 年至今,证监会出台系列将再融资资格与现金股利水平挂钩的半强制分红政策。随着半强制分红政策的推进,市场与投资者愈加重视现金分红连续性,对刻画上市公司现金分红政策连续性的指数需求也随之增长,因而构建指数来度量上市公司现金分红连续性水平有重要意义。然而,目前国内鲜有研究对现金分红连续性作出刻画。本章拟构建上市公司现金分红连续性指数,以指数刻画中国上市公司现金分红的连续性,并对现金分红连续性指数的特征展开分析,最后借助格兰杰因果关系检验和脉冲响应分析验证指数的科学性。

第一节 | 现金分红连续性的影响因素及财务效应

一、现金分红连续性的影响因素

通过梳理国内外研究可以发现,上市公司现金分红连续性受诸如公司治理、财务因素、股权结构等公司内部因素的影响,同时也与外部因素密切相关,如同行业公司股利政策、股利监管政策、经济环境、政治稳定性(徐寿福,2015;李佩,2015;Jeong,2013)。翁洪波和吴世农(2007)认为,中国上市公司股权集中,机构投资者处于弱势,不能影响公司派发现金股利的意愿。李常青(2009)认为受系列半强制分红政策密集出台的影响,上市公司现金分红连续性提高是政策设定的再融资门槛的产物。也有学者基于代理理论,实证检验了公司治理对现金分红连续性的影响,实证结果表明公司治理越好,现金分红越连续(李佩,2015;王中慧,2017)。但两位学者在股权集中度对现金股利政策连续性影响方面出现了分歧,李佩认为上市公司所有权集中度越高,现金分红政策越连续,但王中慧认为在房地产上市公司中,股权集中度与派发现金股利不相关。此外,上市公司现金分红的连续性与盈利能力、自由现金流、净资产收益率等因素正相关(陈正锋,2007;李佩,2015;廖婉容,2017)。Grullon 等(2002)发现相对于私营公司,公共公司的股利政策更连续。王中慧(2017)认为国有控股的房地产上市公司更倾向于持续现金分红。Grinstein 和 Michaely(2005)、魏志华等(2012)、石宗辉等(2015)认为机构投资者对上市公司现金分红具有治理效应和激励效应。然而,彭利达等(2016)认为现金分红并不是对所有机构投资者都有激励效应,压力抵制型机构投资者才是上市公司现金分红的内生动力。

Jeong(2013)研究了韩国上市公司的股利政策,发现银行利率、税收制度对现金分红连续性存在显著作用。Javakhadze 等(2014)研究了 24 个国家或地区的 2 000 多个样本,发现现金分红政策连续性与当地文化、投资者保护力度、竞争程度显著相关;面临竞争程度大、权力距离小、不确定性规避程度大的上市公司更倾向于连续的现金分红政策。Al-Yahyaee 和 Pham(2011)研究发现经济环境能够影响分红连续性。Huang 等(2013)利用 35 个国家或地区的大样本,发现政治不确定性会对现金分红连续性产生影响,这在跨国公司中尤为显著,上市公司在高政治风险期间发放股利的可能性很小。Popadak(2012)研究发现,当同行业公司股利发生显著变化时,该行业部分公司股利支付水平随之变化,这种现象被称为"同伴效应"。Fama 和 French(2001)发现股利政策与公司生命周期有关,处于萌芽期和成长期的上市公司资金需求量大,更偏好消极的现金分红政策,而成熟期和衰退期的公司现金分红政策连续性更好。

二、现金分红连续性的财务效应

大多数学者认为上市公司实施连续现金分红会带来积极的财务效应。徐寿福(2015)经过实证研究发现合格境外机构投资者(QFII)更青睐持有进行连续现金分红公司的股票。然而,何建国等(2017)认为现金分红占用了大量自由现金流,以致连续分红公司的累计收益及未来价值均不及无股利公司,而风险厌恶型投资者会选择低收益低风险的连续分红公司。王小泳(2014)运用面板结构VAR 模型研究发现,现金分红连续性好的国有企业可以通过现金分红抑制过度投资,连续现金分红也能够促进民营企业投资效率改善,从而提升公司价值。蒋秋菊和李丹蒙(2018)认为国有企业连续现金分红是出于利润平滑的动机。张玮倩等(2016)的研究表明现金分红政策连续的公司,股价更接近其内在价值,连续现金分红能够减少投资者分歧、优化公司市值。宋逢明(2010)的研究表明现金分红政策连续性可以提高股价波动率与基本面信息的相关性,使股票市场高效率运行。一些学者认为持续现金分红也成为大股东转移公司资产、侵占中小股东利益的工具(陆正飞等,2010;张路等,2015)。

第二节 | 中国上市公司现金分红连续性指数的统计特征

一、现金分红连续性指数的时间序列特征

表 5-1 为 A 股上市公司现金分红连续性指数的总体分布。可以看出,现金分红连续性指数平均值为 259.934 6,中位数为 258.156 3。此外,分红连续性指数的最大值为 728.948 8,最小值、第 25% 分位点值均为 0,说明现金分红连续性指数分布并不均衡。总体上看,中国上市公司现金分红在连续性方面表现一般,上市公司间分红连续性差异较大,部分"铁公鸡"公司拉低了现金分红连续性指数的整体水平。

表 5-1 现金分红连续性指数的总体分布

指数	样本量	平均值	中位数	最大值	最小值	p25	p99	标准差
DCI	43 374	259.934 6	258.156 3	728.948 8	0	0	728.944 8	248.307

图 5-1 为 2005—2018 年上市公司现金分红连续性指数的变化趋势。2008年前后,现金分红连续性指数呈小幅下降趋势,可能是受金融危机影响。在全球实体经济衰退的严峻环境下,大多数上市公司经营疲软,效益欠佳,现金分红缺乏连续性的上市公司数量逐步增加,降低了现金分红连续性指数的平均值。2005—2010 年,现金分红连续性指数中位数均为 0,说明当时中国并没有形成良好的分红氛围,上市公司分红意识淡薄,"铁公鸡"公司数量较多。近年来,上市公司现金分红连续性指数呈上升趋势,在 2012 年后尤为明显。结合指数波动情况和证监会颁布的半强制分红政策来看,上市公司现金分红连续性水平与外部监管政策有一定相关性。2015 年后,现金分红连续性指数有显著上升趋势,这可能是受 2013 年上交所发布的《上海证券交易所上市公司现金分红指引》、证监会发布的《上市公司监管指引第 3 号——上市公司现金分红》等监管文件相继出台的影响。从整体趋势来看,中国上市公司现金分红连续性水平有所提升,表明半强制分红政策增强了中国上市公司支付现金股利的意愿,对营造理性价值投资氛围有一定帮助。

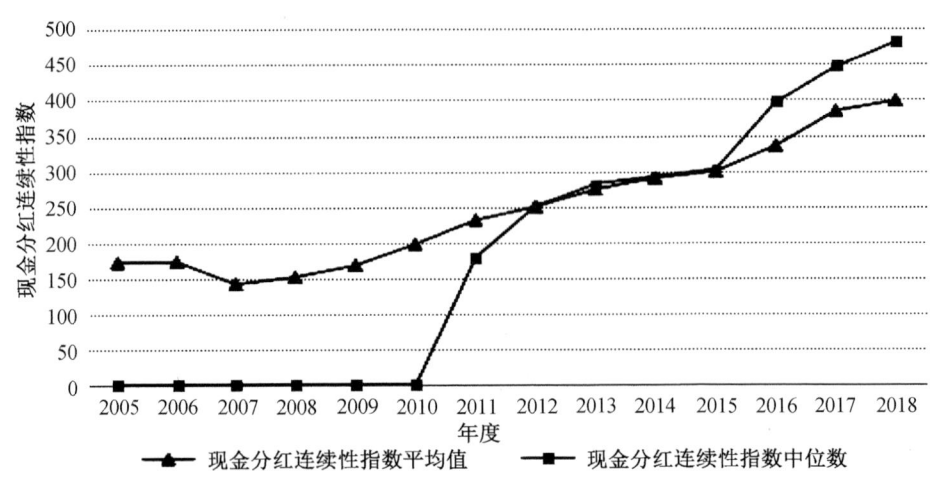

图 5-1　上市公司现金分红连续性指数变化趋势

二、现金分红连续性指数的板块分布特征

图 5-2 为各板块上市公司现金分红连续性指数的变化趋势(现金分红连续性指数构建以 4 年为一个周期,深圳中小企业板于 2004 年创建,所以此版块现金分红连续性指数从 2007 年开始构建;深圳创业板于 2009 年创建,所以此版块现金分红连续性指数从 2012 年开始构建)。从时间序列看,四大板块现金分红连续性指数都呈上升趋势。其中,中小企业板现金分红连续性指数波动幅度最大,自 2007 年起,中小企业板现金分红连续性指数快速攀升,直至 2013 年才开始放缓。2016 年之前,上海主板和深圳主板现金分红连续性指数走势较为相似,且深圳主板现金分红连续性指数高于上海主板;2016 年开始,上海主板现金分红连续性指数增长较快,逐渐超过深圳主板。2016 年,上海主板现金分红连续性涨幅较大,可能是因为 2016 年上海主板新上市公司首次突破百家,大量新上市公司通过现金分红这一手段快速收回投资资金。创业板上市公司现金分红连续性指数自构建以来,一直较快增长。可以看出,在半强制分红政策的引导下,各板块现金分红连续性指数都有所提高,半强制分红政策的确增强了公司现金分红的意愿。

从板块间对比看,深圳创业板的现金分红连续性指数最高,现金分红最连续;其次是中小企业板;上海主板、深圳主板最低。股利生命周期理论认为处于成熟期的企业,收入水平稳定、现金流充沛,而投资机会、研发需求少,因而处于成熟期的企业具备现金分红的能力,应采取高现金分红政策。创建时间早的上海主板、深圳主板现金分红连续性水平却相对低,这与股利生命周期理论不符。中小企业板、创业板上市公司具有股本小、成长性高等特点,需要雄厚的资金支持,但融资渠道窄,中小企业板、创业板上市公司分红连续性指数更高,说明这两个板块可能存在迫于再融资门槛而分红的动机。

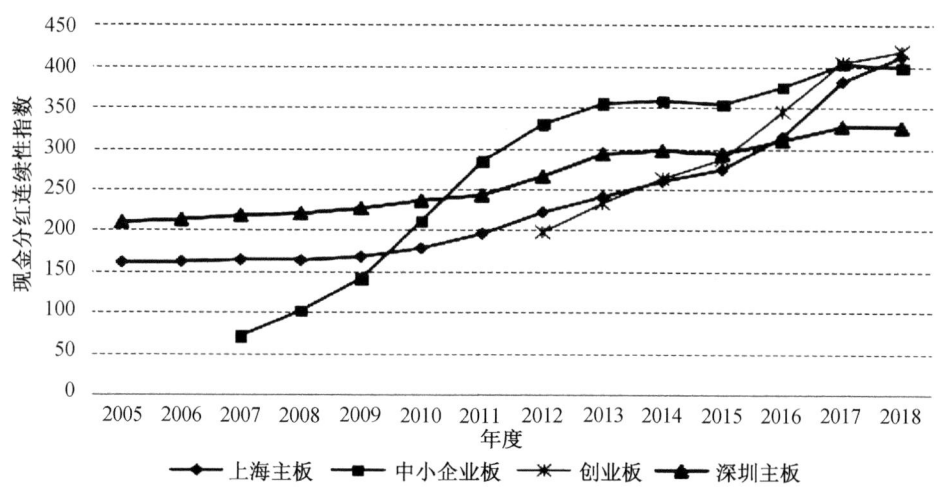

图5-2　不同板块上市公司现金分红连续性指数变化趋势

三、现金分红连续性指数的产权性质分布特征

图5-3为不同产权性质上市公司现金分红连续性指数均值的变化趋势。可以发现,不同产权性质上市公司现金分红连续性指数走势大致相同,2005—2008年各类产权性质上市公司现金分红连续性指数呈横向调整,2008年开始小幅度向上调整,2011—2013年快速上升,2014年开始缓慢回落。外资企业现金分红连续性指数波动最大,民营企业涨幅最为强势,中央国有企业、地方国有企业则较为平缓。从数值看,国有企业分红连续性表现要好于民营企业和外资企业。可见,在证监会系列半强制分红政策下,国有企业在连续分红方面作出了表率。时任国务院国资委主任肖亚庆曾表示,"要推动国有控股上市公司进一步完善分红机制,不断提高各类资本投资者的回报"。从总体趋势看,2011年之后,上市公司现金分红连续性指数呈现出快速增长态势,这可能是因为2013年上交所、证监会密集出台"上市公司现金分红监管指引"①极大地提高了上市公司对于现

————————

① 《上海证券交易所上市公司现金分红指引》和《上市公司监管指引第3号——上市公司现金分红》。

金分红的重视程度。自 2013 年开始,民营企业、外资企业现金分红连续性指数有赶超国有企业之势。

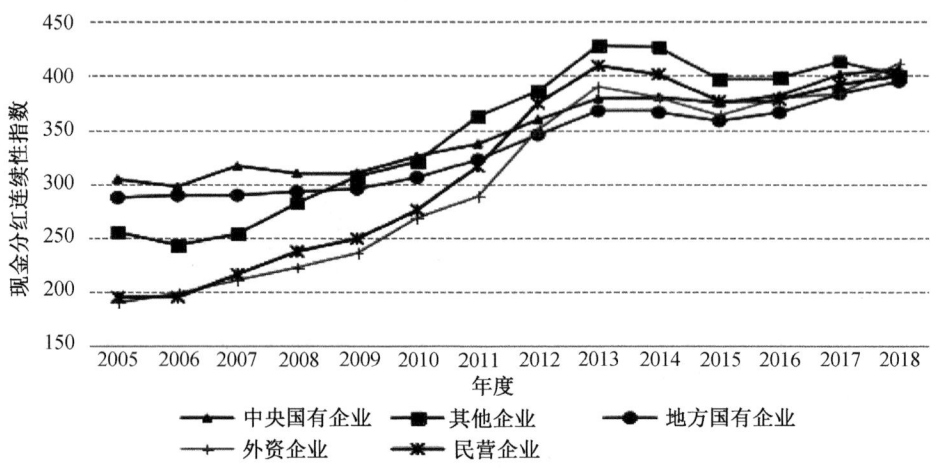

图 5-3　不同产权性质上市公司现金分红连续性指数均值变化趋势

四、现金分红连续性指数的地区分布特征

图 5-4 为中国不同省份现金分红连续性指数分布情况。可以看出,现金分红连续性指数均值排名前五的省份为:江西(340.88)、内蒙古(315.86)、北京(312.71)、贵州(290.63)、安徽(288.81),高于全样本均值(259.934 6);排名后五的省份为:海南(131.30)、青海(157.67)、甘肃(159.66)、宁夏(173.36)、西藏(180.16),这些地区的现金分红连续性指数均值低于全样本均值,但却高于其中位数。排名前五的地区中,属于内陆地区的江西(514,占总样本 1.19%)、安徽(1 290,占总样本 2.97%)观测值较少,并且江西、安徽多数公司在深圳中小企业板、创业板上市,因此现金分红连续性指数均值较高。内蒙古(325,占总样本0.75%)、贵州(381,占总样本 0.88%)观测值较少,现金分红连续性指数较高,是由于现金分红连续性较好的"龙头企业"拉高了整个省份的均值,例如位于内蒙古的伊利乳业(股票代码:600887)、位于贵州的贵州茅台(股票代码:600519)近年来现金分红连续性指数均为全样本最大值(728.944 8)。排名后五的省份经济发展相对欠发达,现金分红连续性指数均值都高于中位数,且中位数均为 0,表明在经济欠发达地区,较多"铁公鸡"公司拉低了现金分红连续性指数整体水平。总的来说,经济发达地区分红连续性表现较好。

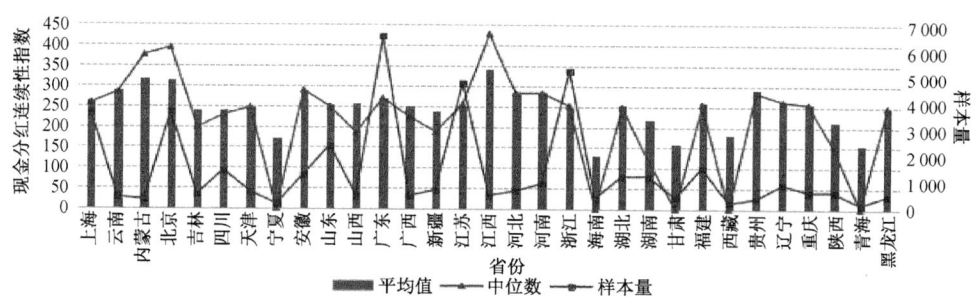

图 5-4　不同省份现金分红连续性指数分布情况

图 5-5 是列示了中国四大经济区域①现金分红连续性指数均值变动趋势（根据国家统计局使用的划分办法，将中国的经济地区分为中部地区、西部地区、东部地区、东北地区）。从时间序列角度看，四大经济区域连续性指数平均数走势大致相同，但东部地区涨幅较大。四大经济区域现金分红连续性指数平均数从 2005 年起呈缓慢下降趋势，2007—2009 年呈缓慢上升，2010 年开始增长较快。2008 年前后，现金分红连续性指数较低可能是受到金融危机影响。金融危机会加剧资本市场的不稳定性，减弱中国上市公司支付现金股利的意愿。2010 年开始，四大经济区域现金分红连续性指数涨幅较大，可能是系列半强制分红政策密集出台所致。从整体水平上看，东部地区和中部地区样本公司现金分红连续性水平较高，西部地区和东北地区样本公司现金分红连续性水平较低。2014 年，东北地区现金分红连续性指数高于其他三个经济区域，是因为东北地区观测

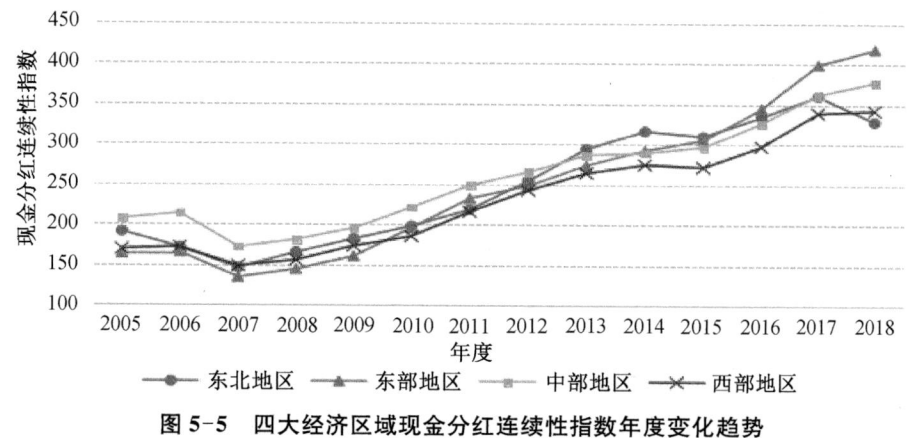

图 5-5　四大经济区域现金分红连续性指数年度变化趋势

① 使用国家统计局经济区域划分方法——东北地区：辽宁、吉林、黑龙江。东部地区：北京、天津、河北、上海、江苏、浙江、福建、山东、广东、海南。中部地区：山西、安徽、江西、河南、湖北、湖南。西部地区：内蒙古、广西、重庆、四川、贵州、云南、西藏、陕西、甘肃、青海、宁夏、新疆。后同。

值较少,仅为152个,而其中现金分红连续性指数大于600的有5个,现金分红连续性指数较高的龙头企业拉高了东北地区的整体水平。总的来说,地区经济越发达,现金分红连续性指数越高。

五、现金分红连续性指数的公司规模特征

图5-6为不同规模上市公司现金分红连续性指数变动趋势(将各年度上市公司按资产规模降序排序,分成三组,资产最高一组为大型企业,最低一组为小型企业,剩余一组为中型企业)。从图5-6中可以看出,2015—2018年,大型企业现金分红连续性指数涨幅不大,在400~450区间小幅度向上调整;中型企业分红连续性指数走势与大型企业类似,但数值上低于大型企业;小型企业现金分红连续性指数呈上升趋势,在2011年有明显抬升趋势,波动幅度较大,但数值上始终低于大型企业、中型企业。可以看出,受半强制分红政策驱动,大型企业、中型企业、小型企业的现金分红连续性都增强,大型企业现金分红连续性水平最高,其次是中型企业,最后是小型企业,但三者间的差距在缩小,表明上市公司现金分红意愿与公司规模正向相关。同时,由于小型企业规模小、资本少,为达到证监会设定的再融资门槛,小型企业受半强制分红政策约束更多,所以小型企业分红连续性指数波动较大,涨幅强势。可以发现,上市公司分红连续性指数与公司规模正相关,规模越大,现金分红连续性越好。

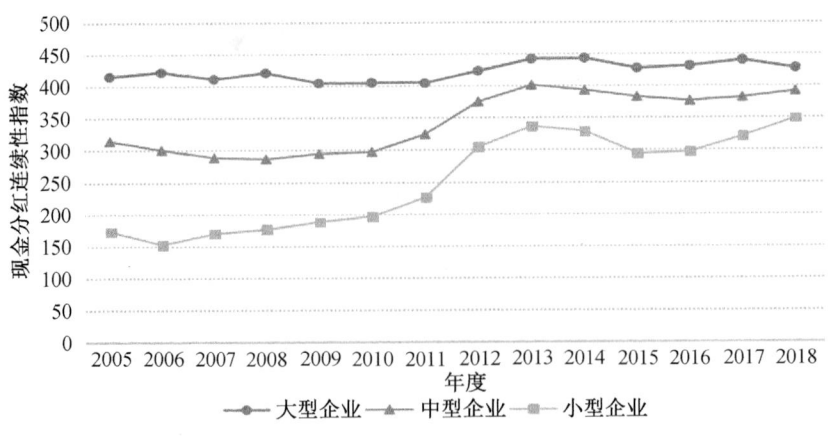

图5-6 不同规模上市公司现金分红连续性指数变化趋势

六、现金分红连续性指数的区间分布特征

图5-7为现金分红连续性指数频数分布图(将现金分红连续性指数由小到

大分为 5 组)。在 43 374 个观测值中,现金分红连续性指数均值为 259.934 6,有 17 923 个样本落入极低值组(0, 50],占比高达 41.32%;有 2 308 个样本落入低值组(50, 200],占比 5.32%;有 5 128 个样本落入(200, 350]区间,占比 11.82%;有 5 253 个样本落入(350, 500]区间,占比 12.11%;有 12 762 个样本落入极高值组(500, 750],占比高达 29.42%。极低值组和极高值组总占比达到 70.75%,接近样本量的 3/4,分红连续性指数平均值落入区间占比仅为11.82%,说明中国上市公司间现金分红连续性水平差异显著,呈两极分化态势。现金分红连续性指数平均值处于中间组,是由于现金分红龙头企业拉升了整体分红连续性水平。所有样本中有 17 244 个样本指数值为 0,占比高达39.76%,表明中国上市公司分红意愿不强烈,存在较多"铁公鸡"公司。

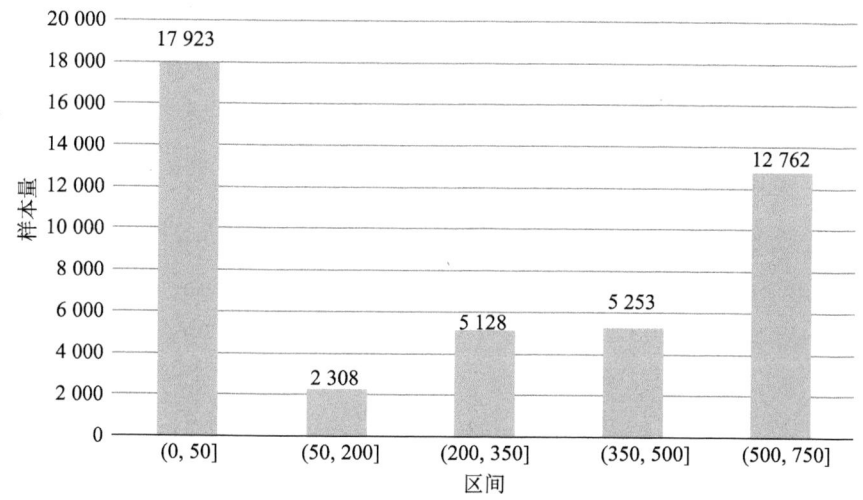

图 5-7　现金分红连续性指数频数分布

图 5-7 只能整体反映 2003—2016 年现金分红连续性指数的分布情况,不能看出现金分红连续性指数分布情况的变动趋势。图 5-8 为现金分红连续性指数区间分布的年度趋势图,能够更直观地展现现金分红连续性指数区间分布情况的变动趋势。从图 5-8 中可以看出,2005—2018 年,现金分红连续性指数位于极低值组(0, 50]的上市公司数量大幅度降低,位于极高值组(500, 750]的上市公司数量逐年上升,其余组在小范围内波动。这表明在系列半强制分红政策的推进下,中国资本市场分红氛围变好,上市公司现金分红意愿增强。从整体上看,上市公司间现金分红连续性水平差异显著的情况并没有得

到改善,但是上市公司现金分红连续性有所提高。

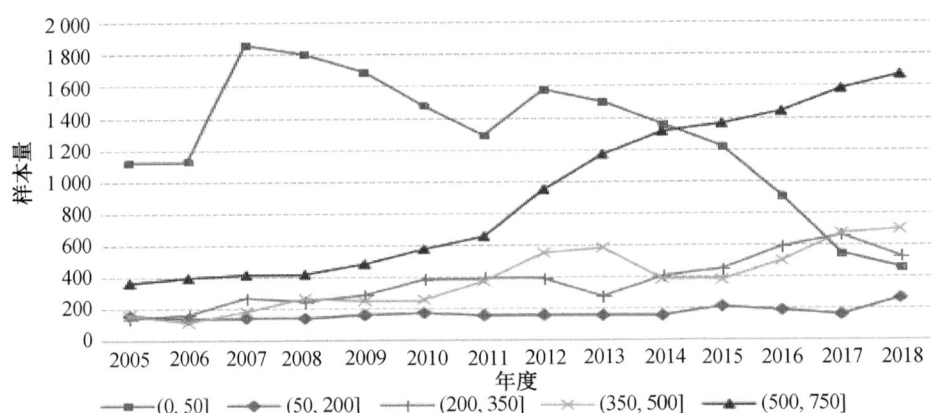

图 5-8　现金分红连续性指数区间分布变化趋势

七、现金分红连续性指数的行业分布特征

表 5-2 为 A 股上市公司现金分红连续性指数的行业分布情况,按照 2005—2018 年总体现金分红连续性指数平均值降序列示。现金分红连续性指数平均值排前五名的行业依次为:交通运输、仓储和邮政业(331.87),住宿和餐饮业(325.83),房地产业(309.49),批发和零售业(292.14),电力、热力、燃气及水生产和供应业(287.40)。相对于其他行业,排名前五行业的上市公司大多现金流比较充沛,具备较强的连续现金分红能力。

表 5-2　现金分红连续性指数的行业分布情况

行业	平均值	中位数	最大值	最小值	标准差	样本量
交通运输、仓储和邮政业	331.87	439.52	728.94	0	252.13	1 400
住宿和餐饮业	325.83	288.74	728.94	0	264.87	122
房地产业	309.49	387.93	728.94	0	244.24	1 700
批发和零售业	292.14	291.73	728.94	0	247.51	2 207
电力、热力、燃气及水生产和供应业	287.40	286.69	728.94	0	248.49	1 492
采矿业	286.34	271.97	728.94	0	254.59	1 028
信息传输、软件和信息技术服务业	272.48	270.44	728.94	0	239.12	2 689
制造业	253.41	252.68	728.94	0	248.50	26 733
卫生和社会工作	252.90	258.19	679.82	0	237.22	115

（续表）

行业	平均值	中位数	最大值	最小值	标准差	样本量
金融业	251.16	145.09	728.94	0	267.61	1 319
建筑业	245.70	249.68	728.94	0	242.20	1 229
农、林、牧、渔业	242.04	245.87	728.94	0	229.40	497
租赁和商务服务业	239.42	249.81	728.94	0	231.14	608
文化、体育和娱乐业	216.13	45.85	728.94	0	239.42	691
水利、环境和公共设施管理业	212.06	83.66	630.70	0	231.95	572
综合	211.24	145.71	582.80	0	211.14	322
教育	187.20	0.00	630.70	0	223.20	73
科学研究和技术服务业	153.56	0.00	712.77	0	224.14	570
居民服务、修理和其他服务业	119.22	0.00	505.18	0	209.84	7

第三节 | 中国上市公司现金分红连续性指数的检验

一、检验指标选取

Chay 和 Suh（2009）研究发现股价波动的时候，上市公司更可能降低现金分红水平或者停止分红。Fama 和 French（2001）指出盈利能力是决定上市公司股利政策的重要因素。国内学者原红旗（2001）研究发现，规模大的公司更倾向于现金分红，小规模公司更愿意发放股票股利。根据国内外研究结果，本书拟从衡量公司股价波动、股票年化收益率、盈利能力、规模等方面选取以下 6 个指标检验现金分红连续性指数的合理性，各指标具体定义如表 5-3 所示。

表 5-3　变量名称及定义

符号	变量名称	变量定义
PE	市盈率	股价/每股收益；衡量股票投资价值
SIZE	上市公司规模	上市公司总资产的自然对数值
LNMV	总市值	股票总市值的自然对数值
ROE	净资产收益率	税后利润/所有者权益；反映股东权益收入水平
ARR	年化收益率	24 个月的年化收益率
Price-change	股价涨跌幅	股票价格波动范围

二、现金分红连续性指数的格兰杰因果检验

格兰杰因果关系检验主要用来分析经济变量之间的影响关系。为进一步分析现金分红连续性指数与相关变量间的因果关系,本书将现金分红连续性指数(DCI)和相关变量建立 PVAR 模型展开分析,采用格兰杰因果关系检验模型,检验结果如表 5-4 所示。

表 5-4　格兰杰因果关系检验结果

变量组	原假设	观测数	系数	P 值	检验结果
DCI 与 PE	DCI 不是 PE 的格兰杰原因	24 071	−10.551 61	0.216	接受
	PE 不是 DCI 的格兰杰原因	24 071	−0.000 642	0.056	拒绝
DCI 与 SIZE	DCI 不是 SIZE 的格兰杰原因	29 886	0.300 924	0.000	拒绝
	SIZE 不是 DCI 的格兰杰原因	29 886	0.044 408 3	0.000	拒绝
DCI 与 LNMV	DCI 不是 LNMV 的格兰杰原因	25 048	0.346 380 3	0.000	拒绝
	LNMV 不是 DCI 的格兰杰原因	25 048	0.034 946 3	0.000	拒绝
DCI 与 ROE	DCI 不是 ROE 的格兰杰原因	30 481	0.252 659 7	0.000	拒绝
	ROE 不是 DCI 的格兰杰原因	30 481	0.213 495 1	0.214	接受
DCI 与 ARR	DCI 不是 ARR 的格兰杰原因	21 492	0.452 490 7	0.000	拒绝
	ARR 不是 DCI 的格兰杰原因	21 492	0.154 593 7	0.000	拒绝
DCI 与 Price-change	DCI 不是 Price-change 的格兰杰原因	24 298	1.580 556	0.000	拒绝
	Price-change 不是 DCI 的格兰杰原因	24 298	0.169 205 2	0.000	拒绝

从表 5-4 可以看出,在滞后期为 1 且在 10% 的显著性水平下,存在由 PE 到 DCI 的单向格兰杰因果关系,即市盈率能够引起上市公司现金分红连续性指数的变化;并且,现金分红连续性指数和上市公司规模、总市值、公司股票年化收益率、股价涨跌幅等存在双向格兰杰因果关系。此外,格兰杰因果关系检验证实存在由 DCI 到 ROE 的单向格兰杰因果关系,即现金分红连续性指数在一定程度上可以预测上市公司对自有资本的利用效率和股东权益收益水平,符合信号理论。

从表 5-4 的分析结果可以看出,市盈率是现金分红连续性指数的格兰杰原因,说明上市公司股票的投资价值在一定程度上能够反映其现金分红政策的连续性。现金分红连续性指数和上市公司规模互为格兰杰因果关系,说明上市公司规模影响其现金分红政策的连续性,验证了国内学者原红旗(2001)关于"股利政策与公司规模有关"这一观点。现金分红连续性指数与股票年化收益率互为

格兰杰因果关系,说明上市公司现金分红会树立良好的公司形象,提升公司价值,进而影响年化收益率。现金分红连续性指数和股价涨跌幅、总市值存在双向格兰杰原因,说明上市公司是否进行现金分红会影响股价的走势;同时股价的变化情况也会影响到上市公司的分红意愿。现金分红连续性指数是净资产收益率的格兰杰原因,说明上市公司的现金分红行为会向外界传递某种信号,进而对公司经营业绩产生一定影响。

三、现金分红连续性指数的脉冲响应分析

基于 PVAR 模型进行脉冲响应分析,可以检验因变量一个脉冲冲击施加给响应变量所带来的影响。本章主要研究现金分红连续性指数(DCI)变动对净资产收益率(ROE)、股价涨跌幅(Price-change)、年化收益率(ARR)造成的冲击影响。使用蒙特卡罗(Monte Carlo)方法模拟 200 次得到置信区间在 5%～95% 的正交化脉冲响应图,如图 5-9 所示。

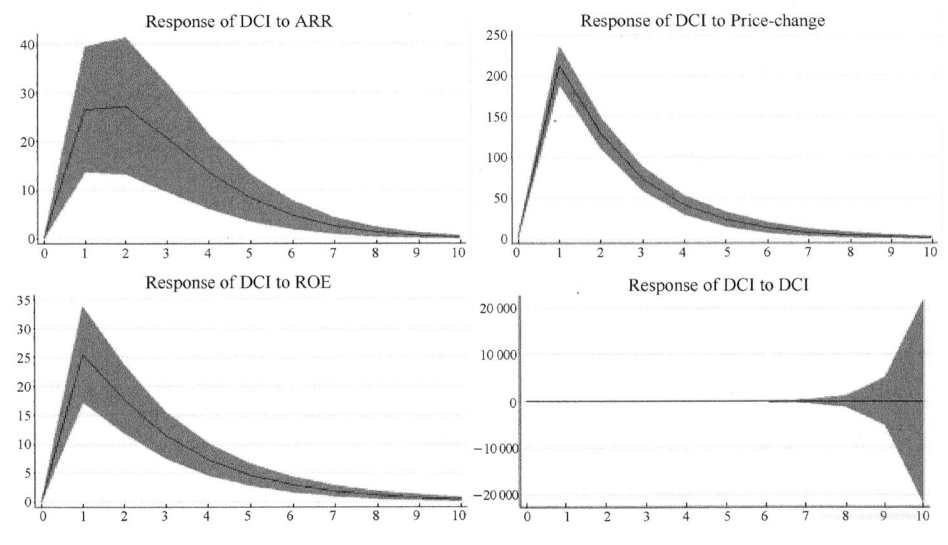

图 5-9　各变量的脉冲响应分析

从图 5-9 可以发现,现金分红连续性指数对年化收益率的冲击响应在第 3 年达到峰值,然后迅速下降,至第 6 年开始收敛于 0,但始终是正向响应。这说明分红连续性指数可以预测年化收益率的走势,上市公司现金分红越连续,预期年化收益率越高,但随着时间推移,预测效果会逐渐减弱。现金分红连续性指数对上市公司股价涨跌幅脉冲响应大但响应较短暂,呈先上升后下降再收敛于 0 趋势,其始终表现为正向冲击,表明上市公司连续分红会引起股价的积极反应,

分红具有信号效应。现金分红连续性指数对净资产收益率扰动的响应走势与其对股价涨跌幅响应类似,但小于其对股价涨跌幅的响应幅度,侧面印证了上市公司连续分红会向资本市场传达业绩稳健的利好消息。总体来看,现金分红连续性指数的检验结论符合理论预期。

本章从上市公司近 4 年分红年数占比、近 3 年分红年数占比、近 2 年分红年数占比、当年是否分红、平均股利支付水平等 5 个维度选取评价指标,构建了中国上市公司现金分红连续性指数。关于上市公司现金分红连续性指数(DCI)的研究结果表明:

第一,近年来随着一系列上市公司现金分红监管文件的出台,现金分红连续性指数呈上升趋势,半强制分红政策确实提高了中国上市公司连续分红的意识,但不同公司间现金分红连续性水平差异明显,中国目前依然存在较多"铁公鸡"上市公司。

第二,受政策和经济环境影响,各板块间现金分红连续性指数走势类似,都呈上升趋势,但上海主板和深圳主板现金分红连续性水平明显低于中小企业板和创业板。分红连续性存在板块倒置问题,说明目前已出台的现金分红监管政策还存在局限性,建议考虑公司异质性,避免"一刀切",实施差异化的公司分红监管政策。

第三,国有企业现金分红连续性要好于民营企业、外资企业,国有企业在响应证监会政策方面作出了表率。但随着半强制分红政策陆续出台,民营企业和外资企业在现金分红连续性方面有赶超之势,这有可能是出于再融资动机。

第四,不同规模上市公司现金分红连续性水平差异明显,公司规模越大,现金分红连续性指数越高,但随着半强制分红政策的推进,大型企业、中型企业、小型企业现金分红连续性指数差异在缩小。此外,上市公司现金分红连续性与经济发达程度有关,经济发达地区的上市公司现金分红连续性较好。

第五,对现金分红连续性指数进行格兰杰因果检验和脉冲响应分析的结果表明,规模越大的上市公司现金分红连续性越好;上市公司现金分红能够树立公司良好形象,促进公司价值提升,进而影响年化收益率和净资产收益率,符合信号理论。此外,上市公司现金分红连续性指数可以在一定时期内预测公司股价波动情况。

第六章

中国上市公司现金分红回报性指数研究

上市公司通过现金分红回报投资者在公司治理中具有重要意义，也是投资者利益保护的重要一环。现金分红作为回报投资者的重要方式，在成熟市场中往往占据主导地位。对上市公司而言，随着公司的成长和发展，给予投资者合理的投资回报，为投资者提供分享经济增长成果的机会，是上市公司履行社会责任的重要组成部分。然而，鲜有文献对上市公司现金分红回报性作出综合衡量。本章从公司历史分红表现和当前分红表现两个维度选取测度指标，构建衡量上市公司分红回报性指数（DRI），以刻画上市公司现金分红回报股东情况，评价中小投资者分红权益保护水平。具体来说，本章主要对现金分红回报性指数的影响因素、分布特征、现实启示及指数的合理性等展开研究。本章构建的上市公司现金分红回报性指数可用于监管部门现金分红监测的参考，且该指数统计特征的研究结论对于监管政策的改进应有一定的借鉴意义。

第一节 | 现金分红回报性的影响因素及衡量

一、现金分红回报与公司治理

现金分红回报投资者是公司治理的重要一环。Brickley（1983）及 Ambarish 等（1987）发现，以现金分红的方式回报投资者可以传递公司未来将持续获利的正面消息。王震和徐洪波（2014）发现，分红回报高的公司其会计稳健性比不分红的公司高，随着现金分红回报的提高，会计稳健性也逐步上升。黄志典和李宜训（2017）则发现，现金分红可以加强公司治理对公司价值的积极影响。徐寿福和徐龙炳（2015）认为，从总体上看，中国上市公司绩效与现金股利支付水平显著正相关，且支付股利可以降低两类代理成本。丁文晖等（2015）也认为现金分红回报可以降低内部控制人掌握的现金流，从而避免资源浪费、过度投资等问题，降低代理成本。现金分红回报水平与股票收益率也具有紧密联系。Fama 和 French(1988)用股息收益率(股利/股价)研究股利支付与股票预期收益率的关系,发现股息收益率对短期股票预期收益的影响较小,但对长期预期收益有较强的解释力。张腾文和黄友(2008)研究发现股票预期收益率和股利支付水平之间存在显著的相关关系。

二、现金分红回报与投资者保护

La Porta 等(2000)提出的股利"结果模型"和"替代模型"系统阐述了现金分红回报与投资者保护的关系。"结果模型"认为,当法律能很好地保护投资者利益时,分红是法律系统有效保护投资者的结果;"替代模型"则认为,当投资者保护的相关法律机制不健全时,管理者通过分红来传递公司良好信息,从而能在资本市场上进行融资,股利是代替法律保护投资者的机制。其实际研究结果支持结果模型。Mitton(2005)研究公司治理指数与股利分配的关系,结果发现,公司治理较好的企业有更高的分红水平,结论同"结果模型"一致。Jiraporn 和 Ning (2006)则采用 Gompers 等(2003)的治理指数(GI)来衡量股东的权利,研究美国公司股东权利与现金分红的关系,研究表明,现金分红与投资者的权利负向相关,支持股利分配的替代模型。国内研究也基本支持分红回报是投资者保护机制的观点。

三、现金分红回报的衡量

Miller 和 Rock(1985)的研究中将分红回报称为净股利,其值的大小不仅反映了企业与股东之间的股利分配关系,也反映了企业与股东之间再融资的资金关系。都志灵和黄培清(1999)建立了股东回报的股利表达模型,认为股利回报包括现金股利与股票股利,即"量化的股利政策=现金股利+股票股利"。也有许多学者采用股息收益率作为分红回报的代理变量,研究股利支付对公司、对金融市场的影响(Fama 和 French,1988)。更多学者则采用股利支付率(罗琦、吴哲栋,2016)、每股股利(刘爱明、周娟,2018)等单一指标来衡量分红回报。近年来鲜有对分红回报综合衡量的研究。

分红回报对公司治理以及资本市场的平稳健康运行有着十分重要的作用,是投资者权利的重要保障。科学清晰地刻画现金分红回报能为投资者、监管者作出正确决策奠定坚实基础,然而学界衡量分红对投资者的回报历来采用单一的绝对值或相对值指标,缺乏综合性,无法表现公司长期分红回报的全貌。因而,本书拟构建上市公司现金分红回报性指数(DRI),从公司历史分红表现和当前分红表现两个维度,力求得到一个兼具综合性、科学性和可操作性的上市公司现金分红回报衡量指标,来评价投资者保护水平。

第二节 | 中国上市公司现金分红回报性指数的统计特征

一、现金分红回报性指数的总体特征

如表 6-1 所示,2005—2018 年,中国上市公司现金分红回报性指数共有 31 177 个观测值,总体指数平均值为 94.93,大幅大于中位数 78.30。这说明存在一些极端的高值,也就是分红水平非常高的公司(如贵州茅台)拉高了分红回报性指数的平均水平。第 10%分位点分红回报性指数仅为 3.16,说明资本市场上也存在较多分红回报非常差的公司。指数标准差为 80.53,最小值与最大值之间的差距也较大,可见分红回报性指数分布不均衡。

表 6-1　现金分红回报性指数总体情况

指数	样本量	平均值	中位数	p10	p25	p75	p90	最小值	最大值	标准差
DRI	31 177	94.93	78.30	3.16	25.97	141.24	220.94	0.78	283.01	80.53

图 6-1 为 2005—2018 年现金分红回报性指数的变化趋势图。可以看出,2007 年以前,中国上市公司现金分红回报性指数本身数值不大且逐年减小;但从 2008 年开始,指数迎来较为快速的增长;到 2012 年,指数达到顶峰,此后在波动中维持上升的趋势。出现这种变化趋势的原因可能是,证监会在 2008 年出台了更为严格的半强制分红政策,将再融资的分红要求从 20%提高到 30%,从而显著提高了上市公司的现金分红意识。现金分红回报性指数的中位数与平均值的变动趋势高度一致。虽然总体上中位数小于平均值,但两者之间的差距越来越小,表明中国上市公司分红回报水平确实有所提升,且分红水平的分布更加均衡。但趋势图中 2012 年之后出现的现金分红回报性指数短期下降的情况表明,上市公司现金分红水平的持续性仍有待提高,半强制分红政策在培养上市公司分红主动性,以及防止上市公司只是为了达到再融资门槛从而"意思一下"分红等方面仍存在改进空间。

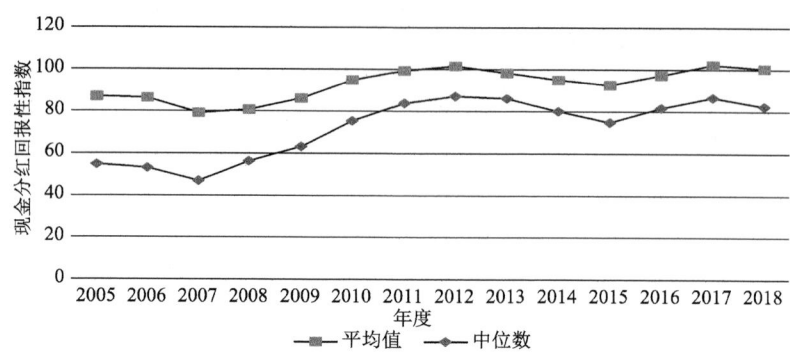

图 6-1　现金分红回报性指数变化趋势

二、现金分红回报性指数的区间分布特征

将现金分红回报性指数从小到大分为 5 组,每组间距为 60[①],得到现金分红回报性指数区间分布特征图,如图 6-2 所示。每组包含的样本数[②]占总样本数的比例如图 6-3 所示。可以看到,共有 12 905 个样本现金分红回报性指数位于 0～60 组,占比最高(41%)。随着分组数值的增大,样本数也不断减少,8 322 个样本位于 60～120 组,4 959 个样本位于 120～180 组,2 482 个样本位于 180～240 组,而位于 240～300 组的样本量为 2 509,略微高于 180～240 组。总的来说,现金分红回报性指数较低的样本(0～120)占比较高,为 68%,且存在大量指数数值极低的样本(位于 0～60 组,占比 41%);现金分红回报性指数较高(180～300)的样本数较少,共占比 16%,表明中国上市公司的现金分红回报水平还有待提高,如图 6-3 所示。

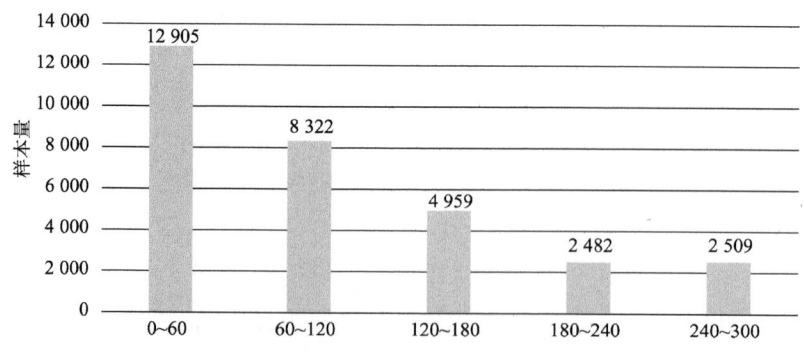

图 6-2　现金分红回报性指数区间分布特征

① 如无特指,本书区间划分包含左端点,不包含右端点。
② 一个公司对应一个年份,代表一个样本。

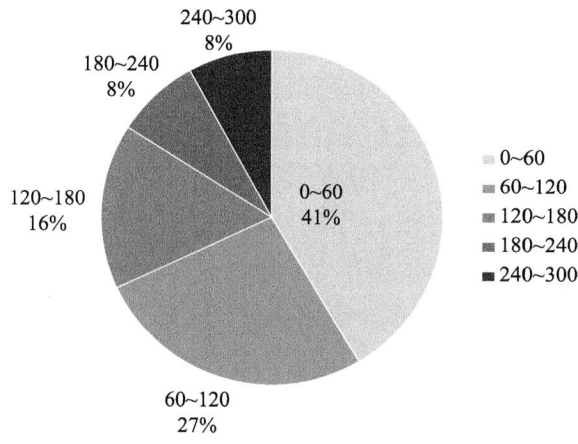

图 6-3　现金分红回报性指数区间样本比例

　　图 6-4 是区间分布的年度趋势特征,图中左侧纵坐标衡量各分组包含的样本数,右侧纵坐标衡量总样本数。从图 6-4 中可以看出,随着总样本数的增加,所有分组中的样本数量都呈现出总体增长的趋势。其中,0～60 组、60～120 组增长幅度较大,其他组增长幅度较小。0～60 组中所包含的样本数从 2005 年开始一直居于首位,但同 60～120 组的差距越来越小,同其他组的差距越来越大;60～120 组与数值更高组的差距越来越大。从上述现金分红回报性指数总体时间趋势特征可以得出现金分红回报性指数总体增长的结论。从区间分布来看,指数的增长最主要是因为 60～120 组所含样本量的增长,更高数值的样本量增长不明显,说明分红回报较低仍是中国资本市场的主流,上市公司的现金分红意愿和分红水平仍需进一步提高。

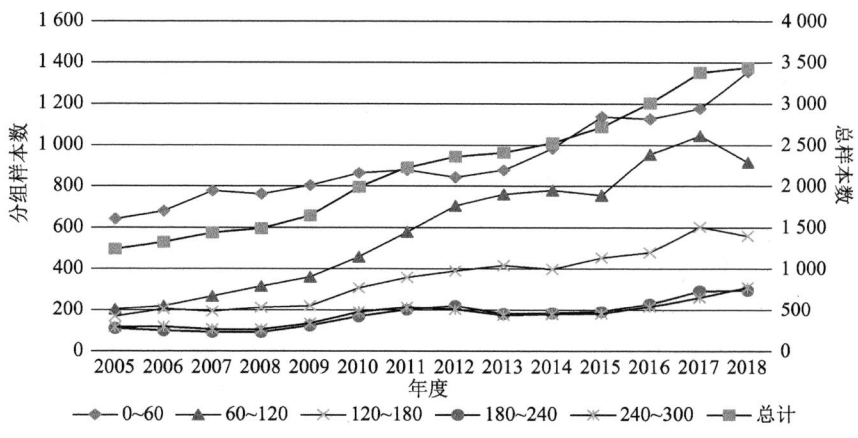

图 6-4　现金分红回报性指数区间分布年度趋势

三、现金分红回报性指数的板块分布特征

中国不同板块上市公司现金分红回报性指数的总体特征如图 6-5 所示。可以看出,创业板与中小企业板现金分红回报性指数平均值几乎相等,排名四个板块中的第一和第二位,上海主板排名第三,排名末位的是深圳主板。这和传统的股利生命周期理论相悖,创业板和中小企业板上市公司大多数都是初创公司,相比主板而言具有更高的成长性,按生命周期理论,这类公司应该将利润留在公司用于发展壮大,减少股利分配,但中国则呈现出这两个板块总体分红水平高于主板的现象,有学者称其为"板块倒置"(强国令,2016;杨宝等,2017)。强国令(2016)认为在中国投资者法律保护不全的制度环境中,高成长公司出于未来再融资的需要,会通过现金分红建立声誉机制。同时,证监会出台的再融资资格与分红挂钩的半强制分红政策,使得再融资需求更加强烈且融资约束程度更高的中小型公司为了获得融资资格,提高了分红水平。

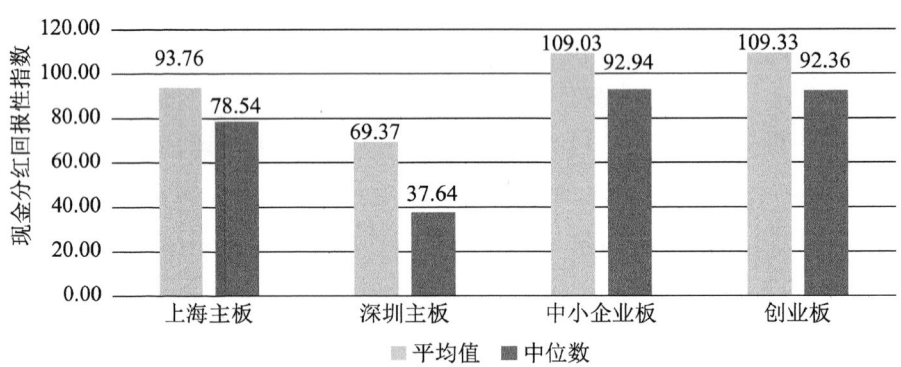

图 6-5　不同市场板块现金分红回报性指数总体特征

中国不同板块上市公司现金分红回报性指数的分位点分布情况如图 6-6 所示。可以看到,中小企业板、创业板第 75% 分位点、第 25% 分位点现金分红回报性指数都高于上海主板、深圳主板。上海主板第 25% 分位点为 21.47,深圳主板第 25% 分位点仅为 5.38,说明主板市场存在现金大量分红回报性指数极低的公司,这些吝啬分红的公司拉低了板块整体的分红回报水平。此外,半强制分红政策对中小企业、成长企业的不利影响加剧了分红与企业生命周期的不匹配程度。创业板、中小企业板大多数上市公司处在成长期,内源融资往往满足不了其发展需求,而半强制分红政策要求公司的外部再融资资格与分红挂钩,所以公司为了获得外部资金,只好迎合半强制分红政策进行大量现金分红。

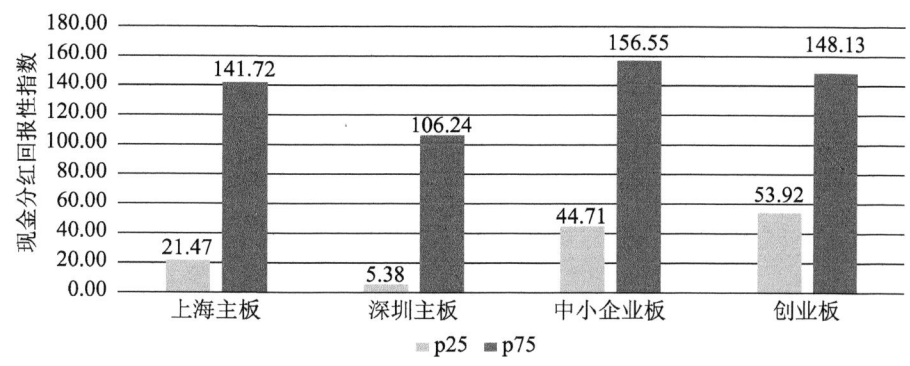

图 6-6　不同市场板块现金分红回报性指数分位点分布情况

中国不同板块上市公司现金分红回报性指数均值年度趋势特征如图 6-7 所示。上海主板与深圳主板现金分红回报性指数走势基本一致,呈现出缓慢增长的趋势,而中小企业板、创业板现金分红回报性指数呈现下降的趋势。其中,上海主板增长幅度较大,2016 年之后分红回报水平已经位列第一。深圳主板一直以来分红水平处于末位,但总体小幅增长。中小企业板波动较大,2005 年到 2007 年急剧下降,2008 年触底反弹,之后稳定上升,但 2011 年之后又开始连续下降。创业板在创立初期现金分红回报性指数较高,之后也出现连续下降的情况,2018 年分红水平已降至倒数第二位。结合总体特征和趋势特征来看,中国上市公司分红回报性虽然存在"板块倒置"的情况,但主板现金分红回报性指数在上升,创业板、中小企业板在下降。这说明中国上市公司分红政策越来越符合股利的生命周期理论,成熟期公司回报意识逐渐增强,发展期公司选择更加适应公司发展需求的股利政策,市场正回归理性,分红回报水平更加合理。

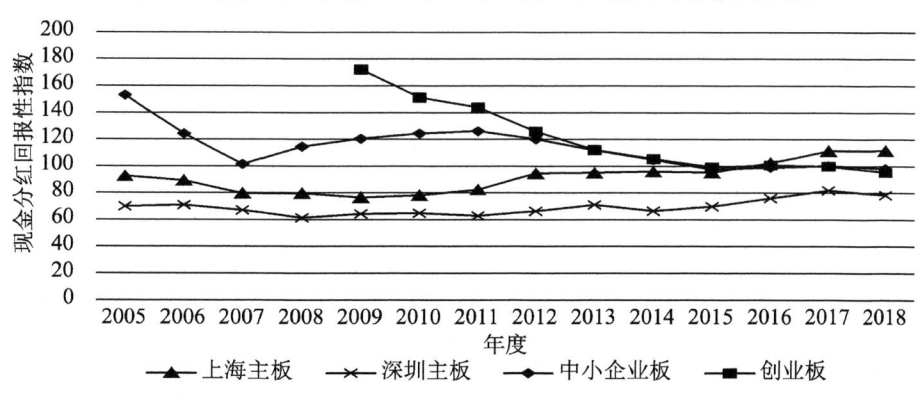

图 6-7　不同市场板块现金分红回报性指数年度趋势特征

四、现金分红回报性指数的产权性质分布特征

图 6-8 是中国不同产权性质上市公司现金分红回报性指数的总体特征图①。可以看出,外资企业现金分红回报性指数平均值最高,其次是民营企业,最低的是国有企业。大多数外资企业属于跨国公司,总体来说发展程度更高,分红水平更高,所以现金分红回报性指数最大。民营企业现金分红回报高于国有企业,可能与近年来证监会将再融资资格与现金分红表现挂钩不无关系。换言之,民营企业融资需求较高且融资约束程度较高,为了获取再融资资格,提高了分红回报水平;而国有企业由于再融资压力较小,融资约束程度较低,对于半强制分红政策不敏感,延续了一直以来的低分红政策,分红表现反而不及民营企业。不同产权性质上市公司现金分红回报性指数的平均值都大于中位数,表明存在极端高值拉高了现金分红回报性指数的平均水平。

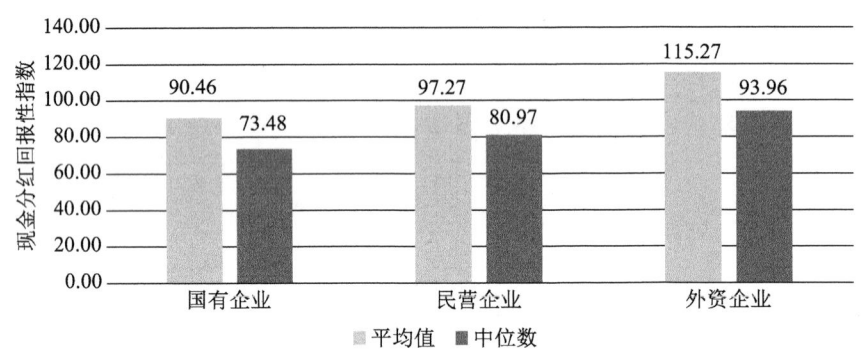

图 6-8　不同产权性质上市公司现金分红回报性指数总体特征

图 6-9 是不同产权性质上市公司的现金分红回报性指数均值年度趋势特征图。从图中可以看出,总的来说,不同产权性质的上市公司现金分红回报性指数都呈现出上升的趋势,但具体情况有所不同。国有企业现金分红回报性指数在2011 年之前持续走低,在 2009 年之后排名三类企业之中的末位,2011 年之后平稳上升,2015 年之后和民营企业的差距已经十分微小。民营企业现金分红回报性指数在 2007 年之后迅速上升,2011 年到达顶峰,之后有所回落,2015 年之后保持稳定。外资企业现金分红回报性指数从 2008 年开始保持较快的增长势头,

---

　　①　借鉴 Wind 资讯数据库对产权性质的分类。特别地,由于性质相似,本章将 Wind 数据库产权性质分类下的中央国有企业、地方国有企业、集体企业和公众企业统一归类为国有企业;由于性质相似且样本量少,将其他企业归入民营企业。

2012年之后拉开了与其他两类企业的差距,居于领先地位。民营企业在2009年以前的现金分红回报性指数一直处于末位,但2007年以后开始上升,并逐步超越国有企业,这很可能和证监会出台的再融资监管政策相关。为进一步督促公司分红,2006年5月证监会颁布《上市公司证券发行管理办法》,规定最近三年以现金或股票方式累计分配的利润不少于最近三年实现的年均可分配利润的20％的公司才具备再融资资格;2008年,这一比例提高到30％。因此,民营企业为了满足条件可能加大分红力度。此外,民营企业分红也可能与大股东等实际控制人通过高分红掏空公司、高送转加象征性分红配合大股东减持等行为有关。外资企业的现金分红回报性指数变动情况和民营企业类似,但其在2010年以后已经高于民营企业和国有企业,且有将差距拉大的趋势。总体来看,近年来外资企业、民营企业分红回报水平高于国有企业。

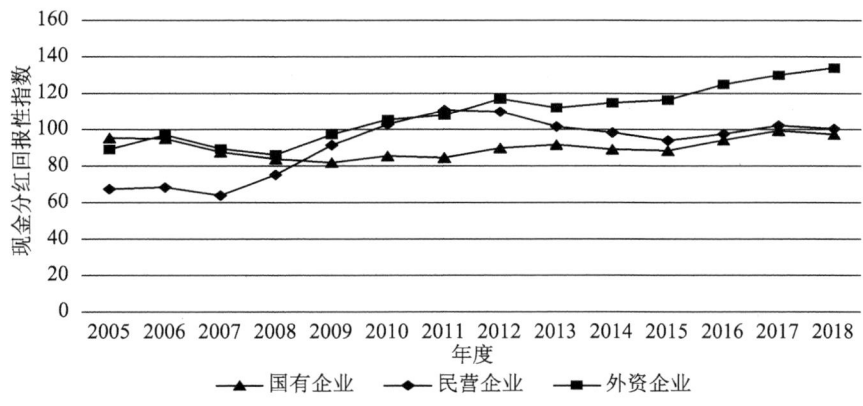

图6-9　不同产权性质上市企业现金分红回报性指数平均数年度趋势特征

五、现金分红回报性指数的地区分布特征

图6-10展示了中国不同省份上市公司现金分红回报性指数的平均值从大到小排列后的结果。从图6-10中可以看出,浙江分红回报性指数排名第一,江苏紧随其后,而宁夏处于末位。排名前十的省份中,有六个都是东部较发达地区省份,有两个是中、西部经济发展程度较高的省份(江西、重庆);排名后十位的省份中,有五个属于西部地区。由此可见,现金分红回报性指数受经济发达程度的影响。总体来说,经济发展水平高的地区,资源更加丰富,市场规则更加完善,公司经营绩效更高,公司分红能力及分红意愿也更强,自然现金分红回报性指数更高。进一步地,比较平均值和中位数可以发现,经济发展程度更高地区分红回报性指数的平均值和中位数的差距更小,说明经济发展程度高的地区现金分红回

报性指数数值分布更加均衡,分红回报水平普遍较高。值得注意的是,有四个省份的中位数异常小且与平均值的差异较大,分别是西藏、山西、青海、宁夏,可能的原因是这些省份样本总量较少(分别为 148、444、149、163),而经济发展程度较低,现金分红回报性指数较低的样本量多,所以中位数较小且容易受个别分红水平极高公司的影响,导致平均值远大于中位数。

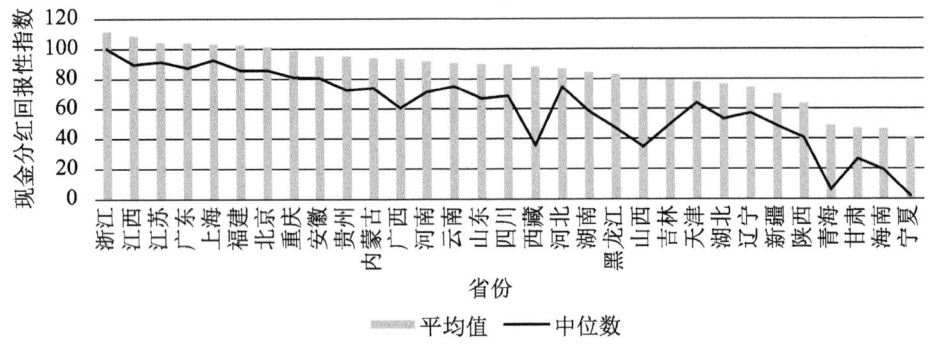

图 6-10　不同省份现金分红回报性指数总体特征

将 A 股上市公司分为四个经济区域,分别为东北地区、东部地区、中部地区和西部地区,形成中国不同经济区域上市公司分红回报性指数总体特征图,如图 6-11 所示。可以发现,不同经济区域现金分红回报性指数平均值由大到小依次为东部地区、中部地区、西部地区、东北地区。其中,东部地区优势较大,西部地区和东北地区差距很小。分区域的统计结果印证了分省份统计得出的现金分红回报性指数特征,即现金分红回报性指数受经济发达程度的影响,经济越发达地区分红价值回报越高。同样地,东部地区现金分红回报性指数平均值与中位数的差距较小,其他地区平均值与中位数的差距较大,说明经济发达程度高的地区现金分红回报性指数数值分布更加均衡,分红回报水平普遍较高。

图 6-12 是中国不同经济区域上市公司现金分红回报性指数变化均值变化趋势图。从图 6-12 中可以看出,除了东北地区以外,其他三个地区现金分红回报性指数变化趋势较为一致,即 2007 年以前指数呈下降趋势,在此之后一路上升,2012 年到达顶峰,此后略有下降,2015 年左右又再度上升,2018 年之后有下降的趋势。其中,东部地区一直处于领先地位;中部地区总体排名第二,但与西部地区、东北地区的总体差距越来越小;东北地区波动更大、变化更多,总体来说落后于其他三个地区。

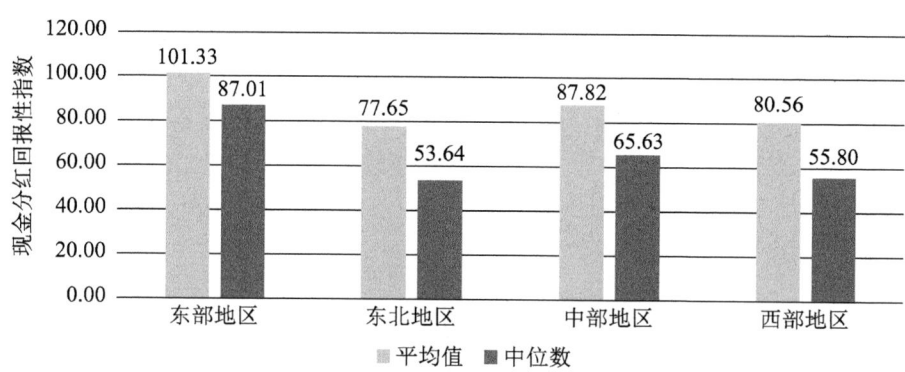

图 6-11 不同经济区域现金分红回报性指数总体特征

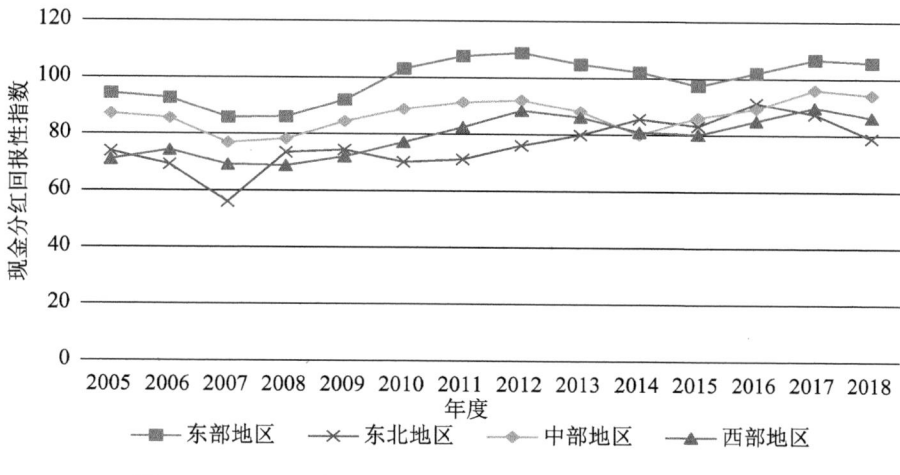

图 6-12 不同经济区域现金分红回报性指数平均值变化趋势

六、现金分红回报性指数的公司规模分布特征

按资产规模从大到小排序,将中国上市公司分为大规模公司、中等规模公司和小规模公司。图 6-13 是中国不同规模上市公司现金分红回报性指数总体特征图。可以较为明显地看到,规模越大的公司其现金分红回报性指数平均数越大。所有规模公司的平均值都大于中位数,表明有极端低值拉低了平均值。大规模公司一般发展成熟度更高,盈余及现金流水平较高,现金分红水平较高,现金分红回报性指数也就较大;而小规模公司多是微利企业,现金富余程度不高,故不分红或是分红水平低的公司较多,现金分红回报性指数较小。

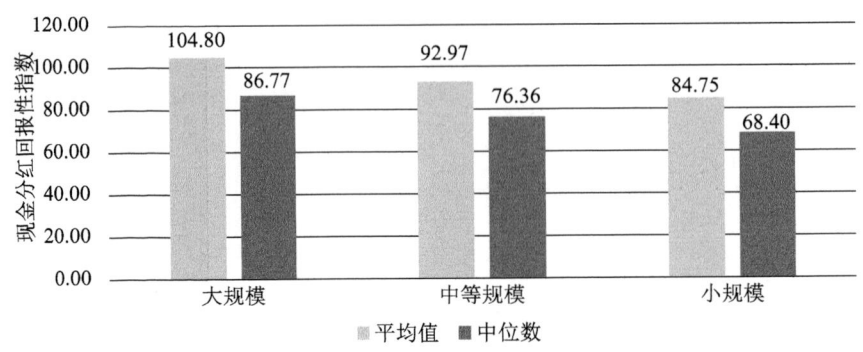

图 6-13　不同规模上市公司现金分红回报性指数总体特征

　　中国不同规模上市公司的现金分红回报性指数平均数的年度趋势特征,如图6-14所示。可以看出,大规模公司现金分红回报性指数在 2009 年以前呈下降趋势,且下降速度较快,之后保持平稳状态。中等规模公司和小规模公司变化趋势较为一致,2008 年以前下降,在此之后迅速上升,从 2012 年左右开始保持平稳状态。2008 年以前,大规模公司现金分红回报性指数远高于中小规模公司,但在此之后差距逐渐减小,到了 2018 年差距几乎可以不计。大规模公司现金分红回报性指数的变化特征说明,半强制分红政策可能对高派现公司产生了"负向激励"作用(魏志华等,2014)。大规模公司现金分红回报性指数 2006 年以前保持在接近 140 的高水平,2006 年开始下降,原因可能是 2006 年证监会颁布的分红政策明确了分红门槛,即最近三年以现金或股票方式累计分配的利润不少于最近三年实现的年均可分配利润的 20% 的公司才具备再融资资格,这样的分红门槛对大规模公司来说可能产生了"负向激励"作用。而 2008 年证监会提高分红门槛比例至 30%,在一定程度上缓解了半强制分红政策的"负向激励"作用,所以大规模公司的现金分红回报性指数在 2009 年之后才逐渐保持在一个较为稳定的水平,但同高水平时期仍有较大差距。然而,半强制分红政策对中小规模公司来说总体上起到了"正向激励"的作用,虽然它们 2006 至 2007 年之间仍然遇到了同大规模公司相似的问题,但从 2008 年开始,中小规模公司的现金分红回报性指数就一路上升,之后保持在历史最高水平,赶上甚至超过了大规模公司的分红水平。但这样的"正向激励"不一定是"正确激励",中小规模公司面临更大的融资需求和融资约束,半强制分红政策可能迫使这些不该分红的高成长、有再融资需求的公司分红派现,而这并不利于其发展。

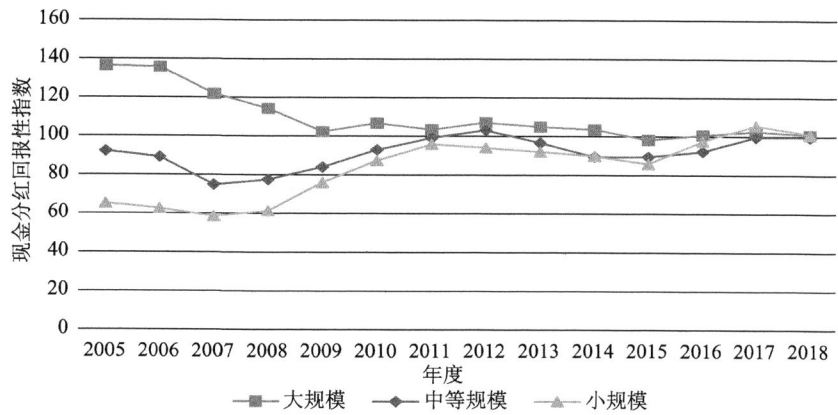

图 6-14　不同规模上市公司现金分红回报性指数平均值变化趋势

七、现金分红回报性指数的行业分布特征

表 6-2 展示了中国不同行业上市公司现金分红回报性指数的平均值从大到小排列后的结果。从表 6-2 中可以看出，交通运输、仓储和邮政业，住宿和餐饮业，制造业，电力、热力、燃气及水生产和供应业的现金分红回报性指数排名前列，而文化、体育和娱乐业，水利、环境和公共设施管理业，卫生和社会工作及综合行业排名靠后。居民服务、修理和其他服务业以及教育业由于样本数较少，统计学意义不强。形成这样的排名情况可能的原因是，交通运输、仓储和邮政业，电力、热力、燃气及水生产和供应业等行业具有垄断性质，产品更新周期长，现金流富余且研发压力小，故营业利润多用于回报投资者，现金分红回报性指数较高。住宿和餐饮业周转率高，盈利空间大，现金流充沛，现金分红回报性指数也较高。制造业公司近年来受"去产能、去库存、去杠杆、降成本、补短板"宏观经济政策取向的影响，减慢了投资扩张的步伐，将更多的利润用于投资者回报，因此其现金分红回报性指数也较高。综合行业属于跨行业经营，需要大量资金投入；卫生和社会工作，水利、环境和公共设施管理业等行业所提供的产品或服务带有公共物品性质，盈利性不强，因此这些行业分红回报水平较低，现金分红回报性指数也就较低。

表 6-2　不同行业现金分红回报性指数总体特征

行业	样本量	平均值	中位数	最小值	最大值	标准差
居民服务、修理和其他服务业	2	256.81	256.81	230.61	283.01	37.05
交通运输、仓储和邮政业	1 065	126.17	110.93	0.78	283.01	88.83

（续表）

行业	样本量	平均值	中位数	最小值	最大值	标准差
住宿和餐饮业	105	118.46	98.49	2.16	283.01	97.43
制造业	18 882	99.35	82.65	0.78	283.01	81.74
电力、热力、燃气及水生产和供应业	1 282	97.55	89.11	0.78	283.01	84.25
教育	41	96.82	82.90	4.59	283.01	76.47
采矿业	893	93.29	68.88	0.78	283.01	89.82
信息传输、软件和信息技术服务业	2 066	89.29	73.54	0.78	283.01	74.43
科学研究和技术服务业	295	85.36	81.25	0.78	283.01	74.16
批发和零售业	1 873	84.64	72.15	0.78	283.01	72.82
房地产业	1 607	81.29	63.99	0.78	283.01	75.61
租赁和商务服务业	475	78.55	65.36	0.78	283.01	70.31
农、林、牧、渔业	447	77.03	46.77	0.78	283.01	80.35
建筑业	835	76.59	67.07	0.78	283.01	60.11
文化、体育和娱乐业	480	75.68	57.78	0.78	283.01	72.67
水利、环境和公共设施管理业	415	69.85	54.55	0.78	283.01	68.00
卫生和社会工作	109	68.71	44.17	0.78	279.33	65.58
综合	305	54.69	29.02	0.78	283.01	61.92

第三节 | 中国上市公司现金分红回报性指数的检验

一、检验指标选取

为了保证现金分红回报性指数的科学性和合理性,本章对现金分红回报性指数进行了格兰杰因果关系检验及脉冲响应分析。纵观国内外关于分红回报的研究,关于分红回报影响因素相关的研究较多。Bajaj 和 Vijh(1995)认为信号传递、客户效应、投资者的偏好、股利支付率等会影响公司的分红回报。Almalkawi(2008)使用 15 年的非平衡面板数据实证分析了影响公司分红的因素,发现投资机会、盈利能力、公司规模与公司的成熟度等都会正向影响分红回报。Juma 和 Pacheco(2008)也发现盈利能力、流动性、公司规模等是公司现金分红水平的重要决定因素。而 Baker 等(2010)则认为公司历史现金分红模式、收益的稳定性以及当前和未来预期收益水平是公司分红的重要影响因素。借鉴已有研究,本章选用净资产收益率(ROE)、每股收益(EPS)、不考虑现金红利再投资的年个股回报率(yretnd)、公司市值(取自然对数)(lnmktv)、股价涨跌幅(change)与现金分红回报性指数(DRI)构成面板向量自回归模型(PVAR),并进行格兰杰因果关系检验及脉冲响应分析。

二、现金分红回报性指数的格兰杰因果检验

格兰杰因果关系检验结果如表 6-3 所示。可以看到,在 1% 的显著性水平下,净资产收益率(ROE)与现金分红回报性指数互为格兰杰因果,每股收益(EPS)是现金分红回报性指数的格兰杰原因,不考虑现金红利再投资的年个股回报率(yretnd)与现金分红回报性指数互为格兰杰因果,公司市值(lnmktv)与现金分红回报性指数互为格兰杰因果。格兰杰因果关系检验的结果表明,公司业绩是分红回报的原因,盈利是现金分红的前提条件。分红水平越高的上市公司股价表现越好,说明公司进行现金分红可以向外界传递自身积极的财务信号,进而提高公司声誉,提升公司市场价值,这与经典的股利信号传递理论一致。格兰杰因果关系检验结果说明现金分红回报性指数具有合理性。

表 6-3　格兰杰因果关系检验结果

变量组	原假设	系数	P 值	检验结果
DRI 与 ROE	ROE 不是 DRI 的格兰杰原因	30.263	0	拒绝
	DRI 不是 ROE 的格兰杰原因	175.864	0	拒绝
DRI 与 EPS	EPS 不是 DRI 的格兰杰原因	32.667	0	拒绝
	DRI 不是 EPS 的格兰杰原因	1.995	0.158	接受
DRI 与 yretnd	yretnd 不是 DRI 的格兰杰原因	13.046	0	拒绝
	DRI 不是 yretnd 的格兰杰原因	721.563	0	拒绝
DRI 与 lnmktv	lnmktv 不是 DRI 的格兰杰原因	10.808	0.001	拒绝
	DRI 不是 lnmktv 的格兰杰原因	7.961	0.005	拒绝

三、现金分红回报性指数的脉冲响应分析

脉冲响应分析可动态地刻画影响因素间的动态关系,其原理是给予某个因素一个标准差的冲击,观察对模型中其他因素当期及滞后期的冲击影响。本章基于 PVAR 模型,观测了现金分红回报性指数对不考虑现金红利再投资的年个

股回报率(yretnd)及股价涨跌幅(change)的时滞效应(见图 6-15)。可以发现，虽然效果微弱，但现金分红回报性指数对年个股回报率确实存在正向冲击效应，而对股价涨跌幅在当期乃至未来 5 期都存在明显的正向递减的冲击效应。这一点与经典股利信号理论相符，依据股利信号理论，分红回报高传递了上市公司业绩稳健、现金充沛的积极财务信号，会对股价及公司市场业绩带来正向影响。以上格兰杰因果关系检验及脉冲响应分析的结果表明现金分红回报性指数具有一致性、合理性。

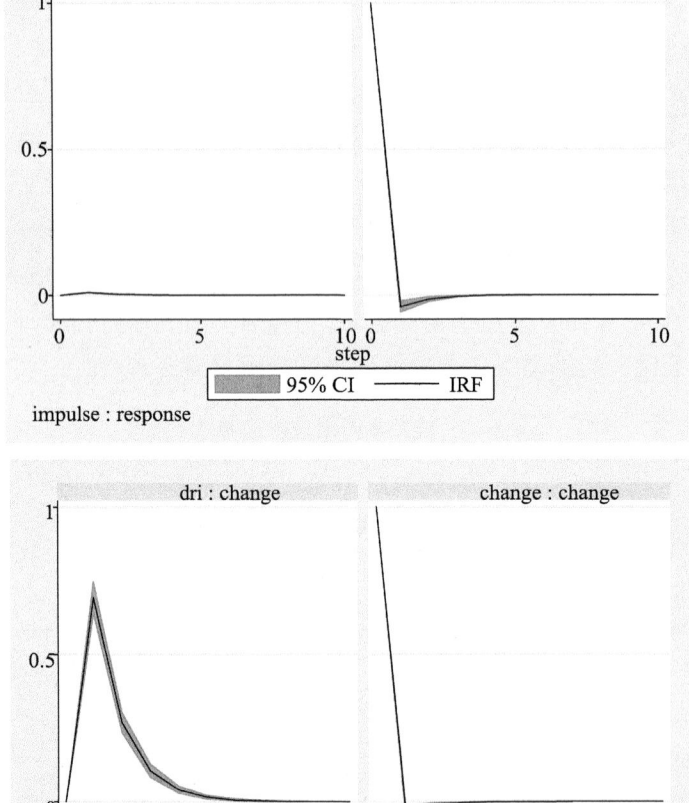

图 6-15　脉冲响应图

本 章 小 结

本章从上市公司历史分红表现和当期分红表现两方面选取评价指标,构建了中国上市公司现金分红回报性指数,并对指数的时间序列特征、板块分布特征、行业特征等进行了分析,最后使用格兰杰因果关系检验及脉冲响应分析考察了指数的科学性。本章主要发现有:

第一,现金分红回报性指数得分总体偏低,高低值差距较大,指数分布不均衡。但分年份来看,整体呈现出增长的趋势且平均数与中位数差距越来越小,说明虽然中国上市公司现金分红回报水平较低,但情况正在改善。分红回报性指数开始上升的时间点是2008年,也就是更加严格的半强制分红政策实施以后,这表明半强制分红政策总体上发挥了积极效应。但从时间趋势特征看,部分年份出现现金分红回报性指数下降的情况,在不同板块、产权性质、经济区域、公司规模的分红回报性指数趋势特征中也出现短期下降趋势,说明上市公司分红回报的持续性有待提高。

第二,现金分红回报性指数极端低值较多,影响了中国上市公司整体的分红回报水平。指数的增长主要是因为低分值段公司数量的增长,现金分红回报性指数高值段公司的数量增长不明显,说明分红回报水平较低仍是中国资本市场的主流,上市公司的现金分红意愿和现金分红水平仍需进一步提高。

第三,现金分红回报性指数存在"板块倒置"现象。创业板、中小企业板上市公司分红回报性指数总体高于主板。融资需求旺盛的创业板、中小企业板上市公司可能受半强制分红政策影响,为了获得融资资格,提高了分红水平,这在一定程度上说明分红监管政策仍有改善空间。但主板市场分红回报性指数在上升,创业板、中小企业板在下降,说明总体来说中国上市公司现金分红表现越来越符合股利生命周期理论,成熟期公司回报意识逐渐增强,发展期公司选择更加适应公司发展需求的股利政策。

第四,现金分红回报性指数的分布存在异质性。外资企业现金分红回报性指数得分最高,国有企业现金分红回报性指数得分最低,民营企业居中,三者的差距随着时间推移逐渐减小。民营企业现金分红回报性指数在2009年以后超过国有企业,可能的原因是民营企业为了满足半强制分红政策的条件加大分红力度,也可能与大股东等实际控制人通过高分红掏空公司、高送转象征性分红配合大股东减持等行为有关。经济发展程度越高的地区,现金分红回报性指数越大;东部地区优势明显,但东北、中部、西部地区与东部地区公司现金分红回报性指数的差距在逐渐缩小。此外,规模越大的上市公司现金分红回报性指数得分越高,但近年来不同规模公司现金分红回报性指数差距逐渐减小,甚至可以忽略不计。

第五,格兰杰因果关系检验的结果表明,公司业绩越好,现金分红回报性指数越高;现金分红回报性指数越高,公司股价表现越好。同时在脉冲响应分析中,研究观测到现金分红回报性指数对不考虑现金红利再投资的年个股回报率和股价涨跌幅存在正向递减的冲击效应,现金分红回报水平越高,公司股价及业绩表现越好。两项检验结果表明现金分红回报性指数与经典股利理论(股利代理成本理论、股利信号传递理论等)及相关财务指标具有一致性。

第七章

中国上市公司现金分红平稳性指数研究

现金分红不平稳会导致投资者对上市公司缺乏合理的股利分配预期，只能通过炒价差获取收益，这将助长资本市场的投机氛围。因而，现金分红的不平稳性会阻碍资本市场健康发展。Lintner（1956）提出的"股利调整模型"，首次关注了股利平稳性问题，即股利的变化率低于每股收益的变化率。Allen等（2000）的研究表明，较高水平且稳定的现金分红能够吸引、留住更有监督能力的机构投资者，从而缓解公司代理问题，提高公司价值，所以公司倾向于现金分红而不是股票，并且公司倾向于维持平稳的现金分红。可见，股利平稳性被认为是一种控制代理成本的工具。此外，上市公司保持平稳的现金分红政策有助于投资者形成稳定的收益预期，对于强化投资者保护机制和资本市场价值投资理念同样具有重要意义。鉴于此，本章拟展开对上市公司现金分红稳定性的研究，提出科学的计量方法客观评价中国上市公司现金分红的稳定性，考察分红平稳指数的分布特征并检验其科学合理性。本章的研究对于完善资本市场的现金分红监管体系及丰富现金分红稳定性领域的研究具有重要意义。

第一节 | 现金分红平稳性的特征及影响

一、现金分红平稳性的特征

现金分红的平稳性是指公司现金分红水平的波动程度，主要通过现金分红相关指标在纵向上与公司自身现金分红对比的起伏变化程度，体现为公司股利支付水平在一定时期内保持在合理区间的波动，从而维持投资者对公司的良好估值。可以认为，维持公司现金分红平稳性实际上是一种协调与投资者利益关系的策略。Lintner（1956）首次提出分红平稳性的概念，认为公司倾向于通过动态的局部调整,以平滑股利支付水平,向目标股利支付水平趋近,避免由于降低现金分红水平而削弱投资者对公司估值的不利影响。Lintner 采访了 28 家公司的 CEO,发现他们并不是在每个时期都独立地设定股息,他们首先决定是否要改变现有的预期分红。经理们声称只有在别无选择的情况下才会减少分红,只有在他们确信未来的现金流能够维持新的分红水平时才会增加派息。此外,"同伴效应"是决定被采访公司不同目标现金分红比率和分红调整率的更重要的因素之一。研究结论表达了两种观点:投资者会为现金分红稳定的公司支付溢价,市场会对削减分红的公司进行惩罚。通过问卷调查 384 位财务高管,Brav 等(2005)发现相比机构投资者,高管层认为个人投资者更偏好现金分红平稳性较高的股票并依此进行股利决策,现金分红平滑可以说是一个经验事实。Aivazian 等(2003)研究了 8 个新兴经济体(韩国、马来西亚、泰国、印度、巴基斯坦、约旦、土耳其和津巴布韦)的上市公司在 20 世纪 80 年代的现金分红行为,并将它们与 99 家美国公司进行了比较,由于市场化程度不同和融资环境的差异,新兴经济体的上市公司现金分红的稳定性普遍较差。Leary 和 Michaely(2011)研究了 Lintner 模型及其后续模型存在的测量缺陷,重新构建了分红平稳性的测量方法,首次更为系统地研究了美国上市公司股利平稳性的影响因素。Leary 和 Michaely 认为,影响公司分红平稳性的主要因素有公司的盈利状况、发展前景、代理冲突及信息不对称。Larkin 和 Leary(2012)采取基于 Lintner(1956)修正的"局部调整模型"发现,职业经理人偏爱平稳的股息几乎是管理层的共识,平稳的现金分红政策能有效降低资本成本并且更能在资本市场上获取融资,机构投资者更加偏爱分红平稳的上市公司。陈名芹等(2017)采用 Fama 和 French(1993)三因素模型来研究现金分红不平稳对投资者行为偏好的影响,研究表明分红不平稳程度的增加与机构投资者持股数量的减少相关联,投资者投资分红平稳性极差的股票会遭受较大的预期投资收益损失,但却愿意为分红平稳程度更高的投资组合支付现金分红平稳性溢价。这意味着上市公司如果需要进一步吸引和留住机构投资者,调整公司分红平稳性将会是一项重要的财务决策选项。

二、现金分红平稳性的信号效应

Brennan 和 Thakor(1990)关注了知情与不知情投资者之间的信息不对称。他们认为私人投资者拥有的信息较少,更希望接受现金分红以缓解信息劣势,拥有更多分散投资者的公司更会采取分红平滑行为,导致分红平稳性更强。Guttman 等(2010)认为高管层面临着如何在投资和派息之间分配可用的现金的选择,由于管理者和投资者之间的信息不对称而产生的次优投资问题,现金分红是向投资者传达公司经营状况的一个信号,分红平滑是一种对投资者的信息补偿。Baker 和 Wurgler(2012)认为,相对于增加派息行为,市场投资者对削减派息的反应更加强烈,个人投资者更偏好分红平稳性较高的公司股票,因为这类股票能向个人投资者传递公司经营良好的信号、维持稳定收益的期望。黄娟娟(2009)证实了"同伴效应"的确会影响公司的股利政策,同行业公司现金分红行为对本公司分红行为有显著影响,这种反应被称为"同伴效应"。由此可见,股利信号传递不但可以体现在公司到投资者纵向的信息传递上,也可以体现在与其他公司的分红对比的信号传递上,保持分红平稳性也是应对同行竞争的一种战略行为。

现金分红的信号传递作用在发达资本市场早已得到了验证,但在具有中国特色的资本市场内,分红信号理论是否适用? 目前结论还未达成一致。陈伟等(1999)对上海主板上市公司的分红信号传递效应进行研究后发现:送股引起的累计超额收益率反应最为明显,配股与现金分红依次降低,此类差异表明了早期资本市场对送股的青睐和现金分红的漠视效应。张水泉和韩德宗(1997)运用事件研究法,对沪市主板上市公司在 1992 至 1996 年期间的现金分红、股票股利及配股的公告信息进行累计超额回报率的实证检验,研究发现,市场对现金分红的反应最为明显,其余依次是股票股利、配股,表明现金分红的信号传递功能最强。俞乔和程滢(2001)研究了 1992—2001 年上市公司的股利政策对股价异常收益的影响,结果表明,资本市场存在股利的宣告效应,但分红引起的股价异常收益率显著小于股票股利和混合股利。在分红信号的横向传递方面,张继勋和刘文欢(2014)研究发现,行业的现金分红政策也具有传导信号,在股价波动较小时期,行业的现金分红水平高低会显著影响公司管理层的分红决策。从国内的研究来看,早期资本市场对现金分红重视程度不高,现金分红的信号传递功能有限。但近年来,随着资本市场的发展和投资者对分红的关注度提升,现金分红的信号传递功能日益强化,公司管理层日渐倾向于通过现金分红向资本市场传达公司的未来前景。

从已有文献来看,国内缺乏对 A 股上市公司现金股利的稳定性水平的综合度量、系统研究。因而,本章致力于构建上市公司现金分红平稳性指数,通过分析现金分红平稳性指数的行业、板块、地区、产权性质方面的分布特征,揭示中国上市公司现金分红稳定性情况,为资本市场监管及上市公司健康发展提供更有针对性的理论借鉴和实践指导。

第二节 | 中国上市公司现金分红平稳性指数的统计特征

一、现金分红平稳性指数的时间序列特征

表 7-1 为 A 股上市公司现金分红平稳性指数的总体分布情况。在 2005—2018 年 30 110 个观测值中,现金分红平稳性指数的平均值为 121.07,均值低于中位数(138.00),说明相当一部分分红不稳定的上市公司拉低了现金分红平稳性指数的平均水平。此外,现金分红平稳性指数的极高值(DSI≥160,占比 36.18%)与极低值(DSI≤20,占比 17.36%)占据了总体样本的一半以上,可见现金分红平稳性指数的分布极不均衡。

表 7-1 现金分红平稳性指数的总体分布

指数	样本量	平均值	中位数	最大值	最小值	标准差
DSI	30 110	121.07	138.00	325.39	3.52E-06	70.62

图 7-1 为 2005—2018 年 A 股上市公司现金分红平稳性指数及低值样本占比变动图。在受金融危机影响的 2008 年前后,现金分红平稳性指数呈现出小幅下调的状态。在 2005—2009 年这段区间,现金分红平稳性指数水平较低样本的占比居高不下,几乎占据同年度样本的一半。与此同时,同时期的股市可谓节节攀高,2007 年更是创造了上证指数超 6 000 点的股市神话。可见这段时期资本

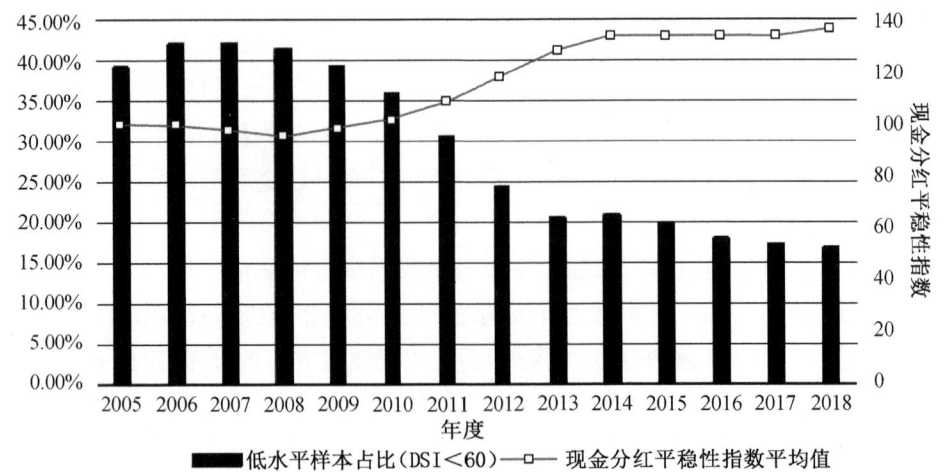

图 7-1 A 股上市公司现金分红平稳性指数及低水平样本占比变动图

市场热衷于价差收益,股市的投资者回报意识和分红氛围较差,亟待监管层倡导价值投资理念。近年来,中国上市公司现金分红平稳性指数总体呈现逐渐上升趋势,尤其是2010年以后,趋势更加明显。从图7-1中上升趋势可以看出,上市公司现金分红平稳性水平的提升与外部监管政策有一定程度上的相关性。具体来说,有融资需求的上市公司在2008年证监会半强制分红政策出台后分红水平的提升存在"突击"分红的可能。总体来看,现金分红平稳性指数呈现上升趋势,说明上市公司现金分红平稳性水平近年来逐年提升,而现金分红平稳性极差的样本占比明显下降。

二、现金分红平稳性指数的地区分布特征

图7-2和图7-3分别是不同地区上市公司现金分红平稳性指数变动趋势的折线图和不同地区现金分红平稳性指数平均值的统计结果。图7-2显示,中国不同经济区域上市公司现金分红平稳性指数与该地区的经济发展程度存在一定的正相关关系,按地区分类后的现金分红平稳性指数从高到低依次为:东部地区(129.03)、中部地区(113.16)、西部地区(102.30)、东北地区(101.95)。该排序与这些地区的经济发展水平相一致。由于东部地区的经济发展水平突出,该地区上市公司的企业规模、累计市值、盈利能力也显著高于其他地区,因此更能保障分红的平稳性。

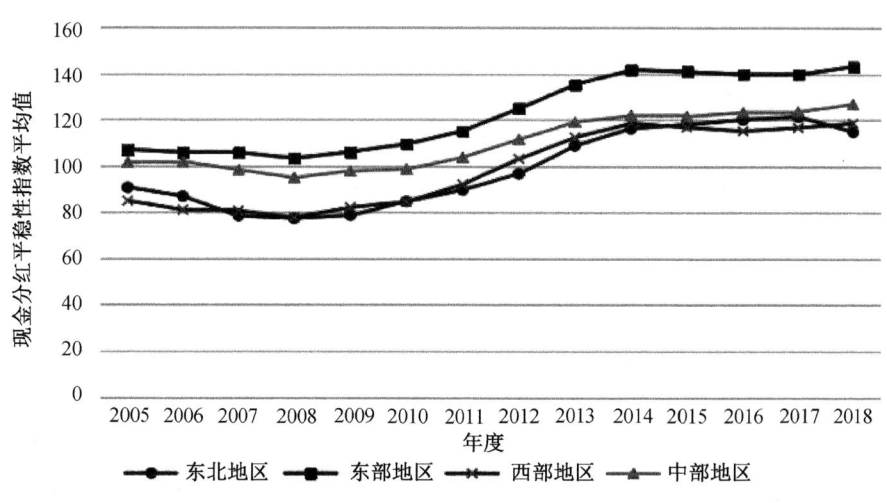

图7-2 不同经济区域现金分红平稳性指数变动趋势

从图7-3可以看出,大部分东南沿海地区,以及北京、河南、安徽、江西、云南和贵州等地区上市公司的现金分红平稳性指数较高。其中,属于内陆地区的江

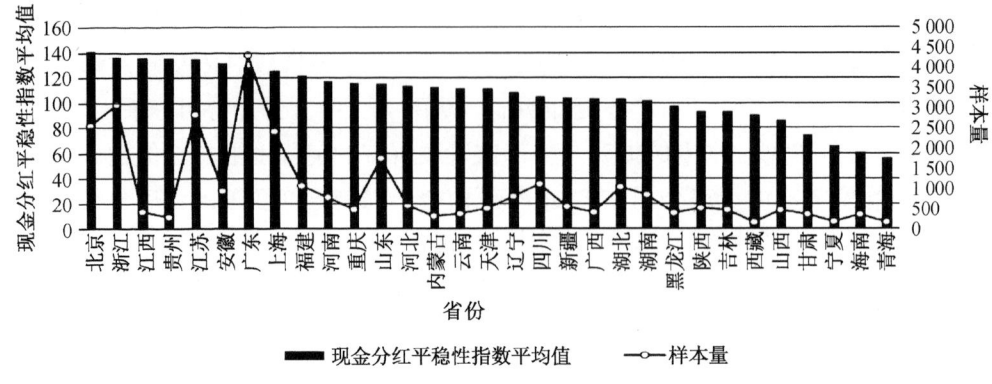

图 7-3　不同省份现金分红平稳性指数分布情况

西、贵州、安徽、云南等地的上市公司样本较少,较高的现金分红平稳性指数均值是被少量连续分红主力军(如分红标杆贵州茅台)拉高所致。除开这些现金分红龙头企业,其余样本的现金分红平稳性指数并不高。中西部内陆地区如青海、海南、西藏、吉林、甘肃、宁夏地区平稳性水平明显偏低,同时这几个地区样本数也处于低位,各地区都存在相当一部分分红平稳性极差的公司拉低了平均水平。

三、现金分红平稳性指数的板块分布特征

图 7-4 是不同板块上市公司现金分红平稳性指数均值变动折线图。可以发现,除了创业板以外,其余板块的现金分红平稳性指数在相同时段内变动方向与深圳主板类似,在 2008 年以前呈现波动下降状态,在 2008 年之后有了较大幅度的上升,在 2015 年后趋于平缓。总体来看,2015 年之前,创办时间较晚的中小

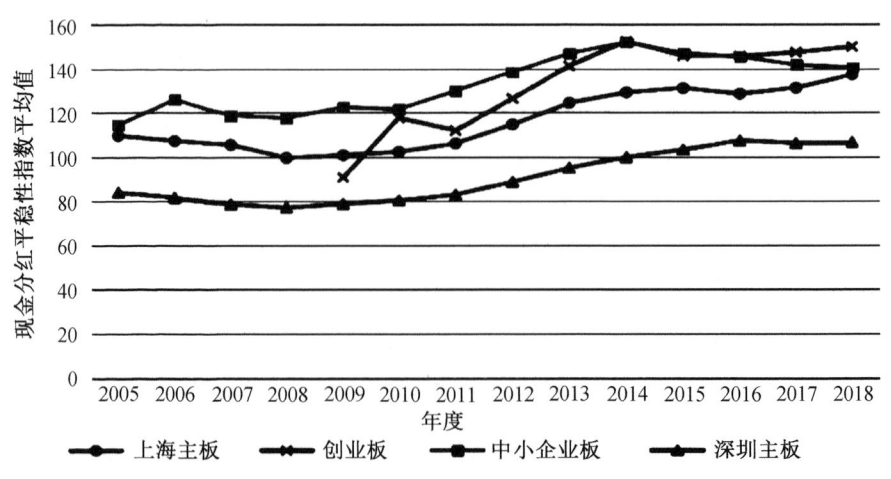

图 7-4　不同板块上市公司现金分红平稳性指数变动趋势

企业板的平均分红平稳性水平在各个年度都处于总体的最高位;其次是创业板,再次是上海主板、深圳主板;而 2015 年之后成立最晚的创业板平均分红平稳性最佳。分红平稳性指数的板块排名与杨宝等(2017)的研究结论一致。由于沪深主板多为成熟期的上市公司,投资机会较少,融资需求也就相对较少,而创业板和中小企业板上市公司多处于快速成长阶段,资金需求量大,为了满足半强制分红政策的再融资条件会更倾向于进行稳定的现金分红。

四、现金分红平稳性指数的公司性质分布特征

图 7-5 为 2005—2018 年按照按产权性质分类的上市公司现金分红平稳性指数变动趋势图。总体来看,2006 年以前,各类性质上市公司的现金分红平稳性水平整体呈下降趋势;2006—2010 年,表现为在波动中小幅上升趋势,2010—2014 年,现金分红平稳性指数大幅提升;2014 年至今,现金分红平稳性指数缓慢回落。国有企业现金分红平稳性指数波动幅度更为平缓,这类企业现金分红平稳指数近年来的明显上升趋势或许与 2012 年 4 月国资委倡议"国有股东应成为积极、负责任的股东""鼓励上市央企建立符合价值投资理念的分红机制"有关。民营企业与外资企业分红平稳性指数的走势大体趋同,但民营企业现金分红平稳性指数在各年度基本上都略低于外资企业。这两类企业 2010 年后的现金分红平稳性指数呈现明显上升,有赶超国有企业之势,或许是响应半强制分红政策的表现。但据相关学者的研究(周县华、吕长江,2008),也很可能与大股东等实际控制人通过高分红甚至超能力派现掏空公司、高送转加象征性分红配合大股东减持等行为有关,这种现象在中小企业板、创业板的民营企业里屡见不鲜,应该成为监管层重点监控的异常行为。

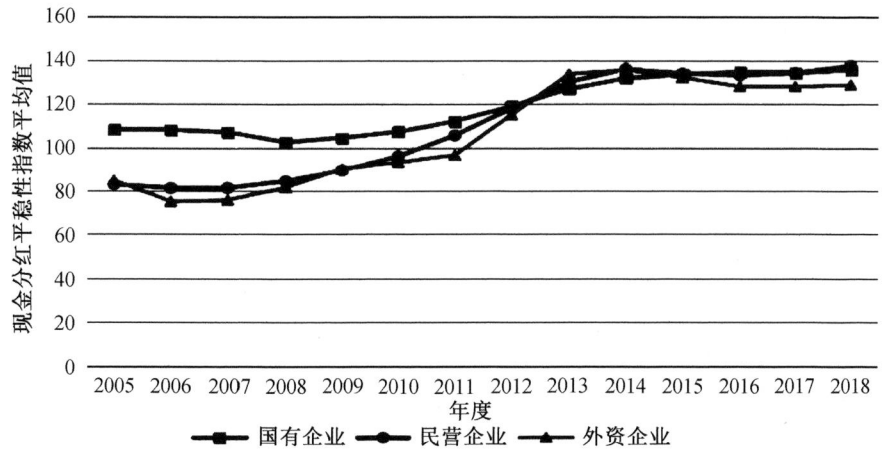

图 7-5　不同产权性质上市公司现金分红平稳性指数统计

五、现金分红平稳性指数的公司规模分布特征

图7-6是不同规模上市公司现金分红平稳性指数变动趋势图。可以看出，无论是总体情况还是各年度分布情况，上市公司的规模大小与分红平稳性水平具有明显的正向相关性。资产规模越大的公司越有能力维持稳定的分红水平，也说明资产规模大的上市公司大多处于成熟期，盈利能力较强，有能力进行稳定的分红。小规模和中等规模上市公司现金分红平稳性指数的波动幅度类似，指数都有较大提高，其中2008—2014年指数增长幅度最大，这也许是由于小规模和中等规模上市公司大多处于成长期，具有较强烈的融资需求，因此，会更积极地响应2008年颁布的半强制分红政策。

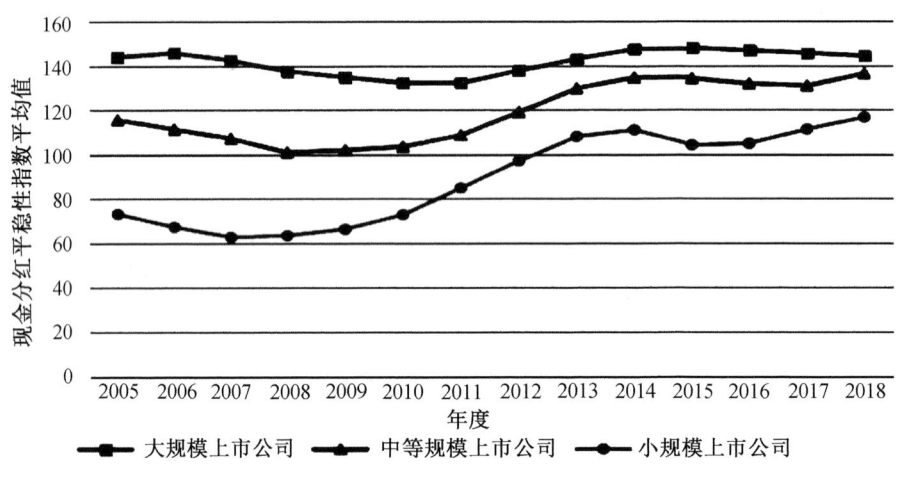

图7-6　不同规模上市公司现金分红平稳性指数连续性统计

六、现金分红平稳性指数的行业分布特征

图7-7是不同行业上市公司分红平稳性指数的排序图。从图中可知，上市公司分红平稳性指数排前五的分别是：交通运输、仓储和邮政业（152.93），建筑业（126.43），信息传输、软件和信息技术服务业（124.98），制造业（123.01），批发和零售业（120.08）。整体来说，盈利能力较强行业的现金分红平稳性指数更高。其中，交通运输、仓储和邮政业的现金分红平稳性指数显著高于其他行业。这或许与该行业的特点有关，由于行业中大多为成熟型企业，规模经济效应较为显著，经营规模越大，单位成本越低，盈利越好，行业整体发展十分迅速，企业能够维持稳定的分红水平。

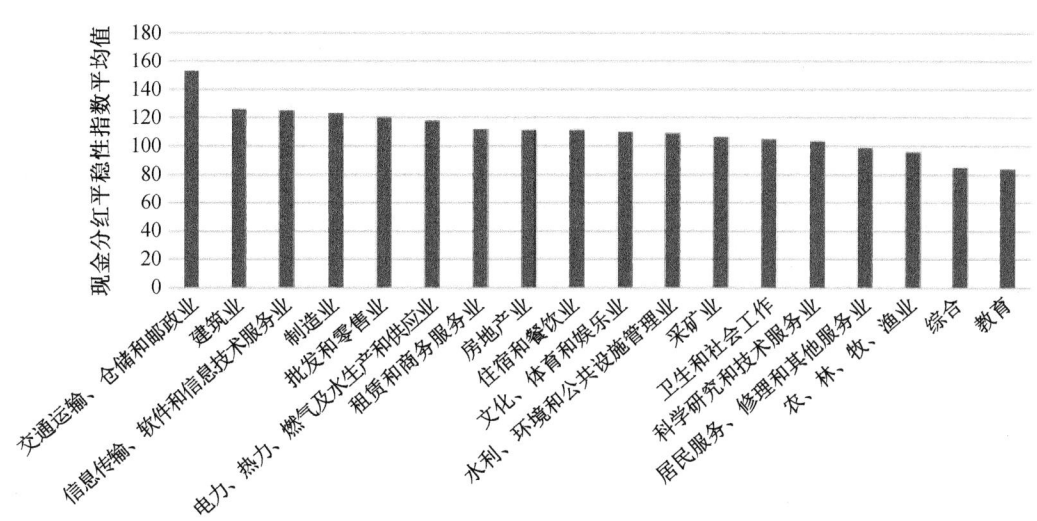

图 7-7　不同行业上市公司现金分红平稳性指数排序

七、现金分红平稳性指数的区间分布特征

图 7-8 是上市公司分红平稳性指数频数分布的直方图。可以发现,分红平稳性指数的总区间为[0,325.39]。将总区间分为 12 组后发现,[0,27.12]区间的样本量最多,说明现金分红平稳性指数的极低值较多;而现金分红平稳性指数

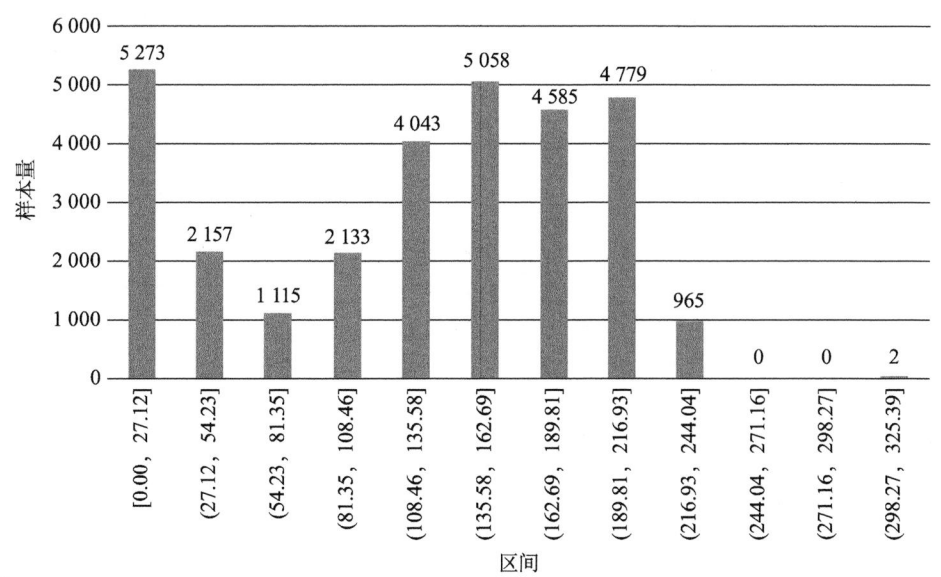

图 7-8　上市公司分红平稳性指数频数分布图

主要集中在[108.46，216.93]，占总样本量的 61.33％，说明虽然上市公司分红平
稳性水平总体较高，但是上市公司分红平稳性水平的两极分化也比较严重。这
与中国长期存在的"铁公鸡分红"现象有关，少数上市公司具备分红能力而长期
不分红。随着中国上市公司现金回报意识的增强，上市公司为了获得再融资资
格，会倾向于实施平稳的分红政策，中国上市公司的分红平稳性水平有望进一步
提高。

第三节 ｜ 中国上市公司现金分红平稳性指数的检验

一、检验指标选取

大量研究表明，业绩良好的公司倾向于维持持续、稳定的现金分红政策以
降低代理成本，向市场传递公司经营持续绩优的利好讯号，而投资者愿意为现
金分红平稳的上市公司支付溢价，此类股票的收益率会因此提升（Jensen 和
Meckling，1976；周晓苏、朱德胜，2006；李敬、姜德波，2017）。此外，也有研究
表明股利生命周期理论在中国资本市场上的适用性，即现金分红平稳的公司
处于生命周期阶段中投资机会较低的成熟期，成熟期公司支付现金股利有
利于公司价值的提升（宋福铁、屈文洲，2010）。为了验证分红平稳性指数是
否符合理论预期，本章选取了以下财务指标进行面板向量自回归（PVAR），
在此基础之上通过面板格兰杰因果检验验证其逻辑可靠性，并通过 PVAR
下的脉冲响应图将变量之间的因果关系进行动态分析。具体检验指标如表
7-2 所示。

表 7-2　格兰杰因果检验涉及的财务指标

符号	指标名称	指标定义
Per-ebit	每股息税前利润	每只股票对应的不扣除利息也不扣除所得税的利润
ROE	净资产收益率	净利润与平均股东权益的百分比
EPS	每股收益	每股税后利润，税后利润与股本总数的比率
Tobinq	托宾 q	市值与资产的比率
ROA	资产回报率	税后净利润与总资产的百分比

二、现金分红平稳性指数的格兰杰因果检验

首先对现金分红平稳性指数与以上5项财务指标进行格兰杰因果检验,以验证它们是否存在格兰杰因果关系。表7-3的检验结果表明,存在由每股息税前利润到现金分红平稳性指数的双向格兰杰因果关系;净资产收益率与现金分红平稳性指数也存在双向格兰杰因果关系,由净资产收益率到现金分红平稳性指数的格兰杰因果关系更强;存在由每股收益到现金分红平稳性指数的单项格兰杰因果关系;存在由托宾q到现金分红平稳性指数的单项格兰杰因果关系;存在由资产收益率到现金分红平稳性指数的单项格兰杰因果关系。

表7-3 格兰杰因果关系检验结果

变量组	原假设	观测数	系数	P 值	检验结果
Per-ebit 与 DSI	Per-ebit 不是 DSI 的格兰杰原因	24 448	−94.426 554	0.000	拒绝
	DSI 不是 Per-ebit 的格兰杰原因	24 448	0.012 201 74	0.001	拒绝
ROE 与 DSI	ROE 不是 DSI 的格兰杰原因	24 236	−1.254 373	0.033	拒绝
	DSI 不是 ROE 的格兰杰原因	24 236	−0.057 627 6	0.000	拒绝
EPS 与 DSI	EPS 不是 DSI 的格兰杰原因	24 752	−223.429 5	0.008	拒绝
	DSI 不是 EPS 的格兰杰原因	24 752	−0.008 096 8	0.120	接受
Tobinq 与 DSI	Tobinq 不是 DSI 的格兰杰原因	22 780	−3.353 7	0.139	接受
	DSI 不是 Tobinq 的格兰杰原因	22 780	−0.223 819 4	0.012	拒绝
ROA 与 DSI	ROA 不是 DSI 的格兰杰原因	24 745	0.049 740 7	0.256	接受
	DSI 不是 ROA 的格兰杰原因	24 745	−0.012 289	0.046	拒绝

三、现金分红平稳性指数的脉冲响应分析

基于PVAR模型,可以进行脉冲响应分析,通过将脉冲变量的冲击施加在响应变量的过程,可清晰地刻画盈利能力、企业价值、资产回报率与现金分红平稳性指数的动态影响关系。由图7-9可知,每股息税前利润、净资产收益率、每股收益三个盈利能力类指标对现金分红平稳性指数的脉冲响应情况在1期之后存在明显正向冲击效应,说明盈利能力强的企业倾向于维持持续、稳定的现金股利政策。现金分红平稳性指数对企业价值和资产回报率有正向冲击,说明稳定

的现金分红传递了公司经营持续稳健的利好信号,有利于提升企业价值。

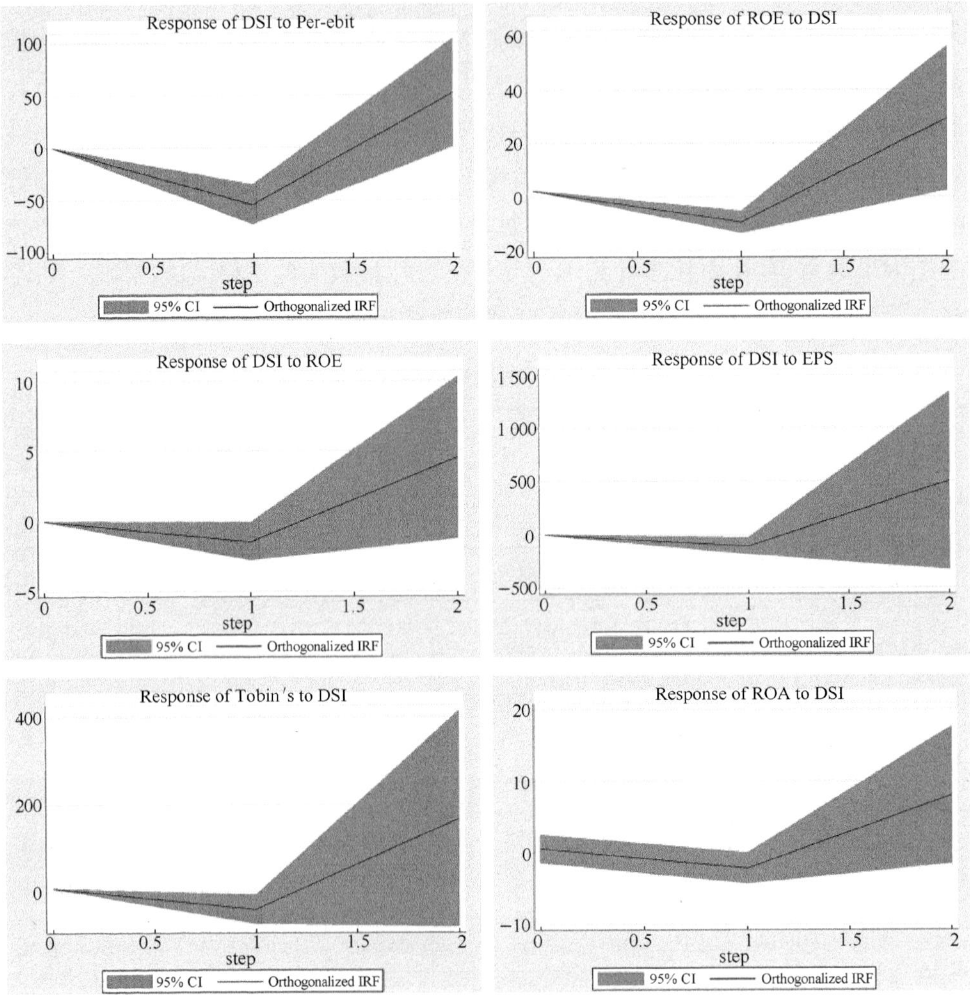

图 7-9　脉冲响应分析结果

本章小结

本章主要对现金分红平稳性的影响因素、中国上市公司现金分红平稳性指数的分布特征及现实启示等展开研究,最后基于信号理论对现金分红平稳性指数的合理性进行了检验。本章主要研究结论总结如下:

第一,上市公司现金分红平稳性指数呈现显著上升的趋势。近年来,在监管层频繁颁布上市公司分红政策文件的背景下,资本市场的分红氛围有所改善,上市公司现金分红平稳性水平总体呈上升趋势,分红平稳性极差样本的年度占比逐年走低,吝啬分红现象有所缓解,上市公司分红平稳性水平的提升与外部监管政策有一定程度的相关性。此外,有融资需求的上市公司在 2008 年分红监管政策出台后分红稳定性的提升存在"突击"分红的可能。

第二,不同地区、不同行业上市公司现金分红平稳性指数差距明显。经济欠发达地区的分红平稳性水平堪忧,各地区都存在相当数量的分红平稳性差的公司拉低了指数平均水平,资本市场的良性分红之路任重道远。交通运输、仓储和邮政业整体发展十分迅速,使其能够维持稳定的分红水平,说明盈利能力较强行业的分红平稳性指数更高。然而,上市公司的分红平稳性水平两极分化比较严重,半强制分红政策对解决"铁公鸡分红"问题的效果并不明显。

第三,现金分红平稳性指数也存在结构倒置问题。主板上市公司分红平稳性水平显著低于中小企业板和创业板。由于沪深主板多为成熟期上市公司,投资机会较少,融资需求也就相对较少,半强制分红政策对其起到的约束作用有限。而创业板和中小企业板上市公司多处于快速成长阶段,资金需求量大,为了满足半强制分红政策的再融资条件会更倾向于进行稳定的现金分红。这在一定程度上说明分红与再融资挂钩的政策还应进一步优化,以解决资本市场资源错配的问题。

第四,不同产权性质、不同规模上市公司现金分红平稳性指数存在差异。国有上市公司分红平稳性水平较高,民营上市公司分红平稳性水平节节攀升,但民营上市公司分红平稳性水平提升的真实动力有待考究。分红平稳性水平在不同规模公司间差异显著,规模越小的公司在经济低迷时期的抗压能力越弱、分红平稳性水平越差。

第八章

中国上市公司现金分红匹配性指数研究

　　近年来,资本市场各参与方除了关注上市公司现金分红的规模和股息率,也越来越关注上市公司现金分红的匹配性。科学合理的现金分红决策应当平衡上市公司当前资金需求与未来发展,应当平衡股东回报与现金流需求。因而,上市公司进行现金分红决策时要综合考虑公司的发展阶段、经营模式、未来发展战略等因素。现金分红匹配性较差的上市公司一般表现为具备分红能力而长期不分红,或者不具备分红能力却为了获得再融资资格而实施分红。上市公司现金分红匹配性好有利于公司财务可持续发展、提高资源配置效率。而上市公司现金分红匹配性差不仅不利于公司的长期发展,还会对投资者利益保护带来不利影响。研究现金分红匹配性对于监管层监测上市公司现金分红行为以及上市公司自我评估和调整股利政策具有现实意义。

　　目前,国内外研究集中在讨论影响股利政策的公司特征因素,尚未有专门对上市公司现金分红政策与公司实际发展是否匹配的研究。Baker 和 Farrelly (1988)、Brav 等(2005)、Chay 和 Suh(2008)认为现金流是影响股利政策的重要因素;Healy 和 Palepu(1988)、Fama 和 French(2001)、Gugler(2003)的研究发现股利支付率与公司规模、利润正相关,而与投资机会负相关;而 DeAngelo 和 Stulz(2006)的研究得出了支付股利倾向与公司生命周期的阶段(留存收益占所有者权益的比例)正相关的结论。国内学者一般认为股利支付率与公司的盈利能力、偿债能力、公司规模、资产的流动性、现金流量正相关,而与成长能力、投资机会负相关(阙楚楚,2019)。因此,基于上述公司微观财务特征对现金分红决策的影响,本章拟选取分红—投资匹配测度指标、分红—生命周期阶段匹配测度指标和分红—融资约束测度指标来构建现金分红匹配性指数,并分析中国上市公司现金分红匹配性指数的分布特征,定量评价上市公司现金分红匹配性水平。本章的研究结论可以为监管机构监测上市公司现金分红行为提供有效依据,对于投资者分析上市公司分红政策的合理性和丰富现金分红领域的文献也有重要意义。

第一节 │ 现金分红匹配性的影响因素

一、现金分红与投资

投资需求直接影响现金分红。Higgins(1972)研究发现现金分红是利润和投资的函数,公司是否发放现金股利取决于将利润用于投资后是否还有剩余利润。每期的剩余利润不同,现金分红水平就会有所波动。Jensen(1976)认为一般情况下,公司可供分配资产越多,公司现金分红能力越强。但当公司面临众多投资机会时,需要投入大量资金,公司现金流大幅降低,此时股东可以接受较低的现金分红水平。可见,现金分红水平与现金持有量和投资机会密切相关。Grossman和Hart(1980)、Easterbrook(1984)、Jensen(1986)认为公司持有大量现金会导致过度投资,而减少不必要现金流的方法为支付现金股利,即通过现金分红使经理人所能支配的现金最小化,那么经理人就难以投资到净现值为负的项目。在中国,廖珂(2015)通过实证研究发现,对于自由现金流短缺的企业,现金分红水平与投资水平存在正相关关系。其本质在于,企业可以通过发放现金股利而发出错误的信号,以获得外部融资,维持企业的投资活动,并进一步支撑后续现金分红,形成了"分红—融资—投资—分红"的"庞氏循环"。此外,对于自由现金充裕的企业,现金分红水平与投资水平存在负相关关系,现金分红起到了抑制企业过度投资的作用。

二、现金分红与企业生命周期

Jensen(1976)最先将企业生命周期理论与公司股利分配政策相结合,得出现金分红水平与公司发展机会负相关的结论。而30年后,DeAngelo等(2006)才首次明确提出股利生命周期理论,认为支付现金股利的倾向与企业所处生命周期的阶段(留存收益率)正相关。当公司处于雏形期或成长期时,公司面临较多机会,为了满足公司的投资需求,会较少或者不进行现金分红;但到了成熟期或者衰退期时,公司积累了较多的利润,而投资机会较少,公司为了回报股东则倾向于将累积利润用于现金分红。Chay和Suh(2008)的研究结果表明,在不同国家中,企业生命周期明显地与现金分红的概率和数量相关。另外,Dickinson(2011)率先提出用现金流来划分企业生命周期。现金流分为经营活动现金流、投资活动现金流和筹资活动现金流,这三种现金流在公司的导入期、成长期、成熟期、动荡期和衰退期均呈现不同特征,该模型克服了单一指标的弊端,且体现了公司战略与外部环境的相互影响,因而更合理地描述了企业生命周期阶段的特征。在中国,李常青和彭锋(2009)将企业生命周期划分为成长期、成熟期和衰退期这三个阶段,并且选取 2000 年到 2006 年 A 股非金融上市公司作为样本,通过实证研究发现上市公司在成熟期的现金分红意愿明显强于衰退期。同时,他们认为证监会的半强制分红政策将现金分红和再融资资格挂钩,使得上市公司现金分红不完全符合股利生命周期理论。罗琦和李辉(2015)实证检验结果表明,股利生命周期理论适用于中国资本市场,由于处在成长期的公司将利润留作再投资,而处在成熟期的公司投资机会较少,因而处在成熟期的公司相较于成长期而言更倾向于发放现金股利。股利生命周期理论的本质在于企业在不同的成长阶段,其现金分红水平会有所不同。高立群(2017)选用营业收入增长率来度量企业的成长性,研究表明,成长性越强,现金分红水平越低,这是由于高成长性的企业投资机会多,通常会减少现金分红来满足自身的投资需求。

三、现金分红与融资约束

Jaffee 和 Russell(1976)、Stiglitz 和 Weiss(1981)提出,资本市场的信息不对称和代理冲突会导致企业的外部融资受到信贷配给不足的约束。Kaplan 和 Zingales(1997)总结了常见文献,指出融资约束可以定义为:市场不完备导致企业内部融资成本和外部融资成本存在的差额。一般来说,如果外部融资存在困难,企业就倾向于支付较低的现金股利,将大部分资金用于企业再投资(李金燕,2014)。李礼等(2006)认为未来投资机会、再融资的能力、公司股票价格和未来偿债能力这四个因素是中国非国有上市公司制定股利政策时所考虑的重要因素,其中再融资能力对股利政策的影响尤其显著。融资约束对上市公司的再融资能力有直接的影响,受到融资约束的上市公司再融资能力下降,为了保证足够的内源融资,现金分红显著减少(郭牧炫、魏诗博,2011)。国内外有多种衡量融资约束程度的指标,如股利支付率、融资规模、企业所有权性质、KZ 指数和 SA 指数等。而国内学者研究股利政策时常用 SA 指数衡量融资约束程度,徐寿福等(2016)选取 A 股上市公司 2004—2013 年的数据,用 Hadlock 和 Pierce(2010)构建的 SA 指数度量上市公司的融资约束程度,实证检验证明融资约束程度越低的公司,现金分红意愿越强,现金分红水平也越高。

上市公司采用适当的现金分红政策能够给投资者以切实的回报并预示其潜

在投资价值。虽然中国的半强制分红政策在一定程度上提高了上市公司现金分红的占比和股利支付率，但是其分红水平是否与公司业绩、未来发展相匹配还有待考证。从上述文献来看，本书认为上市公司的现金分红应当与企业寿命周期、投资需求、成长性、现金持有、融资约束程度等因素匹配，因此，选取分红—投资匹配测度指标、分红—生命周期阶段匹配测度指标和分红—融资约束测度指标来构建现金分红匹配性指数。通过分析现金分红匹配性指数的行业、板块、地区、产权性质等方面的分布特征，揭示中国上市公司现金分红匹配水平的真实情况。监管机构可以借鉴该指数直观地评价上市公司现金分红政策的合理性，进而加强对匹配水平较低的公司的监控，同时该指数也为投资者进行理性投资决策提供了参考和依据。

第二节 | 中国上市公司现金分红匹配性指数的统计特征

一、现金分红匹配性指数的总体特征

本章通过 Wind 数据库选取 2005—2018 年 A 股上市公司为分析样本，剔除金融业和数据缺失样本后总共得到 31 601 个观测值。经指标计算、赋权后得到 2005—2018 年上市公司的现金分红匹配性指数，如表 8-1 所示。现金分红匹配性指数的最大值为 114.86，最小值为 3.11，平均值为 95.94，中位数为 97.39。平均值低于中位数，说明有部分现金分红匹配性差的样本拉低了现金分红匹配性指数的平均水平。总体上看，中国 A 股上市公司的现金分红匹配水平较高。

表 8-1　现金分红匹配性指数总体分布特征

指数	样本量	平均值	中位数	最大值	最小值	标准差
DMI	31 601	95.94	97.39	114.86	3.11	20.71

二、现金分红匹配性指数的时间序列特征

图 8-1 统计了 2005—2018 年 A 股上市公司各年度现金分红匹配性指数均值和低值样本（DMI<60）占比变动情况。上市公司各年度的现金分红匹配性指数均值和该年度的低值样本占比之间存在一定程度的负相关关系。可以发现，随着现金分红匹配性指数的低水平样本占比不断增加，中国 A 股上市公司的现金分红匹配水平呈现下降趋势。

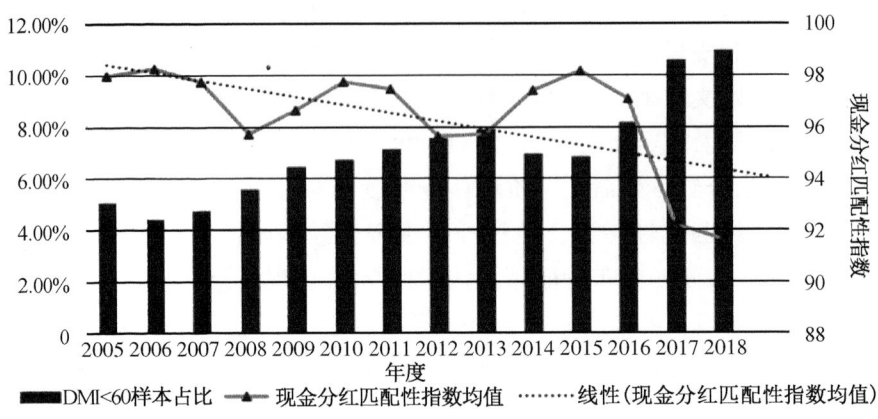

图 8-1　上市公司现金分红匹配性指数及低水平样本占比变动

结合图 8-1 和图 8-2a 来看,2005—2008 年,中国国有银行陆续上市,信贷扩张能力增强,在一定程度上缓解了上市公司面临的融资约束,有助于企业进行投资扩张,提高企业的持续盈利能力,但是上市公司的股利支付率反而下降,导致自 2005 年起上市公司的现金分红匹配水平下降至 2008 年的第一个低谷。2008 年后,受到半强制分红政策的影响,上市公司的现金分红匹配水平有了短暂的提升,达到 2010 年的第一个峰值后再次下降至 2012 年的第二个低谷。2010 年年末开始,中国经济面临转型,货币政策不断紧缩导致实体经济融资成本上升,宏观经济不景气使上市公司的盈利水平不断下降,但 2010—2012 年每年的股利支付率反而有了较大幅度的提高,上市公司可能存在超能力分红行为。究其原因,一方面,可能是大股东等实际控制人通过高分红掏空公司;另一方面,很大程度上可能是上市公司迫于半强制分红政策,为了获得再融资资格而不得不进行现金分红,并且通过超能力派现提高净资产收益率来达到配股资格。这就很可能导致现金分红匹配性指数的低水平样本占比提高,进而导致现金分红匹配水平大幅下降。

2013—2015 年,随着现金分红匹配性指数的低水平样本占比的减少,上市公司的现金分红匹配水平再次提升到 2015 年的第二个峰值,之后现金分红匹配性指数的低水平样本占比激增,上市公司的现金分红匹配水平大幅下降。2015 年,中央经济工作会议首次提出"去杠杆",上市公司的债务融资被压缩。而从图 8-2b 中可以看到,2015 年后上市公司的股权融资规模也大幅下降,说明市场整体融资规模下降,但同时也看到投资规模有所上升。因而,现金分红匹配性指数低值样本激增的原因可能有两个:一是处于成长期的上市公司投资需求旺盛,但为了获得再融资资格,仍然发放了超出其分红能力的现金股利;二是处于成熟期的上市公司留存收益已经足够满足投资需求,对股权融资的依赖较少,半强制分红政策对其约束能力不足,这类上市公司不发放现金股利或者发放的现金股利远低于应有水平。由此可见,一刀切式的半强制分红政策给成长期的上市公司增加了负担,也不足以约束处于成熟期的上市公司。

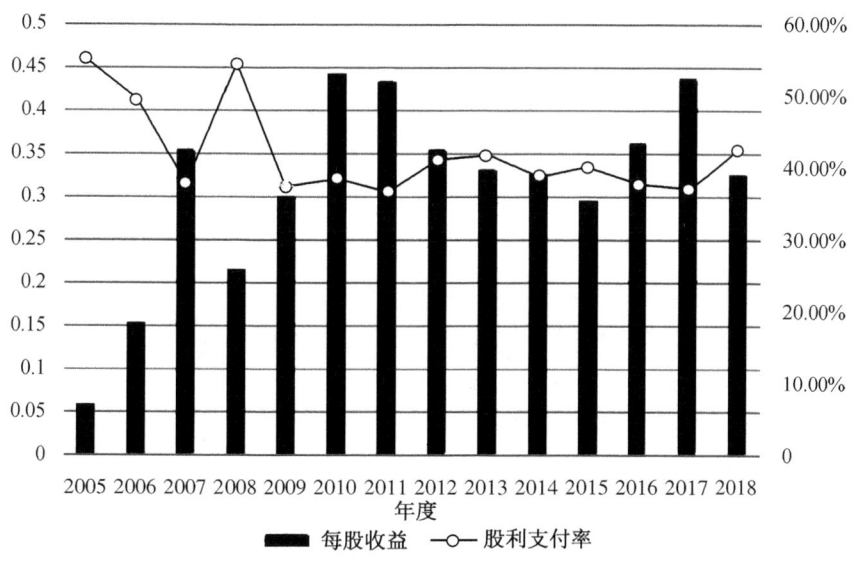

图 8-2a　上市公司股利支付率和每股收益变动图

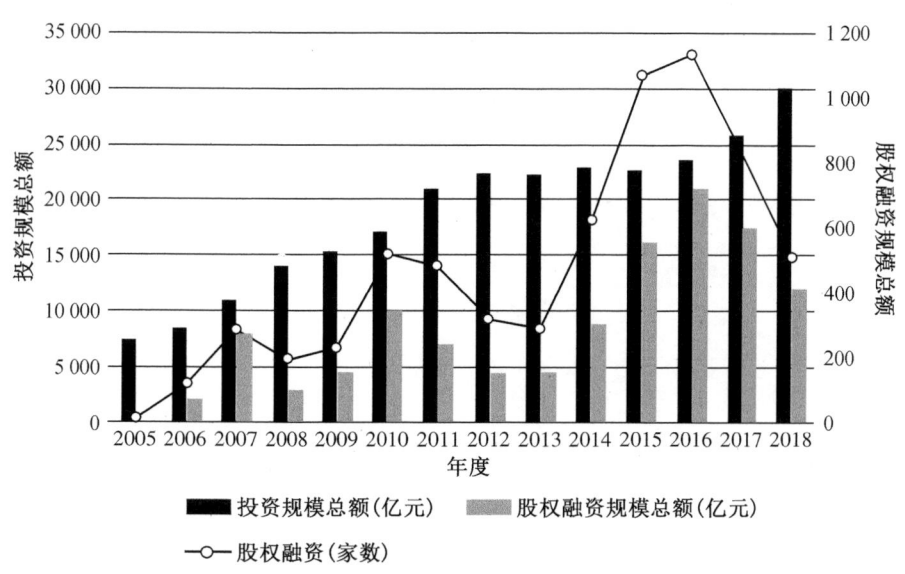

图 8-2b　上市公司投融资规模变动图

三、现金分红匹配性指数的板块分布特征

图 8-3 统计了 2005—2018 年 A 股上市公司现金分红匹配性指数均值的板块特征。现金分红匹配性指数均值从高到低排列顺序为:深圳主板(99.95)、上海主板(96.59)、中小企业板(93.43)、创业板(92.65)。2005—2016 年,从总体上看,深圳主板和上海主板的现金分红匹配水平普遍高于中小企业板和创业板。这说明,半强制分红政策对于不同板块的影响程度有所不同。沪深主板上市公司的盈利水平比较稳定,投资结构趋于优化,具有再融资需求的公司数量相对稳定,因此,半强制分红政策对于沪深主板上市公司的影响不明显,其现金分红匹配性水平也较为稳定。而中小企业板(2004 年)和创业板(2009 年)成立之初的样本量很少,其现金分红匹配性指数均值容易受到极端值的影响。高成长性上市公司一方面投资需求较大,另一方面为了响应半强制分红政策,现金分红的力度大幅提高,这可能导致其现金分配匹配水平不如沪深主板。2009—2015 年,中小企业板和创业板的现金分红匹配水平逐年上升。这是因为与沪深主板不同的是,创业板市场中的企业皆是高成长性的高新技术企业,中小企业板聚集的是鼓励自主创新而专门设置的具有成长性和科技含量的中小企业,这些企业有着较为强烈的再融资需求,现金分红主要受到盈利能力的影响,在充分考虑现金持有情况、投资需求后,为了满足再融资条件会尽可能地进行现金分红,所以现金分红比例普遍较高。2016 年之后,A 股上市公司现金分红匹配性指数均值开始出现"板块倒置"现象,成立较晚的创业板和中小企业板的整体现金分红匹配水

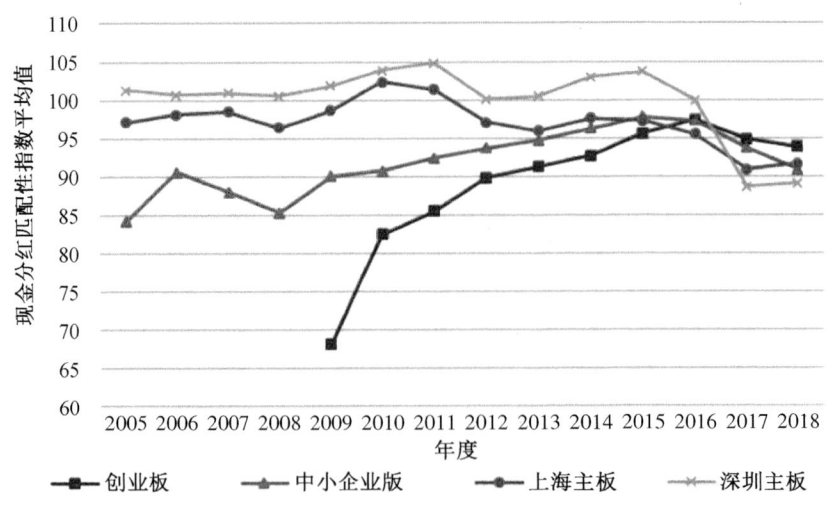

图 8-3　不同板块公司现金分红匹配性指数均值变动折线图

平高于沪深主板,存在板块间的结构失衡。沪深主板市场中的公司大多数处在成熟期,根据股利生命周期理论,成熟期的公司相较于成长期的公司应该更倾向于支付现金股利。但沪深主板的股利支付率却低于创业板,半强制分红政策也无法约束那些没有再融资需求的公司,因为这些公司通常现金持有量大,投资需求较少。这种情况下现金分红水平还偏低,就会拉低沪深主板的现金分红匹配水平。这可能是自 2015 年起深圳主板上市公司现金分红匹配水平大幅下降的原因之一。

四、现金分红匹配性指数的产权性质分布特征

表 8-2 统计的是 2005—2018 年不同产权性质的 A 股上市公司现金分红匹配性指数的特征。从表 8-2 可以看出,按照产权性质分类后的现金分红匹配性指数由高到低排序依次为国有企业、民营企业、外资企业。图 8-4 列示的是不同产权性质 A 股上市公司现金分红匹配性指数变化趋势。可以发现,2005—2018年,无论是国有企业、民营企业还是外资企业的现金分红匹配性指数均总体呈现出下降的趋势。其中,外资企业由于各年度的样本量较少,现金分红匹配性指数均值容易受到少数极低值或极高值的影响,总体看来波动幅度较大。

表 8-2　不同产权性质上市公司现金分红匹配性指数特征

产权性质	样本量	平均值	最大值	最小值	标准差
国有企业	13 962	96.95	114.86	11.00	19.44
民营企业	16 483	95.16	114.86	3.11	21.71
外资企业	949	94.84	114.86	21.30	20.59
总　　计	31 394	95.95	114.86	3.11	20.72

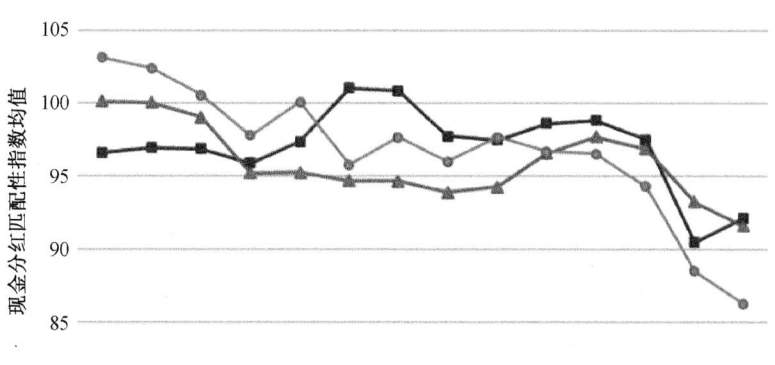

图 8-4　不同产权性质 A 股上市公司现金分红匹配性指数变化趋势

总体来看,国有企业的现金分红匹配水平高于非国有企业,这或许与国有企业相对于非国有企业的独特优势有关。首先,盈利能力是现金股利分配的基础,因而经营业绩必然影响上市公司的现金分红决策。国有企业相对非国有企业拥有更多的资源优势,能依靠与政府的密切关系获得更多的投资机会,有利于提升经营业绩。其次,国有产权属性还能帮助企业获得更多地方银行的长期贷款支持,融资成本较低,融资约束较弱(余明桂等,2008;于蔚等,2012;韩雪,2016),而有关学者研究发现融资约束少的上市公司更倾向于发放现金股利(徐寿福等,2016),也就是说国有产权对现金分红有正面影响,即"资源效应"(韩雪,2016)。再次,上市公司盈余管理与现金分红倾向和现金分红水平显著负相关。非国有企业中实施的盈余管理会在更大程度上影响现金股利政策,企业的国有产权性质一定程度上抑制了盈余管理的负面影响。最后,国有企业相对于非国有企业会更加迎合证监会颁布的一系列分红政策,更多地兼顾中小投资者的利益,上述各因素都可能使得国有企业的现金分红匹配水平更高。

五、现金分红匹配性指数的地区分布特征

表 8-3 和图 8-5 分别是 2005—2018 年中国不同经济区域 A 股上市公司现金分红匹配性指数特征和不同省份现金分红匹配性指数均值排序图。从表 8-3 可以看出,与东部地区相比,东北地区、西部地区和中部地区的样本量都较少,东部地区现金分红匹配性指数均值虽然较低,但是现金分红匹配性指数的标准差也最大,即东部地区呈两极分化形式,低水平样本占比虽然比其他地区略大,但高水平样本占比远远高于其他地区。东北地区的平均值虽然较高,但由于样本量小,高水平样本占比显著低于其他地区。因此总体来看,各地区的现金分红匹配水平与该地区的经济发展状况存在一定的负相关关系,主要原因是经济发达地区上市公司的现金分红匹配水平两极分化显著。从图 8-5 来看,现金分红匹配性指数均值排名前五的分别是:甘肃、海南、吉林、宁夏、青海。排名前十的省份中,除了山东以外,样本量都较少,现金分红匹配性指数均值较高;而处于经济发达地区的浙江、广东、北京、上海样本量很大,现金分红匹配性指数均值排名落后,存在部分样本拉低了平均水平。

东部地区上市公司现金分红匹配指数的高水平样本占比远远高于其他地区。究其原因,主要有:一是中国东部地区上市公司的经营业绩普遍更好。良好的业绩可以支撑上市公司分红、投资行为。二是东部地区资本市场发育程度较好。该地区上市公司的融资能力较强,上市公司的企业规模、累计市值远超其他

地区,因此,东部地区的上市公司具备较强的分红能力。中西部、东北地区的上市公司发展相对落后,除了极少数分红能力极强的上市公司(如贵州茅台),总体来看分红能力较弱。东部地区的上市公司具备更强的分红能力,该地区的上市公司多处于成熟期,其分红意愿并不相同。一部分上市公司的管理层可能会综合考虑公司现在及未来的发展情况,制定合理的现金分红决策;而另一部分上市公司受半强制分红政策的约束不足,即使没有投资需求也不回馈股东,造成经济发达地区上市公司现金分红匹配水平两极分化显著的局面。

表 8-3　不同地区上市公司现金分红匹配性指数特征

地区	样本量	高水平样本占比 (DMI>100)	低水平样本占比 (DMI<60)	平均值	标准差
东北地区	1 676	2.37%	6.03%	97.96	19.78
西部地区	4 880	6.98%	7.52%	97.05	20.78
中部地区	4 591	5.98%	7.14%	96.18	20.28
东部地区	20 454	26.78%	7.90%	95.46	20.84
总　　计	31 601	42.12%	7.63%	95.94	20.71

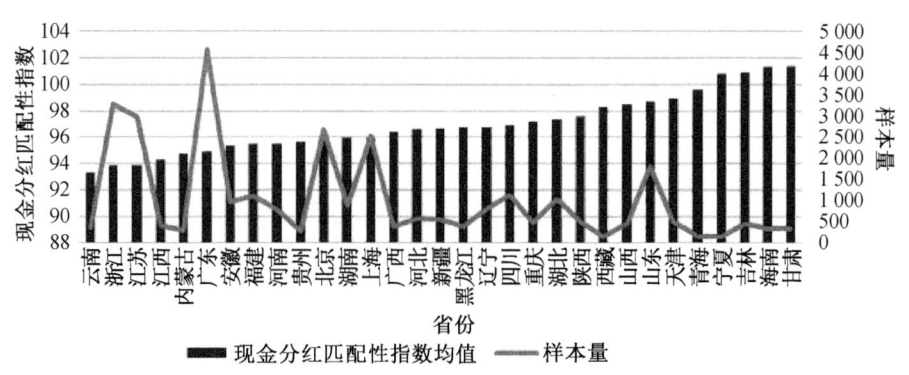

图 8-5　不同省份现金分红匹配性指数均值排序

六、现金分红匹配性指数的公司规模分布特征

图 8-6 为 2005—2018 年不同规模上市公司现金分红匹配性指数均值的变动趋势图。分时间段来看,首先,在 2010 年之前,上市公司的现金分红匹配水平与企业规模存在一定负相关关系,体现为规模较大的上市公司现金分红匹配水

平反而较低。这或许与大型上市公司一般处于成熟期,现金持有量大,投资机会少却"吝啬分红"有关。其中,由于 2008 年的半强制分红政策提高了大中型上市公司的派现意愿和派现水平,进而其现金分红匹配水平有了大幅提升。其次,2010—2014 年,大中型上市公司的现金分红匹配水平普遍高于小规模上市公司且波动较大。随着 2009 年创业板的设立,小规模上市公司迅速增加,部分小规模上市公司的管理层在公司获得超募资金后,通过高分红迅速套现或者利用高送转加象征性分红配合大股东减持的乱象频发,导致小规模上市公司的现金分红匹配水平呈持续下降趋势。最后,2015 年之后,不同规模的上市公司的现金分红匹配水平都大幅下降,而且与大中型上市公司相比,小规模上市公司处于成长期,本应当保留利润用于其快速投资扩张,但却为了满足再融资资格的条件而不得不进行现金分红,使小规模上市公司的现金分红匹配水平下降得更为明显。

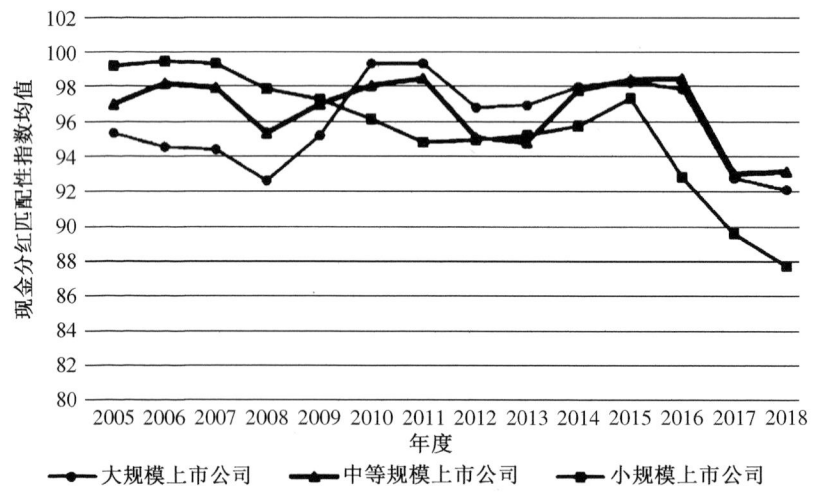

图 8-6　不同规模上市公司现金分红匹配性指数变动趋势

七、现金分红匹配性指数的行业分布特征

图 8-7 是不同行业上市公司现金分红匹配性指数均值排序图。从图中可知,上市公司现金分红匹配性指数均值排名前五的行业分别是:居民服务、修理和其他服务业(114.86),教育(105.09),综合(104.96),卫生和社会工作(102.84),住宿和餐饮业(102.77)。由于上市公司管理层的"羊群行为"(即追随同行业领先者或平均股利支付水平来制定股利政策以降低当期财务风险

的行为),不同行业的股利支付率会有较大差异,而股利支付率与行业特征相符的行业,其现金分红匹配性指数均值更高。现金分红匹配性指数均值排名前五的行业虽然股利支付率基本处于各行业末位,但由于行业整体的投资回报率较低,现金分红匹配水平高于那些利润率高但股利支付率低的行业也是合理的。

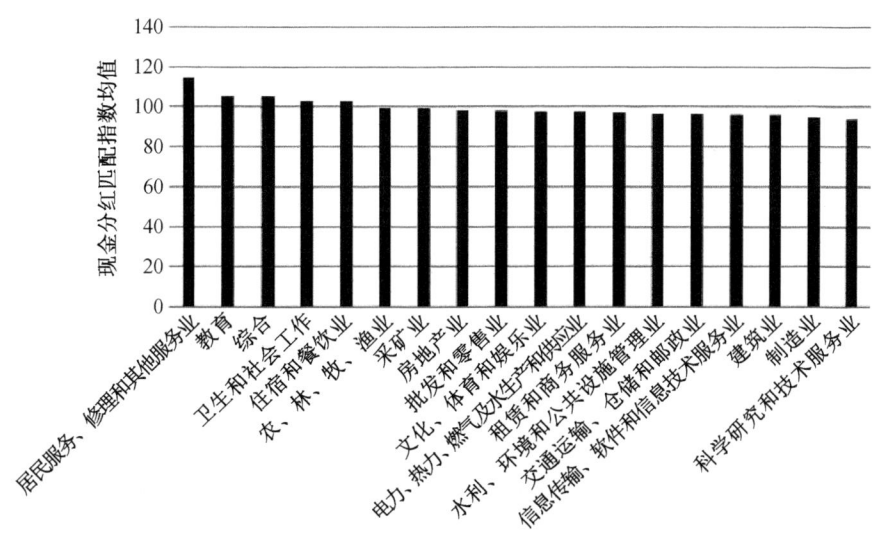

图 8-7 不同行业现金分红匹配性指数均值排序

八、现金分红匹配性指数的区间分布特征

图 8-8 为 A 股上市公司现金分红匹配性指数的频数分布直方图。现金分红匹配性指数的总区间为[3.11,114.86]。总共分为 12 组,每组频数依次递增,(105.55,114.86]区间的频数分布最为密集,占到总样本量的 41.29%,低水平样本量(DMI<60)占比仅为 7.1%。总体来看,A 股上市公司的现金分配匹配水平较高,但仍有少数上市公司的现金分红匹配性指数尚未达到及格线(DMI=60),上市公司现金分红匹配水平两极分化比较严重。这可能与中国长期存在的"铁公鸡分红"和"庞氏分红"现象有关,即少数上市公司具备分红能力而长期不分红,或者不具备分红能力、可供分配的自由现金不足,却为了获得再融资资格而采用股权或债权融资得来的现金进行分红。这些"能而不分""不能却融资分"的行为都可能会造成少数上市公司的现金分红匹配水平很差,进而拉低 A 股上市公司现金分红匹配性指数的平均水平。

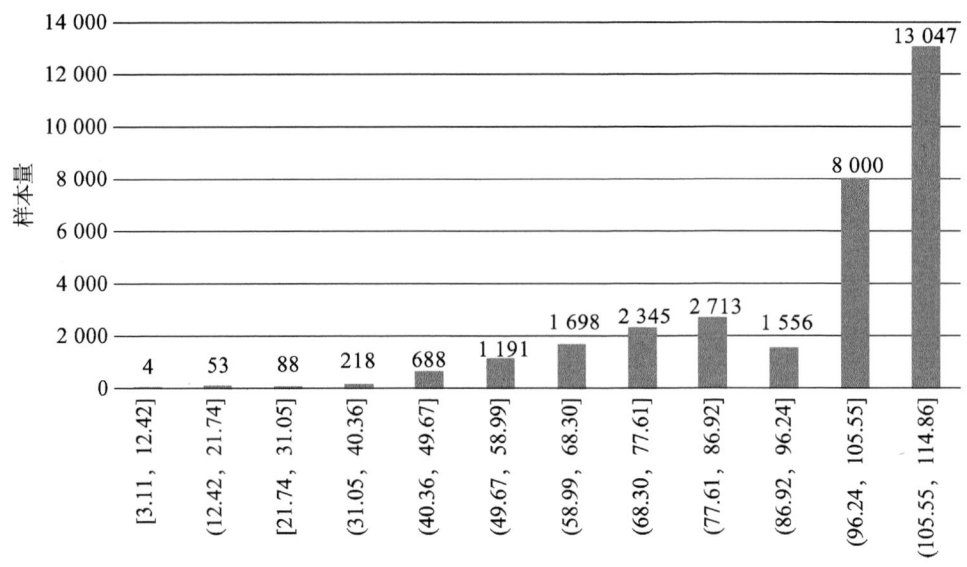

图 8-8　上市公司现金分红匹配性指数频数分布直方图

第三节│中国上市公司现金分红匹配性指数的检验

一、检验指标选取

根据股利生命周期理论,上市公司处于不同发展阶段,其股利政策会有所不同。上市公司进行现金分红的基础之一是有可供分配的利润,盈利能力越强的上市公司的分红能力越强,进行较高比例的现金分红有利于提高现金分配匹配水平。同时,科学的现金分红决策有利于提升企业的价值,例如,成熟型上市公司发放较多的现金股利,可以提升公司的声誉,吸引长期投资者,有利于公司内在价值的提升。而成长型上市公司如果仅为了获得再融资资格,没有考虑公司实际发展情况就提高股利支付率,可能会影响公司的长期发展(戚聿东、肖旭,2017;张海报、李明,2017)。为了验证现金分红匹配性指数是否具备理论上的合理性,本章选取衡量企业盈利能力和企业价值的相关指标(见表 8-4),在进行面板向量自回归(PVAR)后运用面板格兰杰因果检验验证其因果相关性,并通过脉冲响应图刻画和分析变量之间的动态影响关系。

表 8-4　格兰杰因果检验涉及的财务指标

符号	指标名称	指标定义
ROE	净资产收益率	归属于母公司的净利润/净资产
EPS	每股收益	归属于普通股股东的净利润/发行在外的普通股股数
PE	市盈率	总市值/归属于母公司股东净利润
Tobinq	托宾 q	市场价值/期末总资产

二、现金分红匹配性指数的格兰杰因果检验

通过对表 8-4 中的四个指标进行格兰杰因果检验,验证它们与现金分红匹配指数是否存在符合逻辑的格兰杰因果关系。检验结果如表 8-5 所示,可以发现,净资产收益率与现金分红匹配性指数存在双向格兰杰因果关系,并且现金分红匹配性指数到净资产收益率的格兰杰因果关系更强;每股收益与现金分红匹配性指数存在双向格兰杰因果关系,并且现金分红匹配性指数到每股收益的格兰杰因果关系更强;市盈率与现金分红匹配性指数存在单向格兰杰因果关系,即市盈率是现金分红匹配性指数的格兰杰原因;托宾 q 与现金分红匹配性指数存在单向因果关系,即现金分红匹配性指数是托宾 q 的格兰杰原因。

表 8-5　格兰杰因果关系检验结果

变量组	原假设	观测数	系数	P 值	检验结果
ROE 与 DMI	ROE 不是 DMI 的格兰杰原因	35 274	0.001 931 2	0.032 0	拒绝
	DMI 不是 ROE 的格兰杰原因	35 274	1.040 186	0.000 0	拒绝
EPS 与 DMI	EPS 不是 DMI 的格兰杰原因	12 816	0.002 674	0.000 0	拒绝
	DMI 不是 EPS 的格兰杰原因	12 816	0.717 691 5	0.000 0	拒绝
PE 与 DMI	PE 不是 DMI 的格兰杰原因	26 196	0.000 721	0.000 0	拒绝
	DMI 不是 PE 的格兰杰原因	26 196	−0.737 455	0.619 0	接受
Tobinq 与 DMI	Tobinq 不是 DMI 的格兰杰原因	23 242	0.000 487 9	0.183 0	接受
	DMI 不是 Tobinq 的格兰杰原因	23 242	0.048 410 1	0.089 0	拒绝

三、现金分红匹配性指数的脉冲响应分析

基于 PVAR 模型进行脉冲响应分析后,通过观察脉冲变量的冲击如何影响响应变量,可以清晰地刻画出企业盈利能力指标、企业价值指标与现金分红匹配性指数的动态变化和相互影响。从图 8-9 可以看出,现金分红匹配性指数对托

宾 q 值在 2 期以前存在明显正向冲击,在 3 期以后冲击作用变弱,表现为收敛状态,说明上市公司的现金分红匹配水平较高有利于短期内企业价值的提升。此外,市盈率在 2 期以内对现金分红匹配性指数有明显的正向冲击作用,说明具有较高价值的企业短期内的股利决策较为合理。净资产收益率和每股收益对现金分红匹配性指数在 2 期以内存在明显促进作用,随着时间的延长,其影响逐渐变小并趋于平稳,说明盈利能力强的上市公司会更有能力提高现金分红决策的科学性。

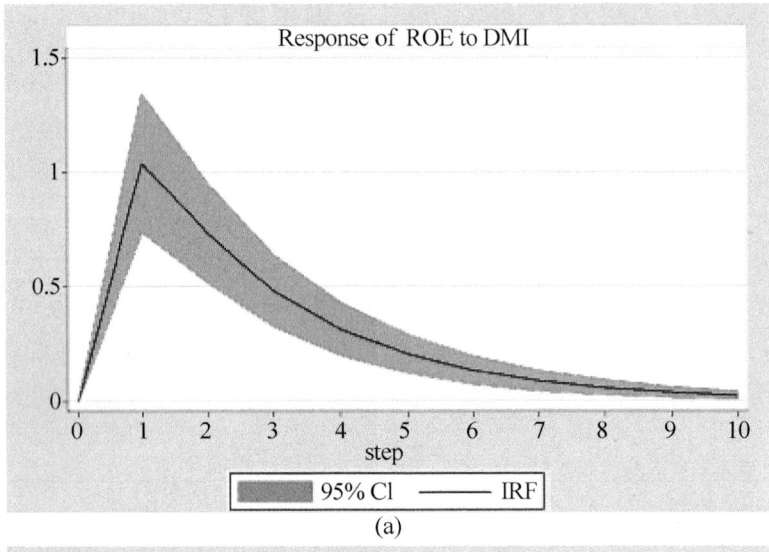

(a)

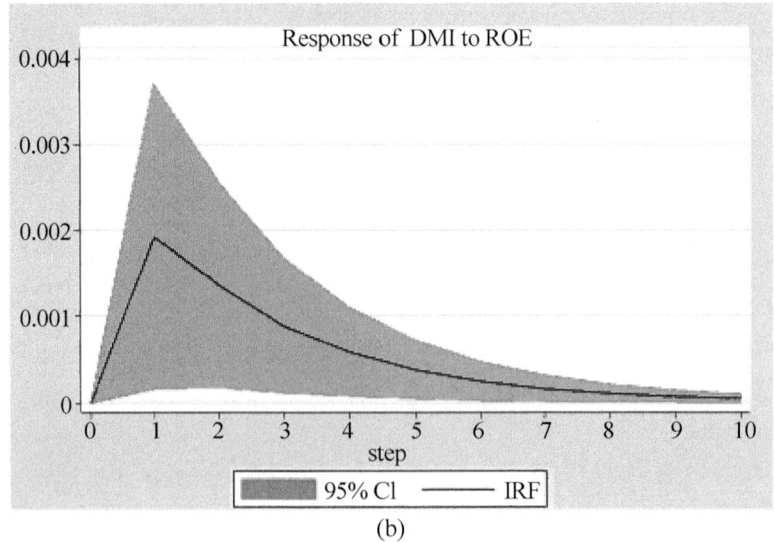

(b)

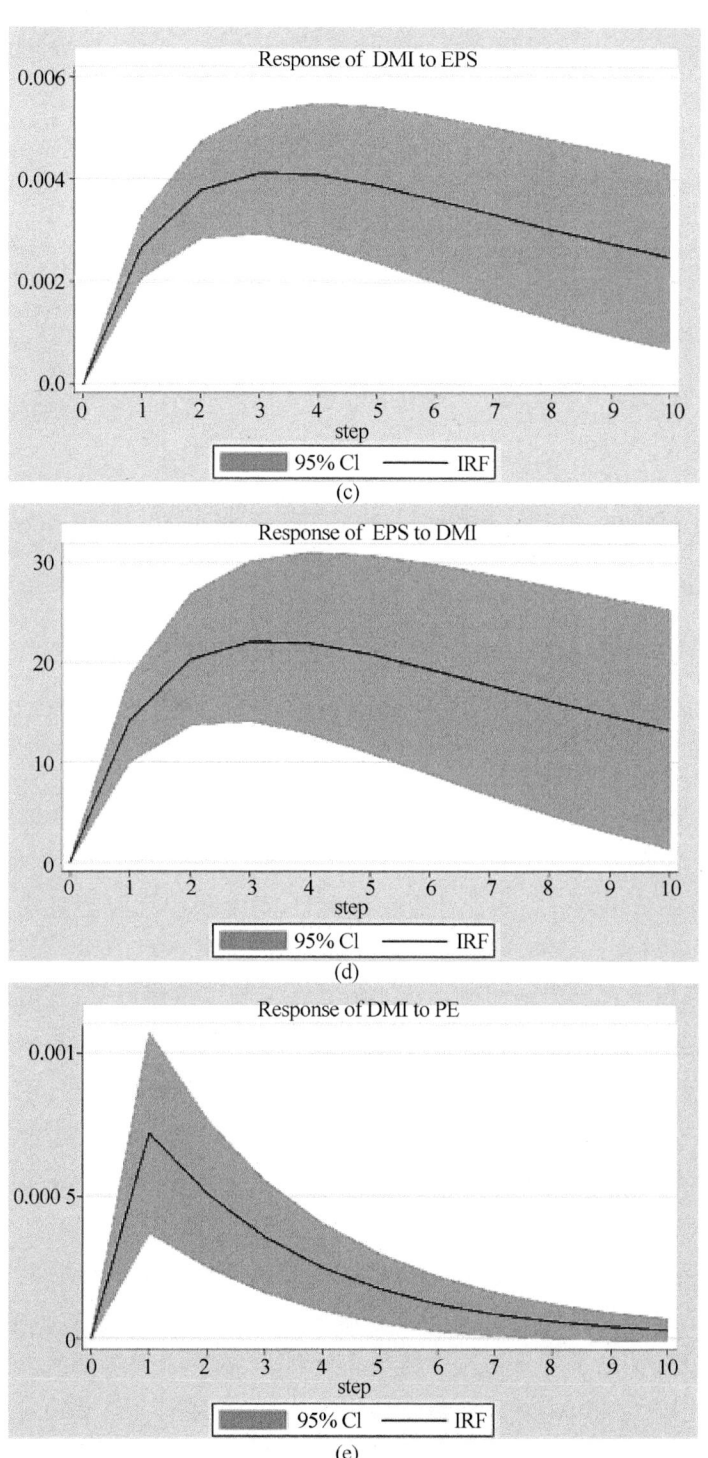

(c)

(d)

(e)

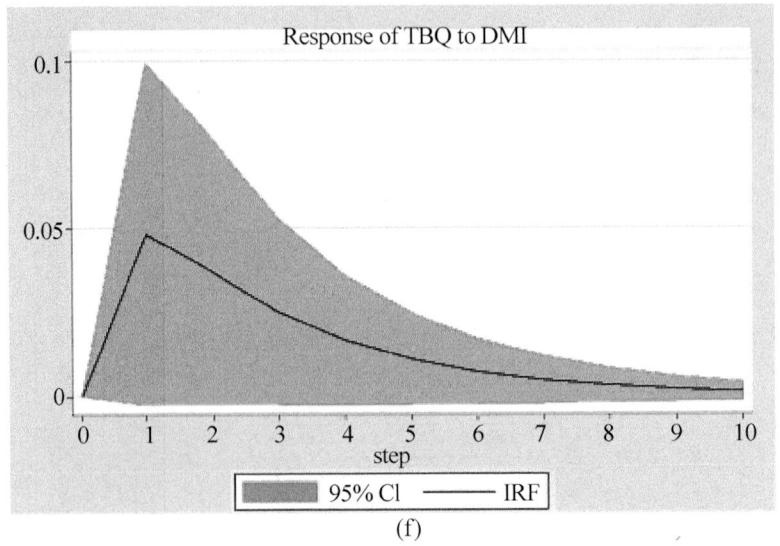

图 8-9 脉冲响应图

　　本章从分红—投资匹配、分红—生命周期阶段匹配和分红—融资约束等维度选取评价指标,采用熵权法与主成分分析法相结合的方法确定指标权重,构建了 A 股上市公司现金分红匹配性指数(DMI),并对中国上市公司现金分红的匹配性特征进行研究。本章主要研究结论如下:

　　第一,中国上市公司的现金分红匹配性水平呈现下降趋势,半强制分红政策可能导致了上市公司现金分红决策的扭曲。2010—2012 年上市公司现金分红匹配水平下降幅度明显,一方面可能是因为大股东等实际控制人通过高分红掏空公司;另一方面可能是因为上市公司受半强制分红政策的约束,为了获得再融资资格而不得不进行现金分红。此外,也有可能存在部分上市公司通过超能力分红提高净资产收益率来达到配股资格的动机。2015—2017 年上市公司现金分红匹配水平下降幅度更大,低现金分红匹配性指数样本激增的原因可能有两个:一是处于成长期的上市公司投资需求旺盛,由于市场融资约束增强,为了获得再融资资格,发放了超出匹配性的现金股利;二是处于成熟期的上市公司留存收益已经足够投资需求,对股权融资的依赖较少,半强制分红政策对其约束力不足,这类上市公司不发放现金股利或者发放的现金股利远低于匹配性水平。由此可见,"一刀切"的半强制分红政策给成长期的上市公司增加了负担,也不足以约束处于成熟期的上市公司,证监会需要进一步优化再融资分红的标准。

第二,沪深主板上市公司现金分红匹配水平高于创业板和中小企业板。中小企业板(2004年)和创业板(2009年)成立之初的样本量较沪深主板而言很少,其现金分红匹配性指数均值容易受到极端值的影响,并且高成长性上市公司的投资支出增长较快,但同时为了响应半强制分红政策,现金分红的力度也大幅提高,这可能导致其现金分红匹配水平不如沪深主板。2016年之后,A股上市公司现金分红匹配性指数均值开始出现反转现象,成立较晚的创业板和深圳中小企业板的整体现金分红匹配水平高于沪深主板,存在板块间的结构失衡。沪深主板中的公司大多处于成熟期,通常现金持有量大,投资需求较少,由于没有再融资需求而"吝啬分红",就会拉低沪深主板的现金分红匹配水平,也侧面说明了"一刀切"的半强制分红政策应当进一步优化。

第三,国有企业现金分红匹配水平高于非国有企业。可能的原因在于,国有企业独特的产权性质使其拥有更多的资源优势,通常能获得更多的投资机会,更易于得到银行的长期贷款支持。因此,国有企业融资成本较低,融资约束较弱,制定股利政策时更多考虑中小投资者的利益,使得国有企业的现金分红匹配水平更高。

第四,各地区的现金分红匹配水平与该地区的经济发展状况存在一定的负相关关系,主要原因是经济发达地区上市公司的现金分红匹配水平两极分化显著。经济发达地区的上市公司多处于成熟期,其分红意愿并不相同,部分上市公司的管理层可能会综合考虑公司现在及未来的发展情况,制定合理的现金分红决策。也有部分上市公司受半强制分红政策的约束不足,即使没有投资需求也不会实施分红回报股东。另外,由于东部地区上市公司的分红能力、融资能力、分红回报意识更强,管理层可能会综合考虑公司现在及未来的发展情况,制定更合理的现金分红决策,所以东部地区上市公司现金分红匹配性指数的高值样本占比远远高于其他地区。

第五,不同规模上市公司的现金分红匹配水平呈下降趋势,并且小规模上市公司的现金分红匹配水平下降得更为明显。可能的原因有:一是随着2009年创业板的设立,小规模上市公司迅速增加,部分小规模上市公司的管理层在公司获得超募资金后通过高分红迅速套现,或者利用高送转加象征性分红配合大股东减持的乱象频发;二是小规模上市公司处于成长期,本应当保留利润用于其快速投资扩张,但却为了满足再融资资格而不得不进行现金分红,导致小规模上市公司的现金分红匹配水平下降得更为明显。

第六,现金分红比率与行业特征相符的行业中的上市公司,其现金分红匹配性指数均值更高。而从现金分红匹配性指数的区间分布来看,A股上市公司的现金分红匹配水平两极分化比较严重,证监会应当实施差异化的监管政策,加强对"铁公鸡分红"和"庞氏分红"行为的打击力度,每年通过媒体披露各个上市公司现金分红匹配水平的情况,向投资者提示对现金分红匹配性差的公司进行投资存在的风险,以此来督促上市公司制定更为科学合理的现金分红政策。

第九章

中国上市公司铁公鸡分红指数研究

中国资本市场存在一批显著缺乏分红回报意识、甚至对半强制分红政策也无动于衷的"铁公鸡"上市公司,上市数年无论盈亏从未分红,表现为有能力而出于种种动机不愿分红。其不分红的理由不外乎"缺乏资金"或"用盈利弥补亏损"。可以说,"重圈钱、轻回报"是中国资本市场的一大顽疾,盈利而不分红的铁公鸡分红行为有损于投资者利益保护和资本市场价值投资理念的培育,更有损于资本市场健康发展。本章聚焦于中国上市公司铁公鸡分红行为的指数化评价,以发现中国铁公鸡上市公司的分布特征、形成机理以及监管政策对铁公鸡分红行为的可能影响等。本章相关研究结论有助于揭示中国上市公司吝啬分红的内在动机及经济后果,相关研究结论也可为证监会等部门实施相关监管提供经验证据及监管思路。

第一节 | 铁公鸡分红行为的影响因素及后果

一、铁公鸡分红的界定及影响因素

从国内文献看,中国上市公司铁公鸡分红行为的诱因包括财务因素、治理因素及监管因素等,已有文献大多将连续不分红、微股利分红定义为铁公鸡分红。李怡农(2009)将盈利状况良好而连续 3 年不分红的上市公司界定为"铁公鸡",并对"铁公鸡"上市公司和"现金牛"上市公司现金分红的影响因素进行实证研究,发现除了盈利能力、现金流外,控股股东"掏空"动机是影响铁公鸡分红行为的重要因素。卓雅心等(2015)以连续 3 年以上未分红作为铁公鸡分红的界定标准,对 A 股上市公司样本研究发现,治理机制不完善、分红理念缺失及监管政策乏力是中国上市公司铁公鸡分红行为的诱因。现金流充裕的公司与现金流短缺的公司,不派现的原因是有差别的。对于现金流充裕的公司,代理问题是其不派现的主要原因,财务状况也对其不派现构成显著影响,成长机会和业绩水平不具有显著解释力。而新上市、资金实力并不雄厚和现金流运转较为困难的公司,不能够派现的原因更是多种多样。代理问题、成长机会以及财务困境等都对公司的铁公鸡分红行为构成显著影响(魏慧、平佳楠,2016)。胡建雄和殷钱茜(2019)对连续 16 年的分红指标进行分析,认为铁公鸡分红行为在中国较为突出,并且发现大股东退出威胁可以有效抑制上市公司铁公鸡分红行为。李小荣和罗进辉(2015)将连续 3 年、5 年不分红及"微股利"上市公司定义为"铁公鸡",研究发现媒体关注作为一种外部治理机制可以有效抑制上市公司的铁公鸡分红行为。有学者寄希望于监管政策约束铁公鸡分红。然而,半强制分红政策难以约束"铁公鸡"公司派现,也没有降低"铁公鸡"公司占比(魏志华等,2014)。

二、铁公鸡分红的财务后果及对策

大量研究表明,铁公鸡分红会对公司层面和资本市场层面带来不利影响,对铁公鸡分红行为的治理十分有必要。"铁公鸡"是中国股市的毒瘤,根据中国目前资本市场的现状,证监会应该规范上市公司再融资制度,考虑将上市公司退市与现金分红结合起来,此外,应取消不合理的红利税(皮海洲,2012)。企业拒绝分红是对投资者利益的剥削,支付股利以及支付多少是与公司治理机制高度相关的,因此,消灭铁公鸡现象需要完善公司治理结构(郭洪业等,2009)。张翔和贺裴菲(2014)将连续 5 年盈利却不分红定义为铁公鸡分红,采用倾向匹配得分法(PSM)研究发现,连续不分红公司(即铁公鸡公司)在净资产收益率、股票收益率、收入增长率方面并未表现更优,也未表现出成长更快,总体来说铁公鸡分红有损企业价值。在相当长的时间里,铁公鸡上市公司的发展前景会不如普通分红公司的前景好。

第二节 | 中国上市公司铁公鸡分红指数的统计特征

一、铁公鸡分红指数的总体特征

(一)铁公鸡分红指数的统计特征

表 9-1 为 A 股上市公司铁公鸡分红指数的总体分布情况。统计 2005—2018 年31 388 个观测值发现:上市公司铁公鸡分红指数平均值为 90.36,高于

中位数(79.76),说明一部分较为吝啬的上市公司拉高了铁公鸡分红指数的平均水平。铁公鸡分红指数的最大值为156.21,最小值为6.62,极值的较大差异化特征体现了 A 股上市公司现金分红"铁公鸡"与"现金牛"并存的现象。

表 9-1　铁公鸡分红指数总体分布特征

指数	样本量	平均值	中位数	最大值	最小值	p1	p99	标准差
ICI	31 388	90.36	79.76	156.21	6.62	32.07	142.86	30.84

(二)铁公鸡分红指数靠前公司分布特征

经统计,在 2005—2018 年国内 A 股上市公司各年度铁公鸡分红指数排名前 20 名的 200 个观测值中,从地区分布情况来看,主要集中在广东(31 家,占比15.5%)、湖北(16 家,8%)、辽宁(15 家,7.5%)、四川(13 家,6.5%)、山东(12 家,6%);地区分布最少的省份是海南、江西、内蒙古、陕西和新疆(皆为 2 家)。从公司性质分布情况来看,主要集中在国有企业(99 家,49.5%)和民营企业(90 家,45%),而外资企业较少(11 家,5.5%)。从上市板块分布情况来看,上海主板数量最多(100 家,占比 50%),其余依次为深圳主板(93 家,46.50%)、深圳中小板(6 家,3%)、深圳创业板(1 家,0.5%)。从行业分布情况来看,主要集中在制造业(105 家,占比 52.5%)、房地产业(18 家,9%)、批发和零售业(18 家,9%)。限于篇幅,表 9-2 只列示了 2009—2018 年 A 股上市公司铁公鸡分红指数排名前 10公司情况。

表 9-2　A 股铁公鸡分红指数前 10 名公司(2009—2018)

排名	2009 年	2010 年	2011 年	2012 年	2013 年	2014 年	2015 年	2016 年	2017 年	2018 年
1	同达创业	平安银行	三爱富	浩物股份	浩物股份	长源电力	ST 厦华	益生股份	紫光学大	华菱钢铁
2	平安银行	佳都科技	恒逸石化	鄂武商 A	国城矿业	*ST 金泰	长航凤凰	深南电 A	八一钢铁	*ST 康达
3	西南证券	大商股份	文投控股	长源电力	长源电力	深中华 A	国投资本	ST 仰帆	四川金顶	*ST 成城
4	四川双马	洛阳玻璃	鄂武商 A	康欣新材	大晟文化	ST 仰帆	中昌数据	百川能源	韶钢松山	韶钢松山
5	潍柴重机	海航基础	新华保险	华数传媒	鄂武商 A	青海春天	青海春天	西藏珠峰	ST 昌九	ST 厦华
6	天津松江	鄂武商 A	金洲慈航	海信家电	庞大集团	神州数码	实达集团	川能动力	ST 沪科	四川金顶
7	顺发恒业	金杯汽车	城发环境	宏发股份	康欣新材	广誉远	恺英网络	国农科技	永安行	宜宾纸业
8	实达集团	泰禾集团	*ST 康达	当代东方	西藏珠峰	景峰医药	华创阳安	莲花健康	亚星化学	天津磁卡
9	万方发展	我爱我家	铁岭新城	天津磁卡	豫能控股	春秋航空	亚太实业	ST 节能	*ST 柳化	闻泰科技
10	银亿股份	宜宾纸业	实达集团	广日股份	上峰水泥	ST 慧球	华塑控股	商业城	华菱钢铁	新能泰山

二、铁公鸡分红指数的时间序列特征

图 9-1 为 2005—2018 年国内 A 股上市公司铁公鸡分红指数变动情况。由图可知,中国上市公司铁公鸡分红指数总体呈现稳步下降趋势,尤其是 2007 年以后趋势更加明显。上市公司的分红行为与证监会等颁布的一系列与上市公司分红监管有关的政策文件明显相关,从图中下降趋势和对应的文件颁布时间可以看出,上市公司分红意愿的提升与外部监管政策有一定程度的正向相关性。此外,在受金融危机影响的 2008 年以后,上市公司的平均铁公鸡分红指数皆明显高于铁公鸡分红指数的中位数且并无明显缩小的趋势,说明存在一部分较为吝于分红的样本拉高了铁公鸡分红指数整体平均水平。

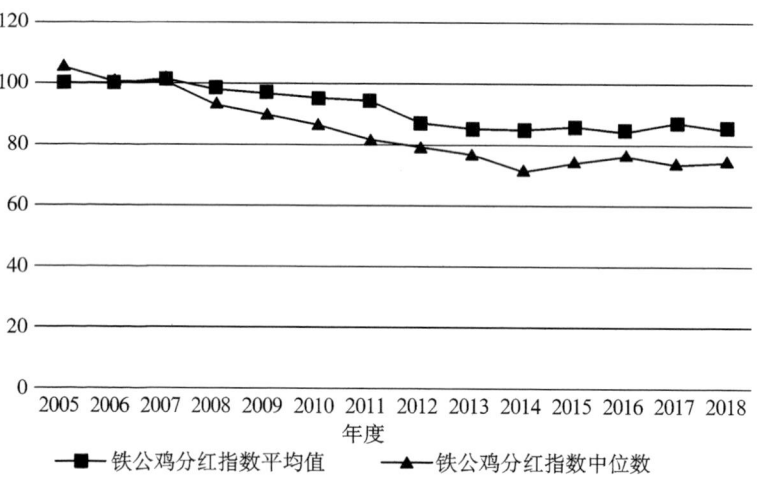

图 9-1 上市公司铁公鸡分红指数变动情况

三、铁公鸡分红指数的行业分布特征

表 9-3 为国内 A 股上市公司铁公鸡分红指数的行业分布情况(按照 2005—2018 年铁公鸡分红指数的平均值降序列示)。可以发现,铁公鸡分红指数平均值排前 5 名的行业依次为:综合(104.98),教育(102.21),农、林、牧、渔业(99.47),卫生和社会工作(99.33),居民服务、修理和其他服务业(99.06)。铁公鸡分红指数平均值排名靠前的行业(前 10)样本较少(除批发和零售业以外均低于500 个),容易受个别样本的变动影响。铁公鸡分红指数平均值最低的五个行业依次为:制造业(90.12),信息传输、软件和信息技术服务业(87.11),住宿和餐饮业(85.30),金融业(83.22),交通运输、仓储和邮政业(76.94)。这些行业的铁公鸡

分红指数平均值高于中位数。尽管这些行业的铁公鸡分红指数相对较低,但由于行业内的个体差异,行业的平均铁公鸡分红指数还是被一部分吝于分红的"铁公鸡"公司拔高了。

表 9-3　上市公司铁公鸡分红指数之行业分布情况

行业	样本量	平均值	中位数	最小值	最大值	变异系数
综合	304	104.98	121.54	19.57	143.15	34.34
教育	55	102.21	106.80	13.54	151.37	34.04
农、林、牧、渔业	442	99.47	99.15	11.45	149.21	32.15
卫生和社会工作	106	99.33	88.71	48.19	142.19	30.52
居民服务、修理和其他服务业	2	99.06	99.06	78.83	119.29	28.61
科学研究和技术服务业	289	98.07	92.63	13.02	153.05	32.32
水利、环境和公共设施管理业	380	94.67	84.17	34.95	145.17	29.94
文化、体育和娱乐业	441	93.61	84.93	39.69	149.21	30.03
批发和零售业	1 812	93.55	81.23	25.97	156.21	29.70
租赁和商务服务业	462	93.41	85.59	32.63	150.49	30.69
房地产业	1 546	93.05	80.57	14.37	148.19	32.89
采矿业	808	92.74	82.07	17.01	148.89	30.21
建筑业	832	92.03	80.61	32.44	143.08	26.51
电力、热力、燃气及水生产和供应业	1 236	91.41	78.55	13.11	150.69	33.51
制造业	18 686	90.12	79.92	6.62	154.47	30.35
信息传输、软件和信息技术服务业	2 051	87.11	76.85	9.00	149.37	29.43
住宿和餐饮业	102	85.30	78.00	23.86	146.70	32.22
金融业	808	83.22	73.48	13.82	152.71	34.19
交通运输、仓储和邮政业	1 026	76.94	69.76	18.45	149.41	30.52
总体	31 388	90.36	79.76	6.62	156.21	30.84

图 9-2 为 2005—2018 年铁公鸡分红指数平均值排名前 5 的上市公司铁公鸡分红指数变动趋势折线图。从时间序列角度来看,2011 年后,部分行业的铁公鸡分红指数平均值呈现出逐渐下降的趋势,由于样本量较少以及行业特征、财务特征的较大差距,各行业现金分红政策往往也会存在较大差距,表现为图中各行业的铁公鸡分红指数的变化并没有明显的规律和统一性,波动起伏较大。但从总体趋势看,排名前 5 行业的铁公鸡分红指数呈现下降趋势。

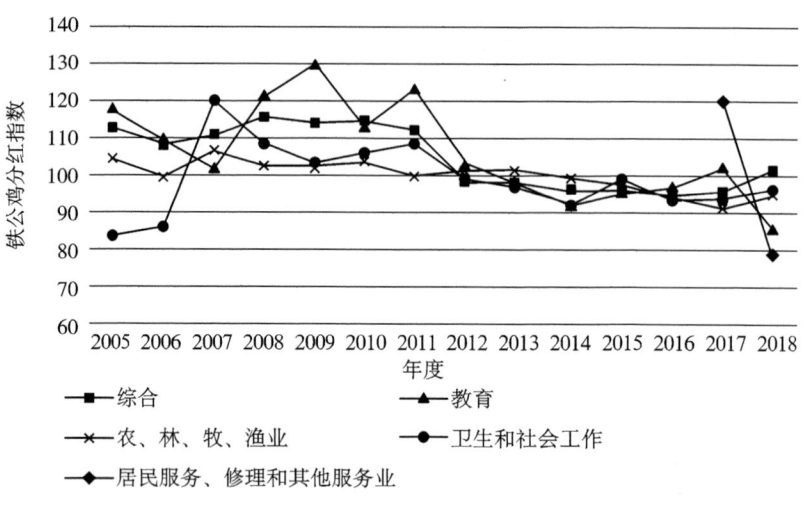

图 9-2　排名前 5 行业铁公鸡分红指数变动情况

　　图 9-3 为 2005—2018 年铁公鸡分红指数平均值排名后 5 的上市公司铁公鸡分红指数变动折线图。总体来看,图 9-3 中 5 类行业的各年度铁公鸡分红指数变动趋势较图 9-2 而言相对集中,在 2008 年后各行业铁公鸡分红指数呈现出逐渐集中、差距缩小的趋势,铁公鸡分红指数的分布区间呈集中化趋势。具体来看,自 2005 年起金融业的铁公鸡分红指数下降最为明显。住宿和餐饮业的波动幅度最大,2014 年后住宿和餐饮业的平均铁公鸡分红指数呈现明显上升趋势,该行业中的大部分上市公司都存在"铁公鸡"行为。制造业,信息传输、软件和信

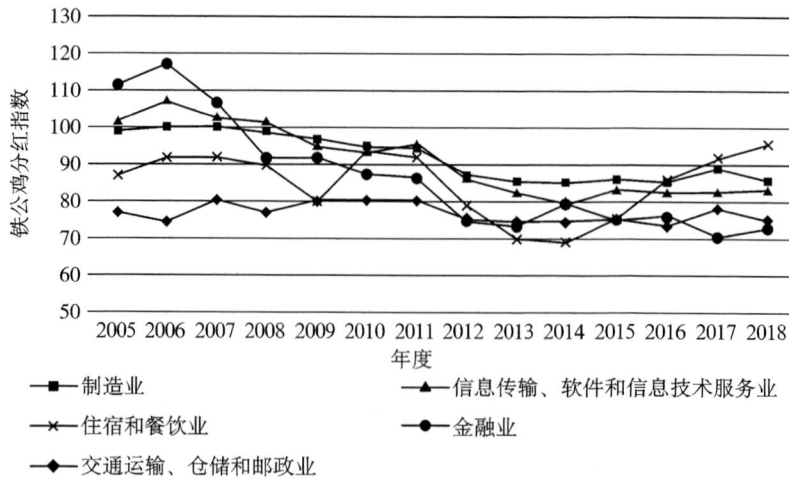

图 9-3　排名后 5 行业铁公鸡分红指数变动情况

息技术服务业的铁公鸡分红指数变动呈现一致性,2008 年之前在中高位徘徊,2008 年之后明显回落,其中 2011—2014 年有明显的下降趋势。交通运输、仓储和邮政业的铁公鸡分红指数在各年度基本都处于最低,波动幅度较其他行业而言较为平缓,在 2010 年后呈现小幅下降趋势。

四、铁公鸡分红指数的板块分布特征

表 9-4 为 A 股上市公司铁公鸡分红指数的板块分布情况。可以发现,铁公鸡分红指数从高到低依次为深圳主板、上海主板、中小企业板、创业板,各板块的铁公鸡分红指数的差距较为明显。尽管深圳主板的铁公鸡分红指数最高,但其铁公鸡分红指数中位数还是高于其平均值,说明深圳主板存在着大量吝于与股东分享收益的"铁公鸡"上市公司。

表 9-4　A 股上市公司铁公鸡分红指数之板块分布情况

板块	样本量	平均值	中位数	最小值	最大值	变异系数
深圳主板	6 028	101.38	103.00	13.82	154.47	33.08
上海主板	13 343	92.13	81.50	7.11	156.21	31.56
中小企业板	7 799	83.71	74.73	7.62	149.21	27.17
创业板	4 218	81.34	74.06	6.62	146.19	25.52
总体	31 388	90.36	79.76	6.62	156.21	30.84

图 9-4 为 2005—2018 年度国内 A 股各板块上市公司铁公鸡分红指数平均值及中位数变动情况。根据折线图可看出:深圳主板的铁公鸡分红指数均值及其中位数在所有年度都保持最高,而上海主板的铁公鸡分红指数在各年度均高于创业板和中小企业板。深圳主板的铁公鸡分红指数平均值和中位数的波动幅度最大,并且深圳主板铁公鸡分红指数的中位数上升和下降幅度都远大于平均值。沪深主板平均铁公鸡分红指数的走势较为相似,总体呈现平滑的小幅下降趋势。中小企业板的铁公鸡分红指数与其中位数变动呈现高度一致性,平均值明显高于其中位数,说明该板块内存在少部分极为吝啬的"铁公鸡"将该板块的铁公鸡分红指数拉高。不同板块上市公司铁公鸡分红指数由较大波动起伏趋向于平稳,呈现出回归稳定区间的趋势。从板块间对比来看,成立较晚的创业板(2009 年)和中小企业板(2004 年)上市公司的分红水平优于较为成熟的沪深主板,存在一定程度的板块间结构性失衡问题。

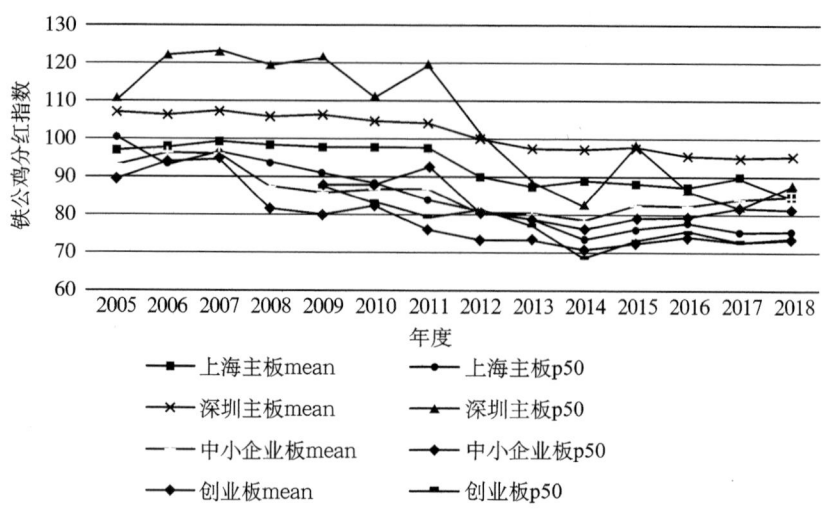

图 9-4　不同板块上市公司铁公鸡分红指数平均值及中位数变动情况

五、铁公鸡分红指数的地区分布特征

　　表 9-5 列示的是 A 股上市公司铁公鸡分红指数的地区分布情况,图 9-5 列示的是不同地区各年度铁公鸡分红指数变动情况。总体来看,铁公鸡分红指数按照地区排序从高到低依次为东北地区、西部地区、中部地区、东部地区。各年度平均铁公鸡分红指数也基本上遵循这一规律,表现为地区的铁公鸡分红指数与该地区的经济发展水平存在一定负相关关系。东北地区、西部地区和中部地区的铁公鸡分红指数水平较高,且铁公鸡分红指数的中位数均低于其平均值,说明这些地区的上市公司中"铁公鸡"的占比较高。

表 9-5　A 股上市公司铁公鸡分红指数之地区分布情况

地区	样本量	平均值	中位数	最小值	最大值	变异系数
东北地区	1 654	98.13	94.79	11.45	150.78	32.45
西部地区	4 715	96.78	91.28	11.84	152.71	32.58
中部地区	4 594	93.63	83.67	6.62	154.47	31.47
东部地区	20 425	87.52	76.50	7.11	156.21	29.73
总体	31 388	90.36	79.76	6.62	156.21	30.84

　　图 9-6 为各省份铁公鸡分红指数平均值的分布情况,按照 2005—2018 年铁公鸡分红指数降序列示。在 31 个省份中,低于平均水平(90.36)的仅有 10 个。

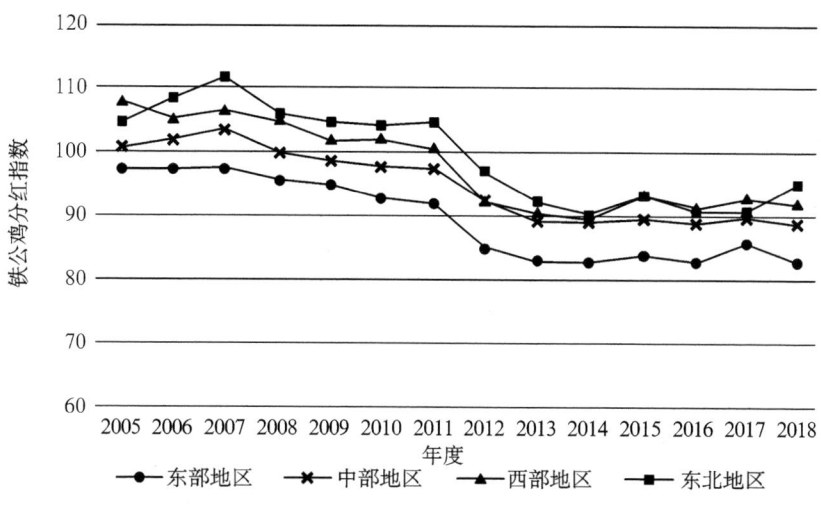

图 9-5　不同地区铁公鸡分红指数变动情况

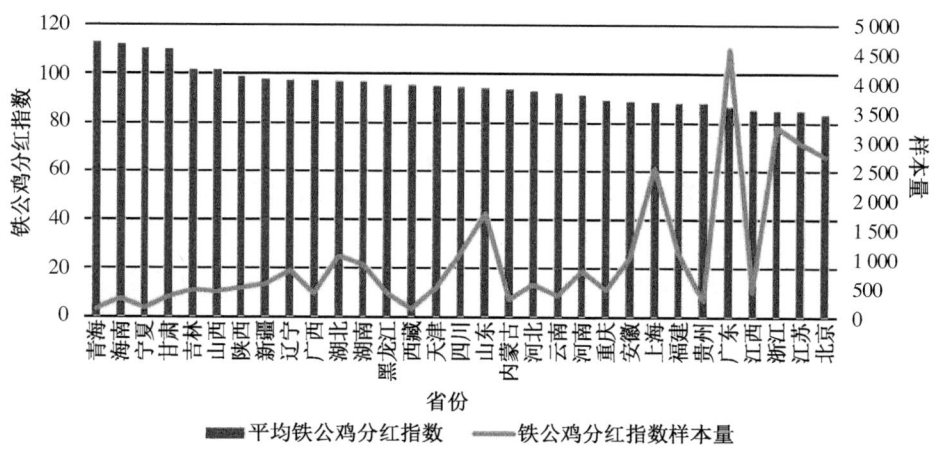

图 9-6　不同省份铁公鸡分红指数排名情况

铁公鸡分红指数平均值排名前五的省份分别为青海、海南、宁夏、甘肃、吉林。铁公鸡分红指数平均值最低的五个省份分别为广东、江西、浙江、江苏、北京。图 9-7a、9-7b 为铁公鸡分红指数排名前五和后五的省份各年度指数变动情况。可以看出,尽管排名前五的这些省份的铁公鸡分红指数较高,但除了青海之外总体仍然呈现出下降趋势,下降趋势在 2008 年以后更为显著,其中甘肃下降的幅度最大。从排名后五的这些省份来看,在 2010 年以前,这些省份的铁公鸡分红指数基本上高于总体平均水平(90.36);2010 年后则呈现出明显的下降趋势,特别是 2012 年后这些省份的铁公鸡分红指数均低于总体平均水平,在 80~87 的区间徘徊。广东的铁公鸡分红指数下降幅度最大(−16.52%),其余依次是江苏(−15.9%)、浙江(−13.02%)、北京(−7.9%)、江西(−4.25%)。综上可知,无论是铁公鸡分红指数较高地区还是较低地区,整体的铁公鸡分红指数均呈现明显的走低趋势。

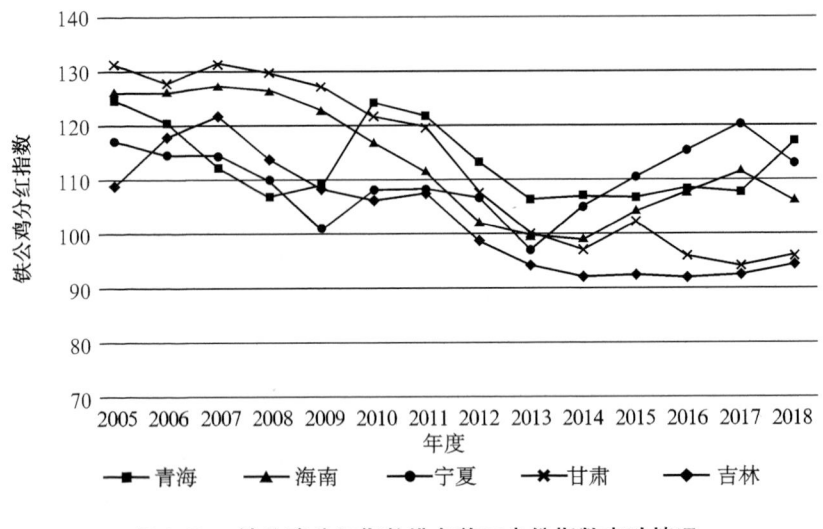

图 9-7a 铁公鸡分红指数排名前五省份指数变动情况

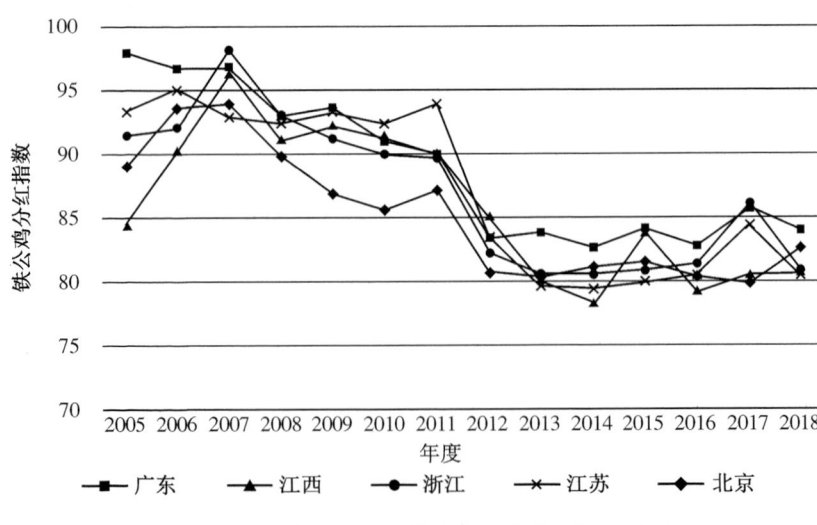

图 9-7b 铁公鸡分红指数排名后五省份指数变动情况

六、铁公鸡分红指数的产权性质分布特征

表9-6为不同产权性质上市公司铁公鸡分红指数的企业性质分布情况。国有企业(91.26)、外资企业(90.41)的平均铁公鸡分红指数皆高于总体铁公鸡分红指数。此外,国有企业和外资企业的铁公鸡分红指数的平均值明显高于其中位数,说明这两类性质的企业中都存在部分特别吝于分红的企业拉高了整体铁公鸡分红指数水平。虽然样本量最多的民营企业的铁公鸡分红指数最低(89.35),但平均值仍明显高于中位数,说明在民营企业中也存在部分具有"铁公鸡"分红行为的上市公司。

表9-6　不同产权性质上市公司铁公鸡分红指数分布情况

企业性质	样本量	平均值	中位数	最小值	最大值	变异系数
国有企业	14 185	91.26	78.72	10.91	156.21	31.55
外资企业	949	90.41	81.65	7.11	151.53	34.25
民营企业	16 096	89.35	79.97	6.62	152.71	29.95
总体	31 388	90.36	79.76	6.62	156.21	30.84

图9-8为2005—2018年不同产权性质上市公司铁公鸡分红指数的变化情况。总体来看,各种性质上市公司的年度平均铁公鸡分红指数整体呈现稳步下降趋势。国有企业与其他性质公司相比波动幅度更为平缓,民营企业与外资企业的走势大体趋同,但外资企业的铁公鸡分红指数在各年度基本都略高于民营企业。2010年后,民营企业、外资企业铁公鸡分红指数呈现明显下降的趋势,其

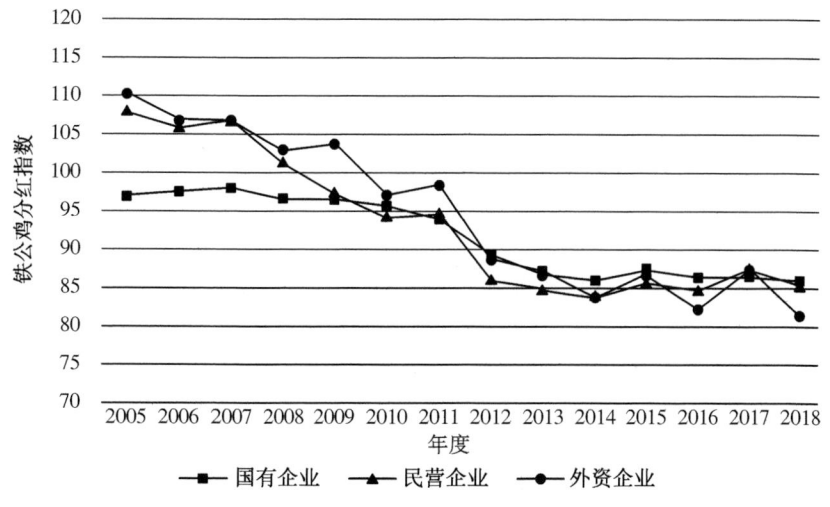

图9-8　不同产权性质上市公司铁公鸡分红指数变动趋势

至低于国有企业,这或许是响应证监会等部门半强制分红政策的结果,但据相关学者的研究,这也可能与大股东等实际控制人通过高分红掏空公司有关,并且这种现象在中小企业板、创业板的民营企业中屡见不鲜。

七、铁公鸡分红指数的公司规模分布特征

图 9-9 展示了不同规模上市公司铁公鸡分红指数的分布情况。由图可知,不同规模上市公司铁公鸡分红指数由高到低依次为小规模上市公司、中等规模上市公司、大规模上市公司。可见,规模较小的上市公司,铁公鸡分红程度较高。一般来说,大规模上市公司的盈利能力更强,现金分红水平高于小规模上市公司且比较稳定,所以铁公鸡程度较低。自 2005 年起,不同规模的上市公司铁公鸡分红指数的波动趋势具有一致性,大规模上市公司的铁公鸡分红指数波动幅度平缓,而中等规模和小规模上市公司铁公鸡分红指数的下降趋势较为明显,并且呈现出回归稳定区间的趋势。

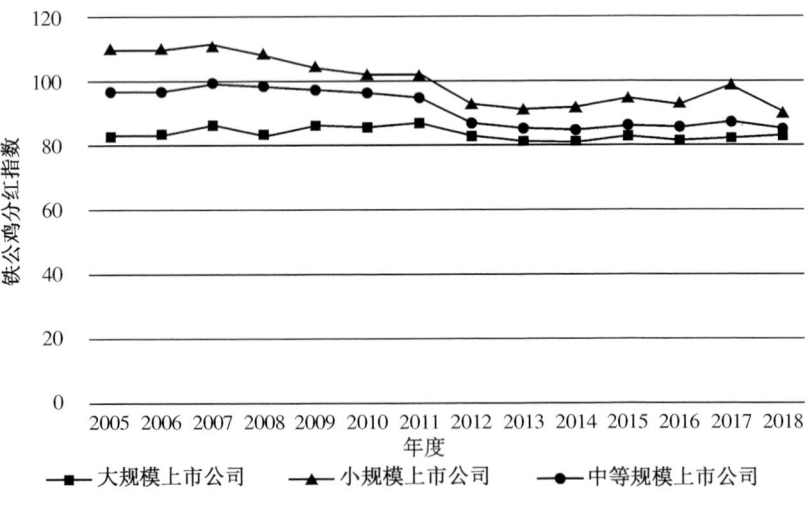

图 9-9　不同规模上市公司铁公鸡分红指数变动情况

八、铁公鸡分红指数的区间分布特征

图 9-10 为 A 股上市公司铁公鸡分红指数的区间分布特征。从图中可以看到,铁公鸡分红指数的总区间为[6.62,156.21]。总共分为 12 个区间,以区间[68.95,81.42]为中心呈现正态分布,(56.48,93.88]区间的频数分布最为密集,占到总样本量的 42.09%。由此可见,铁公鸡分红指数分布不均衡。再者,区间

(131.28，143.75]占到总样本量的 18.55％,说明 A 股市场中仍有较大比例的上市公司存在明显的"铁公鸡"分红行为。

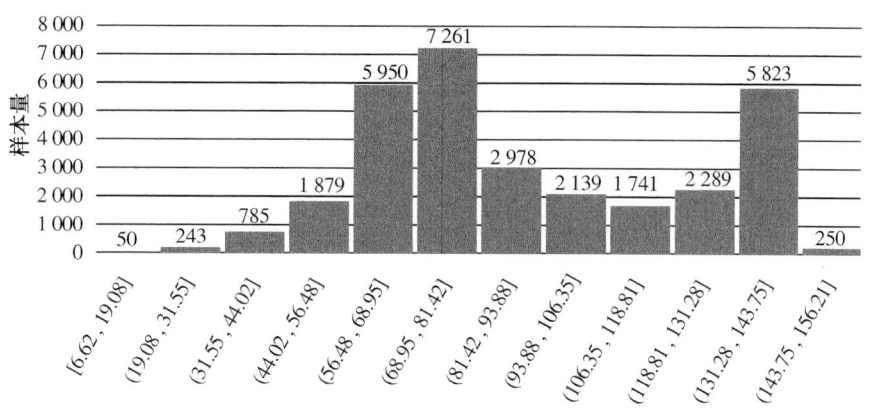

图 9-10　上市公司铁公鸡分红指数的区间分布特征

第三节 │ 中国上市公司铁公鸡分红指数的检验

一、检验指标的选取

为了验证铁公鸡分红指数是否具备理论上的合理性,选取前十大股东持股比例、机构投资者持股比例、年平均收益率的标准差和每股企业自由现金流四个指标,在进行面板向量自回归(PVAR)后运用面板格兰杰因果检验验证其因果相关性,并通过脉冲响应图刻画和分析变量之间的动态影响关系。检验指标的选取主要考虑以下几个方面:首先,基于"掏空理论",大股东如果过度追求自身利益,会利用发放股利的手段来"掏空"公司,公司的股权集中度越高,大股东可能越容易通过分红来攫取公司利益,这种情况下上市公司的铁公鸡程度反而较低。其次,有关学者通过研究发现机构介入与上市公司分红存在正相关关系,即机构投资者持股越多,上市公司越倾向于实施现金分红,因而铁公鸡程度较低(罗进辉,2013;齐鲁光,2015;袁奋强,2018)。再次,具备稳定的盈利能力是企业进行现金分红的基础,盈利水平稳定的上市公司通常铁公鸡程度较低。最后,每股企业自由现金流是公司制定现金分红政策时考虑的因素之一。可以预期,"铁公鸡"分红上市公司的现金流能力普遍较弱。具体的检验指标的定义见表9-7。

表 9-7　格兰杰因果检验涉及的指标

符号	指标名称	指标定义
Top10share	前十大股东持股比例	上市公司持股前十的股东的持股数量/上市公司总股数
Instshare	机构投资者持股比例	机构投资者的持股数量/上市公司总股数
Vol	年平均收益率的标准差	(平均每年的净现金流量/投资额)的标准差
Perfcff	每股企业自由现金流	(净利润+非现金开支－股息及资本开支)/已发行股票总数

二、铁公鸡分红指数的格兰杰因果分析

通过对表 9-7 中的四个指标进行格兰杰因果关系检验,验证它们与铁公鸡分红指数是否存在格兰杰因果关系,检验结果如表 9-8 所示。前十大股东持股比例与铁公鸡分红指数存在双向格兰杰因果关系,并且前十大股东持股比例到铁公鸡指数的格兰杰因果关系更强;机构投资者持股比例与铁公鸡指数存在双向格兰杰因果关系,并且机构投资者持股比例到铁公鸡指数的格兰杰因果关系更强;年平均收益率的标准差与铁公鸡指数存在双向格兰杰因果关系;每股企业自由现金流与铁公鸡指数存在双向格兰杰因果关系。

表 9-8　格兰杰因果关系检验结果

变量组	原假设	系数	P 值	检验结果
Top10share 与 ICI	Top10share 不是 ICI 的格兰杰原因	284.65	0.000 0	拒绝
	ICI 不是 Top10share 的格兰杰原因	156.05	0.000 0	拒绝
Instshare 与 ICI	Instshare 不是 ICI 的格兰杰原因	60.64	0.000 0	拒绝
	ICI 不是 Instshare 的格兰杰原因	35.37	0.000 0	拒绝
Vol 与 ICI	Vol 不是 ICI 的格兰杰原因	9.10	0.003 0	拒绝
	ICI 不是 Vol 的格兰杰原因	326.33	0.000 0	拒绝
Perfcff 与 ICI	Perfcff 不是 ICI 的格兰杰原因	18.78	0.000 0	拒绝
	ICI 不是 Perfcff 的格兰杰原因	108.36	0.000 0	拒绝

三、铁公鸡分红指数的脉冲响应分析

基于 PVAR 模型进行脉冲响应分析后,通过观察脉冲变量的冲击如何影响响应变量,可以清晰地刻画出检验指标与铁公鸡分红指数之间的动态影响。从图 9-10 可以看出,前十大股东持股比例对铁公鸡分红指数在 3 期以前存在明显负向冲击,在 3 期以后冲击作用变弱,表现为收敛状态,说明股权分散在短期内

对"铁公鸡"分红行为有抑制作用。机构投资者持股比例在 2 期以内对铁公鸡分红指数有明显的负向冲击作用,机构投资者持股比例越高,对公司的监督作用越强,会要求更多的分红回报,因此,上市公司的"铁公鸡"程度较低。盈利水平稳定的上市公司"铁公鸡"程度相对较低;而每股企业自由现金流对铁公鸡分红指数在 2 期以内存在明显促进作用,随着时间的延长,其影响逐渐变小并趋于平稳。现金流能力较强的上市公司的分红意愿更强,相应的"铁公鸡"程度就会较低。综合来看,脉冲响应分析结果符合理论预期。

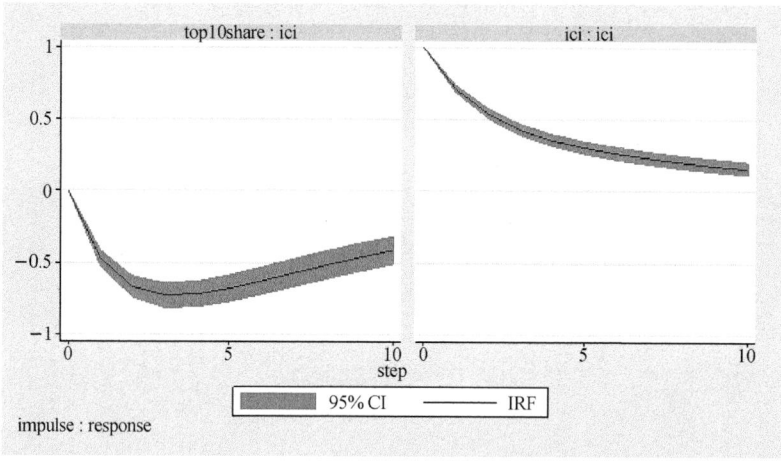

(a)

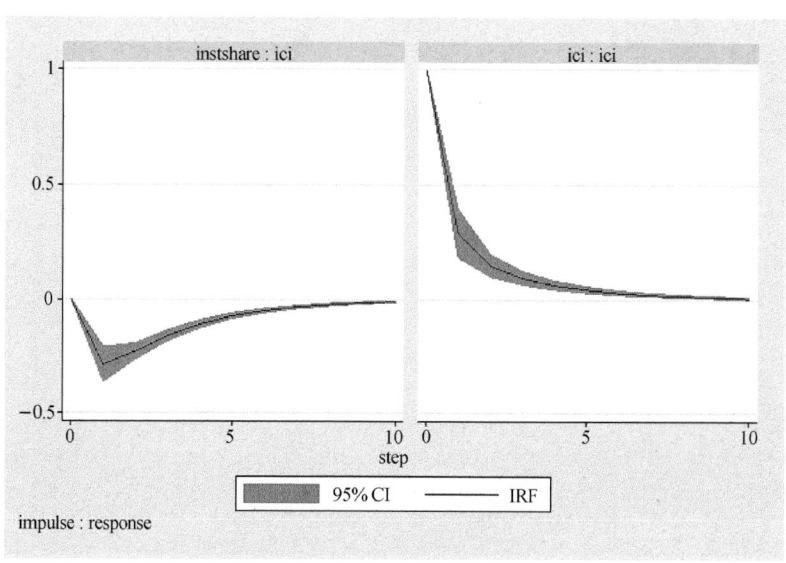

(b)

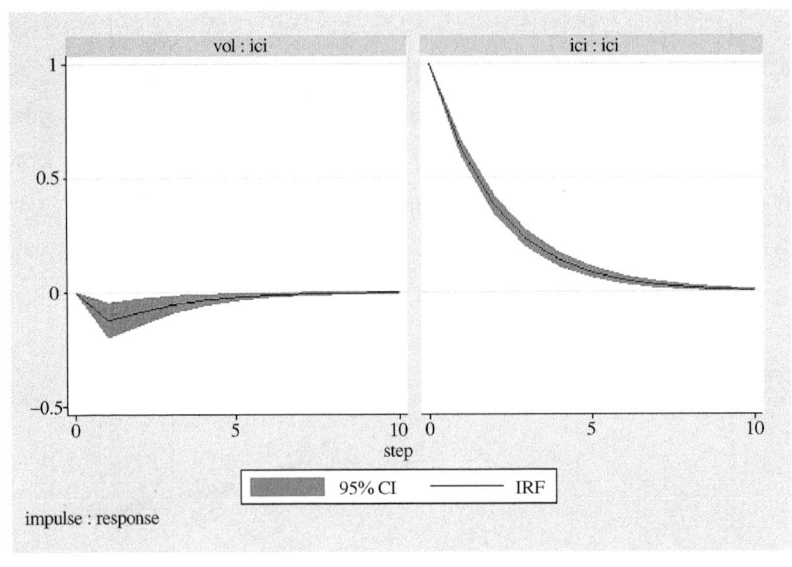

（c）

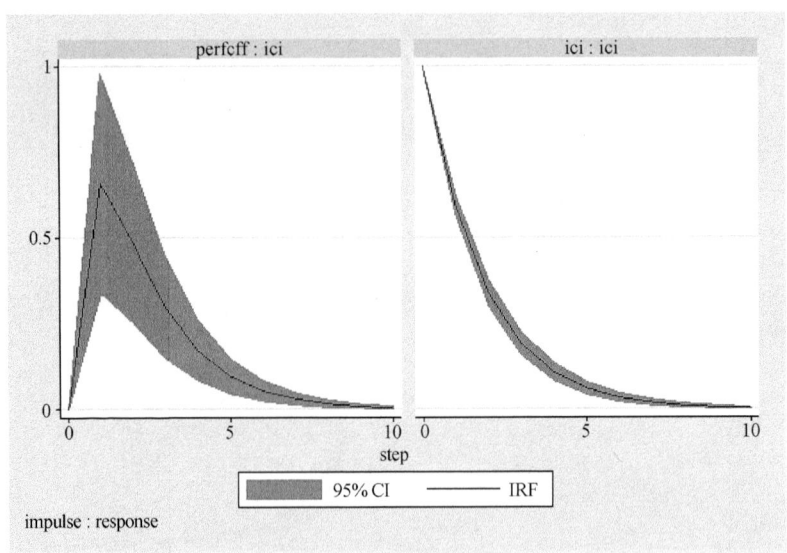

（d）

图 9-11　脉冲响应图

本 章 小 结

　　本章从分红表现、现金流情况、盈利能力等 5 个维度选取评价指标,构建了中国上市公司铁公鸡分红指数。提取沪深 A 股 2005—2018 年上市公司样本，计算并统计分析了样本公司铁公鸡分红指数，结果显示：

第一，上市公司铁公鸡分红指数总体呈下降趋势，上市公司分红意愿的提升与外部监管政策有一定程度上的正向相关性。这说明证监会等部门的半强制分红政策有助于威慑上市公司的吝啬分红行为，提升市场现金分红意识。

第二，铁公鸡分红指数在行业、板块、地区间差异明显。2008 年后各行业平均铁公鸡指数呈现出逐渐集中、差距缩小的趋势。主板上市公司铁公鸡分红指数显著高于中小企业板、创业板，不同板块上市公司平均铁公鸡分红指数由较大波动起伏趋向于平稳，呈现出回归稳定区间的趋势。此外，经济欠发达地区上市公司铁公鸡分红指数更高，并且无论是铁公鸡分红指数较高水平的地区还是较低水平的地区，整体的铁公鸡分红指数均呈现明显的走低趋势。

第三，民营企业的"铁公鸡"程度较国有企业和外资企业而言更低，但民营企业中也存在部分具有显著"铁公鸡"分红特征的上市公司。资产规模较大上市公司的盈利能力较强，现金分红水平较高，相应地，"铁公鸡"程度相对中小规模上市公司较低。

第四，铁公鸡分红指数的区间分布不均衡，极值的较大差异化特征体现了国内 A 股上市公司"铁公鸡"与"现金牛"并存的现象。这说明半强制分红政策并不能从整体上消除上市公司铁公鸡分红行为。

第十章
中国上市公司庞氏分红指数研究

本章聚焦于上市公司"庞氏分红"行为的评价与测度,"庞氏分红"的提法借鉴了谢德仁等(2013)的研究,可以理解为对上市公司超能力分红的测度。上市公司超能力分红可能是缘于大股东"掏空"动机,也可能是由于上市公司现金分红决策的非理性。但总体而言,庞氏分红有损于上市公司可持续发展及投资者利益保护。从目前的研究看,中国学者(袁天荣、苏红亮,2004;闫希、汤谷良,2010;吴平等,2011;邹若然,2014)主要围绕上市公司超能力分红的影响因素、市场反应等进行研究,鲜有研究对上市公司超能力分红的程度做出具体度量。构建指数度量上市公司超能力分红同样有着重要意义,只有准确衡量上市公司超能力分红的程度,才能明确超能力分红的监管重点。因而,本章拟构建上市公司庞氏分红指数,对上市公司超能力分红行为进行指数化测度。庞氏分红指数对于监管部门实施对超能力分红的管制有一定的参考意义,相关指数也可用于学术研究。

第一节 | 庞氏分红的影响因素及后果

一、庞氏分红的影响因素

中国许多上市公司缺乏源自自由现金流(FCF)的分红能力,分红可持续性较差,且存在严重的庞氏分红问题(谢德仁、林乐,2013)。廖珂(2015)采用两阶段博弈模型证明了自由现金流短缺的公司利用"庞氏分红"获得外部融资,形成"股利—融资—投资—股利"的恶性循环。上市公司"庞氏分红"行为主要受系列半强制分红政策、股权结构及股权性质、高管权力、大股东利益输送的"掏空"行为等因素的影响。2006年以来,系列半强制分红政策密集出台,规定了现金分红对利润的占比,将公司再融资资格与派现水平挂钩。黄桂杰(2012)发现上市公司热衷现金分红是受到一系列强有力的监管政策的影响。此外,当公司净资产收益率处于达标线左右时,上市公司往往采取高分红方式降低净资产以提高净资产收益率,达到证监会设定的再融资门槛,满足企业的融资需求(伍利娜,2003)。彭爱群和孔玉生(2006)的研究也发现中国资本市场尚未成熟,银行"惜贷"现象严重,股权筹资资本成本反而低于债务筹资成本,导致上市公司偏好股权融资,不惜越过公司自由现金流界限进行大额分红来获取融资资格。

控股股东也会对上市公司庞氏分红行为产生影响。邹若然(2014)认为大股东直接持股比例在50%以上现金分红享受的收益较高,此时公司发生异常高分红的可能性较高。与之相似,韩搏文(2017)经过实证研究,发现超能力分红与股权集中度呈正向相关关系,和公司规模呈负向相关关系。此外,高质量的审计对超能力分红有显著抑制作用。吴谦(2006)认为上市公司发生超能力派现的主要动机是满足证监会设定的再融资门槛。这也在一定程度上掩盖了大股东掏空公司、侵占小股东利益的真实目的,形成大股东"左手派现,右手圈钱"的变相融资分红现象。王征(2005)研究发现第一大控股股东为国资委时,公司上市年限越短,上市公司越可能派发高额现金股利,并且资产负债率与超能力分红正相关。此外,上市公司异常高分红与管理层有关。高管权力与庞氏分红行为显著负相关,高管过度自信在高管权力与庞氏分红之间具有部分中介效应;管理层薪酬越高,发生超能力分红行为可能性越大(王进朝、田佳楠,2019;王怀明、史晓明,2006)。

二、庞氏分红的财务后果

相关学者研究发现,上市公司庞氏分红的市场反应往往是消极的(李常青等,2010;张菊如,2011;龚珏,2013)。因为庞氏分红的现金并不完全来源于企业经营活动创造的利润和现金流,部分来源于筹资活动带来的现金流,并不具有可持续性。Chi-Wen 和 Jevons(2004)发现资本市场对国有企业异常高分红现象表现出负面反应,认为上市公司异常高分红是在挑战保护少数股东权益的半强制性分红政策。

也有学者研究发现超额分红存在信号效应。梁莱歆等(2007)采用累计超额收益率研究资本市场对超能力分红的反应,实证结果表明超能力分红传递了股价负向变动的信号,过度分红会导致股价向下波动。然而,缪文婷(2015)研究了创业板公司超能力分红情况后发现,股价对现金分红金额的反应不够明显,但超能力分红会损害公司未来成长性。两位学者在超能力分红对股价影响方面研究结论不一致,可能是因为研究样本范围不同。缪文婷(2015)仅研究了创业板市场,而创业板市场尚未成熟,投资者投机倾向较严重。但两位学者都认为超能力分红会损害资本市场整体利益。此外,一些学者研究发现超能力分红会降低公司价值。邹若然(2014)认为过度现金分红降低了公司短期偿债能力,导致公司再融资困难,不利于公司可持续发展。刘孟晖和武琼(2016)、王希希(2018)认为异常高分红使公司资金大量流出,会导致投资不足的非效率投资行为,降低了公司价值。薛里梅(2017)认为异常高分红会导致公司投资不足,从而削弱公司经营绩效。异常高分红也会减少公司内部自由现金流,无形中增加了代理成本,有损公司价值(刘孟晖、高友才,2015;黄家兴,2017)。通过研究超能力分红案例,曾爱军和温海星(2011)认为上市公司异常高分红不仅没有提升公司价值,反而还成为大股东转移公司资金、侵占中小股东利益的一种工具。

第二节 | 中国上市公司庞氏分红指数的统计特征

一、庞氏分红指数的时间序列特征

表 10-1 为 A 股上市公司庞氏分红指数的总体分布。可以看出,庞氏分红指数平均值为 96.862 9,远高于中位数(26.782 1),最大值为 1 226.74,最小值、第 25%分位点值均为 0,第 75%分位点值为 101.875 5,说明庞氏分红指数分布非常不均衡。总体上看,中国上市公司庞氏分红情况并不突出,但上市公司间超能力分红情况差异明显,存在一部分庞氏分红现象严重的上市公司拉高了庞氏分红指数的整体水平。

表 10-1 庞氏分红指数总体分布特征

指数	样本量	平均值	中位数	最大值	最小值	p25	p75	p99	标准差
PSI	41 227	96.862 9	26.782 1	1 226.74	0	0	101.875 5	881.127	176.408 6

图 10-1 为 2005—2018 年中国上市公司庞氏分红指数的变动情况。上市公司庞氏分红指数平均值整体呈"W"型走势,但总体波动较为平稳,在 75～125 区间小幅波动。庞氏分红指数中位数总体呈上升趋势,2005—2010 年庞氏分红指数中位数为 0,拉低了此年度区间的平均值,其余年份庞氏分红指数中位数和平均值走势基本一致。2005 年庞氏分红指数平均值最低,究其原因,可能是2004 年中国投资增长过快,引发局部经济过热,国家进行宏观调控,"点刹"过

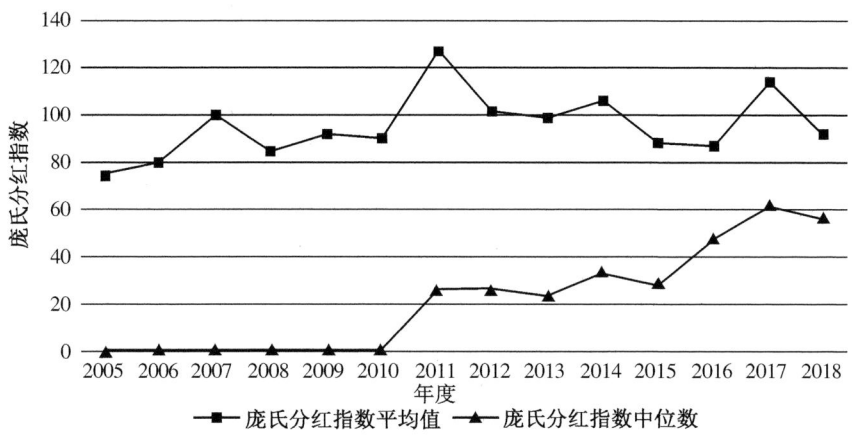

图 10-1　上市公司庞氏分红指数变动趋势

度投资,造成信贷政策紧缩、公司融资困难,管理层选择留存现金维持公司运转。2005—2008 年,庞氏分红指数中位数为 0,说明在此区间,中国庞氏分红现象并不普遍。2013 年证监会出台文件《上市公司监管指引第 3 号——上市公司现金分红》,鼓励上市公司根据公司成长性和重大资金安排情况实施差异化分红政策,根据发展阶段的不同,监管指引建议上市公司现金分红占利润分配比例可以为 20%～80%。受政策驱动影响,2013 年以来庞氏分红指数平均值有向上抬升趋势。

二、庞氏分红指数的板块分布特征

图 10-2 为不同板块上市公司庞氏分红指数均值的变化趋势。上海主板和深圳主板庞氏分红指数平均数变动趋势类似,波动较为平缓;中小企业板和创业板庞氏分红指数平均数变动趋势相似,并且中小企业板和创业板庞氏分红指数得分高于主板。各板块庞氏分红指数呈上升趋势,在 2011 年达到峰值,然后小幅回落。中小企业板在创立初期庞氏分红指数均值并不高,2008 年开始急速上升,庞氏分红现象愈加严重,可能是受证监会 2006 年、2008 年密集出台《上市公司证券发行管理办法》《关于修改上市公司现金分红若干规定的决定》等半强制分红文件的影响。庞氏分红指数均值从高到低排列顺序为:中小企业板、创业板、上海主板、深圳主板。近年来,中小企业板庞氏分红指数均值有赶超创业板之势。新成立的中小企业板和创业板公司庞氏分红程度明显高于主板上市公司。中国中小企业板和创业板上市公司存在股本小、成长性高等特点,需要雄厚的资金支持,中小企业板、创业板过度分红可能是为了达到证监会设定的再融资

门槛。因而,证监会实行"一刀切"半强制分红政策并未彰显其治理精度,反而可能会造成创业板、中小企业板公司"一手分红、一手圈钱"的不良现象,不利于资本市场良性发展。

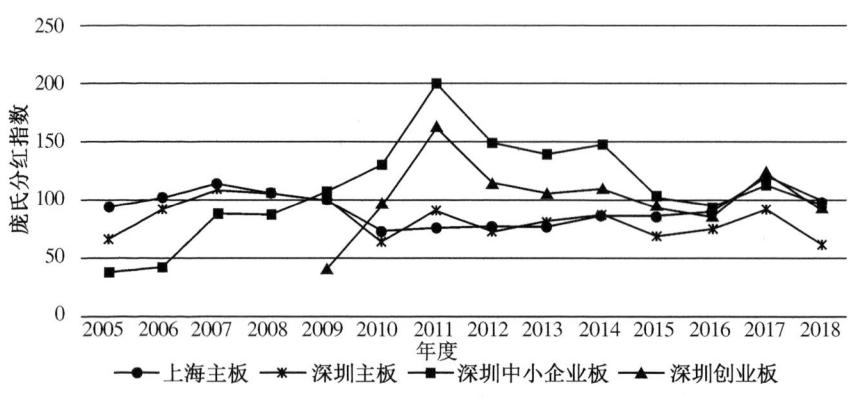

图 10-2　不同板块上市公司庞氏分红指数均值变化趋势

三、庞氏分红指数的产权性质分布特征

图 10-3 为不同性质上市公司庞氏分红指数均值年度变化趋势(公司性质按照 Wind 数据库公司性质划分方法划分,为便于统计,本书将公众企业、集体企业划分到其他企业类别中)。从图中可以看出,不同性质企业庞氏分红指数均值走势大致相同,呈"W"型波动,总体呈现上升趋势。其中,外资企业庞氏分红指数波动幅度最大,民营企业涨幅较为强势,中央国有企业较为平缓。2011 年民营企业庞氏分红指数均值达到峰值,可能是 2008 年金融危机后中国 4 万亿救市措施,加大对基础设施建设投资,对民营企业推出大量有利政策所致。从整体情

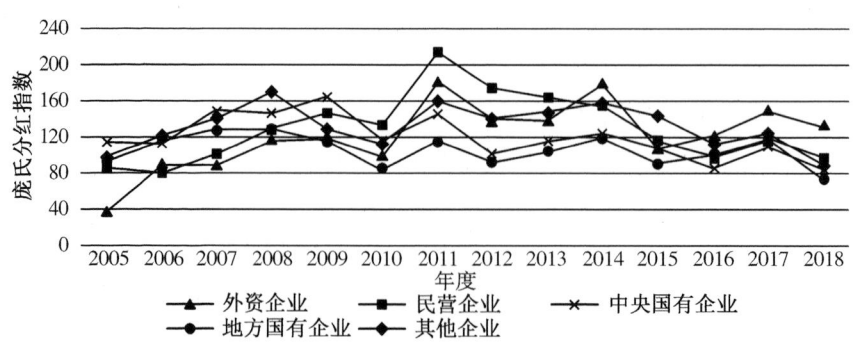

图 10-3　不同产权性质上市公司庞氏分红指数均值变化趋势

况来看,庞氏分红指数均值从高到低排列为:民营企业、外资企业、其他企业、中央国有企业、地方国有企业。中央国有企业和地方国有企业庞氏分红指数较低,表明国有企业制定现金分红政策时结合了自身经营情况,有考虑到公司经营所需现金流。可以说,在国资委的号召下,国有股东是较为积极、负责任的股东,国有企业制定了较为符合价值投资理念的分红机制。民营企业庞氏分红指数最高,一方面,可能是由于民营企业股本小,融资渠道单一,向银行等金融机构借款较难,融资难度较大,民营企业不得不过度分红以满足半强制分红政策的再融资条件;另一方面,民营企业股权集中度高,也可能是大股东采取过度现金分红方式进行利益输送。

四、庞氏分红指数的地区分布特征

图 10-4 为各省份庞氏分红指数分布情况。从图中可以看出,庞氏分红指数均值排名前五的省份为:江西(119.84)、贵州(114.25)、北京(107.55)、浙江(107.39)、江苏(105.14)。这五个省份庞氏分红指数平均值远远高于其中位数,也高于全样本平均值(96.862 9)。排名后五的地区为:甘肃(42.12)、海南(47.09)、青海(50.10)、宁夏(64.34)、西藏(67.86)。这些地区的庞氏分红指数平均值虽然低于全样本平均值,但却仍然高于其中位数。统计结果表明,中国各省份庞氏分红现象总体不普遍。排名前五的地区中,属于内陆地区的江西(518,占总样本1.26%)、贵州(337,占总样本0.82%)观测值较少,较高的庞氏分红水平是被少量庞氏分红指数极高的样本拉升所致。江西多数公司在中小企业板、创业板上市,因此,均值较高而贵州的贵州百灵(股票代码:002424)这家上市公司数年来庞氏分红指数居高不下。可以认为,个别上市公司庞氏分红现象严重是导致经济欠发达省份庞氏分红指数水平排名靠前的原因。

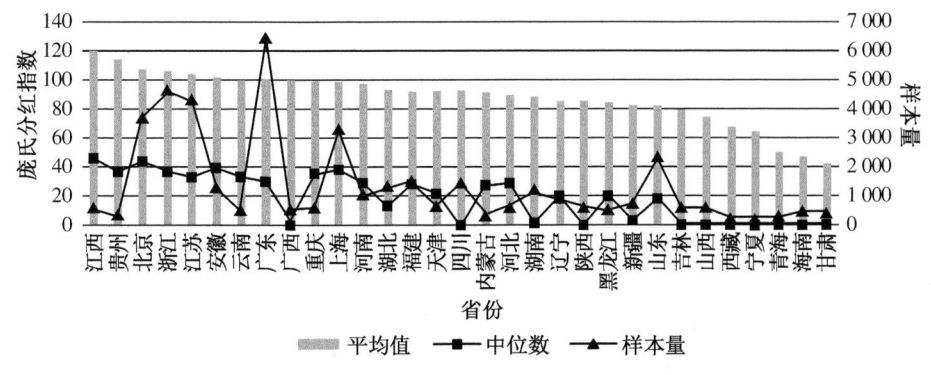

图 10-4 不同省份庞氏分红指数分布情况

图 10-5 是中国四大经济区域庞氏分红指数平均值变动趋势。从时间序列角度来看,中部地区、西部地区、东部地区庞氏分红指数平均值走势大致相同,呈"W"型小幅波动,东北地区庞氏分红指数均值总体呈先降后升趋势。除东北地区外,其余三大经济区域在 2006 年都向上调整。2014 年,东北地区庞氏分红指数均值首次位居榜首。2014 年,东北地区样本量仅为 152 个,其中有 10 个样本庞氏分红指数大于 500,这些极大值的存在使东北地区庞氏分红指数平均值远超过其余三个经济区域。值得一提的是,东北地区的抚钢公司(股票代码:600399)净利润连续两年为负,在 2014 年依然大手笔现金分红,庞氏分红指数高达 581.54。受半强制分红政策约束,抚钢公司不惜动用留存收益派发现金股利以满足再融资条件。这不免让人质疑实行"一刀切"的半强制分红政策的合理性。从整体情况看,庞氏分红指数均值从高到低排列顺序为东部地区、中部地区、西部地区、东北地区,与各地区经济发展情况排名一致。这说明超能力分红与地区经济发展情况存在相关关系。另外,四大经济区域庞氏分红指数年度平均值均大于其中位数,说明一部分过度分红的公司拉高了庞氏分红指数的整体水平,庞氏分红现象在四大经济区域内都不普遍。

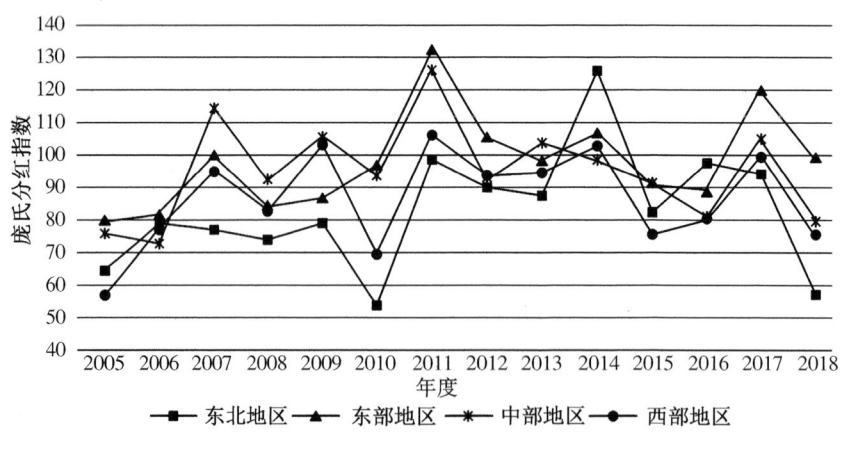

图 10-5　四大经济区域庞氏分红指数平均值年度变化趋势

五、庞氏分红指数的公司规模分布特征

将各年度上市公司按资产规模降序排列,分成三组,资产最高一组为大型企业,最低一组为小型企业,剩余一组为中型企业。图 10-6 列示了不同规模上市公司庞氏分红指数变动趋势。从图中可以看出,大型企业、中型企业、小型企业

庞氏分红指数均值走势非常类似,但小型企业波动幅度更大。2009年之前,大型企业和中型企业庞氏分红指数均高于小型企业,但从2010年起,小型企业庞氏分红指数超过大型企业,这可能与证监会密集出台半强制分红政策有关。中国小型企业资本少,资金实力不强,融资比较困难,但是其发展潜力较大,资金需求旺盛,融资需求强,更可能采用过度分红政策来达到再融资要求。从2014年起,大型企业、中型企业、小型企业庞氏分红指数越来越接近,都呈下降趋势。可以认为,中国上市公司庞氏分红现象正在逐渐改善。

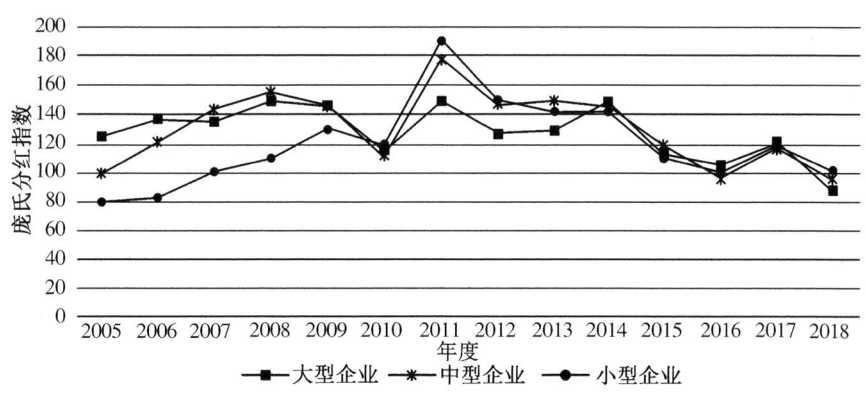

图 10-6　不同规模上市公司庞氏分红指数变化趋势

六、庞氏分红指数的区间分布特征

图10-7为庞氏分红指数频数分布图。在41 227个观测值中,有24 102个样本落入极低值样本组(0～50),占比高达58.46%,其中18 496个样本公司庞氏分红指数为0,占总样本量的44.86%。另外,庞氏分红指数中位数26.782 1也落入此区间。有6 633个样本落入50～100区间,占比仅为16.09%。庞氏分红指数平均值为96.862 9,也落入此区间。有5 699个样本落入100～300区间,占比仅为13.82%;有4 793个样本落入极高值组(300以上),占比为11.63%。从庞氏分红指数的区间分布特征可以发现,庞氏分红指数分布并不均匀,庞氏分红指数平均值较高是由部分庞氏分红指数极高的公司拉升所致。此外,庞氏分红指数为0的样本多达18 496个,表明目前中国依然存在部分"铁公鸡"上市公司。例如,自1992年上市以来,零分红历史已长达26年的中毅达(股票代码:600610)、金杯汽车(股票代码:600609)。上市公司之间过度分红现象差异显著,可能是公司股权性质差异、规模差异、股权结构差异、融资能力不同所致。

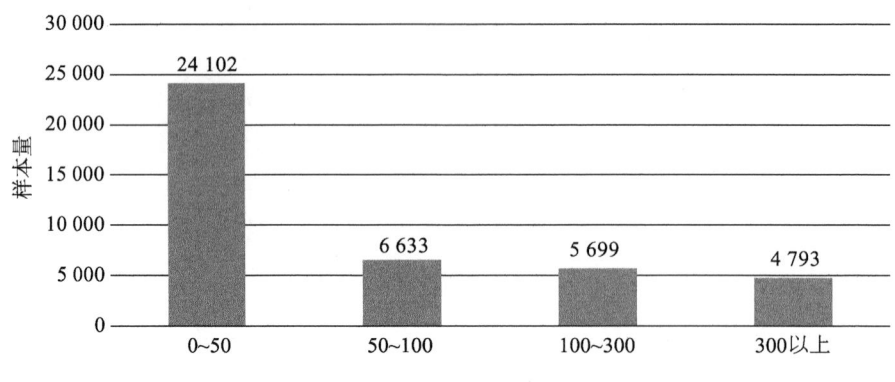

图 10-7　庞氏分红指数频数分布图

　　图 10-7 只能整体反映 2005—2018 年庞氏分红指数的分布情况,不能看出庞氏分红指数分布情况的变动趋势。图 10-8 为庞氏分红指数区间分布年度趋势图,能够更直观地看出庞氏分红指数区间分布情况的变动趋势。从图中可以看出,随着年度变化,得分 50～100、100～300、300 以上区间组总体呈向上趋势,但涨幅较小。0～50 区间组在 2008 年前涨势凶猛,2008 年后涨幅放缓,在 2013 年开始回落,表明中国资本市场上市公司现金分红意愿增强,这可能是受 2008 至 2013 年半强制分红政策密集出台的影响。

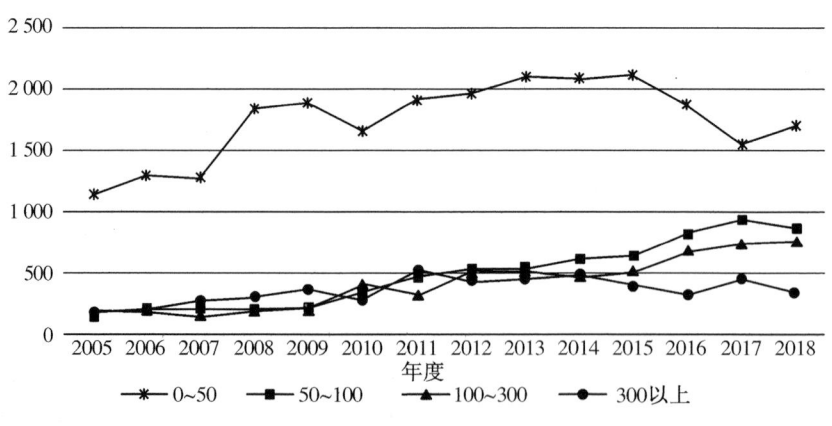

图 10-8　不同区间庞氏分红指数的变动趋势

七、庞氏分红指数的行业分布特征

　　表 10-2 为 A 股上市公司庞氏分红指数行业分布情况,按照 2005—2018 年行业庞氏分红指数平均值降序列示。庞氏分红指数平均值排前五名的行业依次

为：信息传输、软件和信息技术服务业（102.74），制造业（100.44），建筑业（95.99），科学研究和技术服务业（95.22），金融业（94.80）。

表 10-2　庞氏分红指数的行业分布

行业	平均值	中位数	最大值	最小值	标准差	样本量
信息传输、软件和信息技术服务业	102.74	21.44	1 226.74	0	195.61	2 929
制造业	100.44	26.86	1 226.74	0	182.66	25 057
建筑业	95.99	26.77	1 120.16	0	174.76	1 126
科学研究和技术服务业	95.22	0.00	1 063.34	0	198.08	481
金融业	94.80	17.17	1 048.95	0	172.77	1 223
租赁和商务服务业	94.31	16.90	1 045.60	0	179.06	606
文化、体育和娱乐业	93.27	0.00	1 029.13	0	192.58	626
农、林、牧、渔业	92.33	0.00	1 007.71	0	171.28	519
住宿和餐饮业	92.11	31.05	851.31	0	146.13	125
批发和零售业	90.90	37.23	1 226.74	0	155.39	2 097
交通运输、仓储和邮政业	90.84	49.31	1 075.82	0	146.48	1 267
卫生和社会工作	88.72	8.36	905.51	0	173.22	125
水利、环境和公共设施管理业	87.08	0.00	1 045.82	0	173.35	550
电力、热力、燃气及水生产和供应业	82.27	33.45	946.93	0	142.62	1 407
房地产业	81.98	40.53	1 075.82	0	123.24	1 694
综合	81.05	0.00	886.44	0	160.34	320
采矿业	80.89	25.24	1 224.59	0	146.99	996
教育	68.85	0.00	593.13	0	127.94	68
居民服务、修理和其他服务业	46.94	0.00	179.68	0	80.65	7

第三节　中国上市公司庞氏分红指数的检验

一、检验指标选取

大量研究表明股权集中、控股股东持股比例过高，会引发大股东利用"隧道挖掘"方式，进行超能力分红，放弃净现值为正的投资项目，转移公司资产和利润，侵占小股东利益的行为（Shliefer 和 Vihsny，1997；Grossman 和 Hart，1988；Pagaon 和 Roell，1998）。此外，相关学者通过实证研究发现，超能力派现受资本实力、股权性质、股权结构、成长能力、盈利能力、上市年限等因素的影响（蒋卫平、陈薇,2007;王绍凤、莫应萍,2013;高峻、闻襄鸿,2016）。参考已有研究,本章拟从衡量股权结构、股本规模、成长能力、盈利能力等方面选取 7 个指标检验庞氏分红指数的科学合理性,具体指标及定义如表 10-3 所示。

表 10-3　检验指标名称及定义

符号	变量名称	变量定义
LTBL	流通股比例	上市公司已发行流通 A 股占公司总股本的比例
Equity	股本	公司已发行的普通股股份总数
Ten	前十大股东持股比例	前十大股东持股合计数占公司总股本的比例
ROE	净资产收益率	税后利润/所有者权益;反映股东权益收入水平
REPS	每股留存收益	累计留存收益/总股本
REVINR	营业收入增长率	营业收入增长百分比
ListYear	上市年限	公司上市年限

二、庞氏分红指数的格兰杰因果检验

为进一步分析庞氏分红指数与相关变量间的因果关系,检验其是否符合主流财务理论的预期,本章将庞氏分红指数(PSI)和相关指标建立面板向量自回归(PVAR 模型)并采用格兰杰因果分析检验其科学性,结果如表 10-4 所示。

表 10-4　面板格兰杰因果检验结果

变量组	原假设	观测数	系数	P 值	检验结果
PSI 与 LTBL	PSI 不是 LTBL 的格兰杰原因	25 133	0.003 004 3	0.109	接受
	LTBL 不是 PSI 的格兰杰原因	25 133	−3.082 588	0.000	拒绝
PSI 与 Equity	PSI 不是 Equity 的格兰杰原因	25 180	0.011 761	0.936	拒绝
	Equity 不是 PSI 的格兰杰原因	25 180	−0.003 874 5	0.003	接受
PSI 与 Ten	PSI 不是 Ten 的格兰杰原因	25 394	0.009 866	0.000	拒绝
	Ten 不是 PSI 的格兰杰原因	25 394	7.828 774	0.000	拒绝
PSI 与 ROE	PSI 不是 ROE 的格兰杰原因	32 865	0.009 191 9	0.000	拒绝
	ROE 不是 PSI 的格兰杰原因	32 865	−0.013 693	0.002	拒绝
PSI 与 REPS	PSI 不是 REPS 的格兰杰原因	33 896	−0.000 377 3	0.000	拒绝
	REPS 不是 PSI 的格兰杰原因	33 896	1.003 241	0.005	拒绝

（续表）

变量组	原假设	观测数	系数	P值	检验结果
PSI 与 REVINR	PSI 不是 REVINR 的格兰杰原因	32 233	0.000 219 4	0.921	接受
	REVINR 不是 PSI 的格兰杰原因	32 233	−0.000 108 4	0.092	拒绝
PSI 与 ListYear	PSI 不是 ListYear 的格兰杰原因	33 906	−0.000 000 1	0.999	接受
	ListYear 不是 PSI 的格兰杰原因	33 906	0.864 450 5	0.001	拒绝

在滞后期为 1 期且在 10% 的显著性水平下，存在由流通股比例（LTBL）到 Ponzidex 的单向格兰杰因果关系，即流通股比例的大小能够引起庞氏分红指数的负向变化，这与学者魏刚和蒋义宏（2001）、袁天荣和苏红亮（2004）、蒋卫平和陈薇（2007）的研究结论一致。检验结果还表明，存在由营业收入增长率（REVINR）到庞式分红指数的单向格兰杰因果关系；存在由庞式分红指数到股本总额（Equity）的单向格兰杰因果关系。此外，庞氏分红指数和前十大股东持股比例（Ten）、净资产收益率（ROE）、每股留存收益（REPS）、公司上市年限（ListYear）均存在双向格兰杰因果关系。

对以上格兰杰因果检验结果分析如下：庞氏分红指数是股本的格兰杰原因，表明上市公司进行超能力派现的目的可能是向资本市场上融资，进行增发、配股，进而引起股本变动。前十大股东持股比例是庞氏分红指数的格兰杰原因，说明股权越集中，控股股东越有可能通过超能力分红的方式进行利益输送，侵占中小股东利益，符合"隧道挖掘"理论。庞氏分红指数和净资产收益率互为格兰杰因果关系，说明庞氏分红会带来净资产收益率指标的提高，这符合前文的推断，部分超能力分红公司存在明显的再融资动机，即通过派发高额现金股利，来降低净资产、提高净资产收益率，以满足证监会规定的配股资格（上市公司近三年的净资产收益率必须达到年平均 6%）。庞氏分红指数和每股留存收益存在双向格兰杰因果关系，说明一方面庞氏分红会使留存收益显著减少，另一方面留存收益较多的公司更有可能实施超能力分红。营业收入增长率能够衡量公司成长能力，上市公司成长能力越强、潜能越大，公司越需要资金来扩大营业规模，能够用于派发现金股利的资金就越少，过度分红的可能性就越小，所以营业收入增长率能够引起庞氏分红指数显著变动。公司上市年限是庞氏分红指数的格兰杰原因，可能的原因是，一方面，部分年轻上市公司存在利用超募资金分红的问题；另一方面，也有部分上市不久的中小企业板、创业板上市公司存在明显的大股东借助超能力分红收回原始投资的可能。

三、庞氏分红指数的脉冲响应分析

基于 PVAR 模型,可以进行脉冲响应分析,通过将脉冲变量的冲击施加在响应变量的过程,可清晰地刻画盈利能力、股权结构与庞氏分红指数的动态变化和相互影响。使用蒙特卡罗(Monte Carlo)模拟 200 次得到置信区间在 5%～95% 的正交化脉冲响应图,如图 10-9 所示。

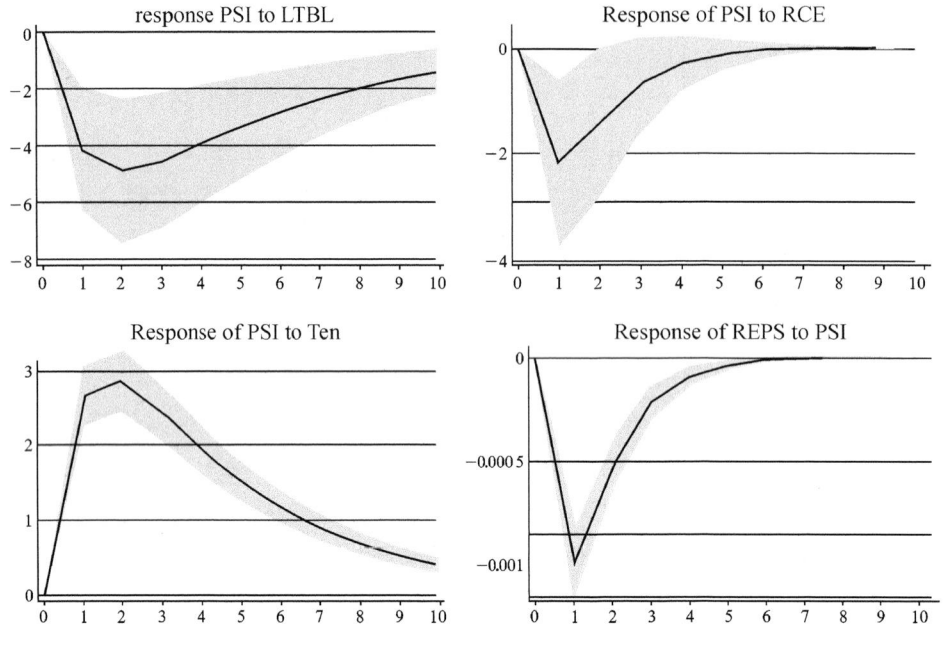

图 10-9　庞氏分红指数的脉冲响应分析图

庞氏分红指数对流通股比例的冲击在前两期有明显负向响应,在第二期达到峰值,然后开始缓慢下降,逐渐收敛于 0,即流通股比例对庞氏分红指数有一定预测性,上市公司流通股比例越大,超能力分红的可能性越小。庞氏分红指数对净资产收益率扰动从第 1 期开始就有明显负向响应,然后迅速减弱,在第 4 期开始收敛于 0,说明净资产收益率对超能力派现的影响虽然是短暂的,但也是高效的。庞氏分红指数对前十大股东持股比例的扰动具有显著正向响应,并在第 2 期达到峰值后缓慢下降,表明前十大股东持股比例越高,公司过度分红现象越严重。将每股留存收益作为反应变量,受庞氏分红指数一个标准差冲击后,在第 1 期表现为明显负向响应。以上脉冲响应分析的结果,总体符合经典文献关于超能力分红的研究结论。

本 章 小 结

本章从现金流、净利润双重角度选取 4 个维度评价指标对上市公司超能力分红行为进行指数化测度,构建了中国上市公司庞氏分红指数。上市公司庞氏分红指数的统计分析表明:

第一,庞氏分红指数有提高的趋势,但并不是普遍现象。近年来,随着一系列半强制分红政策文件的出台,半强制分红政策增强了上市公司现金分红的分红意愿。部分上市公司表现出为了融资目的而分红的动机,上市公司庞氏分红指数有所提高,但是整体水平并不高,超能力分红在上市公司并不普遍。

第二,成长性好、股本较小的中小企业板、创业板上市公司庞氏分红指数显著高于主板,与板块设置的功能定位以及现金分红生命周期理论相悖。这说明相比于主板,中小企业板、创业板上市公司超能力分红的趋势更明显。其中可能的原因是中小板、创业板上市公司有着更强的潜在融资动机,迫于监管压力而实施分红。

第三,庞氏分红指数大小与公司性质、地区经济发展程度有关。民营上市公司庞氏分红指数最高,可能是半强制分红政策规定的再融资条件约束导致,也有可能是民营上市公司股权集中,大股东持股比例高,大股东可能通过超能力分红来侵占小股东利益。此外,经济发达地区的庞氏分红指数得分也较高,但个别经济欠发达省份(如江西省、贵州省)庞氏分红指数排名也比较靠前,这主要是个别典型超能力分红案例所致。

第四,随着半强制分红政策陆续出台,小规模企业庞氏分红指数赶超大企业。小企业规模小,资金实力不强,融资比较困难,然而其发展潜力较大,对资金渴求旺盛,融资需求高,就会采用过度分红政策来达到再融资要求。另外,小企业大股东收回原始投资的动机较为强烈,也可能通过超能力分红这一手段快速收回原始投资。

第五,格兰杰因果关系检验结果和脉冲响应图分析表明,流通股比例越低、前十大股东持股比例越高、营业收入增长率越低、上市年限越短,庞氏分红指数越大。

第十一章

中国上市公司现金分红价值投资性指数研究

早在 1934 年,Benjamin Graham 和 David Dodd 合著的《证券分析》一书中就形成了价值投资理论的雏形。该书认为价值投资包含三要素:内在价值、安全边际、市场波动。任何一只股票都既有市场价格又有内在价值,但内在价值才是股票的真实价值。市场价格受供求影响而波动,经过较长时间,市场价格必然回归内在价值。换句话说,价值投资就是投资股票的实际价值,追求长期性、稳定性的投资回报而非投机价差收益。引导价值投资成为资本市场的主导投资理念具有重要现实意义:一方面,价值投资能够去伪存真,使资金流向真正有价值的公司,减少资金错配,促进资本市场资源优化配置;另一方面,有别于短期内通过买卖价差获得的高风险投机收益,价值投资者的回报来源于被投资公司经营成果的分红,而分红收益具有长期性和稳定性,利于吸引投资者长期投资。价值投资使价格回归价值,投资者情绪稳定、投资模式转变,理性投资成为主流,资本市场的稳定性也得以提升。然而,完善现金分红政策,建立长期有效的现金分红机制,塑造价值投资理念是中国上市公司、政府部门、投资者共同面对的难题。

本章从上市公司现金分红对投资者长期回报的角度,尝试建立一种衡量上市公司分红对长期投资价值影响的指数,评价上市公司的价值投资性。本章主要对现金分红价值投资性的影响因素、现金分红价值投资性指数的特征、现金分红价值投资性指数的启示等方面展开研究。

第一节 | 现金分红的价值投资性及其衡量

一、现金分红与价值投资

现金分红是判断公司是否具备价值投资性的重要依据。一方面,价值投资依赖于发掘公司内在价值,而现金分红有利于公司价值的提升,也是公司内在价值的信号。现金分红与公司价值的正相关关系在全球多个国家的资本市场得到了证实。Faccio 等(2003)以美国和东南亚国家的现金分红数据为研究对象,发现分红对缓解代理问题起到了积极作用,公司价值由此得到提升。Arnott 和 Asness(2003)将目光聚焦在美国资本市场,研究发现相对于大量再投资,将剩余利润用于股利分配的公司——也就是股利支付率更高的公司未来盈利增长更快。Gwilym 等(2006)将 Arnott 和 Asness(2003)的研究扩展到其他 10 个国家的资本市场,也得出相似的结论。Uwuigbe(2012)使用尼日利亚 2006 年到2010 年上市公司数据实证研究发现,公司价值与股利支付率之间呈显著正相关关系。Ouma(2012)基于肯尼亚上市公司数据进行研究,研究结论支持分红与公司价值之间的正向关系。而 Mrabet 和 Boujjat(2016)收集摩洛哥上市公司数据,通过实证研究也发现,现金分红有利于提升公司业绩表现和股东价值。在中国资本市场,黄建欢等(2015)基于 2003—2013 年沪深 A 股上市公司数据,构建累积分红回报变量,实证证实了高的分红回报可以提升公司价值,投资者会给予长期分红的公司更高的评价。常亚波和沈志渔(2016)从信号传递理论出发,验证了现金分红的信号传递效应同样适用于中国,其研究发现,现金分红在高管货币薪酬正向影响公司价值的过程中发挥部分中介作用,高管货币薪酬影响公司分红,进而影响公司价值。类似地,黄志典和李宜训(2017)也将现金股利作为中介变量,研究发现现金股利在公司治理与公司价值之间起显著的中介作用,治理结构完善的公司通过实施更合理的现金股利政策可以提升公司价值。

另一方面,现金分红是价值投资者获得回报最重要的途径。贺显南(2004)对价值投资进行了全面分析,他认为价值投资应体现在蓝筹股上,而现金分红是投资蓝筹股能够长期盈利的根基。王春艳和欧阳令南(2004)也认为上市公司不进行股利分配,价值投资的重要理论模型——贴现现金流模型,就失去了应用基础。袁明哲(2008)发展了现有收益模型,将现金分红作为主要变量之一,建立连续时间超常收益模型,研究发现相比于普通模型,加入现金分红的连续时间超常收益模型可以获得更高的股票投资收益率,且该收益显著高于平均市场收益率。庞小凤和郭智(2016)则对中国上市公司回报投资者的状况作了全面实证分析,发现中国上市公司回报投资者的意识整体较低,利润分配情况不理想,投资者亏损严重。他们从两个方面总结了投资者亏损的原因,一是上市公司分红水平较低,二是投资者价值投资理念缺失。他们认为要提高投资者保护水平,保障投资者投资回报,就需要完善上市公司的股利分配制度,从而激发分红的定价和治理功能。

此外,现金分红对股价的稳定也起着重要作用,而股价稳定有利于价值投资理念的形成。宋逢明等(2010)实证检验了中国上市公司股票收益率波动与公司基本面信息的相关性,研究表明两者显著负相关。深入研究还发现,实施连续现金分红政策的公司,收益率波动与基本面信息的相关性更高,所以稳定的分红能够提高股票市场的效率。王立文(2011)将现金分红作为调节变量,研究其对机构投资者和股票市场稳定性关系的调节作用,研究发现机构投资者持股提升上市公司股票市场稳定性仅对进行现金分红的上市公司有效,意味着现金分红对机构投资者的非理性投资行为有抑制作用,使机构投资者价值投资和稳定市场的功能得到了发挥。彭志胜和宋福铁(2014)使用2007—2012年国际、国内面板数据,实证分析现金分红与股票收益波动之间的关系,结果发现两者之间呈显著负相关关系,即现金分红可以降低股票收益的波动。张玮倩等(2016)关注了连续现金分红的效应,发现越注重实施连续现金分红政策的公司,其股价和公司内在价值越接近,股票错误定价程度越低。引入投资者意见分歧作为中介变量,发现其具有显著的中介作用,表明连续现金分红能够通过减少投资者意见分歧,进而降低股票错误定价的概率。因此,上市公司制定连续的现金分红政策不仅有利于提升股票市场定价效率,而且在影响投资者行为及优化上市公司价值管理中具有重要作用。

二、现金分红价值投资性的衡量

现金分红是建立价值投资型资本市场的关键。根据黄建欢等(2015)的研究,价值投资的核心特征是投资收益主要来自长期的现金分红回报而非价差收益。王春艳和欧阳令南(2004)也认为若上市公司不进行股利分配,价值投资的重要理论模型——贴现现金流模型,就失去了应用基础。然而,中国资本市场从建立之初就面临分红难的问题。据杨宝和王议晗(2017)的统计,中国A股上市公司1990—2015年的总体股息率大部分在0至1%之间,占到了样本总量的59%,上市公司分红意愿不高,现金分红水平较低。证监会为了提高中国上市公司的分红意愿和分红水平,促进价值投资理念的形成,从2001年开始颁布了一系列与公司分红相关的政策文件。典型的如2008年10月颁布的《关于修改上市公司现金分红若干规定的决定》,将现金分红与再融资资格挂钩,规定最近三年以现金方式累计分配的利润不少于最近三年实现的年均可分配利润的30%。这种所谓的半强制分红政策在一定程度上确实使得上市公司分红状况有所改善,但仍存在一些问题:第一,资本市场"轻回报"的思想依然根深蒂固,仍存在较多常年不分红或分红极少的"铁公鸡"公司。根据本书统计,2005—2018年除金融业外 A 股上市公司 30 586 个观测样本中,平均股息率大部分位于 0 至 1%之间,占样本总量的 70.9%。总体来看,中国上市公司股息率水平较低,许多上市公司现金分红回报不及银行存款利息。第二,为了获得再融资资格,上市公司门槛分红行为多发,主要表现为分红水平接近半强制分红政策线,分红时间接近融资时间。魏志华等(2014)的研究证实了这一点,他们发现半强制分红政策实施后,为了满足融资要求而分配股利的公司显著增加,且其分红水平接近半强制政策的门槛。

综观现有文献可以发现,现金分红是公司内在价值的直接体现,也是投资者长期利益的稳定保障;现金分红尤其是连续的现金分红可以降低股票市场波动,提高资本市场效率,引导投资者建立价值投资理念。所以,通过现金分红来刻画上市公司的价值投资性具备科学性和可行性。考虑到单纯的现金分红水平不足以衡量公司是否具有投资价值,本章建立了分红价值投资性指数这一综合衡量指标。参考已有文献以及证监会分红相关政策,本章主要从以下两方面来选取评价指标。

第一,现金分红水平。根据 Faccio 等(2003)、黄建欢等(2015)的研究以及证监会的政策要求,选用以下参考指标:①公司现金红利总额与当年归属于股东净利润之比(即股利支付率)是否达到证监会红利样本股要求(30%),达到取1,否则取 0。②现金红利与净资产之比是否达到证监会红利样本股要求(定存利率),达到取 1,否则取 0。③股息率,计算方法为每股股利除以每股市价。长期持有股票的收益来源于分红收益与股票购买价格的对比,因而股息率自然也是衡量上市公司是否具备投资价值的因素。

第二,现金分红的长期持续性。宋逢明等(2010)、杨志银(2017)等的研究都发现连续的现金分红可以有效引导理性投资,使公司股票价格接近内在价值,避免市场剧烈波动。本章采用近 5 年上市公司分红持续年数占比来衡量分红的连续性。

第二节 | 中国上市公司现金分红价值投资性指数的统计特征

一、现金分红价值投资性指数的总体特征

如表 11-1 所示,2005—2018 年共有 30 586 个数据完整的观测值。从其反映出来的总体特征可以看出,中国上市公司现金分红价值投资性指数平均值为

107.31，大于中位数 104.67，说明存在一些极端的高值，也就是非常注重现金分红回报投资者的公司（如贵州茅台）拉高了分红价值投资性指数的平均水平。第10%分位点分红价值投资性指数为 0，说明资本市场上也存在较多价值投资性非常差的公司。现金分红价值投资性指数标准差为 76.8，标准差较大说明上市公司分红价值投资性指数分布不均衡。

表 11-1　现金分红价值投资性指数总体情况

指数	样本量	平均值	p10	p25	中位数	p75	p90	最小值	最大值	标准差
DVI	30 586	107.31	0	38.11	104.67	169.66	209.09	0	298.3	76.8

图 11-1 为 2005—2018 年现金分红价值投资性指数的变动趋势特征图。从图中可以看出，中国上市公司分红价值投资性指数的平均数以 2008 年为分水岭，在 2008 年之前呈下降趋势，而在此之后不断上升，2012 年过后稳定在 110 左右。在 2008 年这一时间点发生变化的原因可能是，2008 年证监会颁布了《关于修改上市公司现金分红若干规定的决定》，该决定规定了更严格的再融资资格现金分红条件：最近三年以现金方式累计分配的利润不少于最近三年实现的年均可分配利润的 30%。这一政策配合 2000 年、2004 年、2006 年的分红政策，使证监会治理分红问题的"半强制"分红政策落到了实处，显著提高了上市公司用现金分红回报投资者的意识，也在一定程度上说明监管部门发布的半强制分红政策有助于投资者分红权益的保护。此外，现金分红价值投资性指数中位数的变动趋势同平均值大体一致，但波动性更大。和平均数相比，现金分红价值投资

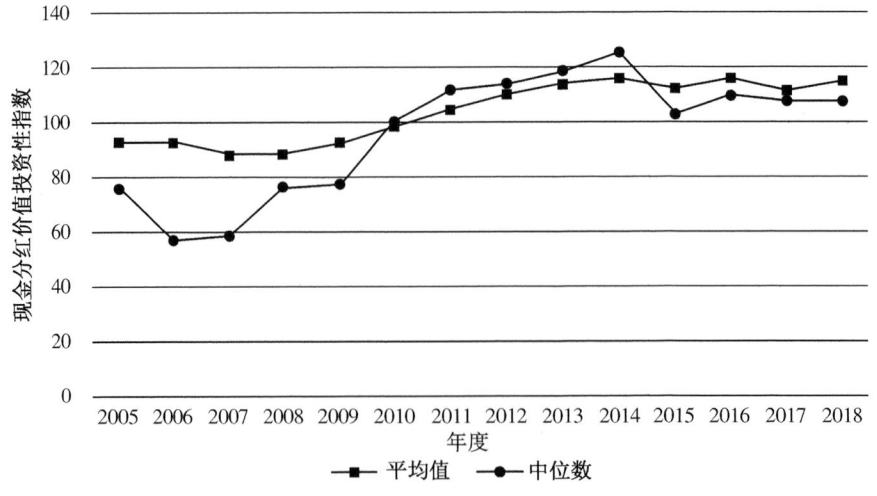

图 11-1　现金分红价值投资性指数的变动趋势

性指数的中位数从 2005 年开始大幅下降,2006 年跌至最小值,同时期平均值也呈下降趋势,说明中国资本市场分红情况不断恶化,分红"铁公鸡"公司越来越多,价值投资性越来越差。在此之后,现金分红价值投资性指数的中位数一路上升,缩小了同平均数的差距,2011—2014 年,中位数反超平均值且差距几乎可以忽略不计,2015 年之后中位数再次落后于平均值,但差距较小。2008 年以后现金分红价值投资性指数的变化情况说明半强制分红政策可能产生了积极的影响,上市公司的分红回报意识加强,在中位数和平均值同样上升的情况下,表明中国上市公司现金分红价值投资性指数分布更加平衡,整体的价值投资性得到提升。

二、现金分红价值投资性指数的区间分布特征

将现金分红价值投资性指数从小到大分为 6 个组,每组间距为 50,得到现金分红价值投资性指数区间分布特征如图 11-2 所示,各区间包含的样本数占总样本数的比例如图 11-3 所示。可以看出,共有 8 916 个样本现金分红价值投资性指数落在 0~50 组,占比最高,为 29.15%;共有 10 970 个样本较为均匀地落在 50~100、100~150 两组,分别占比 18.28%、17.59%;150~200 一组中有 6 358 个样本,占比为 20.79%;200~250、250~300 两组占比最低,分别为 12.7%、1.49%。从分布特征可以看出,现金分红价值投资性指数较低(0~100 组)的公司仍然占比较高,为 47.43%,且存在大量指数数值极低的样本(0~50 组)。现金分红价值投资性指数极高组(250~300 组)的样本很少,仅占 1.49%。现金分红价值投资性指数处于中间水平(100~250 组)的占比为 51.08%。总体来看,中国上市公司现金分红的价值投资性还有待提高。

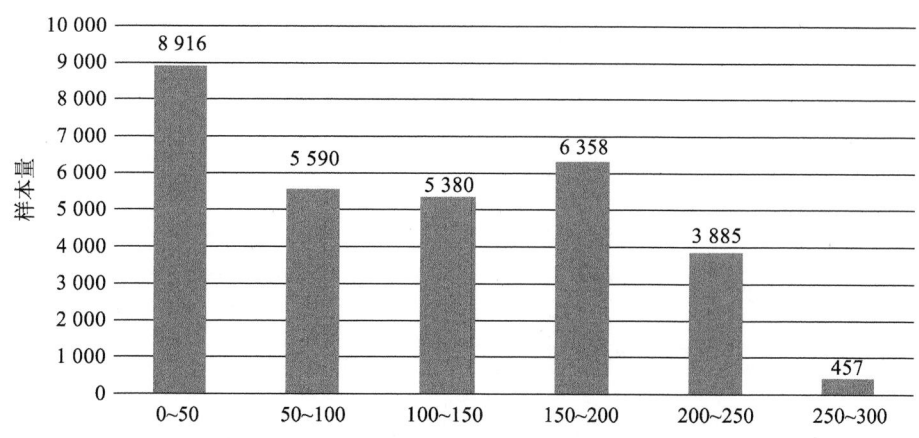

图 11-2　现金分红价值投资性指数的区间分布特征

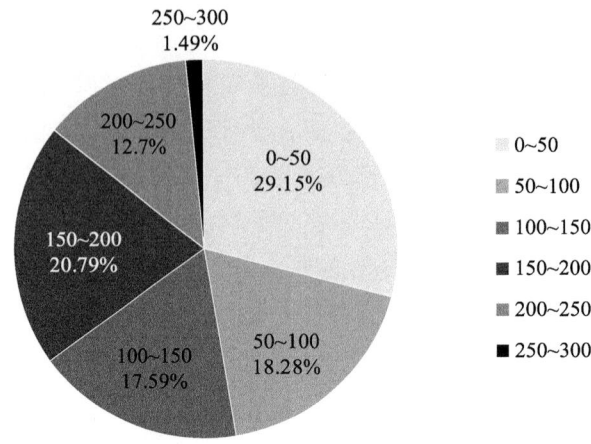

图 11-3　现金分红价值投资性指数各区间样本比例

区间分布的年度趋势特征如图 11-4 所示,图中左侧纵坐标衡量各分组包含的样本数,右侧纵坐标衡量总样本数。可以看出,随着总样本数的增加,除了现金分红价值投资性指数极高值(250～300 组)不明显以外,所有分组中的样本数都呈现增长的态势,但 50～100 组、100～150 组的增长幅度明显高于 0～50 组。在 2013 年以前,0～50 组的样本数量明显高于其他组别,但在此之后,0～50 组与除 250～300 组以外的其他组之间的差距越来越小。尤其是到了 2018 年,50～100 组的样本数已经超过 0～50 组的样本数,且 100～150、150～200 两组中的样本数也十分接近 0～50 组,表明相较于现金分红价值投资性指数极端低值的样本数,现金分红价值投资性指数较高的样本数量增长更快,中国上市公司价值投资性确实有所提升。

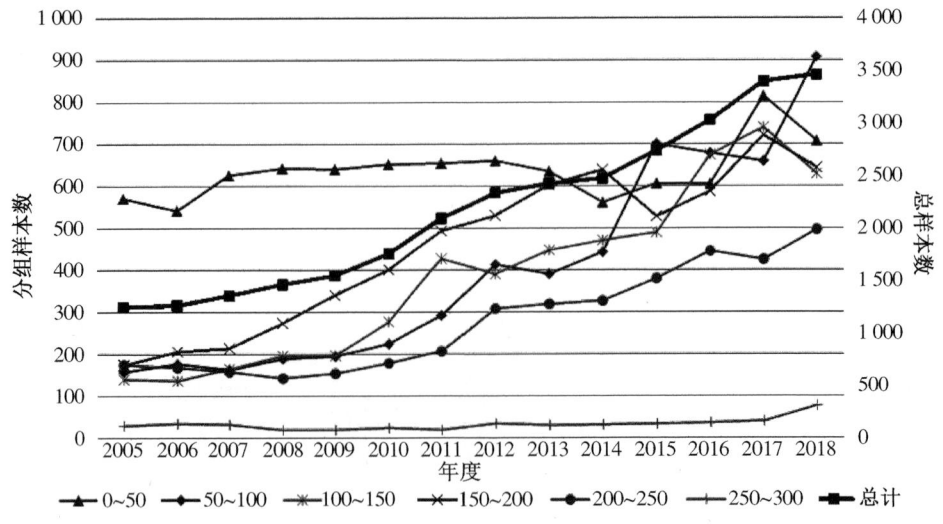

图 11-4　不同区间现金分红价值投资性指数的趋势特征

三、现金分红价值投资性指数的板块分布特征

图 11-5 展示了中国不同市场板块分红价值投资性指数的总体特征。从图中可以看出,中国中小企业板分红价值投资性指数的平均值最大,创业板次之,最后是上海主板和深圳主板。这和传统的股利生命周期理论(Fama 和 French,2001)相悖。股利生命周期理论认为公司在发展期会选择保留利润用于再投资,而在成熟期过后投资机会减少,公司会增加现金分红。总的来说,中国主板市场尤其是深圳主板上市公司成熟度高,理应有更高的价值投资性,而中小企业板、创业板上市公司多处于发展期,应该减少现金分红,将更多现金流用于投资发展,通过现金分红体现的价值投资性理应不高。

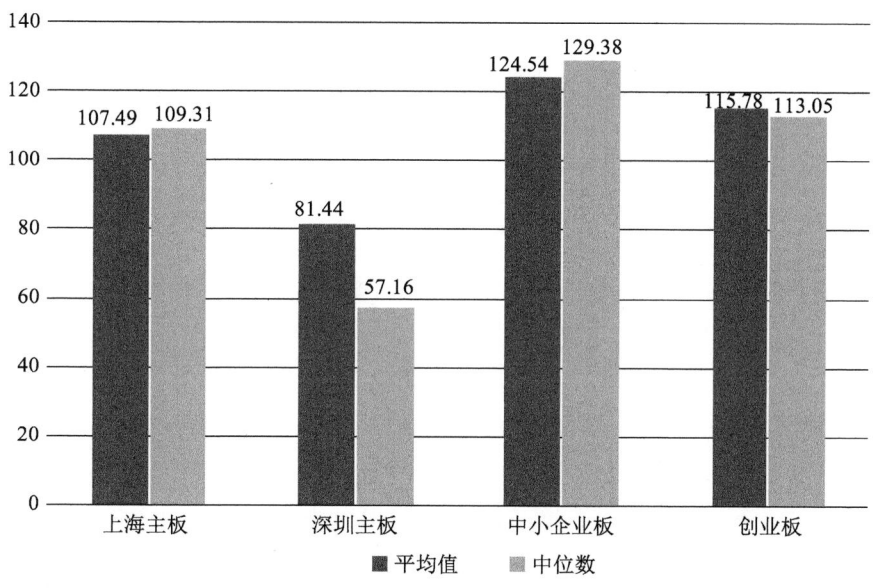

图 11-5　不同板块上市公司现金分红价值投资性指数的总体特征

为了分析其中的原因,本章统计了不同板块分红价值投资性指数的分位点分布情况,如图 11-6 所示。可以看到,上海主板、深圳主板、中小企业板、创业板第 75% 分位点的分红价值投资性指数虽有差距但差距不大,然而,第 25% 分位点的指数差距则较大,深圳主板甚至为零。足以见得,上海主板、深圳主板市场存在大量分红价值投资性指数极低的公司,这些吝啬分红的公司拉低了板块整体的分红价值投资性。另外,半强制分红政策对中小企业、创业企业的不利影响加剧了分红与企业生命周期的不匹配性。创业板、中小企业板大多数上市公司处在成长期,内源融资往往满足不了其发展需求,而半强制分红政策要求公司的

外部再融资资格与分红水平挂钩,所以公司为了获得外部资金,只好迎合半强制分红政策进行大量现金分红。

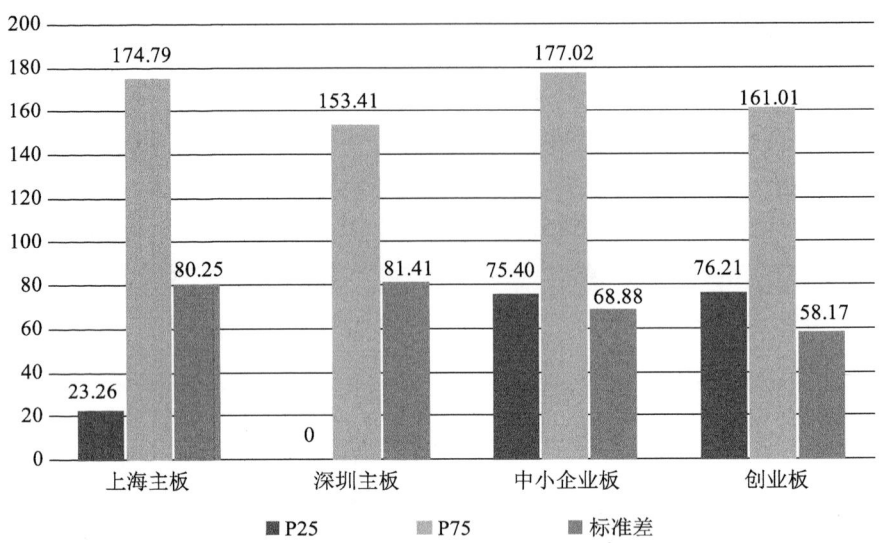

图 11-6　不同板块上市公司现金分红价值投资性指数的分位点分布情况

　　再看不同市场板块的现金分红价值投资性指数平均数年度趋势特征图,如图11-7所示。可以发现,上海主板现金分红价值投资性指数的平均数从2005年开始一路下降,到2008年触底反弹,之后总体稳中有升,在2016年超越创业板市场,在2018年超越中小企业板,排名第一。深圳主板现金分红价值投资性指数一直以来处于四个板块中的最后一位,且落后较大,但保持总体增长的态势。创业板市场创立于2009年,创立第一年其现金分红价值投资性指数便迅速攀升,可能的原因是成立之初,大量瞄准创业板的公司的上市目的仅是融资,而时间点刚好处于2008年半强制分红政策实施后,公司为了获得再融资资格普遍进行现金分红。创业板市场的现金分红价值投资性指数在2010年上升至首位,但此后数值一路下降,并在2016年被上海主板超越,排名第三。中小企业板的现金分红价值投资性指数总体来说一直处于领先地位,在2007年之后持续上涨,但2014年以后开始下降,在2018年被上海主板超过。结合总体特征和趋势特征来看,中国虽然存在分红"板块倒置"的情况,但主板市场的现金分红价值投资性指数在上升,创业板、中小企业板的在下降,说明中国上市公司分红政策越来越符合股利生命周期理论,成熟期公司回报意识逐渐增强,发展期公司选择更加适应公司发展需求的股利政策,市场正回归理性,价值投资性逐步提高。

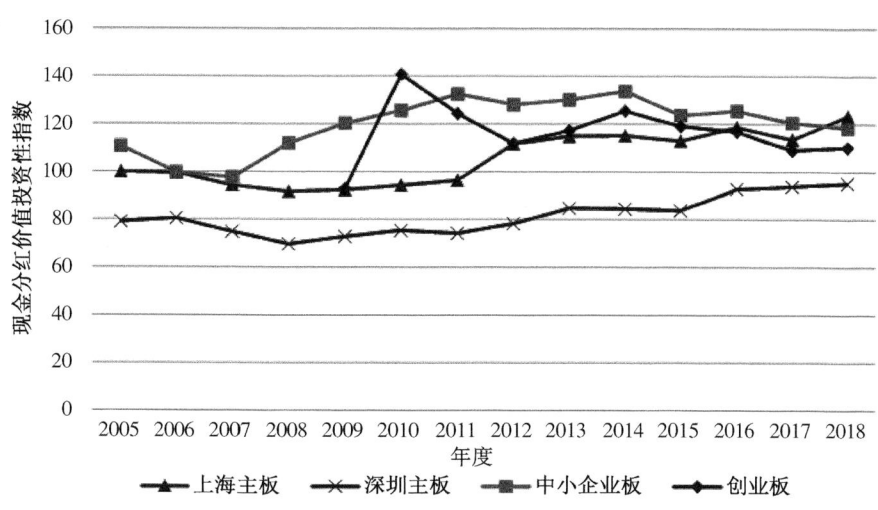

图 11-7　不同板块上市公司现金分红价值投资性指数的变动趋势特征

四、现金分红价值性投资指数的产权性质分布特征

图 11-8 是中国不同产权性质上市公司现金分红价值投资性指数的总体特征图。由图可见,各产权性质上市公司现金分红价值投资性指数的总体均值存在差距,最高的是外资企业,然后依次是国有企业、民营企业。大多数外资企业属于跨国公司,总体来说发展程度更高,分红水平更高,所以现金分红价值投资性指数最大。国有企业在证监会大力推动的半强制分红政策中起表率作用。

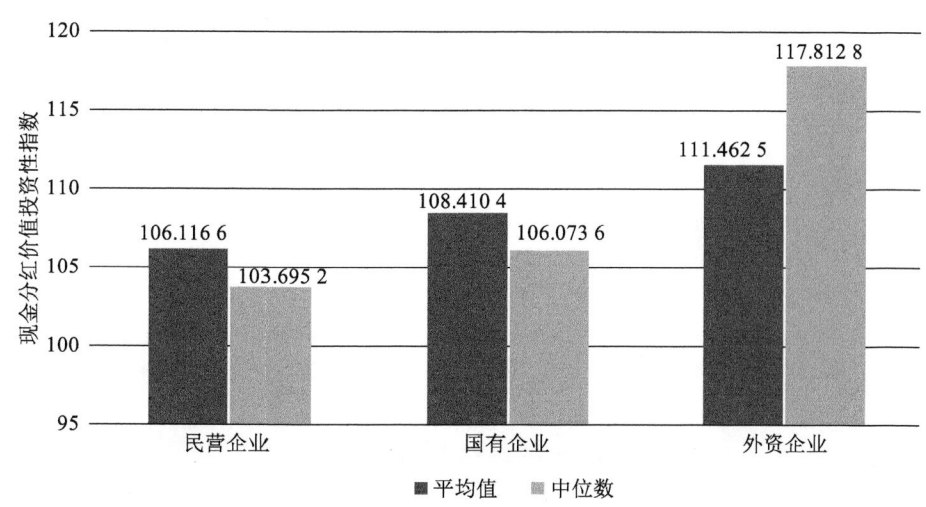

图 11-8　不同产权性质上市公司现金分红价值投资性指数的总体特征

2012年4月,国资委倡议"国有股东应成为积极、负责任的股东"和"鼓励上市央企建立符合价值投资理念的分红机制",所以国有上市公司现金分红价值投资性指数也较高。而民营企业总的来说盈利能力较差,现金流状况不佳,回报投资者的能力不强,现金分红价值投资性指数也就较小。国有企业、民营企业现金分红价值投资性指数的平均值大于中位数,表明存在极端高值拉高了现金分红价值投资性指数的平均水平。外资企业分红价值投资性指数的平均值小于中位数,表明存在极端低值拉低了其分红价值投资性指数的平均水平。

图10-9展示了不同产权性质上市公司现金分红价值投资性指数均值的年度趋势特征。从图中可以看出,2008年以后,所有产权性质的上市公司现金分红价值投资性指数均呈现出上升趋势,且差距逐渐缩小,这和证监会实行的半强制分红政策不无关系,同时也是上市公司分红回报意识增强的结果。从发展趋势来看,民营企业的现金分红价值投资性指数增速最快,2011年相比2007年增长了76%,并在当年排名第一,之后保持稳中有降的态势,在2016年之后又落到末位,但和其他几类企业差距不大。国有企业2010年以前一直处于领先地位,之后逐渐被其他两类性质的企业超过。外资企业的现金分红价值投资性指数一路高涨,并在2012年之后排名上升到第一位,保持了领先地位。

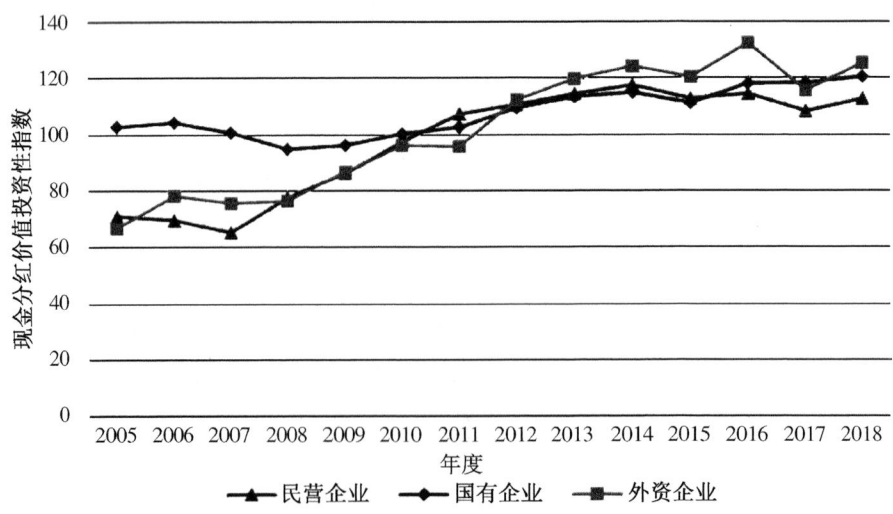

图11-9　不同产权性质上市公司现金分红价值投资性指数的年度趋势

五、现金分红价值投资性指数的地区分布特征

图11-10展示了不同省份中国上市公司现金分红价值投资性指数的总体特

征。可以发现,浙江现金分红价值投资性指数排名第一,北京紧随其后,而海南处于末位。排名前十省份中,有七个都是东部较发达地区省份;排名倒数十位的省份中,有六个都属于西部地区。由此可见,现金分红价值投资性指数受经济发展程度的影响。总的来说,经济发展水平高的地区,资源更加丰富,市场规则更加完善,公司经营绩效更高,公司分红能力及分红意愿也更强,自然分红价值投资性指数更高。进一步地,比较平均值和中位数可以发现,经济发展程度更高地区现金分红价值投资性指数的平均值和中位数的差距更小,说明经济发展程度高的地区现金分红价值投资性指数数值分布更加均衡,现金分红价值投资性指数水平普遍较高。

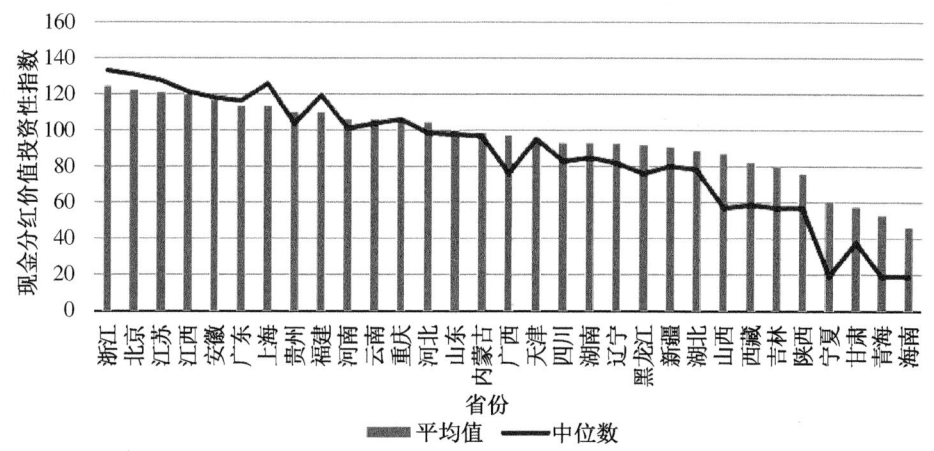

图 11-10　不同省份现金分红价值投资性指数的总体特征

再看图 11-11,将 31 个省份分为四个经济区域,分别为东北地区、东部地区、中部地区和西部地区,形成中国不同经济区域上市公司现金分红价值投资性指数总体特征图。由图可见,不同经济区域分红价值投资性指数平均值由大到小依次为东部地区、中部地区、西部地区、东北地区。其中东部地区优势较大,西部地区和东北地区差距很小。分区域的统计结果印证了上文分省份统计得出的现金分红价值投资性指数特征,即现金分红价值投资性指数受经济发展程度的影响,经济越发达地区现金分红价值投资性指数也越高。同样可以发现,东部地区和西部地区现金分红价值投资性指数平均值与中位数的差距较小,西部地区和东北地区平均值与中位数的差距较大。这说明经济发展程度越高的地区现金分红价值投资性指数分布越均衡,现金分红价值投资性指数水平普遍较高。

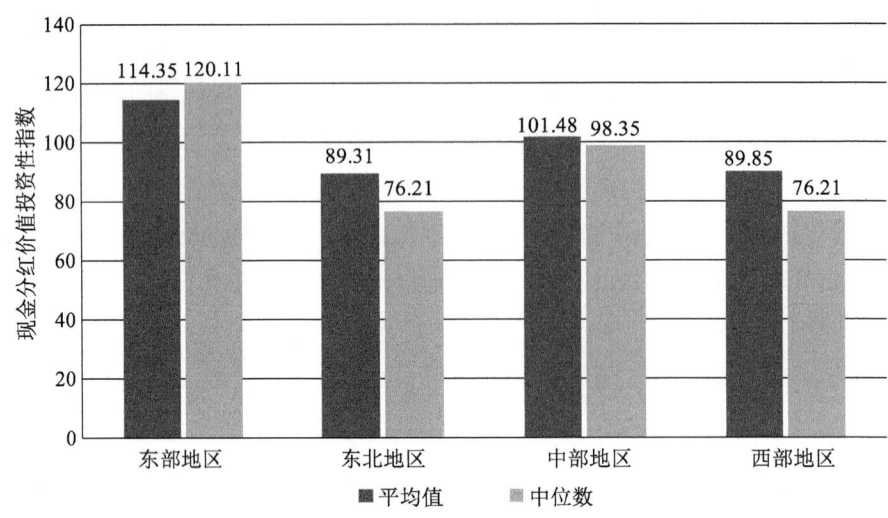

图 11-11 不同经济区域现金分红价值投资性指数的分布特征

图 11-12 为中国不同经济区域上市公司现金分红价值投资性指数年度趋势特征图。从图中可以看出，2008 年以来，所有地区的上市公司现金分红价值投资性指数都呈现出快速上升的趋势，2012 年之后恢复平稳。其中，东部地区现金分红价值投资性指数一直处于领先地位，2009 年以后与其他区域的差距逐渐拉大。中部地区现金分红价值投资性指数一直位列第二，在 2012 年之后领先西部地区、东北地区的优势逐渐缩小。东北地区与西部地区现金分红价值投资性

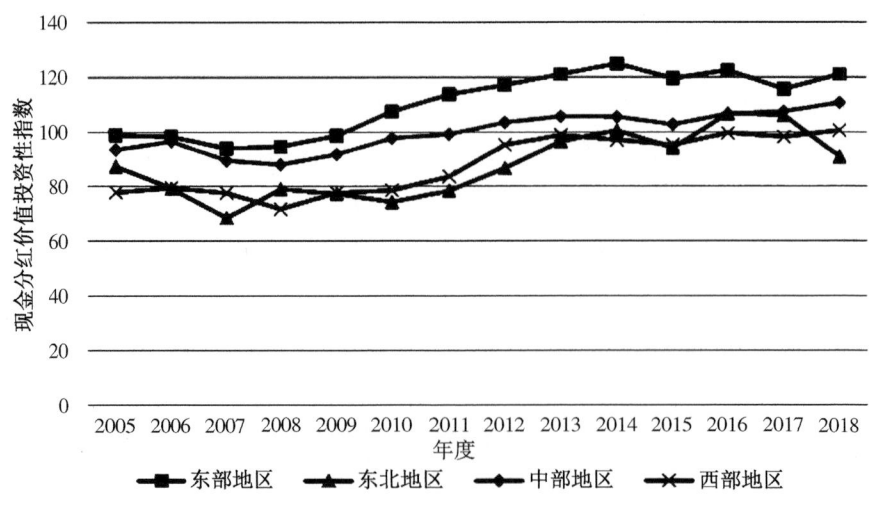

图 11-12 不同经济区域现金分红价值投资性指数的年度趋势特征

指数相差不大,2005年以来交替领先,西部地区增长趋势更为稳定,东北地区波动较大,且2017年以后有较大幅度的下降。从现金分红价值投资性指数的地区特征可以大致看出中国经济发展规律,总的来说,各地区都呈现出增长趋势。东部地区经济发达,处于明显的领先地位;中部地区凭借地理位置、历史积淀仍然具备一定的经济优势;西部地区依仗成都、重庆、西安等迅速崛起的新一线城市发展势头强劲;而东北地区产业结构改造升级之路仍然艰巨,经济增长面临较大的不确定性,上市公司现金分红价值投资性指数波动性较大。

六、现金分红价值投资性指数的公司规模分布特征

按资产规模从大到小排序,将中国上市公司分为大规模公司、中等规模公司和小规模公司。图11-13列示的是不同规模上市公司现金分红价值投资性指数的特征。可以较为明显地看出,规模越大的公司其现金分红价值投资性指数平均值越大。大公司分红价值投资性指数的平均值小于中位数,表明有极端高值拉高了平均数。可能的原因是,规模大的公司中有盈利能力突出且现金流充沛的公司分配大量的现金股利(如贵州茅台2017年每股分红11元,2018年每股分红14.54元),拉高了整体平均值。小公司现金分红价值投资性指数的平均值大于中位数,可能的原因是,小规模公司多是微利企业,现金富余程度不高,故不分红或是分红极少的公司较多,拉低了整体平均值。中等规模公司介于两者之间,分红水平比较均衡,平均值与中位数的差距也较小。

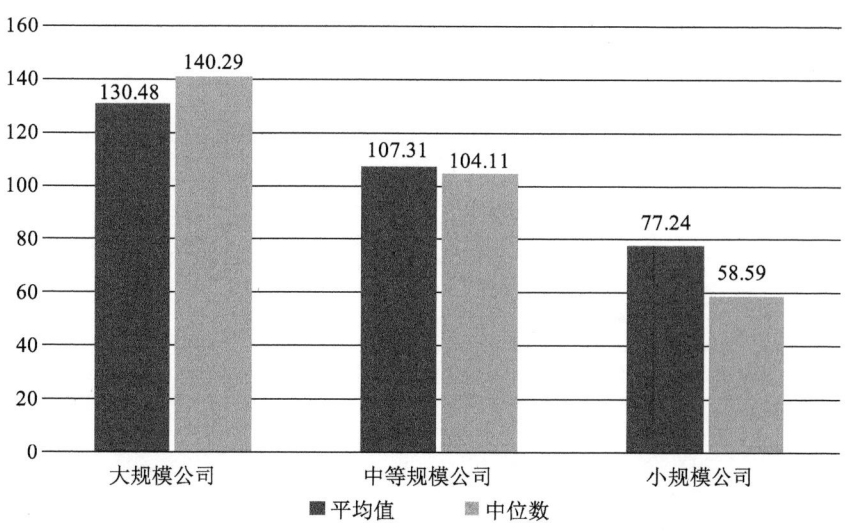

图 11-13　不同规模上市公司现金分红价值投资性指数总体特征

　　图 11-14 是不同规模上市公司现金分红价值投资性指数均值年度趋势特征图。具体来看,大规模组公司的现金分红价值投资性指数在 2011 年之前呈现出下降的趋势,2011 年之后保持平稳状态。中等规模公司和小规模公司变化趋势较为一致,2007 年以前总体下降,之后反弹,并且保持较快增长速度,但中等规模公司在 2011 年之后一直保持平稳态势,小规模公司在 2014 年之后有下降趋势。另外,中等规模公司与大规模公司之间的差距、小规模公司与中等规模公司之间的差距逐渐减小。总的来说,资产规模越大的上市公司现金分红价值投资性指数越高,但中小规模上市公司的现金分红价值投资性指数在 2007 年后上升速度更快。根据生命周期理论,规模较大的公司更可能是成熟期公司,具备稳定盈利能力、充足现金流,故现金分红价值投资性指数更高。但大规模公司的现金分红价值投资性指数总体上呈现出下降的趋势,可能的原因是半强制分红政策将再融资资格(增发、配股、发行可转换债券等)与分红水平挂钩,但多数大规模公司融资需求较低;即使需要融资,由于信用良好,其面临的融资约束程度较低(魏志华等,2014),融资渠道广泛,不一定需要通过再融资方式融资。况且大规模公司通常已经达到甚至超过政策要求的分红门槛,半强制分红政策可能反而降低了大规模公司的分红积极性。中小规模公司现金分红价值投资性指数在 2007 年以后迅速上升的原因可能是,中小规模公司相比大公司面临更高的融资约束程度(魏志华等,2014),其融资渠道更加匮乏,2008 年力度更大的半强制分红政策,将再融资资格与现金分红挂钩,导致中小规模公司不得不提高分红水平以获得外部融资资格。

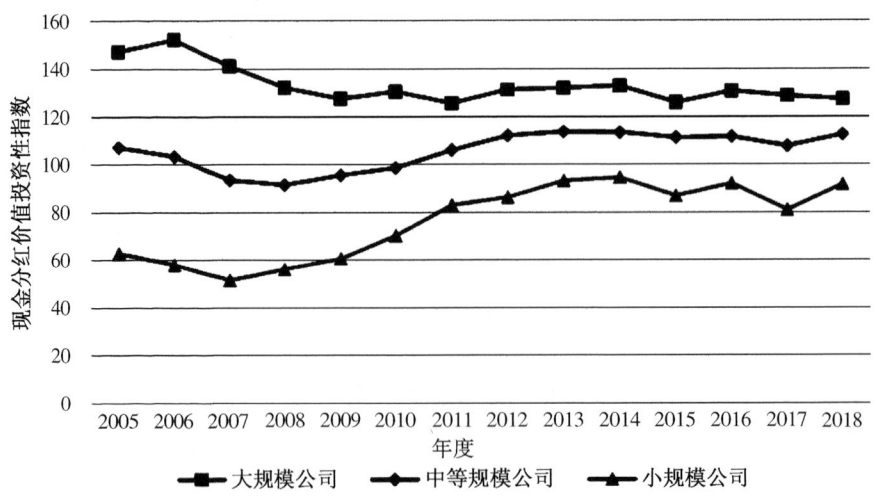

图 11-14　不同规模上市公司现金分红价值投资性指数的年度趋势特征

七、现金分红价值投资性指数的行业分布特征

表 11-2 列示的是中国上市公司分红价值投资性指数按行业从大到小排序的结果。不难发现,交通运输、仓储和邮政业排名第一,电力、热力、燃气及水生产和供应业以及住宿和餐饮业紧随其后,而综合则排名末位。此外,卫生和社会工作业,科学研究和技术服务业,农、林、牧、渔业,水利、环境和公共设施管理业等行业排名也靠后。交通运输、仓储和邮政业,电力、热力、燃气及水生产和供应业等行业具有垄断性质,产品更新周期长,现金流富余且研发压力小,故利润多用于回报投资者,现金分红价值投资性指数较高。而科学研究和技术服务业需要投入大量的研发经费,综合行业属于跨行业经营,也需要大量资金投入;卫生和社会工作业、水利、环境和公共设施管理业等行业所提供的产品或服务带有公共物品性质,盈利性不强;农、林、牧、渔行业属于基础农业,长期受国家扶持,也不具有突出的盈利能力和充足的现金流,因此,这些行业分红回报水平较低,现金分红价值投资性指数也较低。

表 11-2   不同行业现金分红价值投资性指数总体特征

行业	样本数	平均数	中位数	最小值	最大值	标准差
交通运输、仓储和邮政业	1 092	137.33	154.25	0	298.30	75.99
电力、热力、燃气及水生产和供应业	1 347	114.20	118.03	0	298.30	85.79
居民服务、修理和其他服务业	2	112.39	112.39	77.52	147.26	49.31
住宿和餐饮业	122	112.20	119.94	0	249.11	87.04
制造业	19 016	109.07	107.59	0	298.30	75.87
批发和零售业	1 967	108.83	108.82	0	298.30	80.31
采矿业	919	105.77	96.23	0	298.30	85.53
信息传输、软件和信息技术服务业	2 055	102.80	100.69	0	298.30	66.49
建筑业	878	101.61	100.84	0	298.30	74.26
房地产业	1 736	99.68	98.62	0	298.30	82.84
租赁和商务服务业	480	97.21	99.13	0	251.36	73.69
文化、体育和娱乐业	479	90.81	90.68	0	260.56	72.72
卫生和社会工作业	103	89.85	95.27	0	222.42	73.96
科学研究和技术服务业	284	87.00	86.30	0	232.14	75.62
农、林、牧、渔业	449	83.89	76.21	0	298.30	74.03
水利、环境和公共设施管理业	419	82.07	76.21	0	241.14	68.34
教育业	54	68.72	57.16	0	224.49	63.59
综合	337	64.52	38.11	0	217.84	68.66

第三节 ｜ 中国上市公司现金分红价值投资性指数的检验

为了验证指数的科学性和合理性,本章构建面板向量自回归模型(PVAR),将分红价值投资性指数及相关变量纳入多元系统方程,进行格兰杰因果关系检验及脉冲响应分析,观察指数与其相关变量的相互作用情况,以此判断指数是否有效。

一、检验指标选取

根据理论分析以及已有研究文献,本章选取盈利能力(净资产收益率、每股收益)、现金流状况(每股经营现金净流量、每股企业自由现金流)、机构投资者持股(机构投资者持股比例)、换手率、股价波动率等会影响公司分红价值投资性的指标作为检验指标。这些指标不同于构建分红价值投资性指数所用到的指标,在一定程度上可以避免内生性问题。

一般来说,盈利能力更强、现金流状况更好的公司,往往具备更好的投资价值(韩华等,2011),其现金分红价值投资性指数应越大。本章用净资产收益率、每股收益来衡量公司的盈利能力,用每股经营现金净流量和每股企业自由现金流来衡量公司的现金流状况。陶启智等(2014)认为,机构投资者持股可以降低被投资股票的股价波动性,大力促进机构投资者持股有利于降低个股风险,引导资本市场回归理性和稳定。综上所述,市场稳定性的提高,即股价波动率和股票换手率的降低,有利于市场投机思想降温,价值投资理念提升,现金分红价值投资性指数自然也会增大。格兰杰因果检验涉及变量的具体定义如表 11-3 所示。

表 11-3 格兰杰因果关系检验及脉冲响应分析相关变量

变量名	符号	具体含义
净资产收益率	ROE	净利润与净资产的比值
每股收益	EPS	每股净利润
每股经营现金净流量	Percfo	取自现金流量相同项目
每股企业自由现金流	Perfcff	取自现金流量相同项目
换手率	Turnover	年内日换手率(流通股数)之和
波动率	Vol	年平均收益率的标准差

二、现金分红价值投资性指数的格兰杰因果检验

对现金分红价值投资性指数与相关变量格兰杰因果关系检验的结果如表

11-4 所示。可以发现,现金分红价值投资性指数(DVI)是净资产收益率(ROE)的格兰杰原因,每股收益(EPS)与现金分红价值投资性指数(DVI)互为格兰杰因果,表明盈利能力对公司分红价值投资性会产生影响,而公司的现金分红价值投资性也会影响其长期盈利能力。每股经营现金净流量(Percfo)与现金分红价值投资性指数(DVI)也互为格兰杰因果。这说明现金流状况会影响公司的分红价值投资性,公司的分红价值投资性也会影响其现金流能力。现金流状况会影响现金分红价值投资性指数,因为现金分红需要满足两个条件——盈利和充足的现金流,所以现金流状况越好其现金分红价值投资性指数越高。而现金分红价值投资性指数较高的公司其现金流状况也较好,可能是由于现金分红价值投资性指数较高的公司更受资本市场认可,其融资能力更强,现金流状况更好。换手率(Turnover)、股价波动率(Vol)与现金分红价值投资性指数(DVI)互为格兰杰因果,表明公司股票在资本市场上的波动(股票换手率的波动和股价的波动)与公司的分红价值投资性是相互影响的。

总的来说,盈利能力、现金流状况、换手率、股价波动率都会影响现金分红价值投资性指数,这和韩华等(2011)、陶启智等(2014)的研究结论一致,公司的财务状况、股价的稳定性与公司的长期投资价值息息相关,表明现金分红价值投资性指数对上市公司的长期价值投资性具备有效的解释能力。

表 11-4　格兰杰因果关系检验结果

变量组	原假设	系数	P 值	结论
DVI 与 ROE	ROE 不是 DVI 的格兰杰原因	2.54	0.111	接受
	DVI 不是 ROE 的格兰杰原因	228.35	0	拒绝
DVI 与 EPS	EPS 不是 DVI 的格兰杰原因	18.796	0	拒绝
	DVI 不是 EPS 的格兰杰原因	70.021	0	拒绝
DVI 与 Percfo	Percfo 不是 DVI 的格兰杰原因	4.032	0.045	拒绝
	DVI 不是 Percfo 的格兰杰原因	7.513	0.006	拒绝
DVI 与 Perfcff	Perfcff 不是 DVI 的格兰杰原因	0.38	0.537	拒绝
	DVI 不是 Perfcff 的格兰杰原因	92.204	0	拒绝
DVI 与 Turnover	Turnover 不是 DVI 的格兰杰原因	2.815	0.093	拒绝
	DVI 不是 Turnover 的格兰杰原因	566.548	0	拒绝
DVI 与 Vol	Vol 不是 DVI 的格兰杰原因	5.632	0.018	拒绝
	DVI 不是 Vol 的格兰杰原因	183.079	0	拒绝

三、现金分红价值投资性指数的脉冲响应分析

脉冲响应分析可动态地刻画影响因素间的关系,其原理是给予某个因素一

个标准差的冲击,观察对模型中其他因素当期及以后期的冲击影响。本章观测了每股收益(EPS)、每股经营现金净流量(Percfo)、股价波动率(Vol)对现金分红价值投资性指数(DVI)以及现金分红价值投资性指数(DVI)对净资产收益率(ROE)的冲击影响。脉冲效应分析结果如图 11-15 所示,可以发现,每股收益、每股经营现金净流量对现金分红价值投资性指数表现出正向脉冲作用,这种促进作用在第一期达到最大值,之后逐渐减小,第五期过后趋近于零。股价波动率

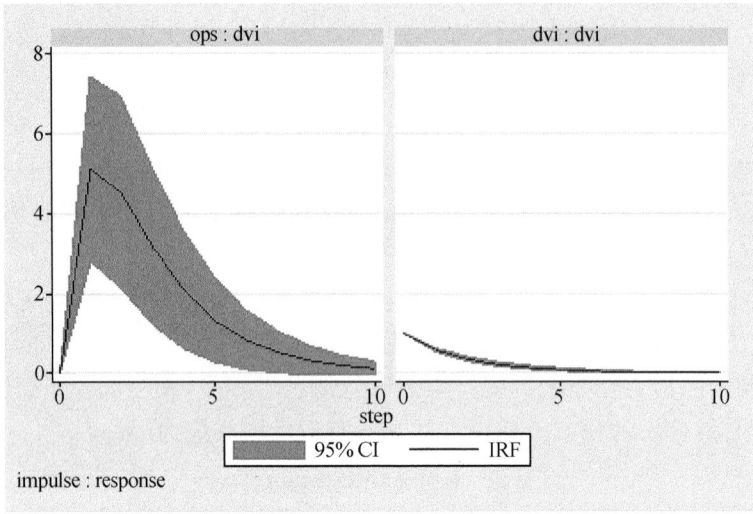

(a)

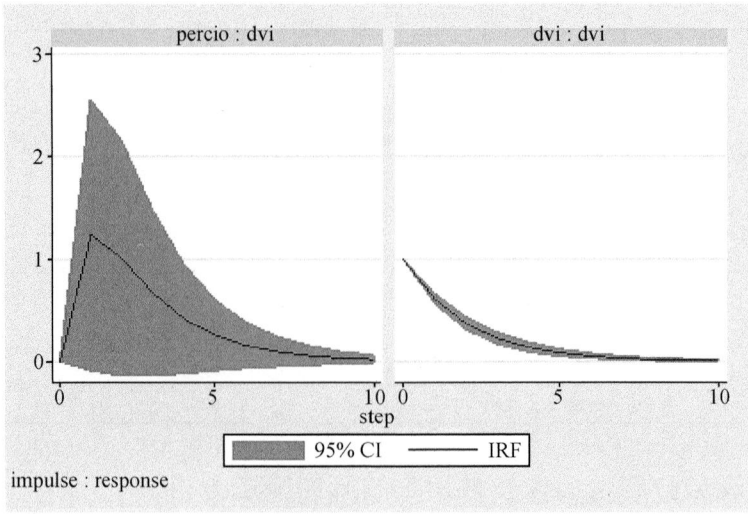

(b)

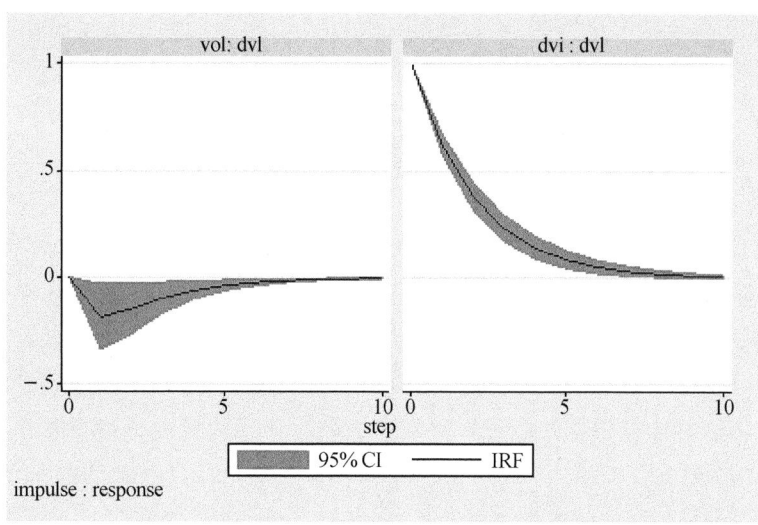

（c）

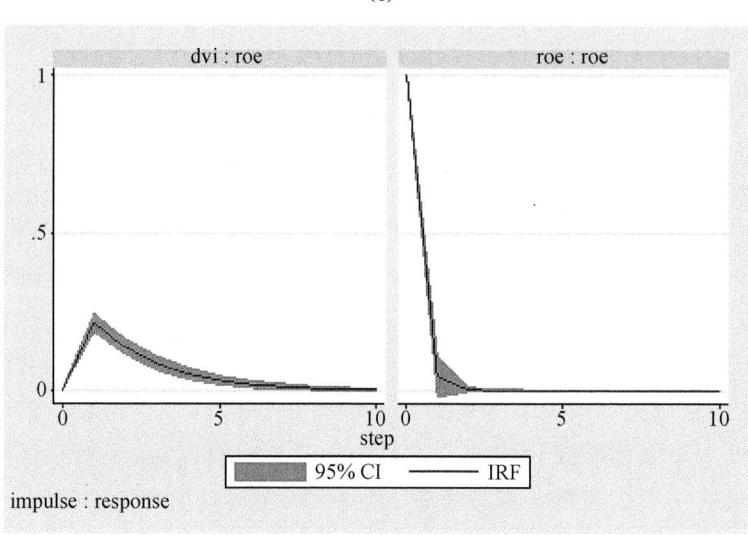

（d）

图 11-15　脉冲响应分析结果

对现金分红价值投资性指数具有负向脉冲效应,在第一期达到最大,此后逐渐趋近于零。脉冲响应结果显示,盈利能力强、现金流状况好的公司投资价值高,而股价波动率大的公司可能存在经营治理结构不完善、营业收入不稳定的问题,投资价值低。此外,现金分红价值投资性指数在当期直至第五期对净资产收益率都有正向促进作用。这一点与经典股利信号理论相符,依据股利信号理论,公司分红表现好可以传递其业绩稳健的积极财务信号,会对公司市场业绩带来正向影响。格兰杰因果关系检验及脉冲响应分析的结果都表明现金分红价值投资性指数具有一致性、合理性。

本 章 小 结

本章从上市公司分红对投资者长期回报性角度选取评价指标,构建了中国上市公司现金分红价值投资性指数,并基于PVAR模型使用格兰杰因果关系检验和脉冲响应分析考察了指数的合理性。本章主要研究结论总结如下:

第一,现金分红价值投资性指数总体呈上升趋势,但分布不均衡。分红价值投资性指数得分总体偏低,但呈现出增长的趋势。分红价值投资性指数极端低值较多、高值较少,影响了中国上市公司整体的价值投资性。但年度趋势特征表明,分红价值投资性指数较高的样本数量增长更快,说明中国上市公司价值投资性正在改善。

第二,现金分红价值投资性指数呈现一定程度的"板块倒置"现象。中小企业板、创业板上市公司分红价值投资性指数总体高于主板,存在"板块倒置"的问题。但主板的指数在上升,创业板、中小企业板的指数在下降,说明中国上市公司分红政策越来越符合股利生命周期理论,成熟期公司回报意识逐渐增强,市场正回归理性。

第三,现金分红价值投资性指数存在分布特征的异质性。外资企业分红价值投资性指数最高,民营企业分红价值投资性指数最低,国有企业居中,三者的差距随着时间推移逐渐减小。经济发达程度越高的地区,分红价值投资性指数得分越高;东部地区优势明显,东北、中部、西部地区差距逐渐缩小。规模越大上市公司分红价值投资性指数得分越高,但近年来不同规模公司间差距逐渐减小。

第四,半强制分红政策显著提升了现金分红价值投资性指数。分红价值投资性指数开始增长的时点大约是半强制分红政策出台以后,表明半强制分红政策总体上发挥了积极作用。但具体到上市板块、公司规模来说,半强制分红政策将再融资资格与现金分红挂钩,可能会导致创业板、中小企业板上市公司不得不提高分红水平以获得外部融资资格,进而导致其发展前景受到不利影响,也使得其分红价值投资性指数虚高,不利于资本市场健康发展。

第五,格兰杰因果关系检验的结果表明,盈利能力、现金流状况、股价的稳定性与现金分红价值投资性指数息息相关。脉冲响应分析观测到盈利能力强、现金流状况好的公司分红价值投资性指数更高,股价波动率大的公司分红价值投资性价值指数更低。同时,分红价值投资性指数对净资产收益率有正向脉冲效应。两项分析的结果均表明现金分红价值投资性指数与经典股利理论及相关财务指标具有一致性。

第十二章

中国上市公司市场分红指数研究

　　有别于前面的章节从公司分红层面、分红特定层面构建分红评价指数,本章将考察市场层面现金分红的总体表现。中国上市公司市场现金分红指数的构建与分析有利于研究不同板块、不同交易所、不同行业上市公司现金分红表现的异质性,也有利于基于不同板块、不同交易所、不同行业观测证监会等部门颁布的半强制分红政策的宏观效应。具体来说,本章选取年度市场现金分红总额、市场分红上市公司占比、市场股息率均值、市场股利支付率均值、市场现金分红波动性、市场现金分红的回报性等市场层面现金分红测度指标,构建市场现金分红指数(MDI),对不同板块、不同交易所、不同行业上市公司现金分红的总体特征进行研究。

第一节 | 市场分红的影响因素分析

一、微观因素与现金分红

　　(1)上市公司现金分红意愿和水平的影响因素。董事会的规模越大、独立董事人数越多、对董事会的激励程度越大、董事会越优秀的公司进行现金分红的意愿越强;CEO 和董事会主席两职合一、董事会会议次数越多的公司进行现金分红的意愿越弱(陈立泰、林川,2011)。由于欠发达地区的债务融资途径狭窄,潜在的资金缺口以及面临的债务刚性要求企业保持较好的财务灵活性(Francis 等,2007),欠发达地区的企业因此会降低现金分红的数量来保持财务柔性以应对计划外的资金需求(张玮婷、王强,2015)。股东控制类企业如果缺乏有效的制衡机制,分红的意愿和水平都比较高,而经营者控制的公司由于缺乏分红动机,发放现金股利的概率和水平都比较低(刘孟晖,2011)。此外,盈利性好、成长性低、规模较大的企业具有更强的意愿支付现金股利(宋福铁、屈文洲,2010)。相比于非家族上市公司,家族上市公司由于加剧了第一类代理冲突,现金分红的意愿和水平都更低(魏志华等,2012)。股权集中度越高,大股东有更强烈的动机将现金流留存于企业以谋取私利,现金股利支付较低;而股权制衡度越高,现金分红力度则越高(任力、项露菁,2015)。

(2)上市公司现金分红的持续性的影响因素。一般认为长期稳定盈利是持续分红的基础,连续分红的企业具有经营稳健、未来盈利能力较强的特征。相关研究表明,大多数连续多年不分红的企业都是因为经营状况不佳且长期得不到有效改善,企业盈利能力较差、未分配利润长年为负,企业无利可分。另外,分红的持续性也受到股权治理结构的影响。在部分股权结构较为集中的上市公司中,曾出现个别年度异常分红或上市初期大比例密集分红等现象,可能会对中小投资者的利益造成侵害。

(3)上市公司现金分红平稳性的影响因素。陈名芹等(2017)研究表明机构投资者的整体减少会影响现金股利的平稳性。出于保全职位和避免外部其他影响及干扰,经理人倾向于进行现金和股利平滑(Fudenberg 和 Tirole,1995)。Leary 和 Michaely(2011)的实证研究发现,成长性更高、规模更小、股息收益率较低且收益波动率较大的企业以及分散的分析师预测越来越少的企业股利平滑的可能性更小,而"现金奶牛"、增长前景低、治理薄弱、机构持股增加的企业更加平稳。在没有财务约束、信息不对称水平较低时,股息平滑在容易受到代理冲突的公司中最为常见。有学者研究了股利平稳性与投资者偏好的关系发现,个人投资者不倾向于持有股利平滑企业公司的股票,而机构投资者则倾向于这样做(Larkin 等,2012)。但是一些国内学者的研究却发现个人投资者对股利平稳不敏感,股利不平稳会对非独立机构投资者产生"驱逐效应"(陈名芹等,2017)。

(4)上市公司现金分红的其他影响因素。上市公司分红意愿符合生命周期理论特征,是否支付现金股利这一行为符合企业成长期和成熟期自由现金流的特征,但是股利支付率却不符合上述生命周期特征(宋福铁、屈文洲,2010)。超募资金作为资金源提高了上市公司现金股利支付水平,当超募资金补充流动资金的增加,现金股利的支付水平也随之上升,并且在大股东持股比例较高的上市公司里这种正向关系更加显著(张路,2015)。国际化董事会的存在可以明显提高现金分红的水平(杜兴强、谭雪,2017)。上市公司在执行定向增发后往往会派发更多的现金股利,并且有大股东参与的定向增发企业更甚(赵玉芳等,2011)。不同股权激励工具也影响现金股利支付水平,谢德仁和汤晓燕(2014)研究发现限制性股票激励公司比股票激励公司的分红水平显著更高,限制性股权激励对象为企业董事长时股利支付率较高。

二、宏观因素与现金分红

上市公司现金分红也受到货币政策、税收政策、市场环境和信息环境等宏观因素的影响。有学者实证检验了宏观货币政策对企业现金股利发放行为的影响，发现货币政策紧缩会降低上市公司现金分红的意愿，在融资约束较强的公司，紧缩的货币政策约束作用更强（全怡等，2016）。然而，学界认为半强制分红政策对企业分红的引导作用有待商榷。半强制分红政策的实施能够提升上市公司发放现金股利的意愿，对高成长低现金流、公司治理水平比较差、规模较小的公司影响更加显著，但是不能在整体上提升上市公司现金分红水平，一定程度上甚至会降低整体的股利支付水平（刘星等，2016）。由于 2006 年和 2008 年的半强制分红政策明确设立了最低分红"门槛"，因此约束效应比 2001 年和 2004 年的引导政策更低，"铁公鸡"公司的比例在半强制分红政策的实施下也没有降低（魏志华，2014）。

上市公司的分红行为也受到市场环境的影响。市场化程度越高，上市公司发放现金股利的数量越多，并且这种影响在非国有产权的上市公司中比国有产权的上市公司中更明显（雷光勇等，2007）。股票市场流动性偏低时，股利支付率会显著提高（李茂良，2017）。上市公司现金分红水平同样受到信息环境的影响，信息中介的存在使外部信息环境得到改善，企业的信息不对称程度降低，对外部信息的不确定性降低能够缓解企业对内部资金的依赖并降低外部融资约束，现金分红水平会得到提高（张纯等，2009）。

第二节 ┃ 中国上市公司市场分红评价指标的特征分析

一、市场分红意愿

本章使用年度市场分红总额和市场分红公司占比两个指标刻画上市公司分红意愿。年度市场分红总额等于所有上市公司年度派现总额，市场分红公司占比等于市场当年分红公司数量除以市场上市公司总数。

（一）年度市场分红总额

上市公司年度市场现金分红总额变动情况如图 12-1 所示。自 2000 年以来，沪市和深市的年度分红总额总体呈现逐年上升的态势，上市公司的分红意愿逐渐增强。比较沪深两市上市公司的年度分红总额可以发现，上海证券交易所年度分红总额的增速总体高于深圳交易所年度分红总额的增速。

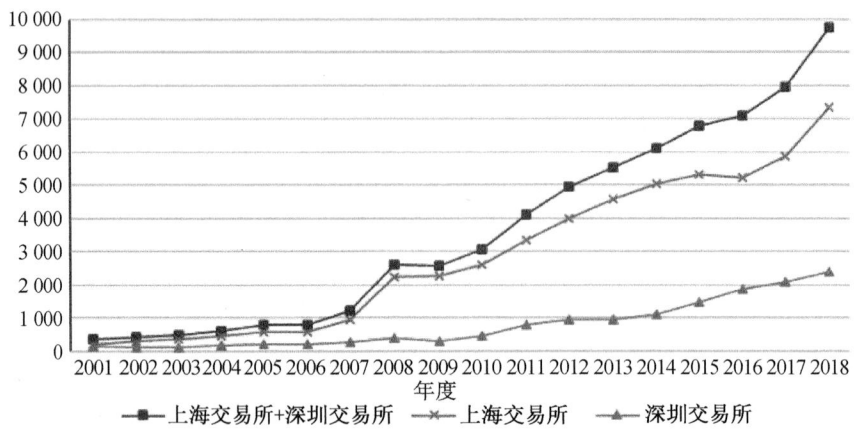

图 12-1　年度市场分红总额变动趋势

将 2006 年作为分界点更加细致地考察现金分红总额的阶段性增长特征可以发现:

(1) 2000 年至 2006 年为缓慢增长阶段,中国股市现金分红年度总额增长极为缓慢且总量均在 1 000 亿元以下。值得关注的是,2006 年年度分红总额与 2005 年基本持平,2007 年年度分红总额突破 1 000 亿元人民币并且较之前有更大的增幅。2006 年上市公司年度分红总额轻微下降的可能原因是 2006 年 5 月证监会开始实施《上市公司证券发行管理办法》,这部文件将上市公司公开发行证券的资格与企业的现金股利发放状况挂钩,明确要求上市公司的财务状况良好并且最近三年以现金方式累计分配的利润不少于最近三年实现的年均可分配利润的百分之二十才能再次进行融资。半强制分红政策在当年产生了明显的"负向激励",分红比较多的上市公司将每股分红降低到门槛水平上,因而 2006年扭转了前几年分红总额持续增长的趋势。

(2) 2006 年至 2018 年为快速增长阶段,现金分红年度总额增长速度总体较快且总量不断提高。2007 年上市公司分红总额开始快速增长主要是受到在2006 年开始实施的半强制分红政策的影响,以央企为主的上海交易所响应政策号召,因此该交易所年度分红总额增幅较大。另外,2008 年证监会发布《关于修改上市公司现金分红若干规定的决定》将上述比例提高到百分之三十,并引导上市公司维持分红的稳定性和连续性,在财务报告中披露现金分红政策的执行情况。在半强制分红政策强约束的刺激下,2008 年的分红总额比 2007 年上升1 397.47 亿人民币,环比增长 114.27%,创历史新高。但是由于 2008 年全球金融危机的爆发,中国股市在金融危机的波及下受到沉重打击,在全球经济增长乏力的大环境下,企业的经营收益增长疲软,加之央行货币紧缩政策影响了企业的一部分流动性,现金分红总额在 2009 年有了第一次的大幅下降。对比上交所和深交所现金分红总额发现,造成本次大幅下降的主要原因是深交所上市企业减少了现金股利的发放。虽然上交所也遭受 2008 年金融危机的影响,但上交所现金股利小幅增长 25 亿元人民币。此外,受 2015 年股市下行的影响,2016 年股市总体现金分红数量增长速度放缓,上交所的现金分红总额短暂回落,但是深交所上市企业分红总量仍保持增长势头。

(二)市场派现上市公司占比

市场不同板块派现上市公司数量占比如图 12-2 所示。其中,创业板开市的时间为 2009 年,因此,派现上市公司占比数据从 2009 年开始统计,其他板块数据从 2005 年开始。

首先,大多数年度主板派现上市公司比例低于中小企业板和创业板。2010年以前,主板企业的派现意愿较中小企业板和创业板更强。但是近几年来,特别是 2015 年以后,主板企业的派现意愿明显变弱。市场分红意愿由强到弱排序依次为:创业板、中小企业板、上海主板、深圳主板。由于中小企业板和创业板上市的企业多为处于成长期的高科技企业,资金需求量大而现金流并不充沛,创业板和中小企业板的分红意愿明显强于主板上市公司的原因可能是上市公司为了达到分红的再融资资格线而实施"钓鱼式"分红。

其次,从长期来看,主板上市公司的派现意愿总体在增强。深圳主板派现公司占比大约为 30%至 60%,上海主板派现公司占比在 40%至 80%浮动,这可能是因为深圳主板上市企业中隐藏大量"吝啬"的民营企业,导致了深圳主板分红意愿比上海主板弱。另外,大多数年度上海主板分红企业占比大于深圳主板分红企业占比。两主板分红企业占比差距在 2005 年至 2011 年不断缩小且上海主板企业分红意愿强于深圳主板。2011—2015 年期间则是深圳主板分红公司比例高于上海主板。但是,上海主板派现公司占比在 2015 年实现了反超并在后续考察年度维持了比深圳主板更高的水平。

再次,与沪深主板相比,创业板和中小企业板现金分红公司占比波动幅度更大。可以发现,主板市场分红公司占比的波动区间为 30%至 80%,而中小企业板和创业板市场分红企业占比的波动区间为 10%至 80%。创业板和中小企业板分红上市公司占比在最开始的 2005 年至 2009 年保持较低水平,从 2009 年开始持续两年大幅度地提升,中小企业板和创业板现金分红公司占比在大部分年度高于主板市场。

最后,现金分红意愿在板块间存在"倒置"问题。理论上,主板企业处于成熟期,可利用的自由资金流较多且产业扩张达到稳定规模,企业经营稳定,有能力进行现金分红。创业板和中小板企业板处于初创期或者成长期,资金周转困难且融资渠道单一,存在较大的资金压力,因此,发放现金股利的可能性较少。然而,实际上从图 12-2 数据比较可以得知,中小企业板和创业板公司的派现比例却明显高于主板市场公司派现比例,分红意愿违背了企业在不同生命周期的分红能力。

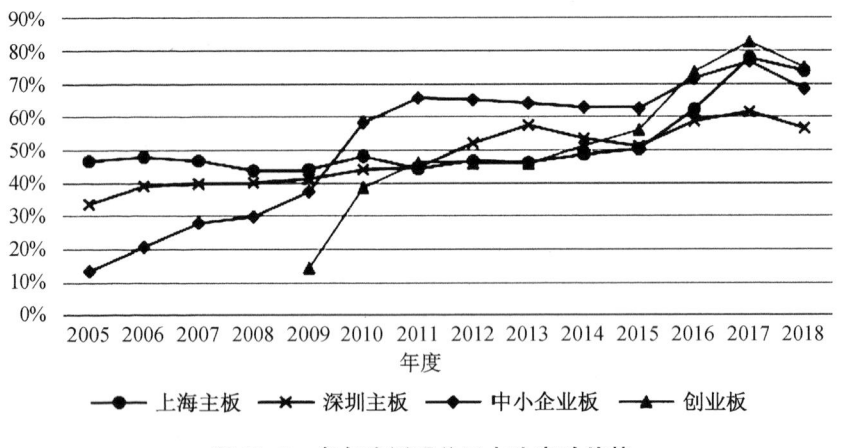

图 12-2 各年度派现公司占比变动趋势

二、市场分红的连续性

本章采用近三年连续实施现金分红的企业占比这一指标刻画市场分红的连续性。具体来说,若公司在 t 年分红,并且在 $t-1$ 年和 $t-2$ 年也实施了现金分红,则说明企业近三年都实施了分红。我们用连续三年分红企业占比描述上海主板、深圳主板、中小企业板、创业板现金分红的持续性。各板块近三年连续实施现金分红上市公司占比变化如图 12-3 所示。首先,观察四个板块的变化幅度可以发现,上海主板和深圳主板公司的现金分红连续性水平保持得较稳定,上海主板市场企业分红的连续性总体强于深圳主板市场。两个主板市场连续三年派现公司占比变化趋势比较一致,分红连续性总体在改善。其次,中小企业板和创业板上市公司现金分红连续性的年度差异较大,某些年度连续三年分红的公司占比非常低。中小企业板连续三年分红公司占比在 2005 年至 2008 年均不足 10%,创业板连续三年派现公司占比在 2009 年至 2011 年也不足 10%。中小企业板分红连续性从 2007 年开始改善,连续三年分红公司占比从 2012 年开始超过了其余三个板块并且一直保持在最高水平。创业板分红连续性也从 2011 年开始不断改善,连续三年分红企业占比不断逼近主板市场,在近两年还超过了主板市场,向中小企业板市场的现金分红持续性水平靠近。

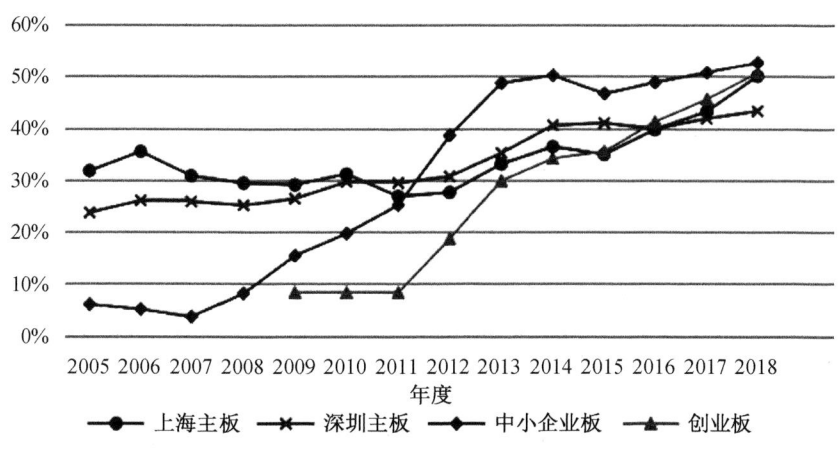

图 12-3　连续三年实施现金分红上市公司占比

三、市场分红的回报性

本章用市场平均股利支付率、市场派现总额占市场自由现金流之比、市场平均股息率三个指标刻画市场分红对投资者的回报情况。

(一)市场平均股利支付率

各市场板块股利支付率变动趋势如图 12-4 所示,其中以每股股利除以每股收益计算的股利支付率描述上市公司将多少比例的净收益用于现金分红。分析图 12-4 可以发现:

(1)相比主板市场,中小企业板、创业板企业倾向于用更高比例的净利润派发现金股利,除 2017 年创业板市场股利支付率低于上海主板市场外,其余年度中小企业板和创业板的股利支付率均高于两主板市场。

(2)四个板块的市场平均股利支付率在 2005 年至 2007 年连年下降,说明 2004 年半强制分红政策的颁布不能在整体上提升上市公司现金分红水平(股利支付率),在一定程度上甚至会降低整体的现金分红水平,这与刘星等(2016)的研究结论一致。

(3)深圳主板和上海主板两市场的股利支付率变动趋势一致,呈"W"型周期性波动。2012 年之前,中小企业板市场股利支付率与主板市场变动趋势一致;2012 年之后,中小企业板市场企业对股东的回报水平连年下降,直到 2018

年才有小幅提高。

（4）近四年来,各板块股利支付率指标变化幅度较小,有稳中向上的态势。

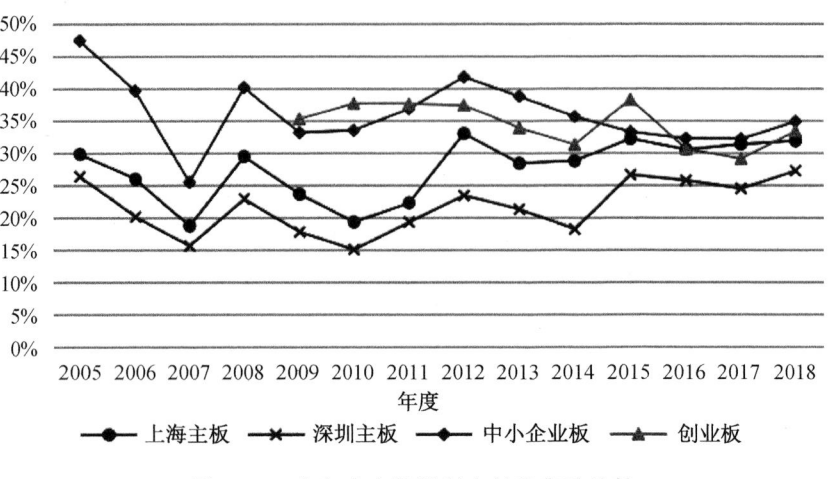

图 12-4　各年度市场股利支付率变动趋势

（二）市场派现总额占自由现金流比

自由现金流量是指企业经营活动产生的现金流入扣除资本性支出后的差额,用来衡量企业实际可用于回报股东的现金流。市场派现总额占市场自由现金流之比,可以更加理性地描述在不危及企业持续经营的情况下上市公司现金分红回报投资者的能力。通过图 12-5 可以发现:

（1）2004—2009 年,中小企业板派现总额占市场自由现金流的比例较低。可能的原因是中小企业板上市公司的规模持续扩张,对自由现金流的需求大,因此市场派现总额占市场自由现金流比维持在较低水平。

（2）2008—2011 年,各板块派现总额占市场自由现金流之比显著增长。可能的原因在于为了缓解 2008 年金融危机对国内经济造成的下行影响,央行释放4 万亿资金投资以拉动内需,市场流动性得以提高,上市公司也纷纷提高了派现水平,表现为市场派现总额占自由现金流比在短时间内大幅攀升。

（3）2011—2015 年,各板块派现总额占市场自由现金流之比呈现下降趋势。这是因为 2011 年之后,宏观经济下行,市场流动性变差,上市公司层面只能将更多的自由现金流留存于企业,用于支持后续的固定资产投资。

（4）2015 年后,各板块派现总额占市场自由现金流之比呈现增长趋势。2016 年,中央经济工作会议提出五大任务,即"去产能,去库存,去杠杆,降成本,补短板"。企业规模扩张受到限制,资金回笼,市场派现总额占自由现金流之比不断升高,对投资者的回报短期内迎来了新一轮"春天"。但是好景不长,在经济下行的背景下企业现金流也极度短缺,2018 年除中小企业板市场派现总额占市场自由现金流的比例有小幅增长外,其余三个板块均明显下降。

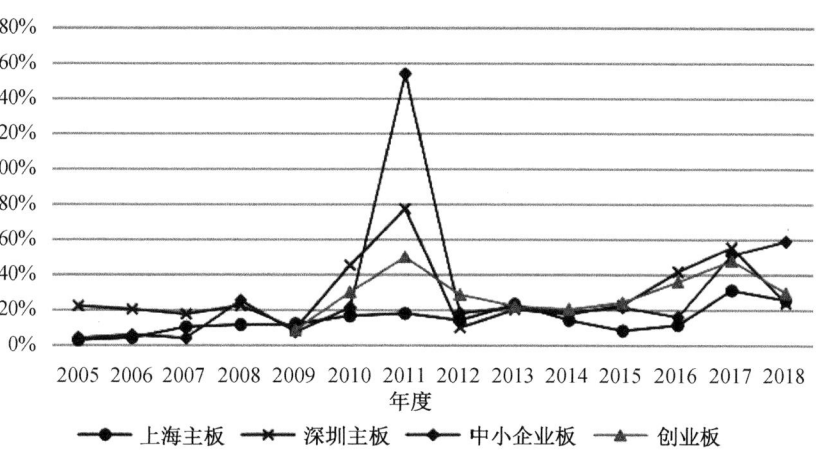

图 12-5　市场派现总额占自由现金流比变动趋势

(三) 市场平均股息率

股息率是每股现金分红与股票市价之间的比率,可以衡量上市公司对投资者而言是否具有投资价值。市场平均股息率等于当年市场所有上市公司股息率的均值。市场平均股息率的走势如图 12-6 所示,可以发现:

(1) 主板市场的股息率比中小企业板和创业板更稳定,主板市场的平均股息率在 1‰ 上下小幅波动,而中小企业板市场和创业板市场的平均股息率则处于更高水平。

(2) 上海主板股息率指标总体上高于深圳主板,并且主板平均股息率指标呈现一定程度的上升趋势。

(3) 中小企业板、创业板在 2013 年之前市场股息率显著高于主板。其原因可能是迎合半强制分红政策以获取融资资格,也有可能控股股东为收回原始投资而实施高分红以获取现金流。2013 年之后,中小创业板市场股息率表现出显著下行的趋势。其原因可能是 2013 年证监会、上交所发布了“上市公司现金分红指引”对上市公司分红占净利润的比例作出成长水平和重大资金安排的差异化安排,对成长期公司现金分红比例要求降低。该政策可能在一定程度上推动中小创业板现金分红意愿的回归。

(4) 从总体趋势看,上海主板、深圳主板市场股息率呈现上升趋势。这说明主板上市公司现金分红意愿和回报水平总体有上升的趋势。

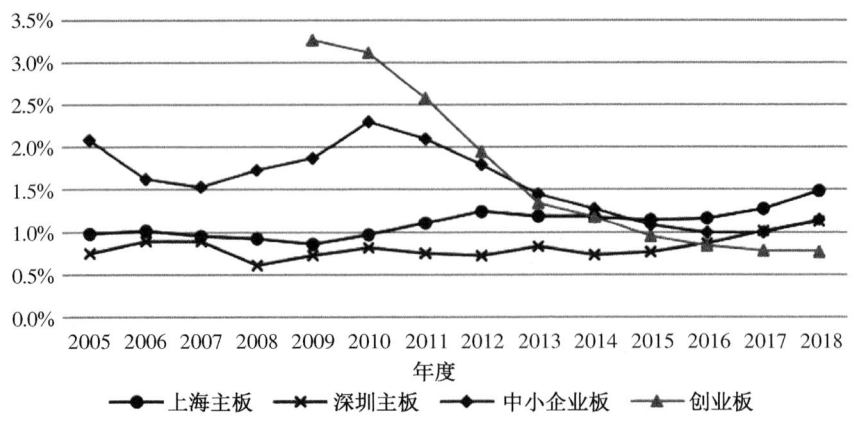

图 12-6　市场平均股息率变动趋势

四、市场分红稳定性

无量纲的变异系数能够更加科学地比较不同板块上市公司分红水平的变化。因而,本章用变异系数指标来衡量市场现金分红的稳定性,计算方法为市场所有上市公司现金分红水平标准差除以所有上市公司现金分红水平的均值。各板块市场现金分红变异系数如图 12-7 所示。可以发现,一方面,上海主板和深圳主板现金分红变异系数比较接近,大致在 0.2 到 0.8 之间波动;中小企业板和创业板现金分红变异系数比较接近,大致在 0.4 到 1 之间波动。这说明中小企业板和创业板现金分红变异系数比主板市场高,中小企业板和创业板市场虽然分红的意愿比较强、分红持续性更优,但是分红稳定性却不及主板市场,现金分红水平参差不齐。但总体而言,各板块的变异系数都在下降,各板块上市企业现

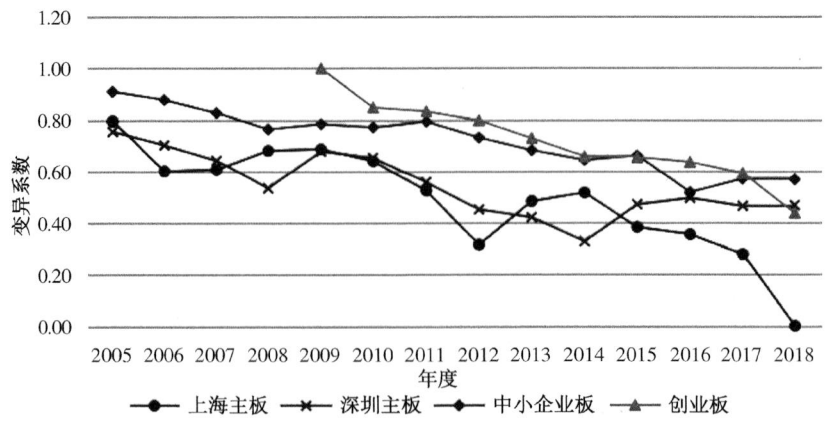

图 12-7　不同板块市场现金分红变异系数变动趋势

金分红的稳定性在提高。另一方面,上海主板市场现金分红变异系数分别在2009 年、2014 年达到顶峰,深圳主板市场现金分红变异系数在 2009 年、2016 年达到顶峰。中小企业板上市公司现金分红变异系数除了少数年份在微幅上升外,其他年份现金分红变异系数随时间推移不断减小。创业板自 2009 年以来,现金分红变异系数水平在不断下降,现金分红稳定性有所提高。

第三节 | 中国上市公司市场分红指数的统计特征

一、市场现金分红指数的时间序列特征

图 12-8 为市场现金分红指数不同年度变化趋势折线图。从板块水平上看,从 2004 年到 2010 年,由于分红意愿和分红连续性逊于主板,中小企业板和创业板市场现金分红指数较低。2010 年以来,中小企业板、创业板市场现金分红指数高于主板市场。2010 年之后,从总体趋势看,中小企业板、创业板市场现金分红指数高于上海主板和深圳主板。以上结论说明,中小企业板、创业板在现金分红连续性、稳定性、回报性等方面总体比主板要好,与前文研究结论一致。此外,上海主板市场现金分红指数在研究期间与深圳主板市场整体不相上下,现金分红情况在最近五年有明显改善。

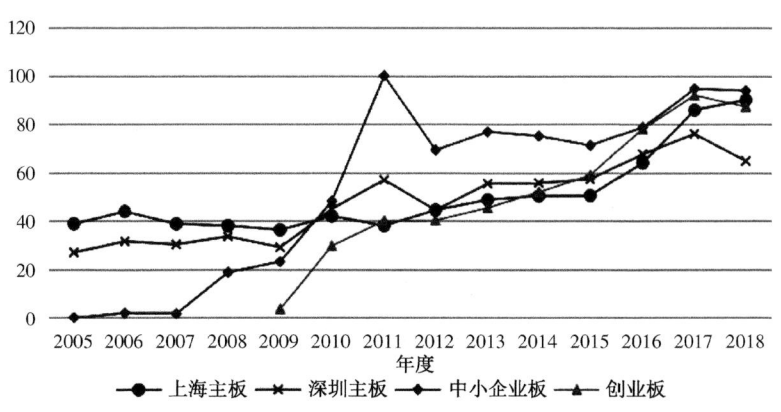

图 12-8　不同板块市场现金分红指数变动情况

从变动趋势看,创业板上市公司由于在企业性质、行业、融资约束等方面与中小企业板上市公司具有相似性,对自由现金流的需求欲望强烈、对政策的反应灵敏度相似,因此,创业板自 2009 年以来的指数变化与中小企业板指数变化具

有协同效应。深圳主板分红指数和上海主板的变动趋势基本一致,只是在2008年、2011年、2012年、2018年等少数年度变动方向有差异。

从阶段特征看,证监会在2004年出台《关于加强社会公众股股东权益保护的若干规定》,引导上市公司重视利润分配中对投资者的合理回报并提高分红的连续性,还新增融资约束条件——近三年未分配现金股利则丧失增发、配股、发行可转换债券的权利。2006年明确分红占净利润最低为20%才可以获得融资资格后,虽然"负向激励"造成了几个板块上市公司的股利支付率连续下跌的局面,现金分红对投资者的回报水平下降,但是分红公司的比例增多,分红意愿、分红持续性增强,各个板块市场分红指数在2005年至2007年总体上微幅上升。受2008年全球金融危机影响,2009年中小企业板市场分红指数相比2008年增速放缓,上海主板市场分红指数出现负增长。但是在国家的4万亿投资计划以及降准降息等"救市"措施的背景下,深圳主板、中小企业板以及创业板市场分红指数从2010年开始有很大幅度的增长。在经历经济下行和通货膨胀的2011年之后,上述三个板块又迎来了剧烈下跌。在经历2015年股市的大起大落后,国家对经济的宏观调控释放出的大量资金不同程度地促进了现金分红整体状况的改善。虽然对股东的回报连续几年下降,但派现公司占比和连续三年的派现公司占比有不同程度地上升,派现的意愿、持续性水平和稳定性提高,因此各板块的市场分红指数均有不同幅度的增长。

二、不同交易所市场现金分红指数特征

表12-1为A股不同交易所市场现金分红指数的总体情况。可以发现,上交所市场现金分红指数的均值为50.68,深交所市场分红指数的均值为51.46,说明两个交易所在分红综合表现方面差距不大。上交所市场现金分红指数的平均值高于中位数(44.15),说明有部分年度分红整体情况较好,拉高了整体的水平;而深交所市场现金分红指数的平均值与中位数接近,说明市场内部分红综合评价分布均匀。上交所市场现金分红指数的标准差(17.44)小于深交所市场现金分红指数的标准差(27.72),深交所市场现金分红指数波动较大的原因是中小企业板和创业板指数不稳定。

表12-1 不同交易所市场现金分红指数描述性统计

上市地点	样本量	平均值	p25	中位数	p75	最小值	最大值	标准差
上海	14	50.68	38.73	44.15	50.40	36.27	90.12	17.44
深圳	38	51.46	30.26	53.65	75.13	0.00	100.00	27.72

三、不同板块市场现金分红指数特征

表 12-2 为不同板块市场现金分红指数的总体情况。不难发现,市场现金分红指数均值在板块间的差异较小。市场现金分红指数得分均值排名由小到大依次为深圳主板、上海主板、创业板、中小企业板,可见中小企业板和创业板市场现金分红指数得分总体优于主板市场。中小企业板平均值为 53.83,低于中位数70.31,说明有部分分红不理想的年度拉低了总体的分红水平;与中小企业板不同,上海主板、创业板平均值高于中位数。另外,中小企业板和创业板市场现金分红指数的标准差高于主板市场,这是因为这两个板块上市的企业多为初创期和成长期企业,前期现金流短缺则无利可分,后期则进行融资性分红,因此,指数在不同年度的波动较为剧烈。中小企业板市场现金分红指数的极差最大,在四个板块中标准差也最大,可见中小企业板市场现金分红指数得分最不稳定。

表 12-2 不同板块市场现金分红指数描述性统计

上市板块	样本量	平均值	p25	中位数	p75	最小值	最大值	标准差
上海主板	14	50.68	38.73	44.15	50.40	36.27	90.12	17.44
深圳主板	14	48.19	31.58	50.16	57.20	26.98	76.10	16.08
中小企业板	14	53.83	18.75	70.31	78.78	0.00	100.00	37.29
创业板	10	52.73	40.07	48.61	78.11	3.63	92.05	27.37
总体	52	51.25	37.12	48.42	70.31	0.00	100.00	25.20

四、不同行业市场现金分红指数特征

表 12-3 列示的是不同行业市场现金分红指数 2005 年至 2018 年的描述性统计结果。可以发现,市场现金分红指数均值排名前三的行业依次为交通运输、仓储和邮政业,采矿业,电力、热力、燃气及水生产和供应业。以上行业市场分红指数高的可能原因是中国的基础设施建设在最近 20 年发展得如火如荼,交通、电力等支柱行业无疑搭上了基础设施的便车,并且这些基础民生行业的企业大多为国有控股企业,对政府部门的分红监管政策响应度较高。因此,这三个行业分红指数的均值较高、标准差较低,行业的总体分红指数水平更高且稳定性更优。另外制造业、房地产业和建筑业的表现也相对良好。市场现金分红指数平均值排名后三位的行业依次为水利、环境和公共设施管理业,科学研究和技术服务业及教育卫生业,指数得分均值均未超过 40。市场现金分红指数标准差排名

前三的行业依次为信息传输、软件和信息技术服务业,金融业,房地产业,这三个行业内部的指数得分有高有低,分红状况良莠不齐。市场分红指数标准差排名后三位的行业依次为农、林、牧、渔业,教育卫生业,交通运输、仓储和邮政业,这三个行业内部的分红指数分红状况的一致性较强,具有行业趋同的特点。值得注意的是,平均值排名靠前的几个行业标准差相对于其他行业都比较小,分红的行业趋同特征比较明显。

表 12-3 不同行业市场现金分红指数描述性统计

行业	排名	p25	中位数	p75	平均值	最小值	最大值	标准差
交通运输、仓储和邮政业	1	54.92	60.78	66.39	62.54	48.49	82.88	9.80
采矿业	2	48.53	56.96	63.72	55.08	30.30	69.24	10.90
电力、热力、燃气及水生产和供应业	3	43.73	48.57	61.54	52.07	36.79	68.87	10.36
制造业	4	34.51	52.45	60.00	50.91	32.08	78.22	15.90
房地产业	5	33.66	45.32	67.93	48.88	16.16	81.43	19.14
住宿餐饮业	6	39.64	50.98	59.42	48.57	31.78	61.99	10.56
建筑业	7	35.01	53.64	56.37	47.85	23.10	70.86	15.84
批发和零售业	8	39.49	47.92	57.20	47.83	0.00	73.53	17.64
金融业	9	32.04	47.33	61.08	47.42	14.89	80.32	20.13
信息传输、软件和信息技术服务业	10	25.71	42.90	53.69	45.21	19.52	100.00	22.87
农、林、牧、渔业	11	37.47	42.89	49.78	42.46	27.64	57.18	8.86
新闻出版业	12	21.88	45.41	51.77	40.93	12.85	74.68	18.85
水利、环境和公共设施管理业	13	29.05	36.46	48.14	39.14	12.66	70.79	18.18
科学研究和技术服务业	14	25.42	31.37	42.18	36.23	11.86	66.85	16.54
教育卫生业	15	26.41	32.88	41.04	33.03	17.71	50.25	9.75
其他	16	20.82	32.61	39.05	32.09	16.35	53.23	10.89

此外,通过图 12-9 对各行业的市场分红指数平均值和中位数变化趋势分析可以发现:电力、热力、燃气及水生产和供应业,房地产业,科学研究和技术服务业这三个行业的平均值比中位数高,说明有部分企业的市场现金分红指数在部分年度较高,将整个行业的分红得分拔高。建筑业、新闻出版业这两个行业的平

均值比中位数低,说明有部分企业的市场现金分红指数在部分年度较低,影响了整个行业分红得分的提升。其余行业内部各上市企业的分红评价得分分布比较均匀,平均值和中位数相差不大。

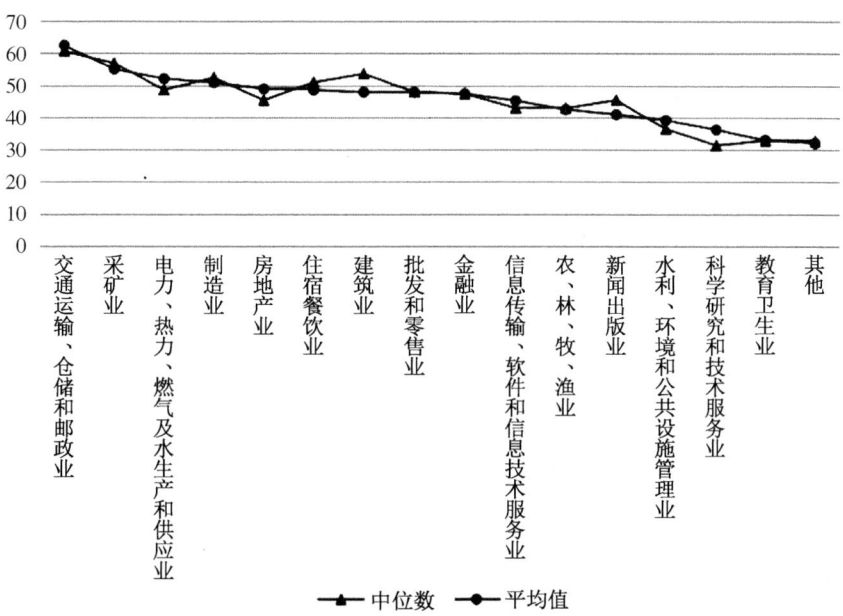

图 12-9 不同行业市场现金分红指数中位数与平均值对比

本章小结

本章从市场分红意愿、市场分红连续性、市场分红的回报性、市场分红稳定性 4 个维度,选取市场分红公司占比、连续三年市场分红公司占比、市场平均股利支付率、市场分红总额占市场自由现金流比、市场平均股息率、市场分红变异系数 6 个评价指标,构建市场现金分红指数(MDI)。市场现金分红指数的时间序列变化及分板块、行业等的分析结果显示:

第一,市场现金分红指数表现出显著上升趋势。这说明从分红连续性、稳定性、回报性等角度看,中国资本市场上市公司现金分红表现总体向好,上市公司现金分红意愿、现金分红决策的科学性也在逐步提高。这在一定程度上说明,中国半强制分红政策倡导了积极的现金分红文化。

第二,各板块分红指数变动趋势相似,但中小企业板、创业板分红指数高于主板。从分项指标看,市场分红公司占比、市场连续三年分红公司占比、市场股利支付率、市场分红变异系数等指标都是中小企业板、创业板市场分红显著优于主板。中小企业板和创业板的市场现金分红指数存在部分年度畸高的情况。从指数特征看,中小企业板、创业板市场现金分红指数得分总体要高于主板。此外,从上市地区看,深交所市场现金分红指数均值略高于上交所市场现金分红指数均值。

第三,半强制分红政策对市场现金分红指数波动特征产生重要影响。从阶段特征看,各板块的市场现金分红指数变化受到宏观经济环境、监管部门半强制分红政策的影响,在提升最低分红门槛和差异化的半强制分红政策出台的年份,该指数呈现更明显的波动。中小企业板和创业板市场现金分红指数变动对半强制分红政策的反应更加敏感。相关部门应当正确引导中小企业板和创业板上市企业根据自身对资金需求和当年盈利情况实施现金分红。

第四,不同行业市场现金分红指数变化具有趋同性,行业间分红指数差距明显。从行业指数变化趋势看,年度间各行业市场现金分红指数变化趋势相似。从标准差指标看,农、林、牧、渔业,教育卫生业,交通运输、仓储和邮政业等行业分红指数也具有趋同性。从行业指数水平看,基础建设产业需求和国有的双重属性使交通运输、仓储和邮政业,采矿业,电力、热力、燃气及水生产和供应业三个行业的总体市场现金分红指数水平较高,不同行业间指数差距较大。

第十三章

中国上市公司现金分红指数实证研究

股利代理理论与信号理论是解释上市公司现金分红行为的成熟理论,得到国外股利文献的支持,国内学者的经验研究也证实了股利代理理论与信号理论在中国资本市场的解释力。本书构建的上市公司现金分红综合指数从分红连续性、平稳性、匹配性、回报性等四大维度刻画了上市公司现金分红表现,现金分红综合指数得分越高表示上市公司现金分红越科学合理。可以预期,现金分红综合指数作为上市公司股利决策合理性的量化指标对公司代理成本、代理效率有重要影响,对公司未来财务业绩也应该表现出信号显示。基于上述考虑,本章聚焦于以下问题:是否上市公司现金分红综合指数得分越高公司代理成本越低,上市公司现金分红综合指数是否有助于提高公司代理效率,是否能传递公司未来财务业绩的信号;在抑制上市公司代理问题、传递公司财务信号方面,上市公司现金分红综合指数可能的内在影响机理及经济后果是什么。当然,对以上问题的回答一方面有助于为本书构建的中国上市公司现金分红指数的科学合理性提供佐证,另一方面也为中国股利代理理论与信号理论的解释提供了新的经验证据。

第一节 | 基于代理理论的分红指数检验

一、理论分析与研究假设

现代公司制企业中所有权与经营权的两权分离及股权集中引起的大股东与中小股东的利益博弈导致两大代理成本:一是管理者代理成本,即管理层实际操控公司自由现金流实施过度投资、投资不足或在职消费等引发公司资源配置低效或企业价值受损;二是控股股东代理成本,即大股东拥有绝对投票权的情况下,通过关联交易、大股东占款等"隧道"行为掏空上市公司资源,导致的中小股东利益侵害或企业价值受损。应该说第一、第二类代理成本产生机理相似：企业现金流管理存在瑕疵导致资源配置低效。因而，有效解决两类代理成本的关键是现金流配置机制的改善。股利代理理论认为，股利政策实际上提供了一种公司内部现金流的控制机制，股利支付减少了内部人可操纵的自由现金流，因而既可以大大降低高管无效投资或在职消费的第一类代理成本，也可以有效抑制大股东恶意掏空上市公司现金流的第二类代理成本。国外经典文献提供了现金股利抑制代理成本的经验证据(Rozeff，1982；Jensen，1986)；国内文献基于高管在职消费、控股股东掏空等视角也证实了中国上市公司现金分红抑制代理成本的治理效应(王化成等，2007；罗宏、黄文华，2008；廖理、方芳，2005；吕长江、周县华，2005)。

然而公司的异常派现行为不仅不能有效抑制代理成本，而且可能会诱发新的代理成本(刘孟晖、高友才，2015)，从而损害了企业价值。这是因为异常的高现金分红会过度消耗上市公司内源性资金来源，制约公司未来成长需求，而异常低现金分红(或不分红)行为忽视股东正常回报，将过多的现金流留存在公司内部，公司管理层与控股股东操控更多的内部现金流，也会诱发代理成本。强国令等(2017)借助事件研究法，研究发现在新股发行制度尚未完善的背景下，创业板上市公司的控股股东利用超募资金进行大比例的现金分红，损害了中小股东的长远利益。马鹏飞和董竹(2019)则发现内部控制质量较高时，现金分红缓解代理成本的效应更好，然而当内部控制质量不高时，现金分红的治理效应不佳。基于以上分析，可以认为科学合理的现金分红行为才能降低公司代理成本。

本书的现金分红指数从连续性、平稳性、财务匹配性以及股东回报性四个维度评价上市公司现金分红行为，可以认为现金分红指数得分越高意味着上市公司股利分配决策越科学。换言之，现金分红指数得分越高的上市公司在股利分配决策中不仅考虑了企业成长性、投资机会、现金流特征、企业生命周期等多种因素，而且兼顾了长远发展与股东回报、大股东利益与中小股东利益权衡。因而现金分红指数得分越高意味着上市公司内部现金流分配越科学、资源配置越高效。如果现金分红指数能够较好地刻画上市公司现金分红决策的科学合理性，我们预期现金分红指数得分越高，上市公司代理成本越低，代理效率越高。

基于以上分析，本节提出以下研究假设：

假设1：现金分红指数得分越高，上市公司代理成本越低。

假设1a：现金分红指数得分越高，上市公司第一类代理成本越低。

假设 1b：现金分红指数得分越高，上市公司第二类代理成本越低。

假设 2：现金分红指数得分越高越有助于提高上市公司代理效率。

二、模型构建与变量定义

为了检验现金分红指数与代理成本及代理效率的关系，本章构建如下两个计量模型：

$$Agency\_cost = \alpha_0 + \alpha_1 * Lag\_DI + \alpha_i * Controls \\ + YEAR_t + Industry_i + \xi \qquad (13-1)$$

$$Agency\_efficiency = \beta_0 + \beta_1 * Lag\_DI + \beta_i * Controls \\ + YEAR_i + Industry_j + \xi \qquad (13-2)$$

模型(13-1)用于检验假设 1，考察现金分红指数对代理成本的影响。其中，被解释变量为代理成本($Agency\_cost$)，主要解释变量为现金分红综合指数(Lag_DI)，为了克服内生性，将因变量现金分红指数取滞后一期。$Controls$ 为一组反映公司财务特征及治理结构的控制变量。$YEAR_i$ 和 $Industry_j$ 分别代表年度及行业固定效应。根据理论分析，如果上市公司现金分红指数能够刻画上市公司现金分红行为的科学性，预期现金分红指数(Lag_DI)的系数应显著为负。

模型(13-2)用于检验假设 2，考察现金分红指数对上市公司代理效率的影响。其中，被解释变量为代理效率($Agency\_efficiency$)，用总资产周转率衡量(刘孟晖、高友才，2015)；主要解释变量及控制变量的含义与模型(13-1)一致。此外，为了克服分红指数与代理效率的内生性，模型中仍然取滞后期分红指数对当期代理成本的影响。根据理论分析，预期现金分红指数($L.div\_index$)的系数应显著为正。

1) 被解释变量：代理成本

代理成本($Agency\_cost$)反映的是委托代理关系中利益冲突所导致的股东价值受损，包括委托人监督成本、代理人担保成本及剩余损失(Jensen 和 Meckling，1976)。根据公司治理理论，代理成本集中体现为两个方面，一是管理层代理成本，体现为管理层无效投资、在职消费等引发的股东利益损失；另一个是控股股东代理成本，体现为大股东借助关联方交易、大股东占款等掏空行为引发的股东利益损失。参考国内主流文献闫伟宸和肖星(2019)、戴亦一等(2016)、罗进辉(2012)等的研究，本章分别采用管理费用率($Agency\_cost1$)、其他应收款比率($Agency\_cost2$)衡量公司代理成本水平。管理费用率($Agency\_$

cost1）越高说明管理者与股东之间的代理成本越高，其计算方法为将管理费用除以营业收入；其他应收款比率（Agency_cost2）越高说明大股东所引发的代理成本越高，其计算方法为将其他应收款平均余额除以平均总资产。

2）被解释变量：代理效率

代理效率（Agency_efficiency）是指公司代理人经营委托资产的效率程度，公司管理层错误决策、偷懒行为越严重，大股东掏空问题越突出，企业资产的低效使用问题也将越突出，造成公司代理效率偏低。参考刘孟晖、高友才（2015）的研究，本节用总资产周转率衡量上市公司代理效率，其计算方法为将主营业务收入除以平均总资产。

3）主要解释变量：现金分红综合指数

现金分红指数（Lag_DI）旨在刻画上市公司现金分红决策的合理性，从现金分红连续性、平稳性、匹配性和回报性 4 个维度选取合计 25 个指标合成现金分红综合指数（Lag_DI）。为保证研究结论的可靠性，分别采用主成分分析法及专家调查法构建了两个衡量现金分红的观测指标 Lag_DI_1 和 Lag_DI_2。现金分红指数得分越高，说明从分红评价的 4 个细分维度综合来看，上市公司现金分红越科学。

4）控制变量

参考刘孟晖和高友才（2015）、闫伟宸和肖星（2019）、戴亦一等（2016）、罗进辉（2012）等的研究文献，本节还控制了以下公司基本面影响因素：企业杠杆（Lev），用资产负债率衡量；企业盈利性（Roe），用净资产收益率衡量；企业营业现金流（OCF），用每股经营活动现金流量衡量；企业成长性（Growth），用主营业务收入增长率衡量；企业规模（Size），用总资产自然对数衡量；控股股东持股（Sh1），用第一大股东持股比例衡量；管理层持股（MSH），用公司管理层持股比例之和衡量。

三、实证分析

（一）统计性描述

表 13-1 报告了主要变量统计性描述的结果。从表 13-1 可见，第一类代理成本 Agency_cost1 的平均值为 0.48，中位数为 0.086，最大值为 19.52，可以发现管理层代理成本在不同上市公司之间差异大，部分代理成本严重的样本拉高了总体管理层代理成本的均值。Agency_cost2 的平均值为 0.076，中位数为0.024，最大值为 0.619。可以发现，控股股东代理成本在上市公司间差异也大，部分大股东代理问题严重的样本拉高了总体样本 Agency_cost2 的平均值。代理效率

$Agency\_efficiency$ 的平均值、中位数、最大值分别为 0.589、0.488、2.512,同样表明样本公司间代理效率差异明显。现金分红指数 $L.div\_index1$ 的平均值、中位数、最大值分别为 0.377、0.417、1;$L.div\_index2$ 的平均值、中位数、最大值分别为 0.279、0.306、1 总体指数得分分布较为均匀。

表 13-1　主要变量的描述统计结果

stats	平均值	p25	p50	p75	最大值	标准差	样本量
$Agency\_cost1$	0.480	0.051	0.086	0.146	19.520	2.249	35 390
$Agency\_cost2$	0.076	0.006	0.024	0.089	0.619	0.118	36 210
$Agency\_efficiency$	0.589	0.301	0.488	0.746	2.512	0.443	36 155
Lag_DI_1	0.377	0.253	0.417	0.495	1.000	0.149	29 736
Lag_DI_2	0.279	0.190	0.306	0.370	1.000	0.113	30 863
$Size$	21.600	20.770	21.480	22.270	28.250	1.267	36 267
$Growth$	0.468	−0.043	0.129	0.430	11.450	1.491	31 590
Lev	0.478	0.228	0.396	0.564	877.300	4.886	36 261
Roe	0.067	0.030	0.074	0.124	0.397	0.137	35 645
OCF	0.369	0.023	0.275	0.632	25.400	0.853	36 064
$Sh1$	36.120	24.020	33.920	47.010	89.990	15.530	33 116
MSH	0.075	0.000	0.000	0.024	0.891	0.161	36 132
$Beta$	1.122	0.958	1.126	1.282	5.113	0.304	30 458

注:为了便于回归分析,此处现金分红综合指数 $L.div\_index1$、$L.div\_index2$ 未做以 2004 年为基期做定基处理,但是做了(0,1)标准化处理。

(二) 主要变量相关性分析

表 13-2 汇报了主要变量间的相关系数。可以发现,现金分红指数得分($L.div\_index1/L.div\_index2$)与公司两类代理成本($Agency\_cost1/Agency\_cost2$)均在 1%水平显著负相关,表明现金分红指数得分越高,上市公司代理成本越低,初步证实了本节假设 1。现金分红指数得分($L.div\_index1/L.div\_index2$)与公司代理效率($Agency\_efficiency$)均值 1%水平显著正相关,表明现金分红指数得分越高,上市公司总资产周转率越大、代理效率越高,初步支持了本节研究假说 2。值得一提的是,基于主成分分析法构建的现金分红指数 $L.div\_index1$ 与基于专家调查法构建的现金分红指数 $L.div\_index2$ 相关系数为0.857,具有高度相关性,这在一定程度上说明本书构建的现金分红综合指数具有稳健性。

表 13-2　主要变量相关系数

	(1)	(2)	(3)	(4)	(5)	(6)	(7)	(8)	(9)
Agency_cost1	1								
Agency_cost2	0.181 ***	1							
Agency_efficiency	−0.057 ***	−0.065 ***	1						
Lag_DI_1	−0.088 ***	−0.107 ***	0.064 ***	1					
Lag_DI_2	−0.083 ***	−0.131 ***	0.112 ***	0.857 ***	1				
Size	−0.009 *	0.036 ***	0.051 ***	0.304 ***	0.334 ***	1			
Growth	0.066 ***	0.085 ***	−0.135 ***	−0.082 ***	−0.088 ***	−0.020 ***	1		
Lev	0.058 ***	0.046 ***	0.023 ***	−0.027 ***	−0.033 ***	−0.071 ***	0.011 *	1	
Roe	−0.055 ***	−0.173 ***	0.154 ***	0.280 ***	0.353 ***	0.121 ***	0.033 ***	−0.040 ***	1

注：列示的为主要变量间的皮尔逊相关系数；*** 、** 、* 分别表示在 1％、5％、10％的水平上显著。

(三) 基本回归结果

　　表 13-3 列示的是基于代理理论的现金分红指数检验的基本回归结果。在回归方程中首先放入用主成分分析法计算的现金分红综合指数得分 Lag_DI_1、Lag_DI_2，检验结果如表 3 列(1)～(3)所示。结果显示，Lag_DI_1 对 $Agency\_cost1$($Agency\_cost2$)的回归系数为−1.44(−0.051 9)并且在 1％水平显著，说明在控制公司层面其他因素影响后，现金分红指数仍然对公司两类代理成本表现出显著负向影响，即现金分红指数得分越高，上市公司第一、第二类代理成本越低。本节假设 1 及假设 1a、1b 均得到支持。Lag_DI_1 对 $Agency\_efficiency$ 的回归系数为 0.12 并且在 1％水平显著，说明在控制其他因素的影响后，现金分红指数得分越高，上市公司代理效率越高。本节假设 2 得到印证。其次，在回归方程中放入了用专家调查法计算的现金分红综合指数得分 Lag_DI_2 重新做了模型(13-1)、(13-2)的检验，可以发现 Lag_DI_2 的系数符号及显著性与 Lag_DI_1 的回归结果具有一致性。

　　股利代理理论认为，上市公司现金分红不仅降低了高管手中可操控的闲置现金流，有效抑制了管理层无效投资、在职消费等第一类代理问题；而且作为一种中小股东与大股东共享公司经营成果的机制，现金分红降低了控股股东可操控的自由现金流，有效抑制了大股东"掏空"风险，降低了大股东代理成本。公司代理问题缓解的同时，代理效率也得到了提升。本书从现金分红指数角度的研究结论与国内已有研究结论具有一致性，如刘孟晖和高友才(2015)发现异常派现(不分红或过度分红)会增加代理成本、降低企业价值；而正常派现会增加代理效率；魏志华等(2017)发现上市公司派现可以有效降低两类代理成本；刘银国等

（2014）也发现，现金股利发放可以有效抑制过度投资水平，起到降低代理成本的作用。

本书从现金分红连续性、平稳性、匹配性及回报性 4 个维度选取多元指标，基于专家财务判断、主成分分析法分别构建的现金分红指数对公司代理成本有显著负向影响，对公司代理效率有显著正向影响。以上研究结论不仅证实了股利代理理论在中国的适用性，而且也一定程度说明了本书构建的现金分红指数的科学性。

表 13-3　基于代理理论的现金分红指数检验：基本结果

	（1）	（2）	（3）	（4）	（5）	（6）
	Agency_cost1	*Agency_cost2*	*Agency_efficiency*	*Agency_cost1*	*Agency_cost2*	*Agency_efficiency*
Lag_DI_1	−1.440 ***	−0.051 9 ***	0.120 ***			
	（−8.62）	（−8.86）	（5.55）			
Lag_DI_2				−1.972 ***	−0.073 2 ***	0.260 ***
				（−9.42）	（−9.45）	（8.97）
Size	0.032 8	0.002 04 **	−0.023 3 ***	0.038 8 *	0.002 03 **	−0.026 3 ***
	（1.40）	（1.98）	（−6.72）	（1.75）	（2.00）	（−7.65）
Growth	0.098 3 ***	0.004 21 ***	−0.039 2 ***	0.094 2 ***	0.004 21 ***	−0.038 5 ***
	（4.95）	（6.33）	（−21.58）	（4.92）	（6.44）	（−21.87）
Lev	−1.208 ***	0.047 4 ***	0.196 ***	−1.187 ***	0.048 5 ***	0.209 ***
	（−6.12）	（5.41）	（7.30）	（−6.22）	（5.58）	（7.69）
Roe	−0.556 ***	−0.063 4 ***	0.476 ***	−0.534 ***	−0.064 5 ***	0.474 ***
	（−2.79）	（−7.51）	（16.96）	（−2.76）	（−7.74）	（17.15）
OCF	−0.007 86	−0.004 66 ***	0.034 7 ***	−0.004 34	−0.004 49 ***	0.032 8 ***
	（−0.34）	（−4.28）	（8.03）	（−0.19）	（−4.14）	（7.62）
Sh1	−0.002 72 **	−0.000 499 ***	0.002 24 ***	−0.002 72 **	−0.000 484 ***	0.002 24 ***
	（−2.40）	（−10.01）	（11.70）	（−2.45）	（−9.86）	（11.83）
MSH	−1.691 ***	−0.059 9 ***	−0.077 4 ***	−1.715 ***	−0.061 6 ***	−0.077 1 ***
	（−17.62）	（−10.68）	（−4.14）	（−18.35）	（−11.28）	（−4.20）
Beta	−0.004 92	−0.016 9 ***	0.021 0 *	−0.011 1	−0.017 4 ***	0.021 4 **
	（−0.07）	（−5.48）	（1.92）	（−0.16）	（−5.68）	（1.98）
Year	YES	YES	YES	YES	YES	YES
Industry	YES	YES	YES	YES	YES	YES

（续表）

	(1)	(2)	(3)	(4)	(5)	(6)
	Agency_ cost1	Agency_ cost2	Agency_ efficiency	Agency_ cost1	Agency_ cost2	Agency_ efficiency
_cons	0.685	0.050 4 **	0.429 ***	0.529	0.049 8 **	0.477 ***
	(1.57)	(2.18)	(6.08)	(1.27)	(2.19)	(6.82)
N	23 052	23 698	23 738	23 717	24 402	24 444
F	29.43	155.4	111.1	29.78	156.9	118.1
调整 R^2	0.061 0	0.184	0.133	0.061 4	0.184	0.137

注：括号内为 T 值；***、**、* 分别表示在 1%、5%、10% 的水平上显著。

（四）实际控制人性质、现金分红指数与代理问题

产权性质在中国上市公司治理中扮演着重要的角色（罗进辉等，2017）。我们还按照实际控制人性质的不同，将样本划分为国有、非国有两组，以观察不同产权性质公司的现金分红指数得分对代理问题的影响，表 13-4 汇报了检验结果。表 4 第（1）、第（2）列显示，现金分红指数 Lag_DI_1 的系数均显著为负，说明不论在国有企业还是非国有企业，良好的现金分红表现都有助于抑制管理层代理成本。并且在非国有组，Lag_DI_1 回归系数的 T 值（−8.54）要高于国有组（−3.51），在一定程度上说明在缓解管理层代理问题方面，非国有企业的现金分红更可能扮演重要的角色。可能的原因在于，国有企业在实现经营目标之外，还或多或少承担着带动社会就业、提供医疗保障、促进社会公平等多重的非经营目标（罗进辉，2012），这增加了科学考核国有企业管理者的难度，也为国有企业的经营不善以及管理层的机会主义行为提供了辩护或归因的渠道（谢德仁等，2012）。

表 13-4 第（3）、第（4）列显示，国有组 Lag_DI_1 回归系数不显著，非国有组 Lag_DI_1 回归系数显著为负。这说明在控制公司第二类代理成本（大股东代理成本）方面，非国有企业良好的现金分红表现能发挥明显的作用，而这种效应在国有企业则不明显。非国有企业普遍的金字塔控股结构下控制权与现金流权的分离为非国有控股股东的"隧道"行为提供了动机和便利（李寿喜，2007），持有超额控制权的控股股东经常通过关联交易侵占上市公司的资产和利润，严重损害了中小股东的利益（马磊、徐向艺，2007）。这说明，非国有企业面临更加严重的大股东与中小股东代理问题，因而现金分红对第二类代理成本的抑制效应在非国有企业也更加明显。

表 13-4 第（5）、第（6）列显示，现金分红指数 Lag_DI_1 回归系数均显著为

正,说明不论在国有或非国有企业,良好的现金分红表现都有助于公司代理效率的提升。这是因为良好的现金分红表现考虑了各方主体利益的兼顾、考虑投资—分红的匹配、考虑了分红—现金流的匹配,这种科学的现金分红决策势必带来公司财务效率的提高。此外,还可以发现,非国有组 Lag_DI_1 回归系数的 T 值显著高于国有组。在一定程度上说明在提升代理效率方面,非国有企业的现金分红更可能扮演重要的角色。

表 13-4 不同实际控制人性质公司分组检验结果

	(1)	(2)	(3)	(4)	(5)	(6)
	Agency_cost1	Agency_cost1	Agency_cost2	Agency_cost2	Agency_efficiency	Agency_efficiency
	国有	非国有	国有	非国有	国有	非国有
Lag_DI_1	−0.808 ***	−2.106 ***	−0.009 99	−0.097 9 ***	0.107 ***	0.164 ***
	(−3.51)	(−8.54)	(−1.31)	(−11.17)	(3.39)	(5.35)
Size	0.044 6	0.017 6	−0.003 67 ***	0.010 9 ***	−0.024 9 ***	−0.033 9 ***
	(1.62)	(0.51)	(−3.65)	(5.74)	(−6.06)	(−6.19)
Growth	0.062 5 ***	0.127 ***	0.004 09 ***	0.003 90 ***	−0.038 9 ***	−0.039 7 ***
	(2.62)	(4.07)	(4.52)	(3.86)	(−14.14)	(−16.08)
Lev	−1.855 ***	−0.788 ***	0.055 3 ***	0.042 8 ***	0.250 ***	0.197 ***
	(−9.61)	(−3.82)	(9.17)	(3.33)	(10.16)	(5.73)
Roe	−0.227	−0.587 **	−0.055 6 ***	−0.076 6 ***	0.493 ***	0.594 ***
	(−1.01)	(−2.00)	(−4.98)	(−5.84)	(12.71)	(14.47)
OCF	−0.013 3	−0.034 7	−0.001 76	−0.008 36 ***	0.018 3 ***	0.062 4 ***
	(−0.50)	(−1.18)	(−1.32)	(−4.75)	(3.14)	(9.77)
Sh1	−0.003 15 *	−0.004 38 ***	−0.000 562 ***	−0.000 220	0.002 72 ***	0.001 60 ***
	(−1.77)	(−2.85)	(−7.78)	(−2.91)	(9.04)	(5.73)
MSH	−4.210 ***	−1.335 ***	−0.111	−0.063 2 ***	0.108	−0.046 0 **
	(−4.26)	(−11.55)	(−1.26)	(−10.01)	(0.45)	(−2.09)
Beta	0.023 5	0.052 4	0.000 768	−0.024 8 ***	0.040 1 **	−0.009 66
	(0.18)	(0.63)	(0.17)	(−5.57)	(2.15)	(−0.67)
Year	YES	YES	YES	YES	YES	YES
Industry	YES	YES	YES	YES	YES	YES

(续表)

	(1)	(2)	(3)	(4)	(5)	(6)
	Agency_cost1	*Agency_cost1*	*Agency_cost2*	*Agency_cost2*	*Agency_efficiency*	*Agency_efficiency*
	国有	非国有	国有	非国有	国有	非国有
_cons	0.417	0.675	0.139***	−0.119***	0.535***	0.650***
	(0.77)	(1.01)	(6.43)	(−3.04)	(6.04)	(5.87)
N	10 837	10 491	11 062	10 819	11 076	10 837
F	14.22	11.96	77.46	64.48	65.96	56.86
调整 R^2	0.065 4	0.070 4	0.203	0.181	0.148	0.140

注：括号内为 T 值；***、**、* 分别表示在 1%、5%、10% 的水平上显著。

（五）分红指数与代理问题：半强制分红政策的调节作用

在半强制分红的背景下，上市公司现金分红行为受到外部政策的干预，已不纯粹是公司自身的财务行为（魏志华等，2017）。半强制分红政策显著提升了上市公司的分红意愿，改变了上市公司的现金分红策略（李慧，2013），随着半强制分红政策的推进，中国上市公司分红水平已经接近发达市场水平。但上市公司也可能出于获取再融资资格而增加股利支付，有再融资需求的上市公司存在迎合监管而提高股利支付的动机（余琰、王春飞，2014）。因而，在半强制分红政策背景下，对那些有再融资动机的上市公司而言，其现金股利支付未必是为了解决两类代理问题（魏志华等，2017）。因此，本研究还考察了半强制分红政策是否调节了分红指数与代理问题的关系。具体来说，我们在回归模型（13-1）、（13-2）中加入了 *Lag_DI_1* 与半强制分红政策（*Policy*）的交乘项，主要关注交乘项的系数与符号。我们沿用李常青等（2010）的做法，将 2018 年 10 月证监会要求再融资上市公司最近 3 年现金分红不低于年均可分配利润 30% 的政策规定，作为半强制分红政策出台前后的分水岭，2008 年及以后年度的 *Policy* 取 1，2008 年之前年份的 *Policy* 取 0。回归结果如表 13-5 所示。表 13-5 第（1）列显示，半强制分红政策有助于强化现金分红指数对管理层代理成本（第一类代理成本）的抑制作用。而表 13-5 第（2）列显示半强制分红政策显著削弱了现金分红指数对大股东代理成本（第二类代理成本）的抑制作用。表 13-5 第（3）列则显示半强制分红政策显著削弱了现金分红指数对上市公司代理效率的正向影响。总体来看，在半强制分红政策的背景下，由于上市公司现金分红动机受到政策的外生干预，现金分红指数与上市公司代理问题的影响关系受到一定冲击，并未发现半强制分红政策显著强化现金分红抑制上市公司代理问题的经验证据。这与魏志华等

（2017）的研究结论相符，半强制分红政策虽激励了上市公司分红的积极性，但也干预了有再融资动机上市公司的现金分红决策，使现金股利代理理论解释力弱化。

表 13-5　分红指数与代理问题：半强制分红政策的调节

	(1)	(2)	(3)
	Agency_cost1	Agency_cost2	Agency_efficiency
Lag_DI_1	−0.175	−0.119 ***	0.375 ***
	(−1.37)	(−13.41)	(7.98)
Policy	1.472 ***	0.033 9 ***	0.280 ***
	(11.48)	(4.89)	(10.65)
Lag_DI_1×Policy	−1.591 ***	0.083 7 ***	−0.317 ***
	(−8.12)	(8.06)	(−6.36)
Size	0.029 5	0.002 20 **	−0.023 9 ***
	(1.27)	(2.15)	(−6.83)
Growth	0.098 9 ***	0.004 20 ***	−0.039 2 ***
	(4.99)	(6.33)	(−21.61)
Lev	−1.196 ***	0.046 7 ***	0.199 ***
	(−6.16)	(5.42)	(7.26)
Roe	−0.582 ***	−0.062 0 ***	0.470 ***
	(−2.92)	(−7.41)	(16.77)
OCF	−0.006 23	−0.004 75 ***	0.035 0 ***
	(−0.27)	(−4.37)	(8.09)
Sh1	−0.002 83 **	−0.000 493 ***	0.002 22 ***
	(−2.50)	(−9.91)	(11.59)
MSH	−1.656 ***	−0.061 9 ***	−0.069 8 ***
	(−17.27)	(−11.03)	(−3.73)
Beta	−0.018 6	−0.016 3 ***	0.018 6 *
	(−0.25)	(−5.25)	(1.70)
Year	YES	YES	YES
Industry	YES	YES	YES
_cons	0.246	0.074 1 ***	0.339 ***
	(0.58)	(3.21)	(4.64)
N	23 052	23 698	23 738
F	30.58	170.0	107.2
调整 R^2	0.062 4	0.186	0.134

注：括号内为 T 值；***、**、* 分别表示在 1%、5%、10% 的水平上显著。

（六）稳健性检验

为了保证本节检验结论的可靠性，本节还做了进一步的替代测试。具体而言，我们还分别将现金分红综合指数（*div_index*）作滞后 2 期、3 期处理，重新做了模型（13-1）、（13-2）的回归，结果如表 13-6 所示。不难发现，滞后 2 期、3 期的现金分红综合指数 *div_index* 对上市公司管理层代理成本、大股东代理成本具有显著的抑制效应（1％水平显著）；滞后 2 期、3 期的现金分红综合指数 *div_index* 对上市公司代理效率则表现出显著的促进效应（1％水平显著）。因而，可以认为本研究基于股利代理理论的上市公司现金分红指数的检验结论具有稳健性。

表 13-6　稳健性检验结果

	(1) Agency_cost1	(2) Agency_cost2	(3) Agency_efficiency	(4) Agency_cost1	(5) Agency_cost2	(6) Agency_efficiency
L2.div_index	−1.509 ***	−0.051 5 ***	0.089 7 ***			
	(−8.50)	(−8.47)	(4.06)			
L3.div_index				−1.786 ***	−0.055 6 ***	0.069 4 ***
				(−9.43)	(−8.62)	(3.02)
Size	0.019 5	0.002 20 **	−0.021 5 ***	0.015 0	0.002 30 **	−0.022 3 ***
	(0.77)	(2.02)	(−6.00)	(0.54)	(2.01)	(−6.00)
Growth	0.105 ***	0.003 89 ***	−0.039 6 ***	0.104 ***	0.003 63 ***	−0.039 3 ***
	(4.90)	(5.59)	(−20.65)	(4.66)	(5.09)	(−20.85)
Lev	−1.242 ***	0.047 4 ***	0.180 ***	−1.334 ***	0.046 3 ***	0.166 ***
	(−5.87)	(5.15)	(6.66)	(−5.66)	(4.83)	(6.02)
Roe	−0.528 **	−0.051 7 ***	0.473 ***	−0.494 **	−0.038 7 ***	0.459 ***
	(−2.51)	(−6.03)	(16.19)	(−2.15)	(−4.32)	(14.90)
OCF	−0.009 79	−0.004 95 ***	0.035 8 ***	−0.013 5	−0.005 12 ***	0.037 0 ***
	(−0.39)	(−4.26)	(7.84)	(−0.50)	(−4.14)	(7.77)
Sh1	−0.002 63 **	−0.000 529 ***	0.002 28 ***	−0.001 91	−0.000 550 ***	0.002 37 ***
	(−2.09)	(−9.78)	(11.04)	(−1.35)	(−9.24)	(10.65)
MSH	−1.875 ***	−0.066 9 ***	−0.098 2 ***	−2.069 ***	−0.066 5 ***	−0.107 ***
	(−15.29)	(−9.86)	(−4.47)	(−12.81)	(−7.55)	(−3.95)
Beta	0.040 6	−0.017 1 ***	0.023 5 **	0.060 2	−0.017 6 ***	0.028 3 **
	(0.50)	(−5.18)	(2.01)	(0.70)	(−4.98)	(2.32)

（续表）

	(1)	(2)	(3)	(4)	(5)	(6)
	Agency_ cost1	*Agency_ cost2*	*Agency_ efficiency*	*Agency_ cost1*	*Agency_ cost2*	*Agency_ efficiency*
Year	YES	YES	YES	YES	YES	YES
Industry	YES	YES	YES	YES	YES	YES
_cons	1.030 **	0.042 3 *	0.430 ***	1.234 **	0.032 9	0.466 ***
	(2.12)	(1.71)	(5.91)	(2.26)	(1.22)	(6.13)
N	20 649	21 284	21 323	18 467	19 091	19 130
F	30.14	149.3	104.9	31.95	152.2	101.9
调整 R^2	0.062 4	0.185	0.129	0.064 8	0.186	0.126

注：括号内为 T 值；*** 、** 、* 分别表示在 1%、5%、10%的水平上显著。

四、主要发现

本节主要基于股利代理理论对现金分红指数进行实证检验。根据代理理论，上市公司科学的现金分红决策有助于缓解管理层及控股股东代理问题，进而有助于提升上市公司的代理效率。可以预期，现金分红指数得分越高，上市公司管理层代理成本及控股股东代理成本应越低；并且现金分红指数得分越高代表上市公司现金资源配置的合理性越高，上市公司代理效率得以提升。

实证分析的结果显示：

（1）滞后期的现金分红综合指数得分与当期管理层代理成本及控股股东代理成本均显著负相关。

（2）在不同产权性质上市公司，现金分红指数对代理问题的影响表现出差异性，总体上非国有上市公司现金分红在缓解代理问题、提升代理效率方面的效应更加显著。

（3）中国半强制分红政策的出台强化了现金分红对管理层代理成本的抑制效应，但削弱了现金分红抑制控股股东代理问题的效应。总体上半强制分红政策减弱了股利代理理论在中国的解释力。

基于以上研究结论，我们认为从经典的股利代理理论看，本书构建的上市公司现金分红综合指数符合股利理论预期，在刻画上市公司分红连续性、平稳性、匹配性及回报性方面具有合理性。

第二节 | 基于信号理论的分红指数检验

一、理论分析与研究假设

传统股利信号理论是在放松股利无关论关于市场充分有效的基础上形成的。Bhattacharya(1979)认为在信息非充分的市场环境下现金股利具有信息含量,高质量的公司更愿意支付现金股利以区别于低质量的公司,并且现金股利能传递公司未来盈利情况的信号。之后关于股利信号理论的研究主要关注两个层面的问题：股利是否有信号效应？股利中的信号能否被市场所识别？相应地,关于股利信号的研究沿着两条路径展开,一是现金股利与公司业绩及盈余质量的关系;二是现金股利发放的市场反映(如对超常收益率、股价的影响)。两者的不同之处在于,前者从信息供给方展开,而后者从信息接收方展开。大量的研究围绕股利信号理论证实了现金股利具有信息含量。Nissim 和 Ziv(2001)发现现金股利变动提供了有别于市场信息及会计数据的增量盈利信息,股利变动与未来盈利变动正相关。Young 等(2011)以韩国上市公司数据的经验研究进一步证实了股利能够传递未来盈利信号,但股利信号的有效性也取决于公司治理结构及成长阶段。Aggarwal 等(2012)研究了在美国证券市场发行了 ADR(美国存托凭证)的非本土上市公司的股利行为,发现这些公司具有更强的利用现金分红传递公司盈利信号的动机,这些公司股利增加与未来一年盈利的增加具有显著正向关系。国内学者同样发现了股利信号效应的经验证据,魏刚(2000)用中国数据检验了股利信号模型,发现在信息不对称的情况下,中国上市公司在制定股利政策时考虑了盈利持续性,股利政策可以作为一个信号向投资者传递公司持久盈利的信息。李常青(2001)对沪深上市公司股利政策的内涵进行了实证研究,发现上市公司股利变化传递了公司当年盈利情况的信息,股价变动方向与股利变动方向一致,且存在一定比例;股利变动会引起超常收益的同向变动,总体结论证实了中国上市公司股利政策具有信息内涵。现金股利同样可以传递公司盈余质量的信号,李卓(2007)以盈利持续性作为盈余质量代理变量,研究发现支付股利的公司在未来具有更好的盈利持续性,表明现金分红对盈余质量有信号功能。王静等(2014)以操控性应计利润、应计与现金流的匹配程度及盈余价值相关性作为盈余质量的代理变量,同样研究发现持续分红及分红比率较高的上市公司具有较好的盈余质量,说明中国上市公司现金分红向市场传递了公司盈余质量的附加信号。祝继高和王春飞(2013)则发现上市公司在金融危机期间发放现金股利,具有更加明显的信号效应,市场反应积极。魏志华等(2012)发现机构投资者能够识别上市公司现金分红传递的信号,派现上市公司的机构股东持股比例显著更高。

对经典股利信号理论可以从现金股利的信号传递及市场对于股利信号的接收情况两个方面分析。已有研究证实现金股利具有信息内涵,对公司未来业绩、业绩持续性及盈余质量都有信号效应;市场主体能够识别上市公司现金分红传递的信号并作出反应。就本书研究而言,我们主要关注现金分红自身的信息含量,而不关注市场对于现金分红传递信号的接收情况。如果现金分红指数能够很好地刻画上市公司现金分红连续性、稳定性、对股东的回报性等信息特征,那么依据股利信号理论的逻辑,现金分红指数得分越高,预示着上市公司未来财务业绩、业绩的可持续性越好、盈余质量也越高。这是因为现金股利作为一种衡量盈余真实性的工具,也迫使管理层难以玩所谓的"会计数字游戏"(王静等,2014);持续、稳定、高回报的现金分红需要上市公司未来具有稳定的盈利能力、充裕的现金流入作为支撑。

基于以上的分析,本节提出以下研究假设:

假设1:现金分红指数对未来企业业绩表现有信号显示。

假设1a:现金分红指数得分越高,企业未来财务业绩越好。

假设1b:现金分红指数得分越高,企业未来财务业绩波动性越低。

假设2:现金分红指数得分对企业未来盈余质量有信号显示,现金分红指数得分越高,企业未来盈余质量越好。

二、模型构建与变量定义

为了检验本书构建的现金分红指数是否有信号效应,本书构建了以下三个检验模型:

$$Roa = \alpha_0 + \alpha_1 * Lag\_DI + \alpha_i * Controls + Year_i + Industry_j + \xi \quad (13\text{-}3)$$

$$SD\_Roa = \beta_0 + \beta_1 * Lag\_DI + \beta_i * Controls + Year_i + Industry_j + \xi \quad (13\text{-}4)$$

$$EQ = \gamma_0 + \gamma_1 * Lag\_DI + \gamma_i * Controls + Year_i + Industry_j + \xi \quad (13\text{-}5)$$

模型(13-3)用于检验假设1a,其中因变量 Roa 代表企业财务业绩,用企业总资产收益率衡量;主要解释变量 lag_DI 表示公司滞后1期的现金分红指数得分。此处之所以将现金分红指数得分滞后1期,有两点考虑:一是在一定程度上克服内生性问题;二是为了观测信号效应,我们认为只有当滞后期分红指数得分对当期财务业绩表现出显著影响时,才说明信号效应存在。因而在主回归模型中,我们将现金分红指数得分滞后1期,在稳健性测试中,我们还观察滞后2期、3期的现金分红指数对当期业绩及盈余质量的影响。Controls 为一组公司基本面及财务特征的控制变量。$Year_i$ 与 $Industryj$ 分别控制了年度及行业固定效应。

模型(13-4)用于检验假设 1b,其中因变量 SD_Roa 表示企业业绩稳定性,用连续三年总资产收益率的标准差衡量,SD_Roa 越大表示企业业绩稳定性越差。主要解释变量及控制变量的定义同模型(13-1)。

模型(13-5)用于检验假设 2,其中因变量 EQ 表示企业盈余质量,参考魏明海等(2013)衡量盈余质量的方法,采用修正的 Jones 模型计算可操纵性应计项(ACC),并以其绝对值衡量盈余质量(EQ),EQ 越大表示盈余质量越差。模型中主要解释变量及控制变量的定义同模型(13-1)。

如果现金分红指数对企业未来财务业绩、业绩波动及盈余质量有信号显示,我们预计 $α_1$ 的符号应显著为正、$β_1$ 的符号应显著为负、$γ_1$ 的符号应显著为负。

1) 被解释变量:财务业绩

主流文献对财务业绩的衡量指标有总资产报酬率、净资产收益率等,我们选择总资产报酬率作为企业财务业绩的计量指标。原因在于总资产报酬率是反映企业财务业绩的最综合的指标之一,其计算方法为息税前利润除以平均总资产余额。

2) 被解释变量:业绩波动性

本研究用连续三年企业总资产报酬率的标准差(SD_Roa)衡量企业业绩稳定性,SD_Roa 越大代表表示企业财务业绩稳定性越差。从股利信号理论看,企业分红表现越好,预示企业未来财务业绩越稳健。因而,分红指数 lag_DI 与 SD_Roa 应显著负相关。

3) 被解释变量:盈余质量

已有文献从多个维度衡量公司盈余质量,盈余质量本身也是一个多为概念,如盈余持续性、盈余平稳性、应计盈余等。从国内研究来看,操控性应计利润是较为常用的衡量盈余质量指标(王静等,2014;魏明海等,2013)。参考魏明海等(2013)对于盈余质量的衡量,本研究采用修正 Jones 模型计算可操纵性应计项,以其绝对值度量盈余质量。模型如下:

$$\frac{TAcc_{i,t}}{Asset_{i,t-1}} = α + α_1 * \frac{CFO_{i,t-1}}{Asset_{i,t-1}} + α_2 * \frac{CFO_{i,t}}{Asset_{i,t-1}} + α_3 * \frac{CFO_{i,t+1}}{Asset_{i,t-1}} \quad (13-6)$$

$$+ α_4 * \frac{\Delta Rev_{i,t}}{Asset_{i,t-1}} + α_5 * \frac{PPE_{i,t}}{Asset_{i,t-1}} + ε_{i,t}$$

其中，$TAcc_{i,t}$ 为总应计项，等于营业利润与年度经营活动现金流量的差额；$CFO_{i,t}$、$CFO_{i,t-1}$、$CFO_{i,t+1}$ 分别代表第 t 年、第 $t-1$ 年及第 $t+1$ 年公司年度经营活动现金流；$\Delta Rev_{i,t}$ 为第 t 年销售收入变动额；$PPE_{i,t}$ 表示第 t 年固定资产账面价值。对以上模型，将样本公司按照行业、年度回归，将模型回归残差的绝对值作为盈余质量 EQ 的衡量指标，EQ 越大则公司盈余质量越差。

4）解释变量及控制变量

主要解释变量 Lag_DI 及控制变量的定义同本章第一节。需要说明的是，控制变量中企业盈利能力的衡量指标用的是 EPS，而没有继续使用 Roe，主要是为了与被解释变量中 Roa 相区别。

三、实证分析

（一）主要变量描述统计

表 13-7 汇报了模型中主要变量的描述统计。财务业绩指标的平均数、中位数、最大值分别为 0.059 1、0.056 2、0.279，总体符合正态分布，且平均数、中位数比较接近。财务业绩稳定性指标的平均数、中位数、最大值分别为 0.034 2、0.020 5、0.369，平均数显著高于中位数，说明部分业绩波动大的样本观测值拉高了样本总体平均数，不同上市公司业绩波动性差异明显。盈余质量指标 EQ 的平均数、中位数、最大值分别为 0.083 8、0.053 9、0.621，说明样本上市公司盈余质量差异明显，部分盈余质量较差上市公司的 EQ 值，拉高了样本均值。此外，lag_DI_1、lag_DI_2 的统计描述结果与本章第一节一致。

表 13-7　主要变量描述统计

变量	Roa	SD_Roa	EQ	Lag_DI_1	lag_DI_2
mean	0.059 1	0.034 2	0.083 8	0.377	0.279
p25	0.029 1	0.009 95	0.024 4	0.253	0.190
p50	0.056 2	0.020 5	0.053 9	0.417	0.306
p75	0.092 2	0.041 6	0.104 0	0.495	0.370
max	0.279 0	0.369 0	0.621 0	1.000	1
sd	0.072 2	0.039 8	0.099 1	0.149	0.113
N	36 084	32 691	29 107	29 736	30 863

（二）主要变量相关性分析

表 13-8 报告了主要变量间的相关系数。结果显示，现金分红指数得分 Lag_DI_1/Lag_DI_2 与财务业绩 Roa 相关系数在 1% 水平显著为正，支持本

节假说 1a 现金分红指数得分越高,企业未来财务业绩越好。现金分红指数得分 Lag_DI_1/Lag_DI_2 与业绩波动 SD_Roa 相关系数在 1% 水平显著为负,本节假设 1b 也得到支持,即现金分红指数得分越高,企业未来财务业绩波动性越低。现金分红指数得分 Lag_DI_1/Lag_DI_2 与盈余质量代理变量 EQ 相关系数显著为负,同样支持了本节研究假设 2,即现金分红指数得分越高,企业未来盈余质量越好。

表 13-8　主要变量相关系数

	Roa	SD_Roa	EQ	Lag_DI_1	Lag_DI_2
Roa	1				
SD_Roa	−0.221 ***	1			
EQ	−0.042 ***	0.240 ***	1		
Lag_DI_1	0.304 ***	−0.322 ***	−0.140 ***	1	
Lag_DI_2	0.370 ***	−0.357 ***	−0.146 ***	0.857 ***	1

注:汇报的是主要变量的皮尔逊相关系数,括号内为 T 值;*** 、** 、* 分别表示在 1%、5%、10% 的水平上显著。

(三) 基本回归结果

表 13-9 报告了模型(1)～(3)的回归结果。我们首先在模型中放入用主成分分析法计算的现金分红指数 Lag_DI_1 及控制变量,回归结果如表 3 第(1)、第(2)、第(3)列所示。可以发现,Lag_DI_1 的回归系数分别为 0.062 0、−0.055 3、−0.055 3 并且都在 1% 水平显著。这说明在控制公司基本面及相关财务因素的影响后,滞后 1 期的现金分红综合指数得分对当期财务业绩、财务业绩稳定性及盈余质量均具有显著的信号显示。具体来说,现金分红指数得分越高,企业未来财务业绩显著更好,业绩稳定性更高,盈余质量也显著更好。

在表 13-9 第(4)～(6)列,我们以专家调查法计算的现金分红指数 Lag_DI_2 作为解释变量,重新作了回归分析。结果显示 Lag_DI_2 对 Roa 有显著正向影响,对 SD_Roa 及 EQ 有显著负向影响。以上结果与基于主成分分析法的现金分红指数 Lag_DI_1 的回归结果完全一致。总体来看,基本回归结果支持了本节研究假设 1、假设 2,说明本研究构建的现金分红指数对未来上市公司财务业绩、财务业绩稳定性及盈余质量有信号显示。国内已有研究主要从股利的市场反应角度,运用事件研究法检验股利宣告或股利变动的信号效应,发现股票股利的信号效应强于现金股利,并且大部分研究认为现金股利的信号效应较弱或没有信号传递(吕长江、许静静,2010)。有别于已有文献,本研究改进现金分红测度方法则发现了上市公司现金分红的信号传递效应,相关研究结论显示上市公司现金分红表现对公司未来财务业绩、财务业绩稳定性及盈余质量均有显著的信号显示,以上结论与王静等(2014)的研究发现一致。

表 13-9　现金分红指数信号效应检验的基本结果

	(1)	(2)	(3)	(4)	(5)	(6)
	Roa	*SD_Roa*	*EQ*	*Roa*	*SD_Roa*	*EQ*
Lag_DI_1	0.062 0 ***	−0.055 3 ***	−0.055 3 ***			
	(10.11)	(−26.43)	(−10.36)			
Lag_DI_2				0.074 8 ***	−0.072 8 ***	−0.076 8 ***
				(9.98)	(−25.60)	(−10.66)
Size	−0.003 14 ***	−0.003 14 ***	−0.003 70 ***	−0.003 12 ***	−0.003 38 ***	−0.003 78 ***
	(−4.75)	(−12.30)	(−5.04)	(−5.25)	(−13.21)	(−5.39)
Growth	0.000 579	0.000 932 ***	0.005 10 ***	0.000 620 *	0.000 909 ***	0.005 25 ***
	(1.55)	(4.46)	(7.54)	(1.68)	(4.28)	(7.85)
Lev	−0.009 37	0.006 64 ***	0.008 72	−0.007 33	0.007 53 ***	0.009 28 *
	(−1.24)	(4.82)	(1.55)	(−1.23)	(4.90)	(1.80)
Eps	0.060 2 ***	−0.003 55 ***	0.009 46 ***	0.060 9 ***	−0.003 27 ***	0.009 79 ***
	(8.52)	(−3.63)	(4.01)	(8.60)	(−3.27)	(4.19)
OCF	0.001 07	0.000 416	−0.013 8 ***	0.000 837	0.000 558 *	−0.013 6 ***
	(1.02)	(1.44)	(−7.50)	(0.81)	(1.93)	(−7.47)
Sh1	0.000 143 ***	0.000 001 88	0.000 080 3 *	0.000 156 ***	−0.000 009 14	0.000 073 0 *
	(5.76)	(0.13)	(1.83)	(6.24)	(−0.61)	(1.67)
MSH	0.015 0 ***	−0.000 124	−0.008 54 *	0.018 8 ***	−0.002 52	−0.010 9 **
	(4.19)	(−0.07)	(−1.95)	(5.00)	(−1.44)	(−2.55)
Beta	−0.006 71 ***	−0.007 44 ***	−0.008 13 ***	−0.006 24 ***	−0.008 14 ***	−0.008 90 ***
	(−3.85)	(−7.47)	(−3.48)	(−3.62)	(−8.11)	(−3.80)
Year	YES	YES	YES	YES	YES	YES
Industry	YES	YES	YES	YES	YES	YES
_cons	0.113 ***	0.113 ***	0.180 ***	0.111 ***	0.119 ***	0.184 ***
	(8.48)	(13.68)	(6.27)	(8.47)	(14.38)	(6.49)
N	20 980	20 980	20 888	21 417	21 416	21 316
F	136.4	91.45	41.12	117.8	91.55	43.27
调整 R^2	0.450	0.143	0.068 7	0.443	0.147	0.071 0

注:括号内为 T 值;*** 、** 、* 分别表示在 1%、5%、10%的水平上显著。

（四）产权性质、分红指数与信号

本书还进一步考察了不同产权性质上市公司现金分红指数得分对未来业绩的信号显示是否具有差别。我们将样本划分为国有组与非国有组，按照模型（1）～（3）进行分组回归，结果列示于表 13-10。从表 13-10 可以发现，在国有组与非国有组，现金分红指数 Lag_DI_1 对 Roa 的回归系数均显著为正（1%水平显著）；现金分红指数 Lag_DI_1 对 SD_Roa 的回归系数均显著为负（1%水平显著）；现金分红指数 Lag_DI_1 对 Eq 的回归系数均显著为负（1%水平显著）。这表明，在两个分组样本中现金分红指数对未来财务业绩、业绩稳定性及盈余质量均具有信号显示，并且在不同产权性质上市公司现金分红指数的信号显示不具有差异性。这一结论不难理解，上市公司现金分红需要"真金白银"支付，是一种相对"昂贵"的信号传递。相对于其他形式的信号，现金分红是一种更具有真实性的信号传递。因而，以上结论可以理解为，现金分红是管理层基于公司未来真实财务预期作出的决策，现金分红对未来财务业绩的信号显示不受企业产权性质的影响。

表 13-10　不同产权性质上市公司的分红指数与信号显示

	(1)	(2)	(3)	(4)	(5)	(6)
	Roa（国有）	Roa（非国有）	SD_Roa（国有）	SD_Roa（非国有）	EQ（国有）	EQ（非国有）
Lag_DI_1	0.060 4 ***	0.045 5 ***	−0.051 7 ***	−0.061 4 ***	−0.039 1 ***	−0.080 6 ***
	(7.91)	(8.03)	(−18.98)	(−18.69)	(−5.49)	(−9.56)
Size	−0.000 599	−0.004 51 ***	−0.002 29 ***	−0.004 54 ***	−0.006 14 ***	−0.001 98 *
	(−0.74)	(−4.76)	(−6.24)	(−9.56)	(−6.15)	(−1.65)
Growth	0.000 373	0.000 569	0.000 374	0.001 46 ***	0.005 08 ***	0.004 81 ***
	(0.80)	(1.27)	(1.47)	(4.55)	(5.44)	(4.49)
Lev	−0.028 2 ***	−0.004 10	0.013 4 ***	0.005 79 ***	0.032 1 ***	0.002 80
	(−3.31)	(−0.65)	(4.30)	(4.40)	(4.87)	(0.88)
Eps	0.041 9 ***	0.091 9 ***	−0.000 122	−0.000 472	0.014 0 ***	0.026 4 ***
	(5.24)	(15.85)	(−0.18)	(−0.25)	(5.49)	(6.77)
OCF	0.003 01 **	0.001 13	−0.000 050 8	−0.000 234	−0.008 49 ***	−0.026 0 ***
	(2.29)	(0.86)	(−0.16)	(−0.44)	(−3.58)	(−7.63)
Sh1	0.000 110 ***	0.000 178 ***	0.000 041 1 *	0.000 039 4	0.000 146 **	0.000 186 ***
	(3.27)	(4.45)	(1.92)	(1.62)	(2.19)	(2.77)

（续表）

	(1) Roa （国有）	(2) Roa （非国有）	(3) SD_Roa （国有）	(4) SD_Roa （非国有）	(5) EQ （国有）	(6) EQ （非国有）
MSH	0.244***	−0.006 49**	−0.015 4	−0.006 96***	0.003 01	−0.017 4***
	(5.20)	(−2.00)	(−1.20)	(−3.25)	(0.06)	(−3.20)
Beta	0.001 04	−0.006 57***	−0.004 88***	−0.009 61***	0.000 404	−0.010 5***
	(0.40)	(−3.14)	(−3.26)	(−6.66)	(0.11)	(−3.23)
Year	YES	YES	YES	YES	YES	YES
Industry	YES	YES	YES	YES	YES	YES
_cons	0.057 9***	0.142***	0.095 0***	0.145***	0.227***	0.158***
	(4.02)	(7.02)	(12.26)	(11.66)	(11.07)	(4.30)
N	9 319	9 833	9 319	9 833	9 281	9 801
F	82.32	97.23	52.63	41.83	21.93	22.75
调整 R^2	0.442	0.497	0.153	0.151	0.068 4	0.102

注：括号内为 T 值；***、**、* 分别表示在 1%、5%、10% 的水平上显著。

（五）半强制分红政策的调节效应

作为一项特殊的政策设计，半强制分红政策会不会对上市公司现金分红的信号机制产生影响是本书进一步关注的问题。由于中国的半强制分红政策将再融资资格与现金分红挂钩，这可能会扭曲上市公司现金分红的正常动机，上市公司现金分红很有可能是为未来再融资作铺垫，而不是基于对未来盈利能力的判断。因而，半强制分红政策可能会削弱现金股利传递未来盈利信号的能力。我们进一步地在回归模型中引入半强制分红政策（Policy）及其与现金分红指数的交乘项（Lag_DI×Policy），以检验半强制分红政策的调节效应，回归结果如表13-11 所示。表 13-11 第（1）列显示，交乘项 Lag_DI × Policy 的系数为−0.058 7，并且在 1% 水平显著。这在一定程度上印证了我们的推测，即半强制分红政策的出台弱化了现金分红对未来企业业绩的信号显示。此外，表 13-11 第（2）、第（3）列显示交乘项 Lag_DI×Policy 的系数均不显著，说明在现金分红指数与未来企业业绩稳定性、企业盈余质量的关系方面，半强制分红政策没有明显的调节效应。

表 13-11　半强制分红政策调节效应的检验结果

	(1)	(2)	(3)
	Roa	*SD_Roa*	*EQ*
Lag_DI_1	0.115***	−0.057 3***	−0.053 5***
	(10.20)	(−9.85)	(−3.67)
Policy	−0.001 68	0.000 043 3	−0.022 9***
	(−0.37)	(0.01)	(−3.28)
Lag_DI_1×Policy	−0.058 7***	0.002 20	−0.001 98
	(−6.29)	(0.36)	(−0.13)
Size	−0.003 22***	−0.003 14***	−0.003 70***
	(−4.90)	(−12.29)	(−5.04)
Growth	0.000 587	0.000 931***	0.005 10***
	(1.57)	(4.46)	(7.54)
Lev	−0.009 23	0.006 63***	0.008 73
	(−1.24)	(4.83)	(1.54)
Eps	0.060 2***	−0.003 56***	0.009 46***
	(8.55)	(−3.63)	(4.01)
Ocf	0.001 03	0.000 418	−0.013 8***
	(0.99)	(1.45)	(−7.51)
Sh1	0.000 140***	0.000 001 99	0.000 080 2*
	(5.66)	(0.13)	(1.83)
MSH	0.015 7***	−0.000 150	−0.008 52*
	(4.37)	(−0.08)	(−1.95)
Beta	−0.007 34***	−0.007 42***	−0.008 15***
	(−4.21)	(−7.46)	(−3.49)
Year	YES	YES	YES
Industry	YES	YES	YES
_cons	0.095 7***	0.114***	0.180***
	(6.86)	(13.26)	(6.17)
N	20 980	20 980	20 888
F	135.2	88.61	39.86
调整 R^2	0.451	0.143	0.068 7

注：括号内为 T 值；***、**、*分别表示在 1%、5%、10%的水平上显著。

（六）稳健性检验

本节主要研究的是现金分红指数得分对企业未来业绩、业绩稳定性及盈余质量有没有信号效应。我们以滞后 1 期的现金分红指数作为主要观测变量开展了研究，总体研究结论符合股利信号理论。为保证主要结论的可靠性，我们还引入了滞后 2 期、3 期的现金分红指数作为观测变量重新做了模型（13-1）～（13-3）的回归，结果如表 13-12 所示。表 13-12 第（1）、第（4）列显示滞后 2 期、3 期的现金分红指数的回归系数仍在 1% 的水平上显著为正，进一步印证了现金分红指数对未来企业业绩有显著的信号效应。表 13-12 第（2）、第（5）列显示滞后 2 期、3 期的现金分红指数的回归系数仍在 1% 的水平上显著为负，进一步印证了现金分红指数对未来企业业绩的稳定性有信号效应。表 13-12 第（3）、第（6）列显示滞后 2 期、3 期的现金分红指数的回归系数仍在 1% 的水平上显著为负，进一步印证了现金分红指数对未来企业盈余质量有信号效应。以上稳健性检验结果说明本节研究结论具有可靠性。

表 13-12　稳健性检验结果

	(1)	(2)	(3)	(4)	(5)	(6)
	Roa	SD_Roa	EQ	Roa	SD_Roa	EQ
$Lag2\_DI$	0.045 5 ***	−0.047 0 ***	−0.051 5 ***			
	(8.70)	(−22.29)	(−9.45)			
$Lag3\_DI$				0.034 8 ***	−0.039 8 ***	−0.054 8 ***
				(7.82)	(−18.91)	(−10.01)
$Size$	−0.002 47 ***	−0.003 61 ***	−0.003 92 ***	−0.001 75 **	−0.004 12 ***	−0.003 91 ***
	(−3.32)	(−13.01)	(−5.17)	(−2.19)	(−14.16)	(−4.96)
$Growth$	0.000 518	0.000 944 ***	0.005 03 ***	0.000 522	0.000 993 ***	0.005 06 ***
	(1.35)	(4.47)	(7.40)	(1.35)	(4.50)	(7.34)
Lev	−0.009 71	0.007 47 ***	0.008 33	−0.009 79	0.007 68 ***	0.008 28
	(−1.24)	(4.32)	(1.51)	(−1.22)	(4.15)	(1.47)
Eps	0.061 3 ***	−0.004 33 ***	0.007 09 ***	0.061 2 ***	−0.004 67 ***	0.005 52 **
	(8.29)	(−4.09)	(2.92)	(8.09)	(−4.25)	(2.23)
OCF	0.001 35	0.000 351	−0.012 5 ***	0.001 46	0.000 324	−0.011 2 ***
	(1.28)	(1.16)	(−6.67)	(1.33)	(1.01)	(−5.97)
$Sh1$	0.000 141 ***	−0.000 006 83	0.000 066 7	0.000 137 ***	−0.000 006 95	0.000 071 6
	(5.42)	(−0.43)	(1.45)	(5.10)	(−0.41)	(1.49)

(续表)

	(1)	(2)	(3)	(4)	(5)	(6)
	Roa	*SD_Roa*	*EQ*	*Roa*	*SD_Roa*	*EQ*
MSH	0.022 4 ***	−0.002 76	−0.012 6 **	0.031 2 ***	−0.004 26	−0.008 17
	(6.17)	(−1.35)	(−2.46)	(7.33)	(−1.62)	(−1.22)
Beta	−0.007 10 ***	−0.007 48 ***	−0.009 08 ***	−0.006 53 ***	−0.008 05 ***	−0.010 1 ***
	(−3.74)	(−7.10)	(−3.69)	(−3.31)	(−7.27)	(−3.98)
Year	YES	YES	YES	YES	YES	YES
Industry	YES	YES	YES	YES	YES	YES
_cons	0.096 8 ***	0.125 ***	0.181 ***	0.079 1 ***	0.135 ***	0.182 ***
	(6.62)	(14.28)	(5.98)	(4.94)	(14.31)	(5.51)
N	19 587	19 587	19 494	18 414	18 414	18 323
F	94.42	79.73	37.19	73.26	71.06	34.92
调整 R^2	0.439	0.136	0.064 6	0.430	0.127	0.062 7

注：括号内为 T 值；***、**、* 分别表示在 1%、5%、10% 的水平上显著。

四、主要发现

本节主要基于股利信号理论检验了现金分红指数对上市公司未来财务业绩及盈余质量的信号效应。根据股利信号理论，上市公司的现金分红政策传递了关于未来公司业绩及盈余质量的信号。如果上市公司现金分红指数能够科学刻画公司分红的合理性，那么现金分红综合指数得分对公司未来业绩及盈余质量应该具有信号显示作用。本节基于上述理论推断展开进行了实证分析，以期从信号理论角度检验本文构建的上市公司现金分红综合指数。

实证研究结论显示：

（1）现金分红指数得分越高，上市公司未来业绩越好，未来业绩的稳定性也越好。

（2）现金分红指数得分越高，上市公司未来盈余质量也越高。

（3）现金分红指数在企业未来财务业绩及盈余质量信号显示方面，国有组与非国有组上市公司没有体现出差异性。

（4）半强制分红政策一定程度上削弱了现金分红指数对企业未来业绩的信号显示作用。

综合来看，本节的研究结论一方面证实现金分红指数符合经典股利信号理论的理论预期，证实了现金分红指数的合理性；另一方面也为中国上市公司现金分红的股利信号理论提供了进一步的经验证据。

第三节 | 作用机理与经济后果

前面两节的检验结果表明,现金分红指数得分越高越有助于降低上市公司两类代理成本,并且现金分红指数对公司未来财务业绩及盈余质量有显著的信号效应。那么现金分红指数得分与代理问题缓解、信号效应发挥作用的机理是什么?现金分红指数得分高的上市公司未来能否带来企业价值的提升?这是本节进一步要思考的问题。

一、作用机理的考察

在中国上市公司治理中,切实关注公司代理成本并能对代理问题产生有效影响投资者是机构投资者。《中国上市公司治理准则》(2002)第 11 条也明确指出,"机构投资者应在公司董事选任、经营者激励与监督、重大事项决策等方面发挥作用"。与个人股东相比,机构股东在信息渠道、信息解读及专业知识方面更有优势,能够有效监督上市公司大股东及管理层,从而抑制代理成本(李维安等,2008)。此外,上市现金分红行为决定了机构投资者的收益模式。可以预期,现金分红指数得分越高的上市公司越容易受到机构投资者的青睐,而机构股东具备通过股东大会、新闻媒体、政策咨询等多种渠道参与上市公司治理,从而降低上市公司代理成本。因此,作为影响机理的检验,本节关注现金分红指数得分越高的上市公司是否更容易受到机构股东的青睐。

证券分析师作为一种法律外替代机制,近年来越来越受到关注。证券分析师参与市场的过程实质上构成了对信息生产、传递及吸收环节的全方位借入(潘越等,2011)。这是因为证券分析师不仅具有便利的信息提取渠道、专业的信息解读能力,而且具备丰富的信息传播渠道,能够将所发掘的信息迅速而广泛地传播出去。因而,证券分析师对上市公司的关注大大降低了信息不对称。并且,分析师关注也发挥了一定的治理机制,分析师关注可以起到监督管理层行为的作用,分析师关注也可以抑制公司盈余管理(Sun,2009)。就现金分红而言,本书认为,分析师的介入有助于强化上市公司现金分红的信号效应。具体的机理可表述为,上市公司现金分红表现越好,越容易受到证券分析师的关注与报道,并且现金分红越好,分析师报道的乐观度也应该越高。进而,分析师对上市公司现金分红的关注与报道提升了现金分红的信号效应。因此,作为作用机理的检验,本节还考察现金分红指数得分对分析师行为的影响。

具体来说,我们首先检验了现金分红指数得分越高的上市公司是否能吸引更多的机构股东持股,检验结果如表 13-13 中第(1)列所示。其中因变量 *Institutionholding* 表示基金、券商、保险机构等机构投资者持股比例之和,解释变量及控制变量定义同前。可以发现,*Lag_DI* 的系数为 3.309 并且在 1% 的水平上显著为正,说明现金分红指数得分越高的上市公司确实更容易受到机构股东的青睐,进而降低上市公司两类代理成本。

其次,我们检验了现金分红指数得分越高是否能带来更多的分析师追踪与关注,结果如表 13-13 第(2)、第(3)列所示。因变量分析师追踪(*Analyst*)表示在一年内有多少个分析师(团队)对该公司进行过跟踪分析,为便于回归分析,*Analyst* 取"分析师(团队)个数 +1"的自然对数;分析师报道(*ReportAttention*)表示在一年内有多少份分析研报对该公司进行过报道,为便于回归分析,*ReportAttention* 取"研报份数 +1"的自然对数。不难发现 *Lag_DI* 的系数分别为 1.507、1.780 且均在 1% 的水平上显著,说明现金分红指数得分越高的上市公司越容易得到分析师的追踪与报道,改善了信息环境,提升了现金分红对企业业绩及盈余质量的信号效应。

此外,本章还检验了现金分红指数得分与分析师评价的相对乐观度 *Optimism* 的关系,结果表明 *Lag_DI* 的系数为 0.295 且在 1% 的水平上显著。这说明现金分红表现越好、现金分红指数得分越高的上市公司越容易获得证券分析师的乐观评价。

二、经济后果的检验

依据本书指数的编制逻辑,上市公司现金分红指数得分越高意味着上市公司现金分红决策越科学,而科学的现金分红决策应有助于提升上市公司的企业价值。鉴于此,作为经济后果的检验,我们还观察了现金分红指数得分与未来企业价值的关系。进一步地,作为外生的政策影响,半强制分红政策干预了公司正常的分红动机可能会对上市公司分红与企业价值的关系带来不利影响,我们还考虑了半强制分红政策可能的调节作用。具体地,我们以托宾 q 值(*Tobinq*)作为企业价值的代理变量,检验了现金分红指数得分、半强制分红政策及其交互项对企业价值的影响,结果见表 13-13 第(5)列。可以发现,*Lag_DI* 的系数在 1% 的水平上显著为正,而交乘项 *Lag_DI×Policy* 的系数在 1% 的水平上显著为负。这说明,现金分红指数得分越高,企业分红决策越科学,确实越有利于企业价值的提升;然而,半强制分红政策的介入削弱了科学的现金分红政策对企业价值的正向作用。可能的原因是,半强制分红政策的干预迫使上市公司出于迎合政策而分红,而并不是出于降低代理成本或者传递积极的财务信号,因而降低了现金分红决策对企业价值的积极效应。

表 13-13　作用机理与经济后果的检验

	(1)	(2)	(3)	(4)	(5)
	Institutionholding	*Analyst*	*ReportAttention*	*Optimism*	*Tobinq*
Lag_DI	3.309***	1.507***	1.780***	0.295***	1.127***
	(11.35)	(34.07)	(32.73)	(3.51)	(8.12)
Policy					1.214***
					(13.94)
Lag_DI×Policy					−1.526***
					(−10.28)
Size	0.017 9	0.372***	0.456***	0.057 7***	−0.648***
	(0.44)	(55.10)	(55.80)	(4.80)	(−34.35)
Growth	0.037 2	−0.020 4***	−0.024 6***	−0.018 0**	0.002 13
	(1.24)	(−5.06)	(−4.94)	(−2.12)	(0.26)
Lev	0.679***	−0.269***	−0.319***	−0.048 9	−0.725***
	(3.72)	(−4.83)	(−4.81)	(−0.82)	(−3.92)
Roe	5.306***	1.697***	2.083***	0.188*	1.609***
	(16.01)	(30.60)	(30.49)	(1.85)	(13.60)
OCF	0.254***	0.106***	0.131***	−0.019 4	0.039 7***
	(5.53)	(12.03)	(12.30)	(−1.42)	(3.75)
Sh1	−0.052 0***	−0.002 96***	−0.003 62***	−0.001 33*	0.003 13***
	(−17.34)	(−7.57)	(−7.56)	(−1.79)	(5.38)
MSH	−1.716***	0.885***	1.096***	0.355***	0.816***
	(−6.44)	(16.45)	(16.50)	(3.72)	(10.35)
Beta	−2.856***	−0.121***	−0.172***	0.116**	−0.774***
	(−14.83)	(−5.34)	(−6.13)	(2.49)	(−15.25)
Year	YES	YES	YES	YES	YES
Industry	YES	YES	YES	YES	YES
_cons	7.704***	−7.959***	−9.651***	−1.918***	14.67***
	(5.57)	(−40.79)	(−46.83)	(−7.00)	(37.85)
N	19 576	23 743	23 743	16 860	23 294
F	48.76	759.9	783.8	44.88	338.0
Adj. R^2	0.080 5	0.422	0.425	0.015 7	0.408

注:括号内为 T 值;***、**、* 分别表示在 1%、5%、10%的水平上显著。

本章小结

股利理论认为上市公司分红有助于缓解公司代理成本,并且可以传递公司未来财务业绩的信号。如果现金分红指数能够科学刻画上市公司现金分红行为,预期上市公司现金分红综合指数得分对公司代理成本、公司未来财务业绩表现应该有显著影响。鉴于此,本章首先基于经典的股利代理理论、信号理论对前文构建的中国上市公司现金分红综合指数开展了实证检验;进一步地,本章基于机构股东持股、分析师跟踪探索了现金分红指数得分与代理问题、信号传递之间的内在作用机理;最后,以托宾 q 值作为企业价值代理变量检验了上市公司现金分红指数得分对企业价值的影响。本章的主要研究结论总结如下:

第一,上市公司现金分红指数得分越高,公司第一类、第二类代理成本均越低,公司代理效率则越高,表明分红指数得分越高的上市公司,现金分红决策越科学,从而有助于降低公司代理成本。并且在缓解代理问题方面,非国有上市公司的效应更加明显。然而,半强制分红总体上未能强化上市公司现金分红在缓解代理问题、提高代理效率方面的积极效应。

第二,上市公司现金分红指数得分越高,公司未来业绩、业绩的稳定性及盈余质量也越好,表明现金分红指数对企业未来财务表现具有信号显示。并且在传递公司未来财务信号方面,国有上市公司与非国有上市公司没有显著差异。然而,半强制分红政策在一定程度上削弱了现金分红指数对企业未来财务业绩的信号效应。

第三,作用机理的实证分析表明,现金分红指数得分越高的上市公司越受机构股东青睐,并且得到更多的分析师跟踪、关注报道与乐观评价。

第四,基于经济后果的考察发现,上市公司现金分红指数得分越高、企业分红决策越科学,上市公司企业价值也越高。

综合本章研究结论,我们认为,前文编制的中国上市公司现金分红指数总体上符合经典财务理论的理论预期,具有一定的理论合理性。然而,在提升上市公司现金分红的代理成本控制效应、信号传递效应方面,半强制分红政策未能发挥很好的调节功能。

第十四章
研究结论及政策建议

在前文的章节中,本研究已经对上市公司现金分红进行了理论分析,在专家调研及研讨的基础上确立了上市公司现金分红的核心评价指标,构建了三大门类的现金分红指数,即公司分红指数、专门分红指数、市场分红指数。这些研究有助于理清中国上市公司现金分红行为的评价逻辑,发现上市公司现金分红中存在的问题,从而为本章政策建议的提出提供理论依据和经验参考。本章旨在对研究的主要结论、重要发现及其现实启示予以总结,进而结合对现有上市公司现金分红监管政策的研讨,针对现有半强制分红政策监管逻辑的不足、监管规则的不完善,提出未来中国上市公司现金分红行为规制思路与政策的建议。

第一节 | 主要研究结论

一、现金分红指数呈现总体向好

从公司分红指数看,上市公司现金分红综合指数及现金分红连续性指数、现金分红平稳性指数、现金分红回报性指数都表现出不断提高的明显趋势。这说明在证监会等部门出台系列半强制分红政策的背景下,中国沪深 A 股上市公司现金分红行为总体趋势向好;上市公司现金分红的连续性、平稳性以及对投资者的回报性在不断提升。从专门分红指数看,上市公司铁公鸡分红指数呈现显著下降的趋势,现金分红价值投资性指数则呈现显著上升的趋势。这说明在半强制分红的背景下,上市公司吝啬分红行为被有效遏制,上市公司现金分红对投资者长期投资价值收益的影响显著提高。此外,从市场分红指数看,近年来市场分红各项指标得分,如市场分红总额、实施现金分红上市公司占比、市场现金分红连续性等显著提高,市场现金分红指数也呈现显著上升趋势。这说明中国资本市场总体现金分红表现趋势良好,上市公司层面现金分红回报投资者的意识在提高。

二、个别现金分红指数表现不佳

个别现金分红指数呈现出不佳的趋势。主要表现在:一是上市公司庞氏分红指数呈现年度间波动幅度大,并且总体有小幅上升的态势。这说明部分上市公司的超能力派现问题应得到关注,也说明半强制分红政策在遏制上市公司"过度"分红方面显得乏力。二是上市公司现金分红匹配性指数呈现明显的下降趋势。可能的原因是,随着半强制分红政策的推行,上市公司现金分红意愿显著得以提升,但现金分红决策的"合理性"未必提升,具体来说,上市公司分红与投资、分红与企业所处发展阶段、分红与企业现金流特征、分红与融资约束等财务特征方面未能匹配考虑。这是因为,中国的半强制分红政策将分红与再融资资格挂钩的做法,扭曲了上市公司现金分红的内在动机,进而异化了上市公司现金分红决策。从这个角度而言,"一刀切"式的半强制分红政策存在一定的政策瑕疵。

三、现金分红指数呈现分布特征的异质性

从板块特征看,中小企业板、创业板上市公司现金分红综合指数、现金分红连续性指数、现金分红平稳性指数、现金分红回报性指数、庞氏分红指数、现金分红价值投资性指数等指数系列的均值要高于主板上市公司。然而,现金分红匹配性指数、铁公鸡分红指数这两个指数系列则是主板上市公司更高。从行业特征看,虽然不同行业在现金分红指数时间序列的趋势变化方面呈现相似性,但是各行业现金分红指数差异性依旧明显。就现金分红综合指数的统计结果看,指数得分最高行业平均比指数得分最低行业要高 30 分,行业现金分红表现"贫富差距"显著的现象。从规模特征分析,上市公司现金分红指数得分与企业规模表现出显著的正向相关性。规模较大的上市公司在现金分红综合指数、现金分红连续性指数、现金分红平稳性指数、现金分红匹配性指数、现金分红回报性指数、现金分红价值投资性指数、庞氏分红指数、铁公鸡分红指数等指数系列方面均表现较优。这在一定程度上说明,规模较大上市公司现金分红表现好于规模较小上市公司。从产权性质看,国有上市公司现金分红综合指数得分最高,且在各年度间指数得分较为平稳。国有上市公司在分红连续性、平稳性、匹配性等分红指数方面也得分较高。这可能与国家出台的一系列监管文件有一定关系,也说明国有上市公司在现金分红决策方面更

加理性。民营上市公司现金分红综合指数及分红连续性、平稳性、匹配性等分红指数系列得分最低,然而庞氏分红指数得分最高。总体来看,在现金分红决策的科学性方面民营上市公司不及国有上市公司。

四、现金分红指数的走势与监管政策步调呈现相关性

已有研究证实中国半强制分红政策是上市公司现金分红的重要影响因素(魏志华等,2014;郑蓉、干胜道,2014;刘星等,2016;王国俊等,2017)。本书从现金分红指数时间序列特征角度得出了类似的研究结论。我们发现在证监会等部门量化且严格的半强制分红监管政策出台期间(2008—2013 年),市场分红指数、公司现金分红综合指数及分红连续性、平稳性、回报性等分项指数都呈现出较快的上升趋势。而在此期间,上市公司铁公鸡分红指数同样表现出了较快的下降趋势。这些都说明现金分红指数的变化特征与分红监管政策具有显著的关联性,半强制分红政策是中国上市公司现金分红决策的重要外生变量。这表明,半强制分红政策在唤醒上市公司现金分红意识,倡导资本市场积极分红文化等方面有显著的政策效应。

五、现金分红指数的"板块、代际倒置"问题仍需关注

股利生命周期认为,年轻的初创期企业,成长性好、资金需求大,应采用低股利政策;成熟期企业,现金流稳定、充沛,成长机会少,应采用稳定的高股利政策。从本书构建的现金分红指数分析,中国上市公司现金分红存在突出的"倒置"问题:中小企业版、创业板上市公司的现金分红水平、现金分红积极性显著高于主板上市公司。然而,在吝啬分红方面主板上市公司则明显高于中小企业板、创业板上市公司。具体表现在,中小企业板、创业板上市公司现金分红综合指数、连续性指数、平稳性指数、回报性指数均高于主板,而铁公鸡分红指数则是主板更高。一般来说,中小企业板、创业板上市公司大多属于成长性较好的年轻企业,而主板上市公司成熟型企业比例应更高。因此,从分红指数看,中国上市公司现金分红行为存在"代际倒置""板块倒置"的问题。可能的原因在于,半强制分红政策将再融资资格与分红表现挂钩的规定,迫使潜在融资动机更强的中小企业板、创业板上市公司现金分红意愿更高。应该说,中国上市公司现金分红的"板块倒置""代际倒置"问题,会在一定程度上扭曲上市公司现金流配置的效率。因而,结构倒置问题同样暴露出中国半强制分红监管政策的弊端。

第二节 | 主要政策建议

一、上市公司现金分红监管改革思路的提出

由于投资者利益保护机制的不完善,并缺乏成熟的现金分红文化,采用强制、半强制分红监管是新兴经济体(如巴西、新加坡、智利等)的普遍做法。经济转轨加新兴的制度背景特征,同样决定了中国上市公司现金分红应以"强制或半强制监管"作为逻辑起点。半强制分红监管的意义在于唤醒资本市场、上市公司对于"分红文化"的重视。待上市公司分红文化、分红意识逐渐成熟,强制监管应逐步淡出,取而代之实施"相机与差异化监管"。"相机与差异化监管"的重点是针对有能力分红而不分红的"铁公鸡"、不该分红而过度分红的"超能力派现"、现金分红的"板块倒置""行业倒置"及"生命周期倒置"等非理性分红行为。从中国上市公司监管的制度背景及近年来中国上市公司现金分红的实践看,中国上市公司现金分红已经具备了"相机与差异化监管"的条件。

首先,半强制分红监管已经经历了较长的历史周期。自 2004 年以来,证监会等部门出台了系列关于上市公司现金分红的监管政策,半强制分红监管经历时间久、时间跨度大。典型的政策如,2004 年,证监会发布的《关于加强社会公众股东权益保护的若干规定》将分红表现与再融资资格"挂钩",这可以视作中国半强制分红的起点;2006 年,证监会发布的《上市公司证券管理办法》进一步提出了量化要求,公司发行证券必须满足最近 3 年以现金或股票方式分配利润不低于可分配利润的 20%;2008 年 10 月,证监会出台的《关于修改上市公司现金分红若干规定的决定》更是提高了量化监管要求,以现金方式分红不低于近 3 年年均可分配利润的 30%;2013 年,证监会、上交所则分别出台"上市公司现金分红监管指引"。

其次,半强制分红政策已经在很大程度上唤醒了上市公司现金分红意识,完成了应有的历史使命。总体上看,在系列半强制分红政策的背景下,2005 年以来中国上市现金分红综合表现以及分红的连续性、回报性、稳定性等都得到极大改善,而铁公鸡分红行为也得到了极大纠正。这一点从本书开发的上市公司现金分红综合指数、连续性指数、平稳性指数、回报性指数及铁公鸡分红指数等的

变化特征中可以得到佐证。从具体指标看,分红上市公司占比、股利支付率、股息率等分红指标近年来也逐渐提高,表明上市公司层面的现金分红意识得到了很大提升。

"一刀切"式的半强制分红政策显现出了一定的弊端。目前以"再融资资格一分红"挂钩为特征的中国式半强制分红政策最大的弊端是异化了上市公司正常的分红动机,可能会诱发以再融资为真实目的的"钓鱼式分红"。这一点从本书现金分红匹配性指数的下降趋势、庞氏分红指数的上升趋势中可见端倪,并在一定程度上导致了中国上市公司现金分红的"板块倒置""行业倒置""生命周期倒置"等不合理现象。因而,半强制分红或许有"越俎代庖"之嫌,可能会迫使有资金需求的上市公司不得不分红,带来监管悖论。

基于以上分析,本书提出未来一定时期中国上市公司现金分红制度完善的思路:以上市公司现金分红信息披露规则的完善为抓手,上市公司现金分红的"相机、差异"监管与媒体监督形成合力,耦合推进上市公司成熟分红理念的塑造。

二、上市公司现金分红信息披露规则的设计

信息披露是资本市场监管的基础,以信息披露为抓手也应成为中国上市公司现金分红监管的基石。这是因为以分红信息披露为抓手有重要的现实意义及优势:在公司层面,现金分红信息披露提供了一种外在压力机制,提升了上市公司现金分红的意愿和主动性;在投资者层面,上市公司现金分红信息披露提高了上市公司分红信息透明度,进而有助于投资者分红权益的保护;在资本市场层面,现金分红信息披露增强了资本市场的投资功能和吸引力,也有利于价值投资理念的形成。此外,从监管层面看,上市公司现金分红信息披露细则的建立也为上市公司现金分红相机与细化监管提供了支撑。鉴于此,下面从上市公司现金分红信息披露的性质与形式、内容、核心指标等三个层面阐述建立上市公司现金分红信息披露规则设计的构想。

(一)上市公司现金分红信息披露的性质与形式

1. 强制性现金分红信息披露为优

信息披露制度又称信息公开制度,是指上市公司将公司财务经营等信息完整及时地公开给市场,以维护市场投资者合法权益、供市场理性决策的制度。信息披露包含四个层次:最高立法机关制定的证券基本法、政府制定的有关证券市场的法规、证券监管部门制定的各类规章、证券交易所制定的有关证券交易的细则等(王雄元、严艳,2002)。从其性质看,我们认为现金分红信息披露规则

应属于第三层次,即由证监会主导制定的现金分红信息披露规范,但现金分红信息披露的义务人为上市公司。信息披露分为强制披露和自愿披露两类,从现实背景和管制经济学理论分析,上市公司现金分红信息披露应以强制性披露为优。

现金分红的现实背景决定了中国上市公司分红信息披露的内生动力不足。在系列半强制分红的监管环境下,上市公司现金分红意识、现金分红平稳性和连续性均得到极大提升与改善。然而,与成熟市场现金分红为投资者回报重要方式相比,中国上市公司股息收益率等核心指标仍有差距。此外,中国上市公司分红的旧病未消,如部分上市公司仍奉行我行我素的铁公鸡分红;而半强制分红政策诱发的新病又起,如成长性公司过度分红。在此现实背景下,不难预期的是,对很大一部分上市公司来说,现金分红的自愿性信息披露无异于"自曝家丑",内生动力不足。因而上市公司现金分红的强制性信息披露有现实必要性。

强制性分红信息披露发挥着类似政府对经济的作用,有其理论上的合理性。公共利益管制理论认为,市场自行的运转存在内在缺陷,往往暴露出无效率、不公平的弊端,当市场失灵的时候,政府监管的介入能够消除信息的不对称,实现社会分配福利的优化。因而,从管制角度看,强制性分红信息披露有三个优势:一是强制分红信息披露有利于弥合投资者对分红信息需求与公司披露动力不足的期望差距;二是强制分红信息披露有利于增强不同公司、不同时期现金分红行为的可比性;三是强制分红信息披露提供了一种外在压力机制倒逼上市公司理性分红。

2. 现金分红信息披露的形式与载体

全方位的现金分红信息披露可以有效提高上市公司现金分红信息披露的质量,因而分红信息披露可以采用多元化的形式与载体。就其形式而言,可以在公司章程中载明现金分红相关信息,也可以采用年报、半年报、季度报告等定期公告的形式,还可以采用公司临时公告的形式,在条件具备的情况下还可以采用线下召开"公司现金分红说明会"的形式向投资者披露现金分红相关信息。应该说,任何一种信息披露形式都不会引起现金分红信息生成、披露成本的显著增加,因而建议证监会等监管部门要求上市公司采取"线上+线下"多元化的披露方式披露现金分红政策相关信息。

就披露载体而言,在网络化时代,上市公司可以利用公司网站、公司章程、交易所网站、证监会网站、专业财经网站、报刊媒体(如证券时报、中国证券报),甚至微信公众号等平台披露现金分红政策信息。当然,在具体的披露侧重点方面可以有所区别,比如公司章程可以重点披露公司现金分红规划、公司现金股利模式等信息。公司主页、专业财经网站等可以全面披露公司现金分红政策的决策过程、年度现金分红方案、现金分红与净利润之比、现金分红与投资的匹配等相关信息。报刊媒体(如证券时报、中国证券报)、监管部门网站等可以公开披露可比性较高的现金分红评价指标,如年度分红水平、加权平均股息率、现金分红与净利润之比、近三年分红情况等。

(二)上市公司现金分红信息披露的内容

现金分红信息披露的内容直接决定了信息披露的质量,因此信息披露内容设计至关重要。上市公司现金分红信息披露内容应具备全面性、重要性、层次性等特征,以利于市场层面和监管层面知晓、评价上市公司现金分红政策的科学合理性。结合课题组对国内上市公司现金分红公告、证监会及上交所相关现金分红指引以及典型上市公司分红案例等的研讨分析,我们认为上市公司现金分红信息披露的核心内容可以分为以下五个层面:

1. 现金分红战略规划信息

上市公司现金分红政策应该给予投资者合理预期,并得到一贯执行。上市公司应结合自身商业模式、盈利预期,并考虑所处的生命周期阶段、成长性特征、投资需求、利润及现金流特征,制定公司现金分红政策的战略规划及选择的现金分红模式。其可以选择的利润分配模式包括剩余股利政策、固定金额股利政策、超额股利政策、固定股利支付率政策等。

2. 现金分红决策程序信息

上市公司应重点披露董事会、股东大会对公司现金分红政策的决策程序和机制,现金分红政策决策过程中是否听取中小股东、独立董事的意见,股东大会就现金分红方案的表决过程及结果,公司分红议案采取网络投票方式的还应披露网络投票各区段的同意、反对、弃权票数等;现金分红政策有重大调整的,还应就政策调整履行的决策程序作出说明。

3. 现金分红政策制定的依据

上市公司应重点说明年度现金分红政策是否符合利润分配规划,现金分红政策依据的净利润、现金流条件,年度现金分红政策与公司发展阶段的匹配考虑,年度现金分红政策与投资规划的匹配考虑等。此外,不实施现金分红的上市公司还应对不分红的原因及考虑因素进行具体说明。

4. 现金分红政策的量化指标信息

上市公司应对公司本年度分红相关量化指标及历史分红相关量化指标进行披露与说明。在本年度指标方面,建议披露每股分红水平、年度股息收益率、分红占利润之比等量化指标；在历史分红指标方面，建议披露近三年现金分红水平、累计分红融资比等量化指标。

5. 现金分红政策纵横向对标情况

上市公司现金分红的对标情况，可以为投资者及监管部门提供分红评价的参考。上市公司应披露本公司现金分红政策的横向、纵向对标情况。横向对标可以披露本公司所处行业分红前三名公司现金分红情况，纵向对标可以披露本公司近三年历史现金分红情况。

（三）上市公司现金分红信息披露的核心指标

现金分红强制信息披露的另一个关键点是相关核心披露指标的确立。这主要有两个方面的考虑：一方面，确立核心指标有利于保证分红信息披露的充分性；另一方面，确立一套统一的核心参照指标也有利于现金分红信息披露的可比性。本书在指数研究、上市公司现金分红公告案例分析的基础上提出"定性＋定量"的上市公司现金分红信息披露核心指标体系建议。

在定性指标方面，建议披露：公司所处行业及发展阶段、公司盈利模式及趋势、投资规划、融资规划、利润分配规划及股利政策模式、分红与净利润匹配的考虑、分红与现金流匹配的考虑、分红与投资支出匹配的考虑、分红方案决策程序、网络投票情况、分红决策对中小股东利益考虑等。

在定量指标方面，建议披露：每股现金分红水平、现金分红占净利润之比、股息收益率、历史分红融资比、近5年分红年数占比、近3年现金分红水平、近3年分红变动标准差、与上年行业分红对标、每股收益、每股经营现金流、现金持有、预期重大资金支出项目等。

上市公司现金分红信息披露内容、核心指标与披露载体的映射关系可总结为表14-1。

表14-1　现金分红信息披露的内容、指标及披露载体

序号	信息披露内容	指标	性质	披露载体
1	分红战略规划	公司所处行业及发展阶段、公司盈利模式及趋势、投资规划、融资规划、利润分配规划及股利政策模式	定性定量	公司章程、招股说明书
2	分红决策程序	分红方案决策程序、网络投票情况、分红决策对中小股东利益考虑	定性	年报等定期公告、公司主页、巨潮资讯等专业财经网站
3	分红依据	分红与净利润匹配的考虑、分红与现金流匹配的考虑、分红与投资支出匹配的考虑	定性	年报等定期公告、公司主页、巨潮资讯等专业财经网站、分红事项专项说明会

序号	信息披露内容	指标	性质	披露载体
4	量化指标	每股现金分红水平、现金分红占净利润之比、股息收益率、每股经营现金流、历史分红融资比、每股收益、现金持有、预期重大资金支出	定量	证监会、交易所等监管部门网站平台、年报等定期公告、分红评价专题网站、《中国证券报》等信披报刊、公司主页、巨潮资讯等专业财经网站
5	分红对标情况	近5年分红年数占比、与上年行业分红对标、近3年现金分红水平、近3年分红变动标准差	定量	年报等定期公告、公司主页、巨潮资讯等专业财经网站、《中国证券报》等信披报刊、分红评价专题网站

三、上市公司现金分红监管模式的改革

上市公司现金分红是资本市场的一项基础制度，同时也属于公司财务自治范畴的事项，因而证监会等监管部门实施现金分红监管的过程中度的把握十分必要。立足于中国上市公司分红意识逐步增强、已有半强制分红存在监管悖论的现实背景，我们认为未来上市公司现金分红监管可以在松绑"分红—再融资"挂钩、差异化监管的推行、股息红利税改革等方面作出有益探索。

（一）从"半强制监管"到"相机监管"

现时背景下半强制分红政策可以逐渐淡化，相应地上市公司分红的监管逻辑与监管重心需要重塑。就监管逻辑而言，我们认为应该从强制分红转向成熟资本市场分红文化的塑造；就监管重心而言，我们认为应该从分红连续性、平稳性转向分红信息披露、极端分红治理转变。

1. 松绑"分红—再融资资格"挂钩机制

目前，中国半强制分红政策最大特色在于将分红表现与再融资资格挂钩。监管逻辑是强制有再融资动机的上市公司提高分红，改善资本市场"重圈钱、轻回报"的不良状况。然而，"要求有资金需求的上市公司实施现金分红"本身在逻辑上站不住脚，这会诱导上市公司分红的不良动机——"为了圈钱而分红"。本书建议松绑"分红—再融资资格"挂钩的监管制度设计，回归上市公司现金分红的正常动机；在政策设计上，建议证监会等部门出台意见废止《关于修改上市公司现金分红若干规定的决定》(2008)中关于现金分红与再融资资格挂钩的相关条款。

2. 强化现金分红信息披露监管

以上市公司现金分红信息披露监管为抓手，监测上市公司现金分红行为营造资本市场成熟现金分红文化，可以成为未来上市公司分红监管的重心之一。

在政策设计上,本书建议尽快出台《上市公司现金分红信息披露监管指引》《上市公司现金分红信息披露规范指引》作为监管的规范文件。《上市公司现金分红信息披露监管指引》可以规范证监会、交易所、上市公司等主体在现金分红信息披露监管中的权利、义务,以及证监会、交易所在现金分红信息披露监管中的工作举措。《上市公司现金分红信息披露规范指引》可就上市公司现金分红信息披露核心事项、关键指标、时间节点、披露形式与载体等作出具体规范,对公司章程、年报公告、临时公告中应披露的上市公司现金分红信息的格式、内容应给出细化指引。

3. 推出现金分红的相机监管措施

在半强制分红监管淡出的背景下,强化相机管制举措是上市公司分红监管可尝试的另一项重心工作。相机监管可从两个角度展开:一是针对优秀现金分红典型的褒奖机制;二是极端不良分红典型的惩戒机制。相机监管的作用在于通过对上市公司现金分红典型案例的表扬或惩戒,在资本市场传播科学的现金分红文化与理念,督促上市公司形成科学的现金分红机制。具体来说,建议证监会等部门出台以下相关管制规则:

(1)分红优秀公司的褒奖机制。对于分红连续性好、落实分红回报投资者表现优秀的公司,比如多年现金分红占净利润比达50%以上,股息收益率达到5%及以上的上市公司,监管部门可以采取开通股权再融资、并购重组审核等的绿色通道、在官方媒体点名披露分红优秀公司名录等方式予以嘉奖。

(2)分红与国有上市公司负责人考评及嘉奖机制。比如对于现金分红连续性、稳定性、股东回报性排名行业前5的国有上市公司负责人,在国有企业负责人年度业绩考评中,监管部门可考虑在已有考评分的基础上适当加分、体现褒奖。

(3)极端铁公鸡分红行为的惩戒机制。比如对于上市10年以上从未分红、有足够分红能力而不分红的铁公鸡上市公司,监管部门可以采取发专项问询函、约谈公司管理层或者限制股权再融资等方式予以惩戒。

(二)从"一刀切"监管到"差异化"监管

现有半强制分红政策没能很好地考虑上市公司的异质性,在监管措施方面还存在"一刀切"的弊端,不利于上市公司执行,也未能给上市公司提供有针对性的操作建议。可取的思路是监管部门出台《上市公司现金分红细化指引》取代现有的半强制分红政策,为中国上市公司现金分红决策提供参考性建议。在制定《上市公司现金分红细化指引》时建议考虑以下差异化因素:

(1)基于行业的差异化监管。从本书现金分红指数分析结果看,目前中国上市公司分红存在一定程度的行业结构倒置问题,出台行业现金分红指引有必要性。本书建议在广泛调研的基础上结合不同行业上市公司商业模式、盈利特点、现金持有特征、资金支出需求等出台参考性的股利政策模式。比如,新兴行业、成长性行业、高科技行业上市公司适宜采用剩余股利政策,参考性的分红占净利润比可定为 10%~30%;成熟行业如传统制造业、金融业、房地产业等适宜采用固定金额股利政策或固定股利支付率股利政策,参考性的分红占净利润比可定为 40%~60%;经营模式稳定、现金流充沛且无重大资金支出安排的行业,如酒类、住宿餐饮业、交通运输业上市公司适宜采用固定金额股利政策或超额股利政策,参考性的分红占净利润比可定为 60%~80%。

(2) 基于生命周期阶段的差异化监管。本书现金分红指数的分析同样表明,上市公司分红与生命周期阶段的匹配方面存在倒置问题。为处于不同发展阶段上市公司提供差异化的分红策略建议,是细化指引的另一个方向。可行的思路是:要求上市公司结合商业模式、战略规划等确定大致所处的生命周期阶段是成长期、成熟期或衰退期,给定不同阶段分红比例的参考上限或下限。比如,成长期上市公司优先满足发展资金需求,现金分红占盈利之比上限可定为 30%;成熟期上市公司宜将股东回报放在优先位置,现金分红占盈利之比的下限可定为 50%;衰退期上市公司宜采用"清算股利"政策,现金分红占盈利之比的下限可定为 80%。

(3) 基于板块特征的差异化监管。从本书现金分红指数的板块对比分析看,主板上市公司分红连续性、稳定性、回报性不及中小板与创业板;主板上市公司现金分红综合指数也是低于中小板、创业板;铁公鸡分红上市公司也主要集中于主板。而在庞氏分红方面,中小板、创业板则高于主板。因此,提升主板上市公司现金分红意愿,纠偏部分中小板、创业板上市公司的超能力分红是不同板块上市公司现金分红监管的重点。在政策设计上,针对主板、中小板、创业板可以出台差异化的监管指引,主板应侧重于现金分红连续性、平稳性、回报性的强化,而中小板、创业板应关注超能力分红问题的监管。

(4) 基于微观财务特征的差异化监管。对上市公司现金分红评价应跳出"就分红评价分红"的逻辑,而应在考虑公司微观财务特征异质性的基础上评价现金分红行为。本书建议在现金分红监管中尽可能考虑到不同上市公司微观财务特征的差异性;在政策设计上,建议监管部门要求上市公司在披露分红核心指标的同时,披露相关微观财务指标,如公司所处发展阶段、盈利水平及预期盈利趋势、营业现金流及现金持有、累计未分配利润、重大资金支出安排等;并且在评定上市公司优秀分红典型案例、铁公鸡分红案例、过度现金分红案例的过程中考虑微观财务特征差异性的影响。

（三）股息红利税政策设计的改进

税收具有调节分配的功能,在半强制分红监管淡出的背景下,改革股息红利税调节上市公司现金分红行为具有重要意义。无论学界还是业界,对股息红利征税都颇有微词,争议的焦点是股息税的"双重征税"(double taxation)问题,即在股东缴纳股息税之前,公司净利润已经缴纳了企业所得税。因此,股息税制度设计"不公平且无效率"(张俊生、曾亚敏,2008;Arlen 和 Weiss,1995)。从国际经验看,对股息红利税的整合、削减或废止是总体趋势,各国主要做法有三种:股息税免除(dividend exemption)、股息税整合抵免(imputation system)以及股利抵扣(dividend credit)。

中国股息红利税经历了"减半征收""差异化征收"两次大的改革,但是改革不够彻底。2005 年 6 月,财政部、国家税务总局联合发布《关于股息红利个人所得税有关政策的通知》,规定个人投资者从上市公司取得的股息红利暂减按50％征税。2012 年 11 月,国家税务总局、财政部、证监会联合发布《关于实施上市公司股息红利差别化个人所得税政策有关问题的通知》,规定股息税按持股期限差异化征收,持股期限短于 1 月的,税率 20％;持股期限 1 月至 1 年以内的,税率 10％;持股期限超过 1 年的,税率 20％。可以看出,中国两次股息税调整的总体趋势是股息税削减,试图通过股息税的减少提高上市公司现金分红积极性。这一点从财政部、证监会等监管部门介入两次股息税改革中也可见端倪。然而遗憾的是,两次股息税改革都不够彻底,可以预期两次股息税调整在引导上市公司分红意愿方面效应有限。

基于倡导中国资本市场成熟现金分红文化、改善上市公司分红回报意识考虑,本书建议中国股息红利税改革从两个层面作出政策设计的改革:一是保留股息红利税种,但全面豁免个人股息红利税;二是取消居民企业间股息红利所得税免税的相关规定,但居民企业间股息红利所得税可以减半征收。免除个人股息红利税的意义在于提高中小股东对上市公司现金分红的重视,进而提升上市公司现金分红意愿。取消居民企业间股息红利所得税免税的相关规定主要目的是遏制大股东通过"掏空式"现金分红侵占中小股东利益的非理性分红行为。以上两个层面的股息税政策设计改革对于倡导上市公司理性现金分红文化具有积极意义,可以作为半强制分红政策淡化后的一个政策举措。当然在具体政策设计上还需要国家税务总局、财政部、证监会等部门的沟通协调与广泛调研。

四、上市公司现金分红媒体监督的介入与常态化

互联网、移动互联终端设备的普及颠覆了信息传播的方式,新闻媒体也不再

仅仅是信息传递的平台,甚至是一种潜移默化的治理机制。构建一个上市公司现金分红的媒体监督机制,发挥主流媒体如电视、报纸、网络、刊物甚至微博、微信公众号等对上市公司现金分红的舆论监督作用具有重要意义。媒体监督对于上市公司现金分红行为优化的治理意义在于:第一,媒体监督会触发上市公司对于声誉的考虑,形成压力机制提高上市公司科学分红的意识;第二,媒体监督通过现金分红信息的传播、扩散、渗透,有助于倡导资本市场积极的分红文化;第三,媒体报道也会提高投资者对上市公司分红信息的知情度,从而提高投资者对分红收益的重视,培育价值投资理念。因此,本书建议培育一种上市公司分红媒体监督的常态化机制,进而分红媒体监督与分红"相机与差异化"监管形成合力,耦合推进资本市场成熟现金分红理念的塑造。

为了保证媒体监督的覆盖面与渗透力,本课题研究建议构建"三维一体"的上市公司现金分红媒体监督平台。一是以证监会、交易所等监管部门网站平台,以及《中国证券报》《证券时报》等专业证券信息披露报刊作为上市公司分红媒体监督的主流平台。这些平台的披露面应覆盖所有上市公司,披露信息包括上市公司现金分红的核心指标信息、现金分红排行榜、市场分红表现及趋势统计信息等。二是以主流电视新闻媒体、"上市公司现金分红专题评价网站"等作为极端非理性现金分红个案、现金分红优秀案例的曝光平台,重点曝光"铁公鸡分红""掏空式分红"等典型不良分红案例,以及现金分红表现优秀案例。三是以主流财经网站(如和讯网、全景网络、金融界等)、上市公司主页、上市公司公众号作为上市公司现金分红信息报道的辅助平台。作为前两类媒体的补充,这些媒体可以报道上市公司现金分红全面信息,如分红决策依据、分红决策过程,并且可以提供分红投资者教育相关信息。

此外,本书所构建的相关分红指数信息也可披露于相关媒体,以服务于上市公司现金分红状况的动态监测。本书成果可提供以下监测信息:①各年度上市公司现金分红综合指数排行榜;②市场分红指数信息,如各板块分红指数、各行业分红指数、市场分红趋势指数;③专门分红指数,如铁公鸡分红指数 100 强榜、庞氏分红指数 100 强榜、分红价值投资性指数 100 强榜;④分项现金分红表现指数,如分红连续性指数、分红回报性指数、分红平稳性指数、分红匹配性指数等。

附录 1

中国上市公司现金分红综合指数指标
遴选问卷

调 查 问 卷

尊敬的专家您好!

真诚的感谢您百忙之中对课题组研究的支持! 本问卷是一份学术性研究调查,将用于国家社科基金青年项目"中国上市公司现金分红指数的构建及应用研究"(15CJY006),希望您能结合专业理解给出客观评价。本问卷旨在征询专家专业判断,采用实名方式,但我们保证问卷结果只用于学术研究,不会对您及您所在单位带来任何负面影响!

提示:本问卷的 26 项现金分红评价指标涵盖分红连续性、平稳性、匹配性与回报性 4 个维度,含义分别是:连续性刻画公司不同年份分红表现的连续特征;平稳性刻画公司不同年份分红的波动特征;匹配性刻画分红与公司微观财务的匹配性特征;回报性刻画分红对股东投资的回报性特征。问卷填写提示:

(1)请您从课题组初选的 26 项分红评价指标中,遴选出 10 项您认为最重要的刻画上市公司现金分红表现的核心指标;

(2)为保证评价的全面性,原则上每个维度入选的指标数不超过 3 项,不低于 1 项;

(3)请您填写调查问卷的"专家意见"栏,入围的指标打"√",未入围指标不填。

专家姓名：　　　　　专家单位：　　　　　职称、职务：

表 1　中国上市公司现金分红综合指数评价指标遴选

序号	维度	评价指标	指标定义	专家意见
1	分红连续性	4 年分红频率	近 4 年中分红年数占比	
2		3 年分红频率	近 3 年中分红年数占比	
3		2 年分红频率	近 2 年中分红年数占比	
4		当年是否分红	当年发放现金股利为 1，否则为 0	
5		4 年平均分红水平	近 4 年平均股利支付水平	
6	分红平稳性	股利调整速度	股利变动向目标股利调整的速度，采用 Leary 与 Michaely (2011) 的两阶段模型计算的 SOA 系数	
7		分红水平变异系数	当年及近 3 年每股现金股利的变异系数	
8		股利支付率变异系数	当年及近 3 年股利支付率的变异系数	
9		股息率变异系数	当年及近 3 年股息率的变异系数	
10		分红极差	当年及近 3 年现金分红水平极差	
11	分红匹配性	分红—投资增长匹配度	投资增长率处于行业上（下）30%，且股利支付率处于行业上（下）30%，取 0，现金持有率作为正向（负向）调节指标；其他情况取 1	
12		分红—投资水平匹配度	投资比率处于行业上（下）30%，且股利支付率处于行业上（下）30%，取 0，现金持有率作为正向（负向）调节指标；其他情况取 1	
13		分红—留存收益匹配度	留存收益率处于行业上（下）30%，且股利支付率处于行业下（上）30%，取 0，现金持有率作为正向（负向）调节指标；其他情况取 1	
14		分红—生命周期匹配度	处于初创期、成长期，而股利支付率处于所有上市公司上 30%，取 0，现金持有率作为正向（负向）调节指标；处于成熟期、衰退期，而股利支付率处于所有上市公司下 30%，取 0，现金持有率作为负向调节指标	
15		分红—企业年龄匹配	企业年龄处于行业上（下）30%，且股利支付率处于行业下（上）30%，取 0，现金持有率作为正向（负向）调节指标；其他情况取 1	
16		分红—融资约束匹配度	SA 处于行业上（下）30%，且股利支付率处于所有上市公司上（下）30%，取 0，现金持有率作为正向（负向）调节指标；其他情况取 1。SA 是融资约束的衡量	
17		分红—现金流匹配度	经营活动现金流比例处于行业上（下）30%，股利支付率处于行业下（上）30%，取 0，现金持有率作为负向（正向）调节指标；其他情况取 1	
18		分红—成长性匹配度	主营业务收入增长率处于行业上（下）30%，股利支付率处于行业上（下）30%，取 0，现金持有率作为正向（负向）调节指标；其他情况取 1	

（续表）

序号	维度	评价指标	指标定义	专家意见
19	分红回报性	3年分红回报	近3年现金分红总额/盈利总额	
20		历史分红回报	上市以来分红/上市以来累计融资额	
21		当年分红回报	当年每股支付的现金股利	
22		股利支付率	每股股利/每股净收益	
23		股息率	每股股利/每股价格	
24		分红营收比率	分红总额/营业收入	
25		分红净资产比率	分红总额/净资产	
26		分红现金流比率	分红总额/自由现金流量总额	

请于一周内完成问卷，届时将有课题组成员或学生助理来取。

再次感谢您对分红指数团队研究的支持与帮助，祝您工作顺利、生活幸福！

附录2

中国上市公司现金分红核心评价
指标权重问卷

调 查 问 卷

尊敬的专家您好！

非常感谢您百忙之中对课题组研究的支持！本问卷是一份学术性研究问卷,将用于国家社科基金青年项目"中国上市公司现金分红指数的构建及应用研究"(15CJY006),希望您能结合专业理解给出客观评价。本问卷旨在征询专家专业判断,采用实名方式,但我们保证问卷结果只用于学术研究,不会对您及您所在单位带来任何负面影响！

提示:在初步调研的基础上,课题组遴选出了10项上市公司分红评价的核心指标,涵盖分红连续性、平稳性、匹配性与回报性4个维度,含义分别是:连续性刻画公司不同年份分红表现的连续特征;平稳性刻画公司不同年份分红的波动特征;匹配性刻画分红与公司微观财务的匹配性特征;回报性刻画分红对股东投资的回报性特征。

问卷填写提示:问卷采用打分制,请您根据自己的分析,选择分值对各指标赋分;1～10表示重要性的递进,表明重要程度逐渐递增,例如,1表示不重要,10表示最重要。分值请保持在1至10之间,如果觉得重要性相同也可填入相同数字。

问卷填写过程中有任何问题可电询:17383152865

专家姓名：　　　　专家单位：　　　　职称、职务：

序号	维度	评价指标	指标具体含义	指标打分
1	分红连续性	3年分红频率	近3年中分红年数占比	
2		当年是否分红	当年发放现金股利为1,否则为0	
3		4年平均分红水平	近4年平均股利支付水平	
4	分红平稳性	分红水平变异系数	当年及近3年每股现金股利的变异系数	
5		分红极差	当年及近3年现金分红水平极差	
6	分红匹配性	分红—投资增长匹配度	投资增长率处于行业上(下)30%,且股利支付率处于所有上市公司上(下)30%,取0;其他情况取1。现金持有率作为正向(负向)调节指标	
7		分红—现金流匹配度	经营活动现金流比例处于行业上(下)30%,股利支付率处于行业下(上)30%,取0,现金持有率作为负向(正向)调节指标;其他情况取1	
8		分红—成长性匹配度	主营业务收入增长率处于行业上(下)30%,股利支付率处于行业上(下)30%,取0,现金持有率作为正向(负向)调节指标;其他情况取1	
9	分红回报性	3年分红回报	近3年现金分红总额/盈利总额	
10		当年分红回报	当年每股支付的现金股利	

请尽量于10天内完成问卷,并将问卷结果扫描或拍图片反馈至以下任何一种联系方式:

邮箱：baoy@cqut.edu.cn　微信：yb13163329965　QQ：1502568038

再次感谢您对分红指数团队研究的支持与帮助,祝您工作顺利、生活幸福!

附录3

中国上市公司庞氏分红指数100强

排名	公司简称	所在交易所	上市板块	所在城市	指数分值
1	奥普光电	深圳	中小企业板	长春市	605.270 3
2	北京城乡	上海	主板	北京市	478.415 3
3	焦点科技	深圳	中小企业板	南京市	469.349
4	大冷股份	深圳	主板	大连市	466.008 8
5	金钼股份	上海	主板	西安市	457.230 1
6	金自天正	上海	主板	北京市	442.231 8
7	川大智胜	深圳	中小企业板	成都市	440.170 8
8	海普瑞	深圳	中小企业板	深圳市	426.767 6
9	顺丰控股	深圳	中小企业板	深圳市	425.898 9
10	*ST百特	深圳	中小企业板	盐城市	423.506 9
11	天龙集团	深圳	创业板	肇庆市	421.528 3
12	浙江众成	深圳	中小企业板	嘉兴市	417.268 6
13	奥康国际	上海	主板	温州市	416.901 2
14	陕鼓动力	上海	主板	西安市	415.925 5
15	英飞拓	深圳	中小企业板	深圳市	409.029 1
16	中科电气	深圳	创业板	岳阳市	407.942 9
17	巨化股份	上海	主板	衢州市	395.662 8
18	威尔泰	深圳	中小企业板	上海市	389.822 4
19	*ST赫美	深圳	中小企业板	深圳市	388.698
20	万讯自控	深圳	创业板	深圳市	385.417 1
21	力帆股份	上海	主板	重庆市	375.687 7
22	龙溪股份	上海	主板	漳州市	374.202 3

（续表）

排名	公司简称	所在交易所	上市板块	所在城市	指数分值
23	世纪瑞尔	深圳	创业板	北京市	371.881 7
24	力生制药	深圳	中小企业板	天津市	366.987 8
25	福安药业	深圳	创业板	重庆市	366.932 4
26	中信国安	深圳	主板	北京市	360.473 1
27	金龙机电	深圳	创业板	乐清市	360.239 8
28	多氟多	深圳	中小企业板	焦作市	360.088 2
29	昌红科技	深圳	创业板	深圳市	357.556 9
30	南天信息	深圳	主板	昆明市	355.499 2
31	西泵股份	深圳	中小企业板	南阳市	353.744 9
32	浔兴股份	深圳	中小企业板	晋江市	351.530 4
33	三七互娱	深圳	中小企业板	芜湖市	351.235 4
34	奥克股份	深圳	创业板	辽阳市	349.896 5
35	中成股份	深圳	主板	北京市	348.943 1
36	石化机械	深圳	主板	武汉市	348.509 5
37	浙江永强	深圳	中小企业板	临海市	347.068 7
38	海螺型材	深圳	主板	芜湖市	343.665 1
39	理邦仪器	深圳	创业板	深圳市	340.196 8
40	瑞普生物	深圳	创业板	天津市	338.153 6
41	长江通信	上海	主板	武汉市	337.313 1
42	柳工	深圳	主板	柳州市	336.080 9
43	华菱星马	上海	主板	马鞍山市	334.163 3
44	杭锅股份	深圳	中小企业板	杭州市	332.042 2
45	金陵药业	深圳	主板	南京市	331.643 8
46	卓郎智能	上海	主板	乌鲁木齐市	329.889
47	方正电机	深圳	中小企业板	丽水市	328.691 7
48	安泰科技	深圳	主板	北京市	326.946 9
49	雷曼光电	深圳	创业板	深圳市	324.344 6
50	六国化工	上海	主板	铜陵市	322.951 3

（续表）

排名	公司简称	所在交易所	上市板块	所在城市	指数分值
51	理工环科	深圳	中小企业板	宁波市	322.560 3
52	中联重科	深圳	主板	长沙市	322.244 9
53	三川智慧	深圳	创业板	鹰潭市	322.157 8
54	双良节能	上海	主板	江阴市	321.724 9
55	海通证券	上海	主板	上海市	320.616 8
56	九芝堂	深圳	主板	长沙市	319.073 4
57	神开股份	深圳	中小企业板	上海市	315.975 4
58	云天化	上海	主板	昆明市	314.766 4
59	骅威文化	深圳	中小企业板	汕头市	313.093 2
60	海格通信	深圳	中小企业板	广州市	312.261 6
61	佛山照明	深圳	主板	佛山市	311.741 8
62	贵航股份	上海	主板	贵阳市	311.724 1
63	经纬辉开	深圳	创业板	天津市	309.913 9
64	新赛股份	上海	主板	双河市	308.314 7
65	建新股份	深圳	创业板	沧州市	307.928 3
66	千金药业	上海	主板	株洲市	307.679 6
67	ST 正源	上海	主板	成都市	307.298 1
68	科远股份	深圳	中小企业板	南京市	306.243 6
69	嘉欣丝绸	深圳	中小企业板	嘉兴市	305.666 6
70	浦东建设	上海	主板	上海市	304.862 8
71	国元证券	深圳	主板	合肥市	304.358
72	红太阳	深圳	主板	南京市	303.203 9
73	台基股份	深圳	创业板	襄阳市	300.895 1
74	高盟新材	深圳	创业板	北京市	300.630 2
75	慈文传媒	深圳	中小企业板	嘉兴市	300.056 1
76	盘江股份	上海	主板	六盘水市	299.437 1
77	康芝药业	深圳	创业板	海口市	297.495 8
78	航天动力	上海	主板	西安市	296.560 8

（续表）

排名	公司简称	所在交易所	上市板块	所在城市	指数分值
79	思创医惠	深圳	创业板	杭州市	295.783 1
80	中远海能	上海	主板	上海市	295.583 9
81	智飞生物	深圳	创业板	重庆市	295.189 8
82	佳士科技	深圳	创业板	深圳市	294.286 1
83	光大证券	上海	主板	上海市	294.003 2
84	烽火通信	上海	主板	武汉市	292.105 4
85	回天新材	深圳	创业板	襄阳市	291.678 5
86	天海防务	深圳	创业板	上海市	291.295 6
87	赛象科技	深圳	中小企业板	天津市	291.221 7
88	东风汽车	上海	主板	襄阳市	290.427 2
89	风范股份	上海	主板	常熟市	290.155 5
90	北化股份	深圳	中小企业板	泸州市	289.858 8
91	开山股份	深圳	创业板	衢州市	289.056 2
92	量子生物	深圳	创业板	江门市	288.791 4
93	双象股份	深圳	中小企业板	无锡市	287.484 8
94	宜华生活	上海	主板	汕头市	286.958 1
95	中核科技	深圳	主板	苏州市	286.506 7
96	紫江企业	上海	主板	上海市	286.413 9
97	天顺风能	深圳	中小企业板	太仓市	285.674 7
98	和而泰	深圳	中小企业板	深圳市	284.308
99	爱仕达	深圳	中小企业板	温岭市	283.925 8
100	中国软件	上海	主板	北京市	283.537 6

资料来源：课题组基于 2005—2018 年上市公司财务数据计算整理。

附录 4

中国上市公司铁公鸡分红指数 100 强

排名	公司简称	所在交易所	上市板块	所在城市	指数分值
1	三美股份	上海	主板	金华市	147.951 8
2	锦浪科技	深圳	创业板	宁波市	147.397 4
3	新城市	深圳	创业板	深圳市	144.834
4	金时科技	深圳	中小企业板	成都市	144.717 4
5	智莱科技	深圳	创业板	深圳市	143.817 9
6	新媒股份	深圳	创业板	广州市	143.578 9
7	拉卡拉	深圳	创业板	北京市	143.371 7
8	博通集成	上海	主板	上海市	143.132 4
9	深中华 A	深圳	主板	深圳市	142.863 8
10	德方纳米	深圳	创业板	深圳市	142.165 6
11	每日互动	深圳	创业板	杭州市	140.918 5
12	新诺威	深圳	创业板	石家庄市	140.908 5
13	长沙银行	上海	主板	长沙市	140.847
14	震安科技	深圳	创业板	昆明市	140.645
15	＊ST 康达	深圳	主板	深圳市	140.590 8
16	尚品宅配	深圳	创业板	广州市	140.423 3
17	先达股份	上海	主板	滨州市	140.401 3
18	新疆火炬	上海	主板	喀什地区	140.380 3
19	运达股份	深圳	创业板	杭州市	140.260 9
20	中国天楹	深圳	主板	南通市	140.082 3
21	英可瑞	深圳	创业板	深圳市	139.949
22	迪普科技	深圳	创业板	杭州市	139.922

（续表）

排名	公司简称	所在交易所	上市板块	所在城市	指数分值
23	中创物流	上海	主板	青岛市	139.893 6
24	金能科技	上海	主板	德州市	139.803 4
25	欧派家居	上海	主板	广州市	139.748 1
26	东方嘉盛	深圳	中小企业板	深圳市	139.495 6
27	剑桥科技	上海	主板	上海市	139.458 8
28	庞大集团	上海	主板	唐山市	139.395 4
29	西部创业	深圳	主板	银川市	139.368 1
30	闻泰科技	上海	主板	黄石市	139.139 9
31	郑州银行	深圳	中小企业板	郑州市	139.080 2
32	＊ST 天圣	深圳	中小企业板	重庆市	139.061 4
33	华瑞股份	深圳	创业板	宁波市	138.932 8
34	华西证券	深圳	中小企业板	成都市	138.891 5
35	文投控股	上海	主板	沈阳市	138.808 5
36	金牌厨柜	上海	主板	厦门市	138.759
37	有友食品	上海	主板	重庆市	138.738 5
38	弘宇股份	深圳	中小企业板	莱州市	138.696 8
39	＊ST 东电	深圳	主板	海口市	138.696 6
40	拉夏贝尔	上海	主板	上海市	138.502 1
41	ST 宏盛	上海	主板	西安市	138.356 8
42	盛达矿业	深圳	主板	北京市	138.333 5
43	辅仁药业	上海	主板	周口市	138.293 9
44	金逸影视	深圳	中小企业板	广州市	138.091 2
45	立华股份	深圳	创业板	常州市	138.055 5
46	招商南油	上海	主板	南京市	138.053 7
47	广誉远	上海	主板	西宁市	138.046 4
48	富满电子	深圳	创业板	深圳市	138.041 8
49	浩物股份	深圳	主板	内江市	137.995 2
50	＊ST 毅达	上海	主板	上海市	137.970 7

（续表）

排名	公司简称	所在交易所	上市板块	所在城市	指数分值
51	庄园牧场	深圳	中小企业板	兰州市	137.924 1
52	中国人保	上海	主板	北京市	137.856 9
53	四川金顶	上海	主板	乐山市	137.84
54	万马科技	深圳	创业板	杭州市	137.830 5
55	德展健康	深圳	主板	乌鲁木齐市	137.795 2
56	华夏航空	深圳	中小企业板	贵阳市	137.787 3
57	绿庭投资	上海	主板	上海市	137.760 2
58	＊ST 天首	深圳	主板	包头市	137.724 5
59	大晟文化	上海	主板	深圳市	137.677 2
60	深圳新星	上海	主板	深圳市	137.663 3
61	平潭发展	深圳	主板	福州市	137.656 1
62	丹化科技	上海	主板	上海市	137.637 9
63	＊ST 仰帆	上海	主板	武汉市	137.591
64	亚太实业	深圳	主板	兰州市	137.566 9
65	振兴生化	深圳	主板	太原市	137.553 1
66	＊ST 地矿	深圳	主板	济南市	137.498 4
67	汉王科技	深圳	中小企业板	北京市	137.495 8
68	中山金马	深圳	创业板	中山市	137.488 4
69	英特集团	深圳	主板	杭州市	137.442 4
70	西安银行	上海	主板	西安市	137.409 5
71	秦安股份	上海	主板	重庆市	137.399 6
72	中钨高新	深圳	主板	海口市	137.396 7
73	新凤鸣	上海	主板	桐乡市	137.377 7
74	祥龙电业	上海	主板	武汉市	137.338 1
75	紫光学大	深圳	主板	厦门市	137.284
76	上工申贝	上海	主板	上海市	137.246 3
77	博通股份	上海	主板	西安市	137.210 1
78	绿景控股	深圳	主板	广州市	137.207 2

排名	公司简称	所在交易所	上市板块	所在城市	指数分值
79	深华发 A	深圳	主板	深圳市	137.205 6
80	御家汇	深圳	创业板	长沙市	137.196 8
81	华建集团	上海	主板	上海市	137.175 1
82	国城矿业	深圳	主板	重庆市	137.169 3
83	上海凤凰	上海	主板	上海市	137.160 5
84	万方发展	深圳	主板	沈阳市	137.146 5
85	实达集团	上海	主板	福州市	137.071 8
86	德邦股份	上海	主板	上海市	137.058 2
87	成都银行	上海	主板	成都市	137.034 1
88	神州数码	深圳	主板	深圳市	137.005 6
89	海航基础	上海	主板	海口市	136.974 2
90	宜宾纸业	上海	主板	宜宾市	136.964 5
91	通化金马	深圳	主板	通化市	136.955 7
92	中源协和	上海	主板	天津市	136.906 6
93	深南电路	深圳	中小企业板	深圳市	136.897 7
94	永安行	上海	主板	常州市	136.881 5
95	海航科技	上海	主板	天津市	136.849
96	特力 A	深圳	主板	深圳市	136.829 2
97	金杯汽车	上海	主板	沈阳市	136.780 2
98	大烨智能	深圳	创业板	南京市	136.73
99	汇源通信	深圳	主板	成都市	136.679 5
100	洛阳玻璃	上海	主板	洛阳市	136.635

资料来源：课题组基于 2005—2018 年上市公司财务数据计算整理。

附录 5

中国上市公司现金分红价值投资性指数 100 强

排名	公司简称	所在交易所	上市板块	所在城市	指数分值
1	雅戈尔	上海	主板	宁波市	249.365 5
2	佛山照明	深圳	主板	佛山市	247.424 4
3	海利得	深圳	中小企业板	海宁市	247.171 2
4	盘江股份	上海	主板	六盘水市	246.135 6
5	云内动力	深圳	主板	昆明市	245.477 7
6	宇通客车	上海	主板	郑州市	243.849 3
7	双良节能	上海	主板	江阴市	243.121 2
8	浙江永强	深圳	中小企业板	临海市	242.839 1
9	福建高速	上海	主板	福州市	241.197 8
10	伟星股份	深圳	中小企业板	临海市	239.671 1
11	斯莱克	深圳	创业板	苏州市	239.273 1
12	焦点科技	深圳	中小企业板	南京市	237.069 7
13	九牧王	上海	主板	泉州市	236.071 2
14	千红制药	深圳	中小企业板	常州市	236.000 5
15	大秦铁路	上海	主板	大同市	235.624 7
16	南玻 A	深圳	主板	深圳市	234.414 8
17	双汇发展	深圳	主板	漯河市	233.963 7
18	良信电器	深圳	中小企业板	上海市	232.898 1
19	首创股份	上海	主板	北京市	231.923 8
20	永新股份	深圳	中小企业板	黄山市	231.440 5
21	鲁泰 A	深圳	主板	淄博市	230.748

（续表）

排名	公司简称	所在交易所	上市板块	所在城市	指数分值
22	重庆水务	上海	主板	重庆市	230.551 6
23	宁沪高速	上海	主板	南京市	229.478 8
24	栖霞建设	上海	主板	南京市	229.259 6
25	中国神华	上海	主板	北京市	228.843 6
26	华能国际	上海	主板	北京市	228.207 2
27	罗莱生活	深圳	中小企业板	南通市	227.547 8
28	世纪瑞尔	深圳	创业板	北京市	227.336 4
29	上海建工	上海	主板	上海市	226.973 1
30	宝钢股份	上海	主板	上海市	226.504 7
31	张裕 A	深圳	主板	烟台市	225.238 9
32	紫江企业	上海	主板	上海市	225.200 7
33	皖通高速	上海	主板	合肥市	224.879 4
34	冀中能源	深圳	主板	邢台市	224.793 3
35	浙能电力	上海	主板	杭州市	223.924 5
36	陕鼓动力	上海	主板	西安市	223.016 8
37	华宝股份	深圳	创业板	拉萨市	222.084 5
38	地素时尚	上海	主板	上海市	221.923 6
39	招商港口	深圳	主板	深圳市	221.395
40	大洋电机	深圳	中小企业板	中山市	220.723 2
41	京能电力	上海	主板	北京市	220.680 5
42	中国石化	上海	主板	北京市	220.302 4
43	太阳电缆	深圳	中小企业板	南平市	220.050 8
44	阳光照明	上海	主板	绍兴市	219.652 6
45	天富能源	上海	主板	石河子市	219.509
46	风范股份	上海	主板	常熟市	219.407 3
47	中国银行	上海	主板	北京市	219.208 5
48	龙净环保	上海	主板	龙岩市	218.200 4
49	越秀金控	深圳	主板	广州市	217.874 7

（续表）

排名	公司简称	所在交易所	上市板块	所在城市	指数分值
50	申能股份	上海	主板	上海市	217.851 6
51	众生药业	深圳	中小企业板	东莞市	217.552 6
52	步步高	深圳	中小企业板	湘潭市	217.376 4
53	深高速	上海	主板	深圳市	217.307 9
54	中央商场	上海	主板	南京市	217.265 6
55	嘉欣丝绸	深圳	中小企业板	嘉兴市	217.042 3
56	承德露露	深圳	主板	承德市	216.825 8
57	森马服饰	深圳	中小企业板	温州市	216.823 9
58	京威股份	深圳	中小企业板	北京市	216.731 7
59	云图控股	深圳	中小企业板	成都市	216.620 2
60	万向钱潮	深圳	主板	杭州市	216.308 4
61	大冷股份	深圳	主板	大连市	215.853 5
62	全聚德	深圳	中小企业板	北京市	215.590 2
63	粤电力 A	深圳	主板	广州市	215.555 7
64	新联电子	深圳	中小企业板	南京市	215.339 1
65	利君股份	深圳	中小企业板	成都市	215.278
66	长青股份	深圳	中小企业板	扬州市	215.245 4
67	东易日盛	深圳	中小企业板	北京市	215.238 2
68	奥康国际	上海	主板	温州市	215.227 1
69	梦洁股份	深圳	中小企业板	长沙市	215.004 4
70	正泰电器	上海	主板	乐清市	214.970 3
71	联发股份	深圳	中小企业板	南通市	214.367 2
72	桂东电力	上海	主板	贺州市	214.323 6
73	工商银行	上海	主板	北京市	213.717 4
74	江南高纤	上海	主板	苏州市	213.615 6
75	九芝堂	深圳	主板	长沙市	213.425 8
76	广百股份	深圳	中小企业板	广州市	213.005 6
77	紫金矿业	上海	主板	龙岩市	212.955 4

(续表)

排名	公司简称	所在交易所	上市板块	所在城市	指数分值
78	汉钟精机	深圳	中小企业板	上海市	212.630 9
79	千金药业	上海	主板	株洲市	212.449
80	回天新材	深圳	创业板	襄阳市	212.288 3
81	漫步者	深圳	中小企业板	深圳市	212.009 7
82	金陵药业	深圳	主板	南京市	211.961 4
83	四方股份	上海	主板	北京市	211.871 2
84	桂冠电力	上海	主板	南宁市	211.828 3
85	国电电力	上海	主板	大连市	211.661 2
86	汉缆股份	深圳	中小企业板	青岛市	211.572 3
87	山东高速	上海	主板	济南市	211.564 2
88	江铃汽车	深圳	主板	南昌市	211.296 4
89	瑞凌股份	深圳	创业板	深圳市	211.263 1
90	金融街	深圳	主板	北京市	211.130 2
91	中国海诚	深圳	中小企业板	上海市	211.078 6
92	精准信息	深圳	创业板	泰安市	210.920 1
93	长江电力	上海	主板	北京市	210.494 5
94	江中药业	上海	主板	南昌市	210.352 7
95	广深铁路	上海	主板	深圳市	210.271 1
96	汤臣倍健	深圳	创业板	珠海市	210.028 9
97	桂林三金	深圳	中小企业板	桂林市	209.926 3
98	锦江股份	上海	主板	上海市	209.895
99	文峰股份	上海	主板	南通市	209.556 5
100	伟星新材	深圳	中小企业板	临海市	209.502 6

资料来源：课题组基于 2005—2018 年上市公司财务数据计算整理。

附录 6

中国上市公司现金分红综合指数 100 强

排名	公司简称	所在交易所	上市板块	所在城市	指数分值
1	贵州茅台	上海	主板	仁怀市	217.356 4
2	双汇发展	深圳	主板	漯河市	177.716 3
3	张裕 A	深圳	主板	烟台市	175.668 1
4	九牧王	上海	主板	泉州市	172.427 3
5	宁沪高速	上海	主板	南京市	168.457 9
6	美的集团	深圳	主板	佛山市	168.330 7
7	泸州老窖	深圳	主板	泸州市	168.310 9
8	佛山照明	深圳	主板	佛山市	166.267 1
9	大秦铁路	上海	主板	大同市	165.211 1
10	焦点科技	深圳	中小企业板	南京市	165.177 6
11	宇通客车	上海	主板	郑州市	164.678 5
12	雅戈尔	上海	主板	宁波市	164.032 5
13	招商港口	深圳	主板	深圳市	163.750 9
14	伟星股份	深圳	中小企业板	临海市	161.432 8
15	大豪科技	上海	主板	北京市	161.055 9
16	片仔癀	上海	主板	漳州市	160.937 8
17	国光股份	深圳	中小企业板	成都市	160.684 3
18	美亚光电	深圳	中小企业板	合肥市	160.416 2
19	长江电力	上海	主板	北京市	159.828 2
20	永新股份	深圳	中小企业板	黄山市	159.573 4
21	锦江股份	上海	主板	上海市	159.199 4
22	法拉电子	上海	主板	厦门市	157.879 7

排名	公司简称	所在交易所	上市板块	所在城市	指数分值
23	东阿阿胶	深圳	主板	聊城市	157.396 4
24	海天味业	上海	主板	佛山市	157.341 6
25	鲁泰A	深圳	主板	淄博市	157.244 5
26	天士力	上海	主板	天津市	155.666 9
27	中国神华	上海	主板	北京市	155.253 1
28	承德露露	深圳	主板	承德市	155.128 5
29	迎驾贡酒	上海	主板	六安市	155.064 5
30	工商银行	上海	主板	北京市	154.557 3
31	盘江股份	上海	主板	六盘水市	154.085 4
32	汤臣倍健	深圳	创业板	珠海市	153.851 7
33	台基股份	深圳	创业板	襄阳市	153.253 6
34	重庆水务	上海	主板	重庆市	152.303 7
35	江铃汽车	深圳	主板	南昌市	152.209 9
36	九阳股份	深圳	中小企业板	济南市	151.773 8
37	皖通高速	上海	主板	合肥市	151.756 5
38	用友网络	上海	主板	北京市	151.628 7
39	桂林三金	深圳	中小企业板	桂林市	151.540 6
40	锦江投资	上海	主板	上海市	151.317 6
41	伟星新材	深圳	中小企业板	临海市	151.219 7
42	海康威视	深圳	中小企业板	杭州市	151.116 5
43	罗莱生活	深圳	中小企业板	南通市	150.515 4
44	招商银行	上海	主板	深圳市	150.411 8
45	青岛啤酒	上海	主板	青岛市	150.311 2
46	银河磁体	深圳	创业板	成都市	150.240 4
47	海思科	深圳	中小企业板	山南市	150.141 6
48	全聚德	深圳	中小企业板	北京市	150.091 9
49	华能国际	上海	主板	北京市	150.009 4
50	洋河股份	深圳	中小企业板	宿迁市	149.731 3

（续表）

排名	公司简称	所在交易所	上市板块	所在城市	指数分值
51	重庆啤酒	上海	主板	重庆市	149.559 8
52	陕鼓动力	上海	主板	西安市	149.518 1
53	盐田港	深圳	主板	深圳市	149.158 5
54	农业银行	上海	主板	北京市	149.002 7
55	兴业银行	上海	主板	福州市	148.943 5
56	上汽集团	上海	主板	上海市	148.930 5
57	东莞控股	深圳	主板	东莞市	148.903 3
58	厦门空港	上海	主板	厦门市	148.832 9
59	生益科技	上海	主板	东莞市	148.644 8
60	利君股份	深圳	中小企业板	成都市	148.491 2
61	欧亚集团	上海	主板	长春市	148.210 8
62	双良节能	上海	主板	江阴市	148.143 1
63	白云机场	上海	主板	广州市	148.134
64	星宇股份	上海	主板	常州市	147.926 5
65	格力电器	深圳	主板	珠海市	147.881 4
66	万向钱潮	深圳	主板	杭州市	147.847 8
67	龙净环保	上海	主板	龙岩市	147.75
68	建设银行	上海	主板	北京市	147.701 1
69	千金药业	上海	主板	株洲市	147.439 1
70	伊力特	上海	主板	伊犁哈萨克自治州	147.428 1
71	江中药业	上海	主板	南昌市	147.374
72	广联达	深圳	中小企业板	北京市	147.121
73	中信证券	上海	主板	深圳市	147.024 2
74	福建高速	上海	主板	福州市	146.781 5
75	上港集团	上海	主板	上海市	146.72
76	正泰电器	上海	主板	乐清市	146.693 3
77	科华生物	深圳	中小企业板	上海市	146.669 1
78	万华化学	上海	主板	烟台市	146.593 1

(续表)

排名	公司简称	所在交易所	上市板块	所在城市	指数分值
79	航天信息	上海	主板	北京市	146.578 9
80	福耀玻璃	上海	主板	福清市	146.541 8
81	威孚高科	深圳	主板	无锡市	146.324 2
82	上海家化	上海	主板	上海市	145.948 4
83	信立泰	深圳	中小企业板	深圳市	145.572 8
84	越秀金控	深圳	主板	广州市	145.440 2
85	汇川技术	深圳	创业板	深圳市	145.410 8
86	重庆百货	上海	主板	重庆市	145.127 8
87	我武生物	深圳	创业板	湖州市	144.752 5
88	奥康国际	上海	主板	温州市	144.715 2
89	南玻 A	深圳	主板	深圳市	144.480 8
90	宝钢股份	上海	主板	上海市	144.475 1
91	东港股份	深圳	中小企业板	济南市	144.398 8
92	九芝堂	深圳	主板	长沙市	144.324 8
93	赣粤高速	上海	主板	南昌市	144.269 6
94	深高速	上海	主板	深圳市	144.187 6
95	汉钟精机	深圳	中小企业板	上海市	143.781 2
96	同仁堂	上海	主板	北京市	143.373 3
97	宁波高发	上海	主板	宁波市	143.358 5
98	金陵药业	深圳	主板	南京市	143.260 8
99	新和成	深圳	中小企业板	绍兴市	143.156
100	山东高速	上海	主板	济南市	143.111 8

资料来源：课题组基于 2005—2018 年上市公司财务数据计算整理。

参考文献

［1］常亚波,沈志渔.中国上市公司高管薪酬、现金分红与公司价值［J］.经济与管理研究,
2016,37(05)：137-142.

［2］陈浪南,姚正春.中国股利政策信号传递作用的实证研究［J］.金融研究,2000(10)：
69-77.

［3］陈立泰,林川.董事会特征与现金股利分配倾向［J］.管理世界,2011(10)：178-179.

［4］陈名芹,刘星,辛清泉.上市公司现金股利不平稳影响投资者行为偏好吗？［J］.经济研
究,2017,52(06)：90-104.

［5］陈伟,刘星,杨源新.上海股票市场股利政策信息传递效应的实证研究［J］.中国管理科
学,1999(03)：56-62.

［6］陈晓,陈小悦,倪凡.中国上市公司首次股利信号传递效应的实证研究［J］.经济科学,
1998(05)：34-44.

［7］陈艳,李鑫,李孟顺.现金股利迎合、再融资需求与企业投资——投资效率视角下的半强
制分红政策有效性研究［J］.会计研究,2015(11)：69-75,97.

［8］陈云玲.半强制分红政策的实施效果研究［J］.金融研究,2014(08)：162-177.

［9］陈正锋.上市公司自身财务能力与持续现金股利政策——基于沪深 A 股数据的实证研
究［J］.华东经济管理,2007(11)：123-125.

［10］戴亦一,肖金利,潘越."乡音"能否降低公司代理成本？——基于方言视角的研究［J］.经
济研究,2016,51(12)：147-160,186.

［11］邓路,王珊珊,杨德勇.现金流不确定性与现金股利公告的信号传递效应［J］.财贸经济,
2011(02)：62-68.

［12］丁文晖,彭勇,唐益.现金股利、控股股东性质与公司代理成本相关性研究［J］.财会通讯,
2015(21)：66-70.

［13］都志灵,黄培清.股利政策与股东回报［J］.数量经济技术经济研究,1999(8)：19-22.

［14］杜兴强,谭雪.国际化董事会、分析师关注与现金股利分配［J］.金融研究,2017(08)：
192-206.

［15］高峻,闻襄鸿.上市公司异常高派现与不派现行为的实证研究——基于股权结构视角
［J］.财会通讯,2016(26)：50-53.

［16］高立群.成长性和融资约束对现金股利的影响研究［D］.重庆大学,2017.

[17] 高文亮,罗宏,曾永良.半强制分红政策效应研究——来自中国上市公司的经验证据[J].宏观经济研究,2018(08):27-40,51.

[18] 龚珏.基于大股东控制的上市公司股利政策分析——以佛山照明"高派现"为例[J].科技广场,2013(01):239-244.

[19] 郭红彩.管理层权力对上市公司分红行为的影响——基于中国A股上市公司的经验证据[J].中南财经政法大学学报,2013(01):137-143.

[20] 郭洪业,高明华,金成晓,等."铁公鸡"们的得与失[J].董事会,2009(06):26-31.

[21] 郭牧炫,魏诗博.融资约束、再融资能力与现金分红[J].当代财经,2011(8):119-128.

[22] 韩搏文.上市公司超能力派现影响因素实证分析[J].中国商论,2017(07):145-147.

[23] 韩华,唐菲,赵夏.基于主成分分析的上市公司投资价值分析[J].科技进步与对策,2011,28(06):99-102.

[24] 韩雪.政府干预、产权性质与现金股利决策——基于地方财政压力与金字塔层级的检验[J].山西财经大学学报,2016,38(04):87-100.

[25] 何建国,黄晶晶,万伟.连续股利公司与无股利公司的对比分析:对投资者的启示[J].重庆理工大学学报(社会科学),2017,31(11):59-64.

[26] 贺显南.中国股市价值投资研究[J].中南财经政法大学学报,2004(05):117-122.

[27] 胡国柳,李伟铭,张长海,等.股权分置、公司治理与股利分配决策:现金股利还是股票股利?[J].财经理论与实践,2011,32(01):37-42.

[28] 胡建雄,殷钱茜.退出威胁能抑制"铁公鸡"公司的不分红行为吗?[J].财经论丛,2019(10):64-73.

[29] 胡耀亭,马宏.代理成本、半强制分红与公司价值——来自中国A股上市公司的经验证据[J].贵州财经大学学报,2017(04):76-83.

[30] 黄桂杰.上市公司控股股东与现金股利政策分析[J].商业研究,2012(08):147-152.

[31] 黄家兴.异常股利派现与代理成本的实证研究[J].中国乡镇企业会计,2017(08):27-28.

[32] 黄建欢,潘丽琴,宋海涛.中国投资者不注重价值投资吗?[J].商业研究,2015(09):64-70.

[33] 黄娟娟,沈艺峰.上市公司的股利政策究竟迎合了谁的需要——来自中国上市公司的经验数据[J].会计研究,2007(08):36-43,95.

[34] 黄娟娟.行为股利政策——基于中国上市公司股利"群聚"现象的研究[D].厦门大学,2009.

[35] 黄志典,李宜训.公司治理、现金股利与公司价值[J].证券市场导报,2017(3):26-36.

[36] 蒋秋菊,李丹蒙.上市公司连续现金分红与利润平滑动机——基于两类盈余管理视角的分析[J].山西财经大学学报,2018,40(05):95-109.

[37] 蒋卫平,陈薇.上市公司超能力派现与公司治理结构的实证研究[J].财经理论与实践,2007(06):39-43.

［38］靳庆鲁,宣扬,李刚,等.社保基金持股与公司股利政策［J］.会计研究,2016(05)：34-39,95.

［39］孔小文,于笑坤.上市公司股利政策信号传递效应的实证分析［J］.管理世界,2003(06)：114-118,153.

［40］雷光勇,刘慧龙.市场化进程、最终控制人性质与现金股利行为——来自中国 A 股公司的经验证据［J］.管理世界,2007(07)：120-128,172.

［41］李常青,彭锋.现金股利研究的新视角：基于企业生命周期理论［J］.财经理论与实践,2009,30(05)：67-73.

［42］李常青,沈艺峰.沪深上市公司股利政策信息内涵的实证研究［J］.中国经济问题,2001(05)：43-52.

［43］李常青,魏志华,吴世农.半强制分红政策的市场反应研究［J］.经济研究,2010,45(03)：144-155.

［44］李慧.半强制分红政策对上市公司现金分红策略的影响研究［J］.上海经济研究,2013,25(01)：56-63.

［45］李金昌.从政治算术到大数据分析［J］.统计研究,2014,31(11)：3-14.

［46］李金燕,郝洪.融资约束对公司现金持有政策的影响［J］.中国石油大学学报(社会科学版),2014,30(03)：15-18.

［47］李敬,姜德波.再融资需求、监管高压和现金分红［J］.审计与经济研究,2017,32(02)：88-97.

［48］李礼,王曼舒,齐寅峰.股利政策由谁决定及其选择动因——基于中国非国有上市公司的问卷调查分析［J］.金融研究,2006(1)：74-85.

［49］李茂良.股票市场流动性影响上市公司现金股利政策吗——来自中国 A 股市场的经验证据［J］.南开管理评论,2017,20(04)：105-113,139.

［50］李佩.上市公司持续现金分红影响因素的研究［D］.湖南师范大学,2015.

［51］李寿喜.产权、代理成本和代理效率［J］.经济研究,2007(01)：102-113.

［52］李维安,李滨.机构投资者介入公司治理效果的实证研究——基于 CCGI^{NK} 的经验研究［J］.南开管理评论,2008(01)：4-14.

［53］李小荣,罗进辉.媒体关注与公司现金股利支付［J］.经济理论与经济管理,2015(09)：68-85.

［54］李怡农."现金奶牛"与"铁公鸡"现金分红差异的实证研究［J］.财会月刊,2009(14)：17-19.

［55］李增福,张淑芳.股利所得税减免能提高上市公司的现金股利支付吗——基于财税〔2005〕102 号文的研究［J］.财贸经济,2010(05)：26-31.

［56］李卓,宋玉.股利政策、盈余持续性与信号显示［J］.南开管理评论,2007(01)：70-80.

［57］梁莱歆,王文芝.上市公司超能力派现信号效应实证研究［J］.上海立信会计学院学报,2007(06)：51-55.

[58] 廖珂.现金股利的"庞氏循环"——来自上市公司分红能力、现金股利以及投资活动的经验证据[J].投资研究，2015，378(8)：54-81.

[59] 廖理,方芳.股利政策代理理论的实证检验[J].南开管理评论,2005(05)：57-64.

[60] 廖理,方芳.管理层持股、股利政策与上市公司代理成本[J].统计研究,2004(12)：27-30.

[61] 廖婉容.上市公司持续现金股利政策的影响因素[J].现代商业,2017(09)：164-165.

[62] 廖颖林.基于顾客满意度陷阱的市场细分方法研究[J].统计与信息论坛,2008(11)：5-10.

[63] 刘爱明,周娟.高管持股、现金股利与代理成本——基于2015年差别化股利税政策的实证检验[J].金融与经济,2018,489(05)：15-23.

[64] 刘孟晖,高友才.现金股利的异常派现、代理成本与公司价值——来自中国上市公司的经验证据[J].南开管理评论,2015,18(01)：152-160.

[65] 刘孟晖,武琼.异常派现对投资效率影响研究——基于中国上市公司的经验证据[J].证券市场导报,2016(05)：42-52.

[66] 刘孟晖.内部人终极控制及其现金股利行为研究——来自中国上市公司的经验证据[J].中国工业经济,2011(12)：122-132.

[67] 刘星,谭伟荣,李宁.半强制分红政策、公司治理与现金股利政策[J].南开管理评论,2016,19(05)：104-114.

[68] 刘银国,张琛,阮素梅.现金股利的代理成本控制效应研究——基于半强制分红的考察[J].审计与经济研究,2014,29(05)：59-68.

[69] 陆正飞,王春飞,王鹏.激进股利政策的影响因素及其经济后果[J].金融研究,2010(06)：162-174.

[70] 吕长江,许静静.基于股利变更公告的股利信号效应研究[J].南开管理评论,2010,13(02)：90-96.

[71] 吕长江,张海平.上市公司股权激励计划对股利分配政策的影响[J].管理世界,2012(11)：133-143.

[72] 吕长江,周县华.公司治理结构与股利分配动机——基于代理成本和利益侵占的分析[J].南开管理评论,2005(03)：9-17.

[73] 罗宏,黄文华.国企分红、在职消费与公司业绩[J].管理世界,2008(09)：139-148.

[74] 罗进辉,黄泽悦,朱军.独立董事地理距离对公司代理成本的影响[J].中国工业经济,2017(08)：100-119.

[75] 罗进辉.机构投资者持股、现金股利政策与公司价值——来自2005—2010年中国上市公司的经验证据[J].投资研究,2013,32(01)：56-74.

[76] 罗进辉.媒体报道的公司治理作用——双重代理成本视角[J].金融研究,2012(10)：153-166.

[77] 罗琦,李辉.企业生命周期、股利决策与投资效率[J].经济评论,2015(2)：115-125.

[78] 罗琦,吴哲栋.控股股东代理问题与公司现金股利[J].管理科学,2016,29(3)：112-122.

[79] 马磊,徐向艺.中国上市公司控制权私有收益实证研究[J].中国工业经济,2007(05)：56-63.

[80] 马鹏飞,董竹.现金分红:"利大于弊"还是"弊大于利"——基于内控门槛绩效异质性视角的分析[J].山西财经大学学报,2019,41(02)：93-109.

[81] 缪文婷.中国创业板上市公司高派现、高送转的信号效应研究[D].福建农林大学,2015.

[82] 宁青青,杨宝.机构持股、管理层权力寻租与公司分红决策[J].重庆大学学报(社会科学版),2017,23(04)：46-55.

[83] 潘越,戴亦一,陈梅婷.基金经理的投资经验、交易行为与股市泡沫[J].中国工业经济,2011(01)：120-129.

[84] 庞小凤,郭智.中国证券监管转型背景下的投资者保护研究述评[J].经济研究参考,2016(18)：37-46.

[85] 彭爱群,孔玉生.上市公司现金股利政策信号传递作用的实证分析[J].财会通讯(学术版),2006(12)：31-32.

[86] 彭利达.大股东与上市公司现金分红:异质机构投资者的调节作用[J].金融经济学研究,2016,31(03)：98-106.

[87] 彭志胜,宋福铁.分红政策与股票收益波动的关系[J].系统工程,2014,32(07)：34-42.

[88] 皮海洲.红利税差别化征收应废止[J].金融博览(财富),2012(12)：24-25.

[89] 皮海洲.强制分红难治中国股市"圈钱病"[J].武汉金融,2011(12)：66-67.

[90] 戚聿东,肖旭.上市公司现金分红提高了公司价值吗?——基于制度环境变迁的调节效应[J].投资研究,2017,36(11)：36-58.

[91] 齐鲁光,韩传模.机构投资者持股、高管权力与现金分红研究[J].中央财经大学学报,2015(04)：52-57.

[92] 强国令,李曜,张子炜.创业板上市公司的现金分红政策悖论——基于股利掏空理论的解释[J].中国经济问题,2017(02)：68-79.

[93] 强国令.板块倒置、声誉机制与股利政策[J].投资研究,2016(1)：49-60.

[94] 全怡,梁上坤,付宇翔.货币政策、融资约束与现金股利[J].金融研究,2016(11)：63-79.

[95] 阙楚楚.上市公司现金股利政策影响因素的文献综述[J].中国集体经济,2019,593(9)：110-112.

[96] 饶育蕾,贺曦,李湘平.股利折价与迎合:来自中国上市公司现金股利分配的证据[J].管理工程学报,2008(01)：133-136.

[97] 任力,项露菁.公司治理结构对现金股利分配的影响[J].经济学家,2015(05)：43-51.

[98] 石宗辉,张敦力.机构持股与公司现金分红行为研究[J].证券市场导报,2015(10)：55-60.

[99] 宋逢明,姜琪,高峰.现金分红对股票收益率波动和基本面信息相关性的影响[J].金融研究,2010(10)：103-116.

[100] 宋逢明,姜琪,高峰.现金分红对股票收益率波动和基本面信息相关性的影响[J].金融

研究,2010(10)：103-116.

[101] 宋福铁,屈文洲.基于企业生命周期理论的现金股利分配实证研究[J].中国工业经济,
2010(02)：140-149.

[102] 陶启智,李亮,李子扬.机构投资者是否偏好现金股利——来自 2005—2013 年的经验证
据[J].财经科学,2014(12)：30-38.

[103] 涂必玉.长期股权投资交易盈余管理制度基础初探——基于非货币性资产交换与企业
合并准则协调性思考[J].财会学习,2015(04)：28-31.

[104] 王春艳,欧阳令南.价值投资于中国股市的可行性分析[J].财经科学,2004(01)：32-36.

[105] 王国俊,陈冬华,蒋德权.红利税差异化征收推进价值投资了吗？[J].南京社会科学,
2014(04)：17-22,43.

[106] 王国俊,陈浩,王跃堂.现金股利承诺对控股股东掏空行为的影响——基于委托代理视
角的分析[J].南京社会科学,2015(07)：24-32.

[107] 王国俊,王跃堂,韩雪,等.差异化现金分红监管政策有效吗？——基于公司治理的视
角[J].会计研究,2017(07)：48-54,96.

[108] 王化成,李春玲,卢闯.控股股东对上市公司现金股利政策影响的实证研究[J].管理世
界,2007(01)：122-127,136,172.

[109] 王怀明,史晓丹.中国上市公司超能力派现的实证研究——基于公司治理结构视角[J].
南京农业大学学报(社会科学版),2006(03)：28-33.

[110] 王进朝,田佳楠.高管权力、过度自信与庞氏分红[J].会计之友,2019(09)：12-18.

[111] 王静,张天西,郝东洋.发放现金股利的公司具有更高盈余质量吗？——基于信号传递
理论新视角的检验[J].管理评论,2014,26(04)：50-59.

[112] 王立文.机构投资者、现金股利政策与股票市场稳定性研究——来自 2005—2009 年中
国 A 股上市公司的经验证据[J].当代经济科学,2011,33(05)：99-108,128.

[113] 王绍凤,莫应萍.GZMT 高派现股利政策影响因素的实证研究[J].财会通讯,2013(21)：
52-54.

[114] 王希希.异常派现、投资效率与企业价值[D].北京交通大学,2018.

[115] 王小泳,孔东民,李尚骜.现金分红的连续性、投资效率与公司价值——基于面板结构
VAR 模型的实证分析[J].中国管理科学,2014,22(03)：103-114.

[116] 王雄元,严艳.注册会计师职业道德建设的经济视角[J].中国注册会计师,2002(10)：
4-7.

[117] 王震,徐洪波.现金股利、股票股利与会计稳健性[J].理论月刊,2014(3)：133-138.

[118] 王征.上市公司"超能力派现"影响因素的实证研究[J].财会通讯(学术版),2005(04)：
55-58.

[119] 王中慧. 公司治理因素与现盈股利分配连续性关系研究[D].上海外国语大学,2017.

[120] 魏刚,蒋义宏.中国上市公司股利分配问卷调查报告[J].经济科学,2001(04)：79-87.

[121] 魏刚.中国上市公司股利分配的实证研究[J].经济研究,1998(06)：32-38.

[122] 魏刚.中国上市公司股票股利的实证分析[J].证券市场导报,2000(11):23-27.

[123] 魏慧,平佳楠.中国资本市场的"铁公鸡"不发放现金股利之谜[J].江西科技学院学报,2016(1):32-37.

[124] 魏明海,柳建华.国企分红、治理因素与过度投资[J].管理世界,2007(04):88-95.

[125] 魏明海,岳勇坚,雷倩华.盈余质量与交易成本[J].会计研究,2013(03):36-42,95.

[126] 魏志华,李常青,吴育辉,等.半强制分红政策、再融资动机与经典股利理论——基于股利代理理论与信号理论视角的实证研究[J].会计研究,2017(07):55-61,97.

[127] 魏志华,李茂良,李常青.半强制分红政策与中国上市公司分红行为[J].经济研究,2014,49(06):100-114.

[128] 魏志华,吴育辉,李常青.机构投资者持股与中国上市公司现金股利政策[J].证券市场导报,2012(10):40-47,60.

[129] 魏志华,吴育辉,李常青.家族控制、双重委托代理冲突与现金股利政策——基于中国上市公司的实证研究[J].金融研究,2012(07):168-181.

[130] 翁洪波,吴世农.机构投资者、公司治理与上市公司股利政策[J].中国会计评论,2007(03):367-380.

[131] 吴超鹏,张媛.风险投资对上市公司股利政策影响的实证研究[J].金融研究,2017(09):178-191.

[132] 吴平,付杰,龙敏.股利分配政策对企业的影响研究——基于上市公司高派现与不分配现象实证分析[J].生产力研究,2011(10):195-196.

[133] 吴谦.影响上市公司超能力派现行为的实证[J].统计与决策,2006(01):81-82.

[134] 伍利娜,高强,彭燕.中国上市公司"异常高派现"影响因素研究[J].经济科学,2003(01):31-42.

[135] 肖淑芳,喻梦颖.股权激励与股利分配——来自中国上市公司的经验证据[J].会计研究,2012(08):49-57,97.

[136] 谢德仁,林乐,陈运森.薪酬委员会独立性与更高的经理人报酬一业绩敏感度——基于薪酬辩护假说的分析和检验[J].管理世界,2012(01):121-140,188.

[137] 谢德仁,林乐.上市公司现金分红能力分析——基于上证红利50指数成份股的数据[J].证券市场导报,2013(12):43-48,55.

[138] 谢德仁,汤晓燕.股利保护、股权激励工具选择与公司现金股利政策[J].投资研究,2014,33(02):77-88.

[139] 熊德华,刘力.股利支付决策与迎合理论——基于中国上市公司的实证研究[J].经济科学,2007(05):89-99.

[140] 徐国祥.统计预测方法的特点研究[J].统计研究,1999(02):52-56.

[141] 徐寿福,邓鸣茂,陈晶萍.融资约束、现金股利与投资一现金流敏感性[J].山西财经大学学报,2016(2):112-124.

[142] 徐寿福,徐龙炳.现金股利政策、代理成本与公司绩效[J].管理科学,2015,28(1):

96-110.

[143] 徐寿福.QFII 持股与上市公司股利政策的关系研究[J].财经理论研究,2015(04)：40-54.

[144] 薛里梅.异常高派现、投资不足与经营绩效[D].深圳大学,2017.

[145] 闫伟宸,肖星.CEO 和董事之间的"本家关系"增加了代理成本？[J].管理评论,2019,31(04)：99-116.

[146] 闫希,汤谷良.关于上市公司高派现背后的制度思考[J].财务与会计,2010(10)：27-29.

[147] 杨宝,王议晗.中国上市公司现金分红统计特征研究——基于 1990—2015 年股息率数据的考察[J].重庆理工大学学报(社会科学),2017(12)：71-79.

[148] 杨宝,庄恒,甘孜露.中国证券市场"现金股利之谜"——基于 1990—2015 年上市公司分红数据的考察[J].证券市场导报,2017(09)：26-32.

[149] 杨汉明.寿命周期、股利支付与企业价值[J].管理世界,2008(4)：181-182.

[150] 杨熠,沈艺峰.现金股利：传递盈利信号还是起监督治理作用[J].中国会计评论,2004(01)：61-76.

[151] 杨志银.促进证券市场长期价值投资的税收政策[J].现代经济探讨,2017(02)：31-35.

[152] 于蔚,金祥荣,钱彦敏.宏观冲击、融资约束与公司资本结构动态调整[J].世界经济,2012,35(03)：24-47.

[153] 余明桂,潘红波.政府干预、法治、金融发展与国有企业银行贷款[J].金融研究,2008(09)：1-22.

[154] 余琰,王春飞.再融资与股利政策挂钩的经济后果和潜在问题[J].中国会计评论,2014(1)：43-66.

[155] 俞乔,程滢.中国公司红利政策与股市波动[J].经济研究,2001(4)：32-40.

[156] 袁奋强,陶蕾花.机构投资者介入与公司现金股利支付——基于融资约束视角[J].财会月刊,2018(24)：74-82.

[157] 袁明哲.中国股市回报率最高的价值投资模型研究[J].经济纵横,2008(07)：83-85.

[158] 袁天荣,苏红亮.上市公司超能力派现的实证研究[J].会计研究,2004(10)：63-70.

[159] 原红旗.中国上市公司股利政策分析[J].财经研究,2001(03)：33-41.

[160] 曾爱军,温海星.中国上市公司超能力派现问题探讨——基于驰宏锌锗的案例研究[J].商业会计,2011(35)：23-25.

[161] 曾亚敏,张俊生.中国上市公司股权收购动因研究：构建内部资本市场抑或滥用自由现金流[J].世界经济,2005(02)：60-68.

[162] 张纯,吕伟.信息环境、融资约束与现金股利[J].金融研究,2009(07)：81-94.

[163] 张海报,李明.高现金分红对企业价值的提升及其影响途径研究——以格力电器公司为例[J].财会通讯,2017(19)：57-61.

[164] 张继勋,刘文欢.行业现金分红压力、股价波动与现金分红决策[J].现代财经(天津财经大学学报),2014,34(03)：65-74.

[165] 张菊如.上市公司超能力派现股利分配分析——基于建发股份的案例研究[J].商场现代化,2011(10):60-61.

[166] 张俊生,曾亚敏.国外股息税改革的理论基础与实践经验[J].证券市场导报,2008(02):65-72.

[167] 张路,罗婷,岳衡.超募资金投向、股权结构与现金股利政策[J].金融研究,2015(11):142-158.

[168] 张鸣芳.国际上季节调整最新发展及对中国的思考[J].统计研究,2006(10):14-18.

[169] 张水泉,韩德宗.上海股票市场股利与配股效应的实证研究[J].预测,1997(03):29-34,6.

[170] 张腾文,黄友.经营利润率、股东收益与股票价格的价值相关性研究[J].会计研究,2008(4):78-83.

[171] 张玮倩,徐寿福,辛琳.连续现金分红与股票错误定价研究[J].证券市场导报,2016(03):4-10.

[172] 张玮婷,王志强.地域因素如何影响公司股利政策:"替代模型"还是"结果模型"?[J].经济研究,2015,50(05):76-88.

[173] 张翔,贺裴菲.公司一直不分红能够成长更快吗?[J].投资研究,2014(4):41-51.

[174] 赵虹,隆威.中国上市公司现金股利与股利税的关系研究[J].现代经济信息,2012(02):255-257+260.

[175] 赵玉芳,余志勇,夏新平,汪宜霞.定向增发、现金分红与利益输送——来自中国上市公司的经验证据[J].金融研究,2011(11):153-166.

[176] 郑蓉,干胜道.半强制分红政策实施及修订的影响研究——来自A股民营上市公司的经验证据[J].经济与管理研究,2014(05):85-92.

[177] 支晓强,胡聪慧,吴偬立,刘玉珍.现金分红迎合了投资者吗——来自交易行为的证据[J].金融研究,2014(05):143-161.

[178] 周县华,吕长江.股权分置改革、高股利分配与投资者利益保护——基于驰宏锌锗的案例研究[J].会计研究,2008(08):59-68.

[179] 周晓苏,朱德胜.股权结构、财务绩效与现金股利[J].当代财经,2006(05):108-110,115.

[180] 祝继高,王春飞.金融危机对公司现金股利政策的影响研究——基于股权结构的视角[J].会计研究,2013(02):38-44,94.

[181] 卓雅心,郑蓉,干胜道.国内A股"铁公鸡"现状、成因及对策[J].财会通讯,2015(29):10-12.

[182] 邹若然.上市公司超能力派现探究——基于不稳健分配的视角[J].财会通讯,2014(17):40-42.

[183] ADIZES I. Corporate lifecycles: how and why corporations grow and die and what to do about it[M]. Prentice Hall,1988.

[184] AGGARWAL R K, MESCHKE F, WANG T Y. Corporate political donations: investment or agency? [J]. Business and Politics, 2012, 14(1): 1-38.

[185] AHARONY J, SWARY I. Quarterly dividend and earnings announcements and stockholders' returns: An empirical analysis[J]. The Journal of Finance, 1980, 35(1): 1-12.

[186] AIVAZIAN V, BOOTH L, CLEARY S. Dividend policy and the organization of capital markets[J]. Journal of Multinational Financial Management, 2003, 13(2): 101-121.

[187] ALLEN F, BERNARDO A E, WELCH I. A Theory of dividends based on tax clienteles[J]. Journal of Finance, 2000, 55(6): 2499-2536.

[188] ALMALKAWI H A. Factors influencing corporate dividend decision: evidence from Jordanian panel data[J]. Social Science Electronic Publishing, 2008.

[189] AMBARISH R, JOHN K, WILLIAMS J. Efficient signalling with dividends and investments[J].Journal of Finance, 1987,42(2): 321-343.

[190] ARLEN J, WEISS D M. A political theory of corporate taxation[J]. Yale Law Journal, 1995, 105(2): 325-391.

[191] ARNOTTROBERT D, ASNESSCLIFFORD S. Do surprise higher dividends mean higher earnings growth[J]. Social Science Electronic Publishing, 2003.

[192] ASQUITH P, MULLINS D W. The impact of initiating dividend payments on shareholders' wealth[J]. Journal of Business, 1983, 56(1): 77-96.

[193] BAJAJ M,VIJH A M.Trading behavior and the unbiasedness of the market reaction to dividend announcements[J]. The Journal of Finance, 1995, 50(1): 255-279.

[194] BAKER H K, FARRELLY G E. Dividend achievers: a behavioral look[J]. Akron Business and Economic Review, 1988, 19(1): 79-92.

[195] BAKER H K,VEIT E T, POWELL G E. Factors influencing dividend policy decisions of Nasdaq firms[J]. Financial Review, 2010, 36(3): 19-38.

[196] BAKER M, WURGLER J. A catering theory of dividends[J]. Journal of Finance, 2004, 59(3): 1125-1165.

[197] BAKER M, WURGLER J. Comovement and predictability relationships between bonds and the cross-section of stocks[J]. The Review of Asset Pricing Studies, 2012, 2(1): 57-87.

[198] BALACHANDRAN B, KRISHNAMURTI C, THEOBALD M, et al. Dividend reductions, the timing of dividend payments and information content[J]. Journal of Corporate Finance, 2012, 18(5): 1232-1247.

[199] BALACHANDRAN B, NGUYEN T A. Signalling power of special dividends in an imputation environment[J]. Accounting & Finance, 2004, 44(3): 277-297.

[200] BAR-YOSEF S, VENEZIA I. Earnings information and the determination of dividend

policy[J]. Journal of Economics & Business, 1991, 43(3): 197-214.

[201] BERLE A A, MEANS G G C. The modern corporation and private property[M]. Transaction Books, 1932.

[202] BHATTACHARYA N, BLACK E L, CHRISTENSEN T E, et al. Who trades on pro forma earnings information? [J]. Accounting Review, 2007, 82(3): 581-619.

[203] BHATTACHARYA S. Imperfect information, dividend policy, and the bird in the hand fallacy[J]. Bell Journal of Economics, 1979, 10(1): 259-270.

[204] BLACK F, SCHOLES M S. Dividend yields and common stock returns: a new methodology[J]. Journal of Finance, 1970(25): 384-415.

[205] BRAV A, GRAHAM J R, HARVEY C R, et al. Payout policy in the 21st century[J]. Journal of Financial Economics, 2005, 77(3): 483-527.

[206] BRENNAN M J, THAKOR A V. Shareholder preferences and dividend policy[J]. Journal of Finance, 1990, 45(4): 993-1018.

[207] BRICKLEY J A. Shareholder wealth, information signaling and the specially designated dividend: an empirical study[J]. Journal of Financial Economics, 1983, 12(2): 187-209.

[208] BRIO E B D, MIGUEL A D. Dividends and market signalling: an analysis of corporate insider trading[J]. European Financial Management, 2010, 16(3): 480-497.

[209] BROCKMAN P, UNLU E. Earned/contributed capital, dividend policy, and disclosure quality: an international study[J]. Journal of Banking & Finance, 2011, 35(7): 1610-1625.

[210] CARSTEN H, MÜLLER CHRISTIAN, JULIA N. How Important are dividend signals in assessing earnings persistence? [J]. Contemporary Accounting Research, 2018, 12(3): 111-146.

[211] CHAY J B, SUH J. Payout policy and cash-flow uncertainty[J]. Journal of Financial Economics, 2009, 93(1): 88-107.

[212] CHHACHHI I S, DAVIDSON W N. A comparison of the market reaction to specially designated dividends and tender offer stock repurchases[J]. Financial Management, 1997, 26(3): 89-96.

[213] CHI-WEN J L, YUE H. Timeliness and earnings quality[C]. Working paper from American Accounting Association 2004 annual meeting, 2004.

[214] CHOI Y M, JOO H K, PARK Y K. Do dividend changes predict the future profitability of firms? [J]. Accounting & Finance, 2011, 51(4): 869-891.

[215] CLAESSENS S, DJANKOV S, FAN J P H, et al. Disentangling the incentive and entrenchment effects of large shareholdings[J]. Journal of Finance, 2002, 57(6): 2741-2771.

[216] DEANGELO H, DEANGELO L, STULZ, RENE M. Dividend policy and the earned/contributed capital mix: a test of the lifecycle theory [J]. Journal of Financial Economics, 2006, 81(2): 227-254.

[217] DENIS D J, OSOBOV I. Why do firms pay dividends? International evidence on the determinants of dividend policy [J]. Journal of Financial Economics, 2008, 89(1): 62-82.

[218] DICKINSON V. Cash flow patterns as a proxy for firm life cycle[J]. The Accounting Review, 2011, 86(6): 1969-1994.

[219] EASTERBROOK F H. Two agency-cost explanations of dividends [J]. American Economic Review, 1984, 74(4): 650-659.

[220] ELTON E J, GRUBER M J. Marginal stockholder tax rates and the clientele effect[J]. The Review of Economics and Statistics, 1970, 52(1): 68-74.

[221] FACCIO M, LANG L H P, YOUNG L. Debt and expropriation[C]. EFMA 2001 Lugano Meetings, 2003.

[222] FAFF R, KWOK W C, PODOLSKI E J, et al. Do corporate policies follow a life-cycle? [J]. Journal of Banking & Finance, 2016, 69: 95-107.

[223] FAMA E F, FRENCH K R. Common risk factors in the returns on stocks and bonds [J]. Journal of Financial Economics, 1993, 33(1): 3-56.

[224] FAMA E F, BABIAK H. Dividend policy: an empirical analysis[J]. Publications of the American Statistical Association, 1968, 63(324): 1132-1161.

[225] FAMA E F, FRENCH K R. Disappearing dividends: changing firm characteristics or lower propensity to pay? [J]. Journal of Applied Corporate Finance, 2001, 14(1): 67-79.

[226] FLAVIN T, O'CONNOR T. Reputation building and the lifecycle model of dividends [J]. Pacific-Basin Finance Journal, 2017, 46: 177-190.

[227] FRANCIS B B, WAISMAN M, HASAN I. Does geography matter to bondholders? [J]. Social Science Electronic Publishing, 2007.

[228] FRENCH F K R. Dividend yields and expected stock returns [J]. Journal of Financial Economics, 1988, 22(1): 3-25.

[229] FUDENBERG D, TIROLE J. A theory of income and dividend smoothing based on incumbency rents[J]. Journal of Political Economy, 1995, 103(1): 75-93.

[230] GARDNER S D. The tax consequences of shareholder diversions in close corporations [J]. Tax Law. Review, 1965(21): 223.

[231] GOMPERS P A, LERNER J. The really long-run performance of initial public offerings: the Pre-Nasdaq evidence[J]. Journal of Finance, 2003, 58(4): 1355-1392.

[232] GORDON M J. Dividends, earnings, and stock prices[J]. Review of Economics &

Statistics, 1959, 41(2): 99-105.

[233] GRINSTEIN Y, MICHAELY R. Institutional holdings and payout policy[J]. Journal of finance, 2005, 60(3): 1389-1426.

[234] GROSSMAN S J, HART O D. Takeover bids, the free-rider problem, and the theory of the corporation[J]. Bell Journal of Economics, 1980, 11(1): 42-64.

[235] GRULLON G, LARKIN Y, MICHAELY R. Dividend policy and product market competition[J]. Social Science Electronic Publishing, 2002.

[236] GRULLON G, MICHAELY R. Dividends, share repurchases, and the substitution hypothesis[J]. Journal of Finance, 2002, 57(4): 1649-1684.

[237] GUGLER K, YURTOGLU B B. Corporate governance and dividend pay-out policy in Germany[J]. European Economic Review, 2003, 47(4): 731-758.

[238] GUTTMAN I, KADAN O, KANDEL E. Dividend stickiness and strategic pooling[J]. Review of Financial Studies, 2010, 23(12): 4455-4495.

[239] GWILYM O, MORGAN G, THOMAS S. Dividend stability, dividend yield and stock returns: UK evidence[J]. Journal of Business Finance & Accounting, 2000, 27(3): 261-281.

[240] GWILYM O, SEATON J, SUDDASON K, et al. International evidence on the payout ratio, earnings, dividends, and returns[J]. Financial Analysts Journal, 2006, 62(1): 36-53.

[241] HADLOCK C J, PIERCE J R. New evidence on measuring financial constraints: moving beyond the KZ index[J]. Review of Financial Studies, 2010, 23(5): 1909-1940.

[242] HEALY P M, PALEPU K G. Earnings information conveyed by dividend initiations and omissions [J]. Journal of Financial Economics, 1988, 21(2): 149-175.

[243] HIGGINS R C. Dividend policy and increasing discount rates: a clarification[J]. Journal of Financial & Quantitative Analysis, 1972, 7(3): 1757-1762.

[244] HUANG R, RITTER J, ZHANG D. Private equity firms' reputational concerns and the costs of debt financing[J]. Journal of Financial & Quantitative Analysis, 2013, 51(1): 29-54.

[245] JAFFEE D M, RUSSELL T. Imperfect information, uncertainty, and credit rationing [J]. Quarterly Journal of Economics, 1976, 90(4): 651-666.

[246] JAKOB K, WHITBY R. The impact of nominal stock price on ex-dividend price responses[J]. Review of Quantitative Finance & Accounting, 2017, 48(4): 1-15.

[247] JAVAKHADZE D, FERRIS S P, SEN N. An international analysis of dividend smoothing [J]. Journal of Corporate Finance, 2014, 29(C): 200-220.

[248] JENSEN M C, MECKLING W H. Theory of the firm: managerial behavior, agency

costs and ownership structure[J]. Journal of financial economics, 1976, 3(4):
305-360.

[249] JENSEN M C. Agency cost of free cash flow, corporate finance[J]. American
Economic Review, 1986, 76(2): 323-329.

[250] JEONG JINHO. Determinants of dividend smoothing in emerging market: the case of
Korea[J]. Emerging Markets Review, 2013(17): 76-88.

[251] JERRY SUN. Governance role of analyst coverage and investor protection[J]. Financial
Analysts Journal, 2009, 65(6): 52-64.

[252] JIRAPORN P, NING Y. Dividend policy, shareholder rights, and corporate
governance[J]. Journal of Applied Finance, 2006, 16(2): 229-263.

[253] JOHN K, LANG L H P. Insider trading around dividend announcements: theory and
evidence[J]. The Journal of Finance, 1991, 46(4): 1361-1389.

[254] JOHN K, WILLIAMS J. dividends, dilution, and taxes: a signalling equilibrium[J].
The Journal of Finance, 1985, 40(4): 1053-1070.

[255] JUMAH A H, PACHECO C J O. The financial factors influencing cash dividend
policy: a sample of US manufacturing companies[J]. InterMetro Business Journal,
2008, 4(2): 23-43.

[256] K H AL-YAHYAEE, T M PHAM, T S WALTER. Dividend smoothing when firms
distribute most of their earnings as dividends[J]. Applied Financial Economics, 2011,
21(16): 1175-1183.

[257] KAHNEMAN D, TVERSKY A. Prospect theory: an analysis of decision under risk
[J]. Econometrica, 1979, 47(2): 263-291.

[258] KALAY A. Signaling, information content, and the reluctance to cut dividends[J].
Journal of financial and Quantitative Analysis, 1980, 15(4): 855-869.

[259] KAPLAN S N, ZINGALES L. Do investment-cash flow sensitivities provide useful
measures of financing constraints? [J]. Quarterly Journal of Economics, 1997, 112
(1): 169-215.

[260] KHANG K, KING D. Is dividend policy related to information asymmetry: evidence
from insider trading gains[J]. Social Science Electronic Publishing, 2003.

[261] LA PORTA R, FLORENCIO L D S. The benefits of privatization: evidence from
mexico[J]. Social Science Electronic Publishing, 1997.

[262] LA PORTA R, LOPEZ-DE-SILANES F, SHLEIFER A, et al. Agency problems and
dividend policies around the world[J]. The Journal of Finance, 2000, 55(1): 1-33.

[263] LA PORTA R, LÓPEZDESILANES F. The benefits of privatization: evidence from
mexico[J]. Quarterly Journal of Economics, 1999, 114(4): 1193-1242.

[264] LEARY M T, MICHAELY R. Determinants of dividend smoothing: empirical

evidence[J]. Review of Financial Studies, 2011, 24(10): 3197-3249.

[265] LINTNER J. Distributions of incomes of corporations among dividends, retained earnings, and taxes[J]. The American Economic Review. 1956,56(1): 97-118.

[266] MARC L. LIPSON, MAQUIEIRA C P MEGGINSON W. Dividend initiations and earnings surprises[J]. Financial Management, 1998, 27(3): 36-45.

[267] MASON HAIRE. Modern organization theory[J]. American Political Science Review, 1959, 54(2): 324-514.

[268] MAURY C B, PAJUSTE A. Controlling shareholders, agency problems, and dividend policy in Finland[J]. LTA, 2002, 1(2): 15-45.

[269] MILLER M H, MODIGLIANI F. Dividend policy, growth, and the valuation of shares [J]. Journal of Business, 1961, 34(4): 411-433.

[270] MILLER M H, ROCK K. Dividend policy under asymmetric information[J]. Journal of Finance, 1985, 40(4): 1031-1051.

[271] MITTON T. Corporate governance and dividend policy in emerging markets [J]. Emerging Markets Review, 2004, 5(4): 409-426.

[272] MOUGOUE M, RAO R P. The information signaling hypothesis of dividends: evidence from cointegration and causality tests[J]. Journal of Business Finance & Accounting, 2003, 30(3): 441-478.

[273] MRABET R, BOUJJAT W. The relationship between dividend payments and firm performance: a study of listed companies in Morocco[J]. European scientific journal, 2016, 12(4): 42-59.

[274] MUKESH B B, VIJH A M. Dividend clienteles and the information content of dividend changes[J]. Journal of Financial Economics, 1990, 26(2): 193-219.

[275] NALINAKSHA BHATTACHARYYA, AMIN MAWANI, CAMERON MORRILL. Dividend payout and executive compensation: theory and evidence[J]. Accounting & Finance, 2008, 48(4): 521-541.

[276] NISSIM D, ZIV A. Dividend changes and future profitability[J]. The Journal of Finance, 2001, 56(6): 2111-2133.

[277] OUMA O P. The relationship between dividend payout and firm performance: a study of listed companies in Kenya[J]. European scientific journal, 2012, 8(9): 67-93.

[278] PAGANO M, RÖELL A. The choice of stock ownership structure: agency costs, monitoring, and the decision to go public[J]. The Quarterly Journal of Economics, 1998, 113(1): 187-225.

[279] PARK J, KIM M. Dividend yields and stock returns: evidence from the Korean stock market[J]. Asia-Pacific Journal of Financial Studies, 2010, 39(6): 736-751.

[280] PAUL BROCKMAN, EMRE UNLU. Earned/contributed capital, dividend policy, and disclosure quality: an international study[J]. Journal of Banking & Finance, 2011,35

(7)：1610-1625.

[281] PETTIT R. Dividend announcements, security performance, and capital market efficiency[J]. Journal of Finance, 1972, 27(5)：993-1007.

[282] POPADAK J A. Dividend payments as a response to peer influence[J]. Social Science Electronic Publishing, 2012.

[283] ROSS S A. Some notes on financial incentive-signalling models, activity choice and risk preferences[J]. Journal of Finance, 1978, 33(3)：777-792.

[284] ROZEFF M S. Growth, beta and agency costs as determinants of dividend payout ratios [J]. Journal of Financial Research, 1982, 5(3)：249-259.

[285] SHEFRIN H M, STATMAN M. Explaining investor preference for cash dividends[J]. Journal of financial economics, 1984, 13(2)：253-282.

[286] SHLEIFER A, VISHNY R W. A survey of corporate governance[J]. The journal of finance, 1997, 52(2)：737-783.

[287] SHLEIFER A, VISHNY R W. Large shareholders and corporate control[J]. Journal of political economy, 1986, 94(3)：461-488.

[288] SKINNER D J, SOLTES E. What do dividends tell us about earnings quality? [J]. Review of Accounting Studies, 2011, 16(1)：1-28.

[289] SMITH JR C W, WATTS R L. The investment opportunity set and corporate financing, dividend, and compensation policies[J]. Journal of financial Economics, 1992, 32(3)：263-292.

[290] SPENCE A M. Market signaling：Informational transfer in hiring and related screening processes[M]. Harvard University Press, 1974.

[291] SPENCE M A. Job market signaling[J]. Quarterly Journal of Economics, 1973(87)：355-374.

[292] STEIN D M, LANGSTRAAT B, NARASIMHAN P. Reporting after-tax returns：a pragmatic approach[J]. The Journal of Wealth Management, 1999, 1(4)：10-21.

[293] STIGLITZ J E, WEISS A. Credit rationing in markets with imperfect information[J]. The American economic review, 1981, 71(3)：393-410.

[294] UWUIGBE U, UWUIGBE O R, AJAYI O A. Corporate social responsibility disclosures by environmentally visible corporations：a study of selected firms in nigeria [J]. European Journal of Business & Management, 2012, 22(3)：37-53.

[295] WATTS R. The information content of dividends[J]. Journal of Business, 1973, 46(2)：191-211.

[296] WILLIAMS J B. The theory of investment value[M]. Harvard University Press, 1938.

[297] YELENA L, LEARY M T, RONI M. Do investors value dividend smoothing stocks differently? [J]. Management Science, 2017, 17(1)：89-111.